U0731147

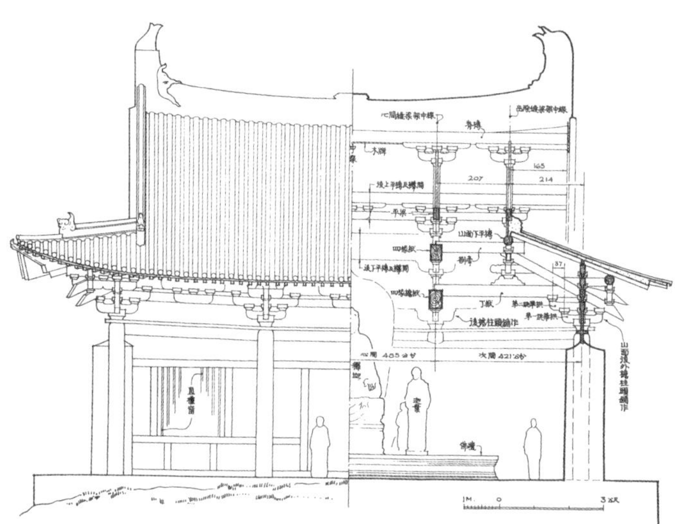

日本学者古代中国研究丛刊
复旦大学历史学系 编
徐 冲 主编

中国佛教社会史研究

竺沙雅章——著
邹 笛——译

復旦大學出版社

目 录

序　言

本书以宋代为中心，考察宗教，尤其是佛教教团与社会的关系，借以阐明佛教在中国社会史中的地位及作用。

作为开篇，首先需要说明宋代佛教在中国佛教史中占据了怎样的地位，以及为何要以宋代为中心进行研究。

公元元年前后，佛教经由中亚地区首次传入中国，随后在东汉末年以后的政治混乱与社会动荡中逐渐为中国社会所接受，到了南北朝时期，更受到国家的倾力保护，并得贵族、知识分子阶层的笃信，由此迅速发展，至隋唐时迎来了其全盛期。其间天台、三论、法相、华严等宗派竞相争鸣，各自构建起精深的学说体系，而与此同时，注重实践、本土化程度极高的禅宗、净土宗等宗派也应运而生。佛教传播的这一过程，不仅给中国人的宗教生活带来了种种变化，更对思想、学术、文学、美术等中国文化各方面都产生了深远的影响，此点无须赘言。然而尽管迎来了全盛，唐代佛教仍不免在唐末武宗朝的会昌法难（845年）事件中受到巨大打击，即便随后即位的宣宗颁布复兴佛教之令，使得佛塔庙宇迅速得以重建，但佛教教义学问却再难恢复昔日百家争鸣的盛况。就这一点而言，我们可以看到，中国佛教的发展呈现出了随着贵族政治的隆兴而共荣、随其衰落而俱损的轨迹，而中国的中世正是佛教全盛的时代。

不过，之后的宋代却并不是佛教衰落的时代。唐宋之间政治、社会变革迭起，宋代佛教也随之呈现出了与唐代不同形式的兴盛。不可否认，佛学已现颓势，天台、华严等宗派的教义学问在宋代虽依然存续，其内涵却不过是沿袭唐代的学说，以训诂形式添加注释而已。但与此同时，一方面是已经本土化的禅宗和净土宗盛行不衰，借由与新兴士大夫阶层的关联，占据了特权地位；另一方面，与道教及各种民间乃至土俗信仰相互吸收融合的佛教信仰，深入渗透进都市与农村社会，在庶民中广泛传播。有宋一代，虽然不少士大夫秉持排佛论，但事实上，始于唐玄宗的圣节祝祷、国丧行香等活动，在宋代已经作为国家的定期仪式而成为惯例，即便是奉儒家学说为圭臬、对佛道思想敬而远之的士大夫官僚，在仪式之日参拜佛寺道观、撰奉斋醮之文、在佛道神像前焚香祝祷，也是他们的职责所在，更不用说遇到丧葬、追怀先祖等活动，则大都要请僧尼道士做法事，不经佛道仪式的，甚至会被身边亲友指为不孝尊亲。以上种种皆表明，宋代的佛教与道教一样，都深深融入了公私生活之中。不仅如此，据统计，在佛教教团的规模，也就是寺院和僧尼的数量上，北宋已经超过了唐代。此外，宋代佛教的中心转移至江南的两浙、福建地区，而这些地区在五代时期曾是吴越、闽两国领土，在两国王室的极力推崇下，佛教盛极一时，若仅就江南地区而言，宋代才是佛教的全盛期。不过，进入南宋以后，限制教团发展的政策开始初见成效，再加上士人阶层批判佛教的声音不断高涨，教团势力才终于出现了衰退的迹象，僧尼数量也比北宋时期减少了一半。关于这一点，后文会进行详细论述。到了元代，佛教的势头再度复苏，直至明代，寺院、僧尼数量才又出现了明显减少的趋势。由此可见，尽管与唐代形式不同，但宋代同样是佛教的一个繁荣期，这一点必须在开篇加以强调。

中国的佛教教团，自成立之时起，就处在从属于国家的立场上，从未有过能够与王权分庭抗礼的法外特权。但僧侣既享受免除课役的优待，又能靠王公贵族的布施修建起宏伟壮观的寺院，坐拥丰厚的寺产，在世俗社会看来，教团就是享尽特权的存在。而对朝廷来说，僧尼的增加同时意味着生产人口的减少，大规模的寺院建设也不啻对国家财产的蚕食，因此自南北朝以来，统治者在保护佛教的同时，也都会采取限制其发展的政策。限制僧尼剃度的度牒制度，以及禁止创建寺院的措施，都是这种限制政策的具体表现，不过在唐代以前，这些举措都没有获得明显效果。究其原因，无非是一些贵族以教团享有的特权为保护伞，为图借之隐匿私财，阻碍了这些举措的实施。同时，对苦于国家征调的农民来说，教团能够为他们提供一个逃避课役和兵役的避难所，甚至成为罪犯逃避官方追捕时的藏身之处。这些社会矛盾既无法解决，又有众多利用教团特权的人存在，教团势力显然不可能被根除。被佛教教众称为“三武一宗”法难的毁佛政策数次施行，却都不能长久，且大多在复兴之后甚至势力更增，其原因之一正在于此。

然而到了宋代，宗教政策方面逐渐出现了新的趋势。最重要的是统管佛教教团的制度更加完备，而且颇有成效。颁赐敕额及发行度牒等制度，在宋代都有了具体详细的规定，寺院僧尼都由中央和地方的官署登记在册，未经登记的则视为私庵、私度僧，予以强制拆毁或强令还俗。神宗朝推行空名度牒的售卖，本是缓解财政危机的对策之一，但该举措能够取得实际成果，也是因为朝廷对教团的统管足够有效。不过，宋朝对教团的统管，并非如前代实施毁佛运动一样诉诸强硬手段，而是采取更加现实的方法，在承认教团存在的基础上，将其力量用于国家财政、社会福利等方面，限制和利用两策并行，由此逐渐削弱教团势力。这一点是区别于中世的最大特点，同时也标志着国家在教团势力面前占据绝对优势地位，能够对教团进行绝对有效的管控。而让这种优势地位成为可能的，毫无疑问，正是取代贵族政治的君主专制之强化。

当然，即使是在宋代，同样可以看到达官显贵利用佛教教团藏匿财产或谋取私利的现象，例如坟寺、寺院长生库；而且因为佛教教团仍有帮助贫困农家减少抚养人口、收容失业人口的社会功能，所以每逢朝廷停止度牒发行，便会增加一批号称“道者”的半僧半俗的宗教人群。浙西的道民便是其中一个例子。也就是说，由受国家承认的有额寺院和持有度牒的正规僧尼所构成的佛教教团，确实随着限制措施的强化，呈现出随着时代推移而逐渐失势的迹象，明甚于宋，清又甚于明；但不仰仗寺院、不依靠僧尼的佛教活动却势头渐盛。居士佛教的盛行、秘密宗教和邪教的兴起，这些被作为中国近世佛教特点的现象，都是这种趋势的表现。

综上所述，通过观察宋朝的宗教政策，我们能够明确宋代佛教的社会性质，进一步认识中国佛教的近世特质。不仅如此，宋代同时也是各种宗教制度日趋完善的时代，通过研究宋代佛教，上可以回溯唐代，寻根探源；下可以纵观明清，察其前景，可以说宋代在佛教社会史中是一个举足轻重的时代。当然，这一点不仅限于佛教，更是在道教及其他中国宗教中都相通的倾向。此外，由于宋代惯于将教团力量运用于行政事务中，佛教信仰已深深渗透进民众生活，佛教与政治、社会的关系密不可分，因此即使是从宋代史的角度出发，佛教的存在也是不可忽视的。然而，对这一重要性的认识，无论是佛教史还是社会史领域，目前的研究都尚不充分。本书则试图弥补这一空缺。

笔者的考察重点主要是从政治史、社会史的角度出发，探讨佛教教团及其活动，因此基本不涉及各宗派的兴衰、高僧传记或教义学说。笔者深知这样的考察作为宗教史研究极为不足，其偏颇之处更不待言，但若论及教义，则并非对佛学不甚了了的笔者力所能及之事，自有很多更为适合的研究者。而还有一半原因在于，笔者希望能将目光集中在先学未曾论及的领域，专注于通过宗教政策来考察宗教社会的形态。话虽如此，即使将内容限定于宋代佛教社会史研究，本书仍未能涵盖寺田问题，并且在探讨异端宗派时虽然触及了白云宗，却未能对被视为白莲教前身而备受关注的白莲宗加以考察。关于这两个问题，笔者在自己尚不成熟的研究中还未得知见，将留待今后继续探讨。

为明确本书在研究史中的定位，在此首先对中国佛教社会经济史研究的脉络做一梳理（以下省略敬称）。

一、草创期

这一阶段的开创性研究，当数稻葉君山（岩吉）所著《経済史上ヨリ見タル中国[1]佛教徒ノ地位》[2]。作者开篇即在绪论中指出：“关于佛教的流行，历来的研究总对精神方面的布教活动有种毫无来由的偏颇，叙述极其详尽，而对物质方面的要素却不以为意。……谈及中国佛教史，若不从国家经济的角度加以论述，绝不能得出全面的结论。”全文规模宏

1. 因有关规定，部分书名做特殊处理。
2.《東京経済研究》1、2，1917年，收入氏著《中国社会史研究》，大镫阁，1922年。

大，在俯瞰中国佛教历史的基础上，指出其兴衰与政治形势密切相关，而对于佛教与国家之间的“纠葛”，则从其与度牒、寺产、造像，尤其是禁铜令的关系等各方面进行了阐释，甚至论及了庙市、僧兵，以及与清末基督教传教活动的比较。后来道端良秀评价这篇论文时说道：“此研究正可谓现有佛教史研究的一大突破，其价值毋庸置疑。后来学者将之视为该领域研究的必读之文，由此足见它为佛教史研究做出了重大贡献，绝非虚言。”[1]这一评价直到现在仍没有过时。今天我们读到这篇论文，仍会感到耳目一新，很难想象它写就于60多年以前。之所以这样说，是因为尽管在后来的研究中，很多个案得到了更深入的实证，很多史实也更加明确，但该文表现出的那种立足全局的明晰的问题意识和研究的方向性，却往往受到忽视。在这里，我们更该回顾这篇可称得上佛教社会经济史研究之起点的文章，以明确研究的方向。

继稲葉氏之后，这一时期产生很大影响的，还有玉井是博《唐時代の土地問題管見》和《唐時代の社会史的考察》。[2]两篇论文都以整个唐代社会经济为研究对象，但前者第二章第三节论及寺观的庄园时就曾指出，寺观与王公贵族一样大肆进行土地兼并；而后者第五节（无标题）在分析唐代佛教、道教与社会的关系时，也列举了思想伦理问题、由寺塔建立及佛像铸造引发的冗费问题，以及为躲避课役而私度出家的伪滥僧侣问题等，最后总结指出，佛教的社会感化功能在缓和阶级对立的问题上发挥了很大作用。玉井氏的研究以佛教全盛期的唐代为出发点，继承并发展了稲葉论文的方向，为之后的唐代佛教史研究奠定了基石。另外，关于明代佛教，则以清水泰次《明代ノ寺田》[3]为代表，该文不但是明代寺田研究的先驱之作，也是迄今为止唯一的专论。清水氏随后又撰写了《明代に於ける仏道の取締》[4]，论及明代的宗

1. 道端良秀：《「中国仏教社会経済史」の研究に就て》，《中国仏教史学》1-2，1937年。
2. 玉井是博：《唐時代の土地問題管見》，《史学雜誌》33-8，1923年；《唐時代の社会史的考察》，《史学雜誌》34-4，1924年。两者都收入氏著《中国社会経済史研究》，岩波书店，1942年。
3.《東亜経済研究》8-4，1924年。
4.《史学雜誌》40-2，1929年。

教政策。关于清代，则有矢野仁一《白蓮教の乱に就いて》[1]，作为白莲教研究的开山之作，极具重要性。

从上述研究脉络可以看出，从20世纪10年代后期至20年代（日本大正时期至昭和初期），为中国佛教社会经济史研究奠定基础并对后来的研究产生深远影响的，并非专攻佛教研究的学者，而是东洋史学者，这一点值得注意。换言之，这一领域的研究作为中国史的一个分支而起步，其目的并非探讨佛教历史，而是意在对各时代社会经济的侧面加以探究，而理解佛教在中国社会中的重要性，正是该领域研究的起点。

二、兴盛期

上述先驱性研究成果的刺激，使得该领域自1930年（昭和五年）左右起呈现出一片繁荣，迎来了研究史上的兴盛期。其中一位推动者三島一，正是首位东洋史专业出身且以佛教经济史为主攻方向的研究者。自1929年开始，他在几年内先后发表了一系列成果，内容涵盖度牒、功德坟寺、寺院课税等各方面问题。他的学术抱负从《中国仏教経済史の研究》[2]一文中可以窥见一斑，随后出版的《世界歴史大系·東洋中世史二》[3]一书第二篇第七章《唐代に於ける寺院経済》则完整地总结了他的研究成果，是一篇优秀的概论。

中国佛教史学第一人，同时也是集大成者的塚本善隆，早在大正末年（1926年左右）就已经开始其研究活动，完成于1930年的《宋の財政難と仏教》[4]一文，则是为佛教社会经济史研究兴盛期拉开序幕的力作。身为兼修佛教学和东洋史学的研究者，他充分利用双方的史料与知识，继该年之后，接连发表、出版了《引路菩薩信仰について》[5]《南岳承遠伝とその浄土教》[6]《唐中期の浄土教—特に法照禅師の研究

1.《内藤博士還暦祝賀中国学論叢》，弘文堂书房，1926年。
2.《歴史学研究》1-2，1934年。
3. 三島一、鈴木俊主编，平凡社，1934年。
4.《桑原博士還暦記念東洋史論叢》，弘文堂书房，1931年。
5.《東方学報（京都）》1，1931年。
6.《東方学報（京都）》2，1932年。

—》[1]《石経山雲居寺と石刻大藏経》[2]等论文和著作，随后更将研究对象转向北魏，1942年完成著作《中国仏教史研究：北魏篇》[3]。他的研究成果为佛教史发展做出了不可估量的贡献，而且更不该忘记的是，他并不只醉心于自己的研究，更作为该领域的杰出引领者、联合研究的组织者，活跃在第一线。他和同在京都并结成佛教史籍读书会的小笠原宣秀、高雄義堅、野上俊静、道端良秀等人一起，召集了远在东京等地的志同道合之士，于1937年（昭和十二年）成立中国佛教史学会，并创办《中国仏教史学》杂志，这件事无疑是中国佛教史研究中值得纪念的一笔。由道端氏撰写的创刊词直言"佛教研究中……偏离了历史性的研究，几乎可以断言为毫无价值。至少那些舍弃了历史观念的研究，让人不得不生出空中楼阁之感"，极力强调从历史学角度研究佛教的必要性，并定义该志"不仅关注佛教教理史，更要研究中国佛教的教理、建筑、雕刻、绘画、哲学、文学，甚至制度、经济、社会及其他各种要素"，以此作为创刊宣言。这篇创刊词字里行间都洋溢着一种为学术研究开拓全新方向的气概。事实上，上述参与创刊的学者分别承担起了自己研究方向的使命，后来也都硕果累累。其中以唐代为主攻方向的道端良秀，作为中国佛教史学会的推动者，在撰写介绍学界动向的《「中国仏教社会経済史」の研究に就て》[4]一文时曾指出："在迄今为止的佛教研究中，（社会经济史的视点）简直就是天方夜谭……用这种方法探讨属于精神文化的佛教，甚至被视为离经叛道。"从中可以看出，在当时的佛教学界，立足于社会经济史视角的研究面临着怎样的困境。所谓的佛教史学家们克服这些阻碍，参与到佛教领域的研究中，是佛教社会经济史研究第二期最显著的特点，也是其能够迎来全盛期的原因所在。《中国仏教史学》杂志后来为第二次世界大战影响所波及，1944年在第7卷付梓之后停刊，但自创刊至此，在中国佛教史研究中扮演的角色可谓举足轻重。

---

1. 东方文化学院京都研究所，1933年。
2.《東方学報（京都）》5副刊，1935年。
3. 弘文堂，1942年。
4.《中国仏教史学》1-2，1937年。

与日本佛教史学研究的动向相呼应，在20世纪30年代的中国，以陶希圣为中心，在由他担任主编的《食货》半月刊等杂志上，几乎每期都登载了主要与寺院经济相关的论文，另外，1937年出版的《食货史学丛书·中国经济史料丛编（唐代编）》系列丛书中也有《唐代寺院经济》一册。不过，该书在当时并没能广泛流传，直到1974年才在中国台湾重印发行。

佛教社会史研究成果最为丰富的，是集中了玉井、三島、道端等学者的唐代部分，而敦煌文书进入学界视野，无疑进一步促进了该时代研究的发展。关于敦煌文书的研究史，笔者已在《中国古文書研究の現段階》[1]一文中做了概述。该文已提及，敦煌文献被发现以后，最受中外学者瞩目的部分就是已经散佚的典籍残本。敦煌文献中，佛教典籍占了七八成，关于其详情的介绍，早年已有矢吹慶輝的大著《鳴沙余韻》[2]问世，而这样的学界动向自然不可能不影响到研究的走向。1931年留学法国的那波利貞就将注意力放在了法国国家图书馆藏的伯希和文书上，鉴于当时除了与户籍相关的部分文书以外，绝大部分敦煌文书都未为日本学界所知的现状，他对这些古文书进行翔实调查、仔细移录，并在回国后利用这些录文撰写了以《梁戸攷》[3]《唐代の社邑に就きて》[4]为代表的多篇论文。这些论文介绍了各种文书，让一直倚赖典籍史料的中国史研究者感到耳目一新。尤其是这些文书的绝大部分与寺院有关，因此那波氏的研究使得9、10世纪（沿用那波氏的说法，即中晚唐、五代、宋初）敦煌寺院的社会经济活动变得十分清晰而具体，佛教社会经济史研究的水准出现飞跃性提高。不过，以现在的学术标准来看，其研究方法颇有不完善之处，这一点上引拙文中也已指出，此处不再赘述。

活跃在这一时期的研究者人数众多，但在近世史领域必须重点关

1. 今井庄次等编：《書の日本史》第9卷，平凡社，1976年。
2. 岩波书店，1930年。
3.《中国仏教史学》2–1、2–2、2–4，1938年。
4.《史林》23–2、23–3、23–4，1938年。

注的是重松俊章和陈垣。重松氏以《宋元時代の白雲宗門》[1]为代表的一系列文章对宋元时代的异端宗教及相关宗教叛乱做了细致准确的考察，为近年的邪教以及宗教叛乱研究奠定了基础。陈垣最初关注外来宗教史，著有《元也里可温考》[2]《摩尼教入中国考》[3]等，后来在1940—1941年先后著述出版的《明季滇黔佛教考》[4]《清初僧诤记》[5]《南宋初河北新道教考》[6]等一系列成果通过先学未曾关注的佛教、道教资料，阐明了异族统治下的前朝遗民的活动，无一不是为中国宗教史指明新方向的名作。而且据各书在1949年后再版时所写的重印后记，这些都是陈垣坚守在沦于日军占领下的北平时，有感于严峻现实而写下的“发愤之书”，这一点也令人由衷感佩。陈垣的这些研究成果点明了中国宗教史以及宗教史料的重要性，也是今后仍须进一步继承发扬的学术方向。

最后不可不列举的是总结了该时期诸多研究成果的道端良秀《中国仏教史》[7]一书。该书“叙述的方针是把重点放在佛教与社会的关系上”，是一部志在“以社会、经济史、制度史等方面为中心”，从前所未有的角度来概述佛教史的佳作。虽然该书出版后，似有一些批评之声，指责其在佛教教理、教义学说方面过于简略，但对于我们来说，该书仍是比一些近年来出版的同类著作更可靠的概论书。第二次世界大战以后，该书更名为《中国佛教史》，经过多次改订和增补，历久不衰。

三、守成期：第二次世界大战后的动向

中国佛教史研究重新起步，可以1949年（昭和二十四年）《仏教史学》的创刊为标志。该志由曾经的中国佛教史学会与日本佛教史学会合作创办，作为日本唯一的佛教史学杂志延续至今。从第17卷第1号

1.《史淵》2，1930年。
2.《东方杂志》第15卷第1—4号，1918年。
3.《国学季刊》第1卷第2号，1923年。
4.《辅仁大学丛书》第6种，1940年。
5.《辅仁学志》第9卷第2期，1940年12月。
6.《辅仁大学丛书》第8种，1941年。
7. 法藏馆，1939年。

起，杂志更名为《仏教史学研究》，到1980年已出版至第22卷。

要将战后30年间的学界动向简洁概括，殊为不易，不过最重要的一点是，这一时期中国佛教史学会的志同之士们依然活跃，并同下一辈的宮川尚志、牧田諦亮、小川貫弌等人一起支撑着中国佛教史研究。另外还有一个明显特征，即各位研究者都将自己在第二次世界大战前就开始发表的论文编集成书，相继出版。其中，山崎宏《中国中世仏教の展開》[1]出版于终战之前，第二次世界大战宣告结束后，高雄義堅《中国仏教史論》[2]、野上俊静《遼金の仏教》[3]、道端良秀《唐代仏教史の研究》[4]、牧田諦亮《中国近世仏教史の研究》[5]、小笠原宣秀《中国近世浄土教史の研究》[6]、宮川尚志《六朝史研究宗教篇》[7]等先后问世。此外，史学会核心人物塚本善隆的主要论著之集大成者《塚本善隆著作集》（全七卷）[8]也在该时期出版，但他执笔《中国仏教通史》（全三卷）[9]时，却在第二卷完成后与世长辞，留未竟之业，成学界一大憾事。

以上综述仅列举了单行本中的代表性研究，其他相关论文则更是不胜枚举。不过，若论在兴盛期引领了主流研究方向的社会经济史，战后则反而出现了势头衰减的倾向。这一点从《仏教史学》5-3、5-4（1956年）的特集《戦後仏教史学の回顧と展望》（中国部分由小川、滋野井恬、牧田分工执笔）中就可知大概。在笔者看来，出现这种倾向的一大原因在于，中国史研究者不再积极参与佛教社会史研究，而佛教史方向的研究者又开始远离历史学，兴盛期出现的那种以佛教社会史为出发点，为一般史开拓新方向的气概已经所剩无几。众所周知，战后日本的社会经济史研究呈现出一片繁荣的景象，细致周密的

1. 清水书院，1942年。
2. 平乐寺书店，1952年。
3. 平乐寺书店，1953年。
4. 法藏馆，1958年。
5. 平乐寺书店，1958年。
6. 百华苑，1963年。
7. 平乐寺书店，1964年。
8. 大东出版社，1974—1975年。
9. 春秋社，1979年起。

考证不过家常便饭，日趋白热化的争论也屡见不鲜，然而这些累累硕果，却未能给佛教社会史领域注入新的活力，带来方法论上的新气象，两者日渐悬殊。之所以将战后作为守成期，原因正在于此。

当然，尽管有这样的背景，这一时期的学界也并非全无发展。最应该予以注目的，便是敦煌文献研究。上述论文中就曾提到，1952年，经过榎一雄的努力，大英博物馆所藏斯坦因文书全部以缩微胶卷的形式被带入日本，这对于敦煌学研究来说，无疑是一件划时代的大事。通过冲印出的照片，斯坦因文书的全貌首次得以展现，而且由于写本、文书的形状乃至笔迹都能直观确认，所以年代的判断等涉及细节的探讨也成为可能，敦煌学的水平自此得到飞跃性提高。随后其他馆藏的缩微胶卷也全部或部分传入日本，研究者们迎来了不出国门便可以同时对分散在世界各国的敦煌文献进行调查研究的好时代。受其影响，关注敦煌文献的研究者人数骤然增加，其中处于领先地位并活跃至今的，便是藤枝晃。他以写本学、古文书学的手法，为敦煌文献研究另辟蹊径，此成就值得学界铭记。笔者也曾参加过他组织的研究会，效其手法对敦煌佛教教团进行了一些研究。近年来，敦煌文物研究所[1]的研究活动十分活跃，千佛洞的调查研究也在积极进行中，目前已经发表了不少新成果。此外，外国人访问敦煌也变得越来越容易。以现场调查结果为基础，今后的敦煌学研究必将出现新的发展。

其次还须强调的是异端宗派、宗教叛乱的相关研究。这一方向主要以对白莲教的研究为中心，近年来吸引了不少关注的目光。有上文提到的矢野仁一、陈垣等人的先驱之作，以及重松俊章的一系列研究成果作为基础，再加上中国学界在20世纪60年代前后围绕"农民战争史"研究，特别是农民战争与宗教之间关系的争论带来的影响，关于宗教叛乱的问题尤其受到关注。鈴木中正先著有研究清代嘉庆年间白莲教之乱的《清代中期史研究》[2]，后又出版了这一领域的通史性著作

1. 译者注：即现敦煌研究院，前身为敦煌文物研究所，于1984年扩建为敦煌研究院。
2. 爱知大学国际问题研究所，1952年，燎原书房影印，1971年。

《中国史における革命と宗教》[1],澤田瑞穂也出版了《宝巻の研究》[2]《校注破邪詳辯》[3]等基础资料，促进了邪教研究的发展。而且该领域的研究中，多有野口鉄郎、相田洋、小林一美、夫馬進等新一代中国史研究者活跃的身影，这是与佛教社会经济史领域不同的一个特点。不过，历来的研究往往只着眼于邪教活动或宗教叛乱本身，对于导致邪教或叛乱产生的宗教社会背景、普通民众宗教信仰等问题则缺乏关注。今后这个方向的研究自然还会更上一层楼，但若能促成宗教社会史研究的长足发展，无疑将锦上添花。

1. 东大出版会，1974年。
2. 国书刊行会，1975年。
3. 道教刊行会，1972年。

前编　宋代佛教社会史研究

第一章

宋代卖牒考

第一节　前言

在中国，要正式成为僧尼，原则上须经过两道关卡，一为出家，一为得度，两者都须由国家认可。其中更受重视的则是得度。只有经过得度，出家人才能免除徭役等国家规定的义务，脱离从事生产的普通民众社会。正因如此，以确保和培养农民阶层为第一要务的历代王朝，无不对作为非生产人群的僧尼的增加心怀戒备，并致力于对其加以限制，度僧制度也就成了各王朝宗教政策的根本。由国家发放的得度证明即是度僧牒，简称度牒，因由礼部下属的祠部负责发放，也被称为祠部度牒。对于僧尼来说，度牒乃是必须终生随身携带的身份证明，因此诗文、小说等文学作品常将其形容为出家人的护身符。

度牒最初的起源并不明确，但其雏形可以追溯至南北朝时期。而由祠部负责发放，当然是武则天在位的延载元年（694），佛教管辖官署由鸿胪寺变为祠部之后的事。祠部发放度牒始于武则天时期，这一看法应无大谬。到了宋代，更制订出了获得度牒的资格、度牒申请及发放的相关手续、对违制者的惩罚措施等与度牒发放相关的细则。可以说，宋代是度牒制度最为完善的时代。

在宋代，最初度牒发放主要有两种途径，一为通过佛典考试，即所谓“试经度僧”，一为圣节等国家庆典之际由天子恩赐，即无须考试便可获得的“恩度”，两者都是对唐代制度的沿袭。然而到北宋后期，由于国家财政紧张，开始出现将尚未记录得度人姓名的空名度牒向民众出售的所谓“鬻度僧牒”，即卖牒行为，其收入成为国家财政的重要来源之一。政府为增加国库收入，不断提高度牒价格，增加售卖数量，同时减少试经度僧和恩度的次数。到南宋时期，试经度僧已不再实施，恩度也一减再减，试图出家的人想要获得度牒，几乎只剩下购买空名度牒这一个方法。这种卖牒政策还为后来的金、元、明代所承袭。

卖牒政策与宋代财政紧密相关，因此很早便吸引了学界的目光，特别是1930年左右，三島一、曾我部静雄、塚本善隆等人都相继发表了各自的成果。随后，中国学界也以袁震的宏文为代表，相关研究相继问世，范午、田光烈、林天蔚都先后有论文付梓。通过这些研究的考察，宋代卖牒制度的轮廓已基本清晰。[1]至于《续资治通鉴长编》《宋会要辑稿》《庆元条法事类》中相关的主要史料，学者们的关注已可以说是纤悉无遗。然而即便如此，关于卖牒政策对宋代政治、宗教教团以及社会经济所产生的影响，除了塚本论文曾指出其为造成佛教教团堕落衰退的原因之一以外，其余研究都没有论及。有鉴于此，本章将以卖牒政策的演变过程为主线，尝试阐明其对宋代宗教活动和普通社会产生的影响。另外，度牒一词本来也包括发放给道士和女冠的度道牒，但度牒出售带来社会问题的，主要是发放给僧尼的度僧牒。因此本章以下的探讨主要围绕僧尼度牒进行。

第二节　卖牒的由来——唐代的进纳度僧

据史料记载，首次由政府售卖空名度牒，是在神宗初期的治平四年（1067），这一点在学界已广为人知。不过，认为卖牒行为始于唐代的说法，在宋代已经出现。本节在此首先尝试对这个问题略做分析。[2]

---

1. 关于宋代卖牒问题，可参见三島一：《宋代の売牒に就いて》，《史学雑誌》40–12，1929年；曾我部静雄：《宋の度牒雑考》，《史学雑誌》41–6，1930年；塚本善隆：《宋の財政難と仏教》《宋時代の童行試経得度の制度》《道君皇帝と空名度牒政策》，皆收入《塚本善隆著作集》五，大东出版社，1975年；高雄義堅：《宋代に於ける度及び度牒制》，《宋代仏教史の研究》第一章，百华苑，1975年；范午：《宋代度牒说》，《文史杂志》第2卷第4期，1942年；袁震：《两宋度牒考》，《中国社会经济史集刊》第7卷第1、2期，1944—1946年；田光烈：《度牒在宋代社会经济中的地位》，《现代佛学》第13卷第5、6期，1962年；林天蔚：《宋代出售度牒之研究》，《崇基学报》第2卷第1期，1962年。

   另外，林天蔚在论文后记中还提及了陈观胜（Kenneth K. S. Chen）的相关研究“The Sale of Monk Certificates during the Sung Dynasty”一文，未见。（译者注：Kenneth Ch’en, “The Sale of Monk Certificates during the Sung Dynasty: A Factor in the Decline of Buddhism in China”, *The Harvard Theological Review*, Vol. 49, No. 4, 1956, pp. 307–327.）

2. 关于唐代度牒的相关研究，可参见諸戸立雄：《中国に於ける度牒初授の年代について》，《文化》15–4，1951年；《南北朝·隋·唐初の童行と度牒の制》，《仏教史学》15–2，1971年；道端良秀：《唐代仏教史の研究》，法藏馆，1981年增补第3版，第一章“唐朝の仏教政策”第三节“度僧制度の問題”；藤善真澄：《唐五代の童行制度》，《東洋史研究》21–1，1962年；《隋唐仏教時代区分試論—度僧制と貢挙制》，《東洋学術研究》14–3，1975年。

上文提到，祠部发放度牒应当始于武则天称帝时期，而这位号称弥勒佛转世的女皇实行的崇佛政策，一时间催生出大批僧尼，以致弊病丛生。史料描述，微贱如屠沽、臧获，只要出钱三万就能剃度为僧尼[1]，至于多出钱财攀附权贵之人，更是尽数得度以躲避徭役，无法得度的只有穷人和善人[2]。陈郡人袁楚客也曾上书魏元忠，痛陈度僧之弊："昔之卖官，钱入公府；今之卖度，钱入私家。"[3]这是"卖度"一词最初的由来。当时度牒一物已经存在，不过袁楚客所说的卖度，指的应该是攀附权贵以求得度时用来上下打点的花费，可以算一种贿赂。

得度时缴纳的钱财由"入私家"转为"入公府"的变化，发生在安史之乱中。战乱发生后，宰相杨国忠为筹集军费，将侍御史崔众派往太原，以纳钱为前提，官度僧尼道士，不多日就筹集到缗钱百万。[4]紧接着，肃宗即位于灵武的第二年，即至德二载（757），宰相裴冕等人以天下用度不足为由，提议昭告诸道，召人纳钱，或官给空名告身，或授予官爵邑号，或官度道士僧尼。至两京收复后，又于关辅诸州纳钱，先后官度道士僧尼1万人。[5]

此时支持朝廷纳钱度僧政策、为国家财政做出贡献的，正是否定神秀的北禅宗、在两京地区弘扬慧能南禅宗的荷泽神会。其传记称：

> （天宝）[6]十四年，范阳安禄山举兵内向，两京版荡，驾幸

1.《资治通鉴》卷二百九，景龙二年七月条。"虽屠沽臧获，用钱三十万，则别降墨敕除官，斜封付中书，时人谓之斜封官，钱三万则度为僧尼。"

2.《唐会要》卷四八《议释教下》。"景云二年七月，左拾遗辛替否疏谏曰：'……当今出财依势者，尽度为沙弥，避役奸讹者，尽度为沙弥，其所未度，惟贫人与善人耳。'"

3.《新唐书》卷一二二《魏元忠传》。"陈郡男子袁楚客者以书规之曰：'……今度人既多，缁衣半道，不本行业，专以重宝附权门，皆有定直。昔之卖官，钱入公府，今之卖度，钱入私家。以兹入道，徒为游食。此朝廷三失也。'"

4.《新唐书》卷五一《食货一》。"及安禄山反，司空杨国忠以为正库物不可以给士，遣侍御史崔众至太原纳钱度僧尼道士，旬日得百万缗而已。"

5.《新唐书》卷五一《食货一》。"明年，郑叔清与宰相裴冕建议，以天下用度不充，诸道得召人纳钱，给空名告身，授官勋邑号；度道士僧尼不可胜计；纳钱百千，赐明经出身；……及两京平，又于关辅诸州，纳钱度道士僧尼万人。"

6. 译者注：除有特殊说明者外，引文中以（ ）表示补入缺字或应提及信息，［ ］表示花押、签名等符号，〔 〕表示引文用字对应的现代汉字，或今不存对应简化字的异体字字义。以下不赘。

> 巴蜀。副元帅郭子仪率兵平殄，然于飞挽索然，用右仆射裴冕权计，大府各置戒坛度僧。僧税缗，谓之香水钱，聚是以助军须。初洛都先陷，会越在草莽，时卢弈为贼所戮，群议乃请会主其坛度。于时寺宇宫观，鞠为灰烬，乃权创一院，悉资苦〔苫〕盖，而中筑方坛，所获财帛顿支军费。代宗、郭子仪收复两京，会之济用颇有力焉。[1]

值得注意的是，所谓纳钱度僧，并非只要缴纳缗钱，便立刻无条件发放度牒，必须是在戒坛受戒之人才有资格获得度牒。而从“香水钱”这一名称也可看出，得度僧人所缴缗钱也并非度牒的价格，而是以受戒费用为名目的一种献纳。从这一点来说，这显然与后来的卖牒性质不同。当然，并不是在任何地区都必须要设戒坛受戒才能得度。例如记录了唐初至元和年间的杂事和名人轶事的唐佚名《大唐传载》里，就有这样的描述：

> 至德二年，敕以僧及道士入钱自度有差。[2]

证明纳钱之人可以“自度”。另外，曾由谢和耐在其研究[3]中介绍的伯希和文书P. 3952《前侍御史判凉州长史杨休明牒》[4]里，记录了以下内容：

1.《宋高僧传》卷八《唐洛京荷泽寺神会传》。另，胡适《神会和尚遗集》(胡适纪念馆，1968年)第67页在对该引文的“僧税缗”做考校时，参考《新唐书·食货志》以及《佛祖历代通载》，将其校为“僧税（百）缗”。然而这两条记录中，前者原文为“纳钱百千，赐明经出身”，与度僧并不是同一种情况；后者“或纳钱百缗，请牒剃落，亦赐明经出身”，史料来源为《食货志》，却将两者混淆。从《神会传》原文文意来看，“税”与“缗”之间确实像是有一字脱落，但要确定该字为“百”，却仍缺乏证据支持。因此此处分析只取“僧侣缴纳缗钱”之意，不将原文作“百缗”。

2.《大唐传载》，守山阁丛书本。

3. Jacques Gernet, *Les Aspects économiques du bouddhisme dans la société chinoise du Ve au Xe siècle*, Ecole française d’Extrême-Orient, 1956, pp. 53–54, Pl. I.

4.《前侍御史判凉州长史杨休明牒》。“……取得写告牒钱共当壹阡……人僧，壹佰陆拾玖人尼，壹佰叁拾柒人道士。罗法光年拾玖，法名明严，沙州燉煌县从化乡慕道里。以前侍御史判凉州长史杨休明奏，奉乾元元年□月六日敕，委臣勾当前件道僧告牒，各勒纳钱、开坐，令所度人自写，差使送付所司，其了限，各听本勾当，使审自商量奏闻者。（转下页）

以前侍御史判凉州长史杨休明奏：奉乾元元年□月六日敕，委臣勾当前件道僧告牒，各勒纳钱、开坐，令所度人自写，差使送付所司，其了限，各听□本勾当，使审自商量奏闻者。……臣以准敕勘责，各具乡里、户贯、姓名、法号，□□□配寺观，谨件如前，其钱各令军州长官征纳，别□□□贮讫，其告牒续勒自写，差使送付所司。

乾元元年（758）即至德二载的次年，很显然，这道敕命与裴冕提议的纳钱度僧政策有关。这就表明裴冕的提议在偏远的敦煌地区也得到了施行，而具体施行方法是得度人将钱财缴纳至所在军州官衙，度牒则由本人自行书写后送往中央政府的祠部。不难想象，收到这些从地方上送来的告牒后，祠部会盖上官印，再发回各自所属的官衙。而在这个过程中，得度人缴纳的钱财同样具有度僧所需手续费的性质，而并非只是钱财与度牒的简单交换。

然而自宋代起，将至德二载的这一政策视为卖牒之始的看法开始流行，且一直延续至现代。其证据是一条多次被引用的史料，即南宋志磐《佛祖统纪》的如下记录：

帝（肃宗）在灵武，军须不足。宰相裴冕请鬻僧道度牒，谓之香水钱。卖牒始（此）。[1]

这条记载的来源应是前引《新唐书·食货志》以及《宋高僧传·神会传》等，但原史料中并没有明确提到“鬻”“牒”二字，此二字是志磐作书时新加的，而基于这条经过人为修改的记录进一步谓“卖牒始此”，则更是志磐的妄断。由此可见，认为这是志磐卓见的道端良秀之

（接上页）臣准以今年正月一日奏请，限三月卅日奏毕，天书焕然，特蒙允许，僧道应度人等，或先未经奏，或敕以颁行祠部告牒□请授，臣以准敕勘责，各具乡里、户贯、姓名、法号……配寺观，谨件如前，其钱各令军州长官征纳，别……贮讫，其告牒续勒自写，差使送付所司。……所司勘会，准敕处分。”

1.《佛祖统纪》四〇，《大正新脩大藏経》第46卷第375页C。

说[1]，也就颇有值得商榷之处了。

实际上，在志磐之前，就已经有人认为卖牒行为起源于唐肃宗时。此人即是据称生活在北宋元丰时期的高承，他在编纂类书《事物纪原》卷七《空名》一条时，曾作以下叙述［( ) 中的字句为高承编纂时省略的《食货志》原文］：

> 唐《食货志》曰：肃宗至凤翔，明年，郑淑清（与宰相裴冕建）议，以天下用度不充，诸道得召人纳钱，给空名（告身，授官勋邑号），度僧道（不可胜计）。则是空名度牒，自唐肃宗始也（“僧道”二字，《食货志》作“道士僧尼”）。

《食货志》原文中“召人纳钱”之后的“给空名告身”“授官勋邑号”“度道士僧尼”是并列的三个句子，而高承却大笔一挥，省去了“给空名”和“度僧道”的中间七字，使得这条记录变成了说明空名度牒滥觞的史料。无论是志磐还是高承，所处时代都是空名度牒被大肆鬻卖、卖牒行为之功过饱受争议的时代。正因如此，才有了以《食货志》的记录来影射现实问题，从而招致文字被省略、篡改的结果。

同样的问题也见于宋末元初的王应麟身上。王应麟《困学纪闻》卷一四《考史》虽然没有改动《食货志》的文字，却在注中记道：“此鬻牒之始也。”然而参看元代念常的《佛祖历代通载》卷一三则会发现，文中引用《食货志》文字，评论“进纳自此而始”，并没有像宋人那样将此举作为卖牒之始。《通载》中的这条记录后来被明代王圻《续文献通考》卷二四六引用。相反，虽同为宋代人，赞宁生活的时代卖牒尚未盛行，因此其所撰《大宋僧史略》下《度僧规利》一条称：

---

1. 道端良秀：《唐代仏教史の研究》，第52页。

> 鬻度僧道，自冕始也。[1]

并不认为此举即是鬻度牒。此外文中还称官度的步骤为“先纳钱，后与度”，结合上文提到的《杨休明牒》来看，这种先缴纳钱财后发放度牒的方法，正是裴冕所进之策。

要而言之，至德二载施行的政策，实质是纳钱度僧，重点在于鬻“度”，而并非后世所说的空名度牒的售卖。具体来说，则是缴纳钱财后令其人自度，或登上戒坛受戒为僧尼，这种方法与单纯的滥售空名度牒绝非同一回事。

后来，这一纳钱度僧的策略多为各地节度使或地方割据势力所效仿。《大宋僧史略》以上引用部分之后，就继续记录道：

> 自唐末已来，诸侯角立，稍阙军须，则召度僧尼道士。先纳财，谓之香水钱，后给公牒云。

最有名的一个例子，是在长庆四年（824）十二月，徐泗观察使王智兴奏请于泗州置戒坛度僧，并得到奏可的批复，但翌年即因李德裕的指责反对而作罢。[2]当时王智兴向前来受戒的髡夫每人征收二缗，将之作为藩镇财源之一。此外，宝历二年（826）三月，江西观察使殷侑奏请

1.《大宋僧史略》下《度僧规利》。“唐肃宗在灵武新立，百度惟艰，最阙军须，因成诡计。时宰臣裴冕遂驾至扶风，奏下令卖官、鬻度僧尼道士。以军储为务，人有不愿，科令就之。其价益贱，事转成弊。鬻度僧道，自冕始也。后诸征政，尤而效焉。如徐州王智兴，奏置戒坛于临淮佛寺，先纳钱后与度。至有输贿后不法者多矣。李德裕在润州，具奏其事云：自唐末已来，诸侯角立，稍阙军须，则召度僧尼道士。先纳财，谓之香水钱，后给公牒云。”

2.《旧唐书》卷一七四《李德裕传》。“元和已来，累敕天下州府，不得私度僧尼。徐州节度使王智兴聚货无厌，以敬宗诞月，请于泗州置僧坛，度人资福，以邀厚利。江、淮之民，皆群党渡淮。德裕奏论曰：‘王智兴于所属泗州置僧尼戒坛，自去冬于江、淮已南，所在悬榜招置。江、淮自元和二年后，不敢私度。自闻泗州有坛，户有三丁必令一丁落发，意在规避王徭，影庇资产。自正月已来，落发者无算。臣今于蒜山渡点其过者，一日一百余人，勘问唯十四人是旧日沙弥，余是苏、常百姓，亦无本州文凭，寻已勒还本贯。访闻泗州置坛次第，凡僧徒到者，人纳二缗，给牒即回，别无法事。若不特行禁止，比到诞节，计江、淮已南，失却六十万丁壮。此事非细，系于朝廷法度。’状奏，即日诏徐州罢之。”另见李德裕《会昌一品集》别集五《王智兴度僧尼状》。

于洪州宝历寺置戒坛[1]，随后的太和三年（829），同样任江西观察使的沈传师奏请置方等戒坛以度僧尼[2]，两人皆因违制而被罚俸。另外，开成三年（838）郑州刺史李颖于中牟县私置戒坛，度僧160人，亦遭罚俸。[3]前往唐朝的日本僧人圆仁在其所著《入唐求法巡礼行记》卷二开成五年（840）四月十三日条里，也记录了来自各州的僧人400余人于魏博镇（节度使何进滔）下辖的贝州开元寺受戒一事，而圆仁本人则亲自参观了戒坛院的坛场，以及该州善光寺的尼众戒坛。[4]9、10世纪的敦煌，实质上相当于独立王国，而当地的报恩寺、乾元寺、三界寺，以及属于尼寺的普光寺、安国寺等处，也频频设立方等道场。敦煌文书中还留存有于这些寺庵里授发的五戒、八戒、八关斋戒、菩萨戒等各种戒牒，数量多达30余件。[5]

正如赞宁记载，各个藩镇设立戒坛度僧的目的，主要在于征收"香水钱"，也就是受戒费，以此充当军资。资金征调这一点其实与自古以来的卖官以及宋代以后的卖牒同理，但藩镇的戒坛是违反朝廷禁令私设的，在朝廷看来，于此得度的僧尼自然是私度僧。虽然赞宁说明其做法是先纳钱财，后与度牒，但这里所谓的公牒是否真的是由祠部下发的祠部度牒？事实上似乎并非如此。敦煌文书中的大部分都与9、10世纪的寺院相关，但其中迄今为止没有出现过任何一份所谓度牒，倒是留存了两份敦煌地区统治者下发的准许出家的敕令。其中之一是敦煌成为名副其实的独立王国后的西汉金山国时期，国王

1.《旧唐书》卷一七上《敬宗纪》。"(宝历二年三月）辛未，江西观察使殷侑请于洪州宝历寺置僧尼戒坛，敕殷侑故违制令，擅置戒坛，罚一季俸料。"

2.《旧唐书》卷一七上《文宗纪上》。"(大和三年冬十月）己酉，江西沈传师奏：皇帝诞月，请为僧尼起方等戒坛。诏曰：不度僧尼，累有敕命。传师忝为藩守，合奉诏条，诱致愚妄，庸非理道，宜罚一月俸料。"

3.《册府元龟》卷六九九《牧守部·谴让》也记录了上述殷侑、沈传师之事，另外还举了李颍的例子："李颍为郑州刺史。开成三年六月，诏曰：郑州中牟县私置坛场，度僧一百六十人。并仰勒归色役，其刺史李颍罚一季俸料，摄县令前管城县令叔良停摄官，仍殿本官两选。"

4. 小野勝年：《入唐求法巡礼行記の研究》全4卷，铃木学术财团，1964—1969年，卷二，第374—382页。

5. 详见本书后编第九章《敦煌的僧官制度》。另可参看小川貫弌：《敦煌の戒牒について》，《龍谷史壇》73、74，1978年。

张承奉在甲戌年（914）五月十四日准许邓传嗣之女自意出家的敕书（S.1563）。

S.1563《西汉燉煌国王敕》
1. 西汉燉煌国圣文神武王敕
2. 衙知随军参谋邓传嗣女自意
3. 敕：随军参谋邓传嗣女
4. 自意，容资顺丽，窈
5. 窕柔仪，思慕空
6. 门，如蜂念蜜，今因
7. 大会斋次，准奏，宜许
8. 出家，可依前件。
9. 甲戌年五月十四日

另外一件是归义军节度使曹元忠于清泰五年（938）二月十日下发的牒状，准许洪润乡百姓张留子之女胜莲（11岁）剃发出家（S.4291）。

S.4291《归义军节度使曹元忠牒》
1. 敕归义军节度使　　牒
2. 洪润乡百姓张留子
3. 女胜莲年十一
4. 牒：得前件人状称有女胜
5. 莲，生之乐善，闻　佛声
6. 而五体俱欢；长慕幽宗，
7. 听梵响而六情顿喜，
8. 今为
9. 父王忌日，广会斋筵，既愿出
10. 家，任从剃削者，故牒。
11. 清泰五年二月拾日
12. 使检校司空兼御史大夫曹［亲押］

牒文中出现的“既愿出家，任从剃削”之语值得注意。这就说明只要有这份许可牒文在手，不但可以出家，还可以剃发。众所周知，在中国，出家并不等于剃发得度，两者之间还须经历一个叫作童行或行者——尼姑则称长发——的带发修行阶段。然而在当时的敦煌，却采取了同时准许出家和剃发的简便方法。换言之，上述出家许可同时兼具得度许可，也即是度牒的效力。该时期的敦煌文书中没有专门的度牒文书存在，或许理由正在于此。

这并不是地处偏远的敦煌独有的特殊现象，内地各藩镇割据势力治下，应该同样存在由节度使发放牒状准许出家剃发，而无须另向祠部申请度牒的情况。时代稍晚的南宋初期，岭南就有只凭州下发的“州帖”、无度牒而出家为僧的例子，为志磐亲闻亲见。[1]这或许正是唐末五代的遗制。

第三节　卖牒的开始

进入唐末五代的分裂期之后，出家得度的制度也陷入混乱，度僧成了各个地方割据势力恣意行使之权。不过到了五代末期，在后周世宗对佛教教团的大规模整顿——即所谓“三武一宗”法难中的“一宗”——过程中，关于试经度僧等制度的规定越来越详细周密[2]，并为后来的宋代所承袭[3]。此外，在宋代，恩度几乎每年举行，甚至有时还会举行让在籍童行全部得度的“普度”，由此产生了大批僧尼。太祖建隆元年（960）举行普度时，得度人数还只有8 000人[4]，而太宗朝先后两次举

1.《佛祖统纪》四三《大正新脩大藏经》第49卷第399页C—400页A。“述曰：磐少时客南海，见乡落僧居，畜妻养子，皆能执钹鼓，从事于赴请。问其（有）度牒否，则曰，但于本郡给帖耳。此等皆因守郡者规微利，而不知慁渎三宝之为过也。”

2.《五代会要》卷一二。

3. 参看塚本善隆：《宋時代の童行試経得度の制度》，《塚本善隆著作集》5，大东出版社，1975年，第58—59页。

4.《佛祖统纪》卷四三，建隆元年条。“诏以二月十六日圣诞为长春节。……是日以庆诞恩，诏普度童行八千人（国朝会要）。”

行普度，所度僧尼多达170 000人[1]。真宗天禧三年（1019）大赦之际，普度的僧尼人数更是高达245 000余人[2]。

不止这些恩典，太宗即位之初，便在太平兴国二年（977）三月颁布命令，废除了发放度牒时手续费的征收：

> 癸亥，工部郎中侯陟言："祠部给僧尼牒，每通纳百钱于有司，请罢之，岁令诸州上僧尼之籍于祠部，下其牒，俾长吏亲给之。"诏从其请。[3]

与后来高达数百贯的度牒价格相比，宋初缴纳的"百钱"，简直堪称廉价。而即便价格低廉，手续费的废除也是太宗的佛教优待政策的一环。不过，把发放度牒的实际权力交到地方长吏的手上，结果就是带来了新的弊端。《太宗皇帝实录》中就有这样的叙述：

> 诏曰：先是，祠部给僧尼牒，并传送诸处，州长吏亲给。如闻吏（缘）为奸，募人以缗钱市取，赍以至外郡卖焉，得善价，即付与之。自今所在宜奉行前诏，违者重致其罪。[4]

---

1. 关于太宗实施普度的时间，有几种说法：

（1）《僧史略》下《临坛法》："我大宋太平兴国初年及七年，度僧一十七万有余，古之莫比，缁徒孔炽，在于兹也。"

（2）《佛祖统纪》卷四三："太平兴国元年，诏普度天下童子，凡十七万人（国朝会要）。"

（3）《续资治通鉴长编》卷二七，雍熙三年十月条："是月，诏祠部，凡僧尼籍有名者，悉牒度之。又诏，自今须经业精熟，阅试及三百者，乃许系籍。"其下有注："太宗普度特放凡两次，太平兴国七年及此年也。实录不记此年事，今追书之。"

以上三说，或许应以同时代人赞宁《大宋僧史略》的太平兴国元年（976）与七年（982）两次为准。《长编》没有记录太平兴国元年一次，或为李焘之疏漏，但雍熙三年（986）是否实施了普度，却也因没有旁证而无法确知。

2. 《佛祖统纪》卷四四。"（天禧）三年八月，恭谢圣祖，大赦天下。节文云：……应天下僧、尼、道士、女冠系帐童行，并与普度。尚书右丞林特提举祠部文牒。是岁度僧二十三万百二十七人，尼万五千六百四十三人，道士七千八十一人，女冠八十九人。"经过此次大规模普度，天禧五年（1021）"天下僧数三十九万七千六百十五人，尼六万一千二百四十人"（同《佛祖统纪》），此乃宋代史上僧尼人数之最。

3. 《续资治通鉴长编》卷一八，太平兴国二年三月癸亥条。

4. 《太宗皇帝实录》卷二六，太平兴国八年八月壬子条。

所谓“前诏”，明显是指太平兴国二年的诏敕。据史料描述，诸州长吏将祠部发下来的度牒（此时尚为空名）卖给商人，再由后者分售至其他州郡，这一行为无疑正是名副其实的度牒买卖。20年后，朝廷颁布如下禁令：

> [咸平五年（1002）十月丁亥]诏天下有窃买祠部牒，冒为僧者，限一月于所在陈首，释其罪。违者论如律，少壮者隶军籍。[1]

可见自宋初以来，度牒的违法买卖不曾停止。而到了北宋后期，政府亦将目光瞄准这种已成惯例的度牒买卖，并开始公然鬻卖度牒，将其收益作为地方财政来源之一。

关于卖牒的开端，李焘《续资治通鉴长编》（以下简称《长编》）引熙宁元年（1068）七月知谏院钱公辅的上言为据，将该年作为卖牒开始的时间，然而李心传却引用《实录》以下记录：

> 治平四年十月庚戌，赐陕西转运使度牒千道，籴谷赈济。[2]

《建炎以来系年要录》卷二六和《建炎以来朝野杂记》甲集一五都以此为据，将治平四年（1067）作为卖牒之始，纠正了《长编》的舛误。此间曲折，先学早已论及。[3]而《宋史》卷十四《神宗本纪》在提及卖牒之事时，也同样以《实录》为据，将之系于治平四年。不过，马端临在《文献通考》中曾这样叙述：

> 仁宗、英宗……灾之所被，必发仓廪赈贷……灾甚，则出内藏或奉宸库金帛，或鬻祠部度僧牒。[4]

1.《长编》卷五三，咸平五年十月丁亥条。
2.《建炎以来系年要录》卷二六，建炎三年八月丙辰条，李心传按语。
3. 曾我部静雄在《宋の度牒雑考》一文中探讨诸说，论证了卖牒始于治平四年。
4.《文献通考》卷二六《国用考四·赈恤》。

若依其说，则卖牒的起源可以进一步追溯至仁宗朝。虽然不知马端临此条记载依据的是何种史料，但仁宗朝卖牒的可能性却是可以充分肯定的。[1]

至少就史料记录来看，开始于治平四年，即神宗即位之初的卖牒，到了翌年的熙宁元年，已在各地大范围施行。例如《宋会要》中就提到，熙宁元年四月，因修筑广州城，本路转运使王靖上奏，请求发放空名祠部（度僧牒）1 000道，交由经略司出卖，所得用以雇召修城民夫，朝廷令给500道。[2]也就是说，截至熙宁元年，不单是陕西，广州也发放了用以售卖的度牒，其所得不单用于赈济，也用于修筑城壁之际招募民夫。与此同时，与卖牒并行的入粟补官法也于该年七月付诸实施。[3]

熙宁二年，王安石主导的一系列改革措施开始推行。新法一经实施，作为财源之一的卖牒收入立刻派上了大用场。继均输法之后，该年九月又推行了青苗法，首先在河北、京东、淮南三路试行，后推广至全国。就在青苗法试行之前，曾有过这样的背景：

> 会河北转运司勾当公事王广廉召议事，广廉尝奏乞度僧道牒数千道为本钱，行陕西漕司私行青苗法，春散秋敛，以便民无抑配，与安石意合，即请而施之河北，而青苗法遂行于四方。[4]

1.《长编》卷一三七，庆历二年六月丙戌条。“三司减省所言……其僧道赐（紫）衣及师号，非御前特恩，并不许奏荐，如于延州纳细色军粮一百硕，乃赐之。诏中书、枢密院……许奏荐紫衣、师号如故，余从之。”由此可知，后来常与度牒一同下赐的紫衣、师号，在庆历二年（1042）当时，须得向延州（陕西）纳细色军粮一百石才可获得。这表明仁宗朝的度牒发放极有可能也采取了类似的措施。这条史料转引自小野寺郁夫：《宋代における穀物の粗色と細色について》,《東洋史研究》36-3，1977年。

另外，关于卖牒的出现，三島氏曾提出过嘉祐初年（1056）起源说，但正如曾我部氏所指出的，这种看法是因史料传抄谬误造成的误解。

2.《宋会要》方域九之二七。“神宗熙宁元年四月二十三日……本路转运使王靖乞降空名祠部一千道，付经略司出卖，雇召民夫。诏给祠部五百道。”

3.《皇朝编年纲目备要》卷一八，熙宁元年七月条。“行入粟补官法（注），出将作监主簿、助教告敕七十道，付河北安抚司，募人入粟。寻又赐河东空名敕诰。”

4.《宋会要》食货四之一七《青苗》。另，文中“度僧道牒”四字,《宋史》卷一七六《食货志上四》作“度僧牒”。

表明河北实施青苗法之际，曾以度僧牒数千道作为本金。后来的熙宁六年三月庚午，朝廷赐夔州转运司度僧牒500道，用于在黔州置市易司[1]；熙宁七年五月辛丑，又赐500道作为杭州的市易本钱[2]，可见度牒屡屡被作为青苗法、市易法的资本。度牒的售卖为这些经济改革措施提供所需资金，确是重要财源之一。也正因如此，与卖牒相关的记录在熙宁、元丰年间的史料中频繁出现，而旧法党执掌政权的元祐年间（1086—1094年），虽然卖牒现象并未杜绝，相关史料记录却极为少见。

另一方面，在卖牒发轫之初，度牒究竟是怎样售卖的，历来研究对这个问题几乎从未表现出关心。关于这一点，以下史料或许可以提供一些启示：

> （熙宁二年）闰十一月，降空名祠部二千道付鄜延安抚司，召童行及客人进纳见钱，收籴斛斗，充安抚司封桩。……其合进纳价钱数目，并令安抚司相度，仍限至三年夏季终纳足。[3]

这道命令要求西北边境的安抚司招募童行和客人（商人），以发放空名度牒为交换，令其纳钱，并用所纳之钱购入谷物，作为安抚司的封桩库藏。而童行、商人进纳的价格和数量则由安抚司斟酌决定。

把童行召至官衙令其缴纳现钱，本是符合度牒售卖的最初目的的。《庆元条法事类》中就有对相关手续的说明：

> 诸空名度牒，所属出榜，召童行请填……纳钱足，当职官亲书给付，限贰日具州县、寺观、法名、年甲、度牒字号，及元降年月事因，并见在道数，申尚书礼部。[4]

1.《长编》卷二四三，熙宁六年三月庚午条。“赐夔州路转运司度僧牒五百，置市易司于黔州，选本路见任或得替官一员专监，仍以知州或通判提举。”

2.《长编》卷二五四，熙宁七年七月辛丑条。“赐度僧牒五百，为杭州市易本钱。”

3.《宋会要》食货九三之二一。

4.《庆元条法事类》卷五十《道释门一·师号度牒·道释令》。

从内容来看，这里描述的手续跟唐代《杨休明牒》中的记录很相似，但需要注意，唐代的做法是纳钱后由得度人自书“告牒”，而到了这里，则是由当职官员在空名度牒上填写相关信息，当场发给童行，两者差别很大。

另外还有一处区别在于，宋代除了童行，还招募商人进行度牒买卖，这种情况至少在唐代的记录中是不曾见到的。而且商人购买度牒进行转卖，还能享受某些优待，例如上述史料的正文之下，就有这样的注：

> 客人收买往指定州卖者，许增价收息出卖，本处报到有人买者，准此申部。

特别强调往指定地区转卖度牒的商人，可以抬高价格，收取利润。政府特意附加这样的优惠，显然是鼓励商人转卖空名度牒的。而对于商人在卖牒政策中所起的作用，下面这条史料的记载更加清楚：

> （熙宁三年七月辛卯）上批：“昨罢诸路卖度僧牒，本欲令商人并趋鄜延入钱，以助边计。今鄜延所卖之余，存者无几。环庆地险土狭，财赋素号不充，方边事未息，防秋是时，可赐度牒千，付经略司，令依鄜延法召商人入钱封桩，以备支费。”[1]

鉴于去年鄜延路的卖牒政策取得了理想成果，政府试图如法炮制，将同样的方法施行于环庆路。北宋时期，受到来自辽和西夏的军事压力，宋廷不得不在边境地区派驻大批军队，片刻未敢松懈。而筹集屯驻军队所需军粮、马料等开销的难题，更是让北宋历代君臣绞尽脑汁。这条史料描述的熙宁三年左右，北宋政府采取的策略是让商人将现钱带至边境地区，向他们发放现钱、盐、茶、矾等物的交引，令其带至京城等地兑换现钱或物品，而边境地区则用商人带来的钱在当地购入粮

1.《长编》卷二一三，熙宁三年七月辛卯条。

草。结合上述史料可知，空名度牒的转卖也是作为一种粮草筹集的方法开始实施的。纵观整个熙宁、元丰时期，受赐度牒尤为频繁的，正是陕西四路和河北路，其原因也在于此。

前引熙宁二年闰十一月的史料中还有一点值得一提，即度牒价格交由当地安抚司“相度”决定，这意味着当时还没有明确的官方定价。关于熙宁年间的度牒价格，从后来王安石的上言可知，每道为150石。陈裕菁在《北宋米价考》一文中曾做过考证，指出大约在熙宁七年以前，米价为每斗100文左右。[1]如果该结论准确，那么度牒价格就相当于每道150贯。不过，熙宁二年乃丰年，韩琦就曾上言称“去岁河朔丰熟，常平仓所籴白米，每斗未过七十五文至八十五文省以来”[2]。王安石的上言在青苗法施行于河北之时，结合韩琦所言，可知河北转运司当时大概以每斗75文～85文的价格籴买谷粮。也就是说，实际上度牒价格在每道112贯500文～127贯500文。此外，《长编》有一条元丰元年的记录：

> 赐度僧牒五百付三司，兑拨上供钱五万缗，偿广南西路经略司。[3]

表明此时以度牒兑换上供钱的价格标准是每道100缗。不过，元丰六年，度牒单价被正式规定为130贯。例如史料称：

> （元丰六年八月十三日）诏岁给度僧牒五百，限五年止，为钱三十二万五千缗，付广西经略司应付宜州蛮事，以其余籴粮。[4]
>
> （同年八月甲午）赐环庆路经略司度僧牒千，令贸钱十三万缗别封桩。[5]

1. 陈裕菁：《北宋米价考》，《史学杂志（南京）》第1卷第3期，1929年。
2.《忠献韩魏王家传》卷八。
3.《长编》卷二八八，元丰元年三月庚辰条。
4.《宋会要》食货三九之三五。
5.《长编》卷三三八，元丰六年八月甲午条。

> （同年十二月辛卯）赐陕西转运使李察空名度牒五百道……每道为钱十三万。[1]

该年的史料中关于度牒价格的记录很多，且每条记录换算结果都是每道度牒130贯。这一结果正好印证了《宋会要》元丰七年的记录：

> （元丰）七年二月七日，门下省言："度僧牒已著令，每道为钱百三十千。"[2]

这里所说的"著令"，指的应该就是元丰六年之令。此前的度牒价格乃是任由各地官衙斟酌决定，所以会出现各地度牒价格不同的现象。也正因如此，这条史料的下文才会继续说道：

> 检会敕夔州路转运司每道三百千以次减为一百九十千，欲送中书省价高处别取旨。从之。

可见政府采取了措施对度牒价格进行调整，让那些价格高的地方逐渐降低价格。此外，元丰六年十月三日，政府还做出规定，将每年发放度牒的数量定为10 000道。[3]回顾这一整个过程，我们可以看到，始于神宗初年的卖牒制度，至元丰六年正式确立。

最后再讨论一下王安石对卖牒制度的看法。如前所述，卖牒在新法实施以前就已经开始，新法实施以后，卖牒政策更起到了推波助澜的作用，在财政方面扮演了重要的角色。而从赐予空名度牒的记录来看，较之后来旧法党执政的元祐时期，神宗朝所赐的度牒数量尤多，这无疑是因为以王安石为首的新法党官僚对卖牒政策持积极态度。至

1.《长编》卷三四一，元丰六年十二月辛卯条。

2.《宋会要》职官一三之二二。另见《长编》卷三四二。

3.《宋会要》职官一三之二二。"（元丰六年）十月三日，尚书礼部言：'祠部出度僧牒，以六千三百六十二为额。今年已溢额千五百五十四，乞岁以一万为率。若逾数，乃以闻。'从之。"另见《长编》卷三四〇。

于王安石本人对卖牒的看法，从他与神宗的以下对答中可以看出一些端倪。

> 熙宁二年，王安石尝奏事。上问曰："程颢所言不可卖度牒作常平本钱，如何？"安石曰："颢所言自以为王道之正，臣以为颢所言不达王道之权。男女授受不亲，礼也，嫂溺不援，是豺狼也。今度牒所得，可置粟凡四十五万石，若凶年人贷三石，则可全十五万人性命。今欲为凶年计，当于丰岁为之，而国用有所不暇，故卖祠部。所剃者三千人头，而所可救活者十五万人性命，若以为不可，是不知权也。"[1]

这一年，程颢由御史中丞吕公著举荐，由泽州晋城县令改任太子中允、权监察御史里行，回到中央任职，颇得神宗和王安石信任。负责新法策划实施的制置三司条例司奏请派遣8名年轻官员前往诸路，负责农田、水利、赋役的现状调查时，程颢也在其列（不过，他的行状却对此事讳而不言），可知起初他是积极参与了新法策划的。然而在后来的推行过程中，程颢与王安石意见相左，渐成对立，屡屡反对新法，最终于熙宁四年以签书镇宁军节度判官出任地方。上述神宗与王安石的对话应当发生在熙宁二年九月，也就是前文所引王广廉的建言被采纳后，政府在河北推行青苗法之时，发放度牒数千道用作常平本钱。正如王安石的回答所示，在他看来，只不过新增区区3 000僧侣，便可救活其50倍的荒年饥民，保整整15万人性命无虞，可见他是站在一种极为纯粹的现实主义立场，来批判程颢不知政治权变、一味奉行教条主义的。从这里也可以看出，王安石始终奉行以救民活众为宗旨的高明政治方针。不过即便如此，也并不代表他主张对佛教教团给予特别优待，相反，正是他提议向一直享受免役特权的寺观征收助役钱，以图公平。

即便是王安石本人，本来应该也不曾想过无限制地发放度牒。但

1. 章如愚：《群书考索·后集》卷六三《财用门·鬻僧类》。

是，卖牒一旦开始，发放数量便止不住年年递增。元丰年间虽然将卖牒数量限制为每年1万，但实际上到了北宋末的徽宗年间，其数已达3万。岳珂《愧郯录》就引用赵挺之《崇宁边略》，做了如下叙述：

> 珂尝读赵挺之《崇宁边略》，曰："上每谕蔡京，令近边多蓄军粮，又以累岁登稔，欲乘时加籴。京但肆为诈欺，每奏某处已有若干万数籴本，其实乃是度牒及东北盐钞等。度牒每岁当出一万，而今自正月至四月终，已出二万六千，而边人买者绝少。"[1]

在岳珂看来，蔡京正是增发度牒的罪魁祸首。而至于度牒价格，也从元丰六年的130贯增至元祐年间的170贯，到徽宗建中靖国元年（1101），更是高达220贯。不过，由于市场上大量流通，度牒价格在民间出现下跌趋势，大观四年（1110）已跌破90贯，于是出现了"应天下宫观寺院每岁拨放试经与夫尚书祠部所出度牒并权住三年，自大观五年为始"[2]的命令。后来在宣和二年（1120）六月十七日，政府又下令"应天下每岁、间年拨放试经特旨等度牒、紫衣、师号，并住五年给降，印板毁弃"[3]，同时，在京官司、库务所保管的空名度牒、紫衣也一并销毁[4]，不过因为属州县所有的仍旧可以流通，倒并非意味着将空名

1. 岳珂：《愧郯录》卷九《岁降度牒》。

2.《宋会要》职官一三之二三。"（大观）四年五月四日，臣僚上言：'伏见天下僧尼比之旧额约增十倍，不啻数十万人。尝究其源，乃缘尚书祠部岁出度牒几三万道，以其岁给数多，民间止直九十已下缗，遂致游手慵随〔惰〕之辈或奸恶不逞之徒皆得投迹于其间，故冒法以干有司者，曾无虚实〔时〕。欲乞应天下宫观寺院每岁拨放试经与夫尚书祠部所出度牒，并权住三年，自大观五年为始，候年满日并依旧。'诏依奏，并权三年，仍依绍圣元年数，应不依旧格增添拨放者并罢，令礼部限十日开具闻奏。"

3.《宋会要》职官一三之二四。"宣和二年六月十七日，三省、枢密院言：'奉圣旨，仰礼部遵守下项。……应天下每岁、间年拨放试经特旨等度牒、紫衣、师号，并住五年给降，印板毁弃，候及五年取旨。'"

4. 前注引文后续曰："应官司库务见管空名度牒、紫衣，并礼部毁抹。"不过，据该年十二月十二日中书省送到宣义郎、权发遣福建路转运判官公事柯旸的上奏，因上述一系列命令下发，福建出现了"民间初闻有此指挥，深恐例皆毁抹，遂贱价出卖，止于二十余贯。继闻止毁在京官司祠部，州县依旧书填，其价顿增，今已不下百千，往往珍藏以邀厚利……"的骚动。度牒成为利益增殖的道具，持有人对中央的度牒政策相关动向十分敏感，这一事实显得颇有深意。

度牒全部毁去。五年后的宣和七年（1125），这道诏命效力到期，六月二十一日，政府又下达了令其延长三年的诏命。[1]然而仅两年后，北宋在靖康之变中灭亡，这项措施也不了了之。另外，关于徽宗朝的卖牒政策，塚本善隆在《道君皇帝と空名度牒政策》[2]一文中做过详细探讨。

第四节 高宗的度牒住卖政策及其影响

一、南宋初期的卖牒

在金的压力下被迫南迁的南宋朝廷，因无法负担庞大的军费开支，只能重新开始度牒的大量售卖，寄希望于这份收入。《系年要录》就提到“渡江后，军兴费广，用度多仰之”[3]，赵彦卫《云麓漫钞》甚至说“绍兴中，军旅之兴，急于用度，度牒之出无节……时有‘无路不逢僧’之语”[4]。具体而言，政权重建之初，各地广募新兵，而对所需钱粮却毫无计划，只是一味仰仗出售度牒和紫衣的收入。[5]另外，建炎四年（1130）十月壬午，朝廷赐江西路上供经制等钱30万缗、米15万斛、银帛5 000匹两、甲500副、度牒500道用作军费，但实际上从中央拨下来的只有度牒。[6]由此种种，可知南宋初期朝廷财政对度牒是何等依赖。除了度牒，建炎二年十二月，四字师号也曾以200贯的标价出售。[7]

1.《宋会要》职官一三之二七。“宣和七年六月二十一日，礼部言：‘宣和二年六月十七日敕：天下每岁、间年拨放试经特旨等度牒、紫衣、师号，并住五年给降，印板毁弃，候及五年取旨。契勘今年六月十七日住给五年限满，合行取旨。’诏更展三年。”

2.《塚本善隆著作集》5，大东出版社，1975年。

3.《系年要录》卷二六，建炎三年八月丙辰条。

4. 赵彦卫：《云麓漫钞》卷四。

5.《系年要录》卷一〇，建炎元年十月乙丑条。“诏帅府辅郡要郡等，招置新兵，初不计合用钱粮，止仰度牒紫衣之属。”

6.《系年要录》卷三八，建炎四年十月壬午条。“遣内侍李省往桂阳监，寻访新除江西安抚大使朱胜非之任，赐本路上供经制等钱三十万缗、米十五万斛、银帛五千匹两、甲五百副、度牒五百道，为军中之费……然自度牒外，钱米银帛衣甲之类，皆取于本路诸司，诸州徒得其名而已。”

7.《佛祖统纪》卷四八。（译者注：原书中此条未标注《佛祖统纪》原文，按《佛祖统纪》卷四八为宁宗、理宗朝事，无官卖四字师号之记录。而同书卷四七，建炎二年十一月条下有“敕卖四字师号，价二百千”记载，原文“建炎二年十二月”或为“建炎二年十一月”之误。）

到了绍兴年间，度牒的售卖数量更是日渐增加，绍兴四年（1134）九月壬子，朝廷一次赐给川陕荆襄都督府的度牒已经多达20 000道。[1]两年前的绍兴二年（1132）二月，也曾出现祠部“岁降诸路空名度牒各不下五六万”的情况。[2]

既然是重要财源，政府就不得不对民间私下流通的伪造度牒保持警惕。度牒的伪造自北宋末以来就是一个问题，例如宣和二年（1120），就有邵武军百姓陈枢等因伪造并贩卖度牒193道而被查处，由此政府加强防范，设立了以下罚则：

> 诸伪造度牒印板，徒二年，已印者加一等，谓印成牒身而无印者，并许人告。
>
> 诸伪造度牒而书填官司不检察者，徒一年。
>
> 右入政和诈伪敕。告获伪造度牒印板钱一百贯，印成牒身而无印者加五十贯。石〔右〕入政和赏格。[3]

如史料所述，这些条文都被记入了《政和诈伪敕》。进入南宋以后，建炎三年八月，因户部郎中朱异等人的上言，政府意识到历来度牒都用黄纸印刷，极易伪造，因此下令改用绫纸，此外更模仿茶盐钞引法，制订了度牒发放的“新法”，规定在度牒正反面加礼部及祠部左右司押印，同时向诸路提刑、转运司等下发附有半印和千字文号码的合同号簿，严格管理度牒的发放。另外还在原价110贯的基础上再加绫纸工费钱10贯，以每道120贯的价格出售度牒。[4]然而，这些举措并没能杜绝度牒的伪造，例如绍兴元年（1131）三月八日，越州观察推官章识就因识破伪印度牒49道而得到奖赏[5]，同年十月和绍兴四年（1134）八月，

1.《系年要录》卷八〇。

2.《系年要录》卷五一，绍兴二年二月癸酉。“……至是礼部员外郎兼权祠部王居正言：‘本部岁降诸路空名度牒各不下五六万，而其间乃无一人缘试经者，揆之人情，恐有未安。’”

3.《宋会要》职官一三之二六。

4.《宋会要》职官一三之二七至三二。

5.《宋会要》职官一三之三二。“绍兴元年三月八日，诏：‘文林郎、越州观察推官章识看验得沙弥利珊等度牒四十九道，并系伪印，与减二年磨勘，比类施行。’”

又分别制订了对识破伪造度牒的官吏的奖赏规定[1],政府急于查处伪造度牒的态度可见一斑。

即使政府单方面发售度牒，若无买家，最后不免变成向人民强行分派（科配、配卖、抑配）。这种倾向在北宋末已经出现，而到了南宋初期，对此弊病的批评之声更是空前高涨。右文殿修撰季陵的上言，就是其中一个例子。

> 右文殿修撰季陵应诏言:“……自军兴以来，朝廷所降，类多诰〔官告〕牒〔度牒〕，非强以与民则莫售。”[2]

尽管如此，为了填补巨大的财政空缺，政府仍大量发放用于售卖的度牒，结果致使民间度牒价格下跌，到绍兴六年（1136），出现了“配卖度牒益多，官直百二十千，民间三十千而已”[3]的情况。由此，停止发放度牒的议题被提上日程，该年四月丙午，政府下令暂停诸州由试经而发放的度牒的三分之二[4],七月癸酉,又下令停止童行试经三年[5]。绍兴七年（1137）六月四日，进一步规定“应臣僚恩例及试经拨放并给降支使等,并依已降旨〔指〕挥住给”[6]。这些措施都是通过停止新度牒的发

1.《宋会要》职官一三之三二。“(绍兴元年）十月十七日，诏:‘应诸路州军官吏能用心辨验伪造，每火已经官司推勘断遣了当，即将元验获官吏比提刑转运司推赏。如人吏不愿转资，许依货卖牙引告首支赏，仍以收到书填度牒等縻费钱内支给。’从礼部请也。”另，同职官一三之三三。“四年八月十二日，诏:‘今后应官吏能用心首先辨验伪造新法度牒、紫衣、师号，不获犯人，比获犯人例每合转一官资，只与减半年磨勘，用为酬赏。如人吏不愿减年，每减半年支赏钱三十贯文，仍以收到书填度牒等縻费钱用支给。’从礼部请也。”

2.《系年要录》卷五四，绍兴二年五月丙戌条。

3.《系年要录》卷一百，绍兴六年四月丙午条。“诏诸州试经给降度牒，权住三分之二。旧法，降赐度牒凡二，有拨赐，有试经。自军兴以来，名山福地及他当赐者并罢（注略）。而每州试经犹不下三十人，至是，配卖度牒益多，官直百二十千，民间三十千而已。议者乞权住五年，故有是命。”

4.《系年要录》卷一百，绍兴六年四月丙午条。

5.《系年要录》卷一〇三，绍兴六年七月癸酉条。“诏:‘新法绫纸度牒，除换给使用外，今后更不给降。应童行试经，并权住三年。仍自今年为始。’先是，令诸路僧道人输绫纸工墨钱十千，换给度牒。既而不复换，但令输钱，批旧度牒焉。”另见《宋会要》职官一三之三三。

6.《宋会要》职官一三之三三。“(绍兴）七年六月四日，诏度牒（所）:‘应臣僚恩例及试经拨放并给降支使等，并依已降旨〔指〕挥住给，虽奉特旨，令礼部执奏不行。’”

放，减少民间市场上流通的度牒数量，从而防止度牒价格下跌，但与宣和年间一样，售卖空名度牒的行为本身依然在进行。绍兴七年闰十月二十四日，宰执进呈，指出远方之人无法购买到榷货务出售的祠部度牒，建议将度牒分配至诸路。对此，高宗担忧州县会因此科敷于百姓，宰相赵鼎等人则表示，只要不给州县分配定额，便不会有科敷之弊。不过高宗仍不放心，再次强调“宜严为约束，毋使民受其患”[1]。这一时期，宰相仍然积极促进空名度牒的售卖，这与高宗试图停止度牒发放的想法背道而驰。

二、度牒住卖与高宗的目标

绍兴十二年（1142），宋金和议成立之后，南宋开始着手全面停止度牒发放。

> （绍兴）十二年五月十四日，诏：“礼部度牒自五月十四日以后权住给降。其紫衣、师号除应副军需外，余并住给，仍依绍兴七年六月四日旨〔指〕挥施行。”[2]

直到此时，高宗心心念念已久的停止卖牒计划终于得以实现。第二年正月，又下令“行在自今月十六日，诸路州军限指挥到日，先已支降度牒更不出卖，见在数拘收缴申尚书省”[3]。不同于此前的那些只停止新发度牒的命令，这次连已经下发的度牒也要停止售卖，并尽数收回，举措可谓彻底。此令一下，就一直施行到绍兴三十一年（1161）二月，卖牒停止的这19年，对佛教教团自不必说，对普通社会也产生了不小的影响。

对于此次停发度牒，高宗的态度是极为积极的。绍兴十三年

1.《宋会要》职官一三之三三。“闰十月二十四日，宰执进呈：‘榷货务出卖祠部度牒，远方不能就买，欲量付诸路。’上曰：‘如此则州县将科敷于百姓矣。’赵鼎等奏：‘不责以限数，则无敷科之弊。’上曰：‘宜严为约束，毋使民受其患。’”

2.《宋会要》职官一三之三三。这项措施的内容仍基于绍兴七年六月四日诏，但与当时不同的是，没有规定时限，也不限定度牒种类。

3.《宋会要》职官一三之三三至三四。

（1143）六月，大多数朝臣还主张以卖牒来缓解财政紧张，高宗却表示“朕谓不然，一度牒所得不过一二百千，而一夫不耕，其所失岂止一度牒之利”，并且说“若住拨十数年，其徒当自少矣”。[1]其实在前一年的二月，临安府也曾请求朝廷下赐度牒，当时高宗表示“朕观人主欲消除释老二教，或毁其像，或废其徒，皆不适中，往往而炽。今不放度牒，可以渐消，而吾道胜矣”[2]，批评前朝的毁佛政策往往适得其反，认为停发度牒，不增加新的僧侣道士才是有效手段，表现出对度牒停发政策的效果颇为自信。绍兴二十七年（1157）八月，高宗与礼部侍郎贺允中的对话中，也有“佛法自汉明入中国，其道广大，终不可废。朕非有意绝之，正恐僧徒多则不耕者众，故暂停度僧耳”[3]之语。

在宋代，像这样主张以更加现实、渐进的手段来实现对佛教教团限制的意见，其实高宗之前就已经存在。生活在北宋中期的王禹偁（954—1001），就曾在上真宗疏奏五事中的第四事“沙汰僧尼，使疲民无耗”一项里，主张对蠹耗国家财政的僧尼进行甄别拣选，不过“如以嗣位之初，未欲惊骇此辈，且可以二十载，不度人修寺，使自销铄，亦救弊之一端也”[4]，建议可徐徐图之。

时代较王禹偁稍晚的宋祁（998—1061），面对宋廷因与西夏开战而财政日益窘迫的情况，曾上疏指出国家财政之“三冗”。其中一冗，便是“僧道日益多而无定数”，至于去冗之策，无外乎“僧道已受戒具者姑如旧，其他（如童行等）悉罢还为民，可得耕夫织妇

1.《系年要录》卷一四九，绍兴十三年六月癸巳条。“癸巳，寿星院乞拨给度牒。上曰：‘朕观昔人有恶释氏者，即非毁其教；有好释氏者，即崇尚其徒。二者皆不得中。朕于释氏，但不能使其太盛耳。言者皆欲多鬻度牒，以资国用。朕谓不然，一度牒所得不过一二百千，而一夫不耕，其所失岂止一度牒之利？若住拨十数年，其徒当自少矣。’”

2.《系年要录》卷一四五，绍兴十二年五月丙午条。“先是，临安府乞度牒修观音殿，上不与，特给钱五千缗。上曰：‘朕观人主欲消除释老二教，或毁其像，或废其徒，皆不适中，往往而炽。今不放度牒，可以渐消，而吾道胜矣。’”

3.《佛祖统纪》卷四七。“（绍兴）二十七年八月，礼部侍郎贺允中上殿。上问：‘天下僧道几何？’答曰：‘僧二十万，道士万人。’上曰：‘朕见士大夫奉佛者，多乞放度牒。今田业多荒，不耕而食者二十万人。若更给度牒，是驱农为僧也。佛法自汉明入中国，其道广大，终不可废。朕非有意绝之，正恐僧徒多则不耕者众，故暂停度僧耳。’”

4.《宋史》卷二九三《王禹偁传》。

五十余万人”。[1]

此外，北宋中期著名的思想家李觏（1009—1059），向来以主张排佛而著称，他的《富国策第四》就将“止度人”“禁修寺观”作为驱逐释老的方法，因为“止度人，则未度者无所待而皆罢归矣。禁修寺观，则已度者不安其居而或罢归矣。其不归者，后数十年物故尽矣。如此则缁黄可驱也”[2]。不过，在接下来的《富国策第五》中，他对韩愈《原道》一文所提出的“人其人，火其书，庐其居”之说却加以批判，认为此乃“言之太暴，驱之亡渐”，因为“饱食安居，其习已久，一旦敛数十百万人而冠之，则惊扰甚矣”，所以仍是强调应当循序渐进。[3]

以上三人都是活跃于真宗、仁宗朝的政治家或思想家，尽管所处立场不同，然而针对释老，尤其是佛教教团的限制举措，却有着不谋而合的看法。三人都认为，将业已存在的所有教团一举取缔，不过是徒增社会混乱，不如姑且对现有的僧尼予以保留，只需不许童行得度，令其还俗，僧尼自然就会减少乃至最终消失。至于类似于韩愈那样的极端言论，则被斥为不现实的对策。这样的看法不仅与前述高宗的想法如出一辙，也是宋代政治家们一定程度上的共识。他们基本上都站在现实角度考虑这个问题，不主张采取类似“三武一宗”那样的毁佛政策，而赞成逐渐削弱教团势力，与此同时，只要教团依然存在，就不吝于千方百计利用其势力，以为社会政策、财政政策之助力。关于后者，上一节讨论的王安石对卖牒的看法，以及下文将要探讨的福建路行政与寺院的关系，都是典型例子。值得一提的是，韩愈的“人其人，火其书，庐其居”之语，在后世的讨论中常被作为不可能实现的

1.《宋史》卷二八四《宋祁传》。

2.《直讲李先生文集》卷一六《富国策十首·富国策第四》。“欲驱缁黄，则莫若止度人而禁修寺观。止度人，则未度者无所待而皆罢归矣。禁修寺观，则已度者不安其居而或罢归矣。其不归者，后数十年物故尽矣。如此则缁黄可驱也。”

3.《直讲李先生文集》卷一六《富国策十首·富国策第五》。“故韩愈曰‘释老之弊，过于杨墨’也。然而曰‘人其人，火其书，庐其居’，则言之太暴，驱之亡渐。何者？饱食安居，其习已久，一旦敛数十百万人而冠之，则惊扰甚矣。故前所谓止度人而禁修寺观者，渐而驱之之术也。”

极端言论加以引用。[1]

北宋中期就已经出现的削减僧道的构想，在南宋高宗朝终于得以实现，这对高宗来说必定是值得大书特书的一笔。仅观史籍中所记载的高宗言论，也能感受到他溢于言表的自信。不过须得注意，这份功劳并不能尽归高宗一人，更多却是得益于回收主战大将的兵权、促成宋金和议的宰相秦桧的雷霆手段。《系年要录》在评点秦桧功过时，就曾说道：

> 又以僧道太冗，乃不鬻度牒，暗消其弊，使民知务本。由是中外少安。[2]

俨然将度牒住卖作为秦桧的功绩之一，给予了很高的评价。就在绍兴十一年（1141），即卖牒停止的前一年，秦桧主导了一系列财政机构改革，包括在临近宋金边境的区域设立三总领所（后又增四川，为四总领所），负责军粮调集[3]，如果没有这些改革作为背景，度牒住卖的构想必然难以实现，显然两者是相互关联的。也正因此，更应该说，真正实践并全面推进度牒住卖措施的其实正是秦桧。

三、停止卖牒的效果

高宗的理想是只要停发度牒十年，僧尼的数量便会自然而然地减少，这一目标究竟有没有如愿达成？在度牒住卖期间，臣僚之中上言称僧尼人数确有减少的不在少数，而且这些言论似乎并非出于对皇帝的迎合，而是真实效果的反映。要论证这一点，我们可以观察一些具体事例，也就是在史籍中明确留下传记的僧尼里，有没有人是在停止

---

1. 仅列举明清地方志中的两例，如《万历代州志》卷一《寺观》，“寺观始于汉，侈于梁，而极盛于李唐……然金生已贫，今议火其庐，人其人，难矣哉”；又如《康熙漳州府志》卷二八《寺院》，“论曰：……盖亦有用于人世焉，游食惰民，贫无依归，逃此一途，固圣世所不禁也，不然，昌黎欲人其人，火其书，庐其居矣，兹之记之也何居”。
2.《系年要录》卷一六九，绍兴二十五年十月丙申条。
3. 内河久平：《南宋総領所考—南宋政権と地方武将との関係をめぐって》，《史潮》78、79号，1962年5月。

发放度牒的绍兴十二年（1142）到绍兴三十年（1160）之间得度的。

要探讨这个问题，陈垣编纂的《释氏疑年录》12卷[1]是一部十分便于查检的工具书。该书广征博引，参考史料从佛教典籍、僧传、语录到文集、地方志，乃至金石材料，校订、整理了佛僧的生卒年并为之排序，可以说是一部中国历代僧传索引，与日本尭恕的《僧伝排韻》（收入《大日本仏教全書》）并列，为佛教史研究者必备书籍之一。不过，其编纂方法并非毫无瑕疵。第一，书中收录人物只包括僧而不包括尼，且没有说明理由。第二，其体例仿照俗世中人的生卒年表《疑年录》，因而没有考虑到僧传的特殊性。尤其是对僧传而言，法蜡（又称坐夏、夏蜡、戒蜡、法岁、僧蜡、夏等）的重要性甚至超过生年，而该书却并无记载。法蜡是指受具足戒而成为比丘、大僧后的年数，且以结束夏安居的七月十五日为一岁之终，在翌日迎来新年。高僧传里同时记载年龄和法蜡年数的，在道宣《续高僧传》中还数量寥寥，除了南朝梁的慧约（卷六）以外只有六例可见；但到了赞宁《宋高僧传》中，以道宣律师为代表，唐代后期的僧传绝大多数都有记载，后来的宋代僧传里法蜡年数的记载更是几乎成为定例。不过，关于蜡年的含义，唐代和宋代的理解却大不相同。印度一般都是年满20岁才能受具足戒，实际上《宋高僧传》里记载的僧尼也大都是20岁受具，间或有更年轻的，也不会小于18岁。可是到了宋代，受具年龄明显下降，例如天台宗四明系的高僧知礼（960—1028），就是15岁受具足戒，69岁卒，因此在记录中为蜡54岁。[2]另外，义宗（1005—1081）俗寿77岁，僧夏65岁，可知法蜡始于12岁。[3]更有甚者，会稽智性（1103—1092）卒年90，坐83夏[4]，可知法蜡实际上始于7岁。也就是说，在宋代，受具年龄并不局限于20岁以上，而且除此以外，史料中常常以“祝发受具”的形式将两者并记，表明剃发得度几乎等同于受具。不仅如此，无论受具年龄几何，得度之年即开始计算法蜡年数的情况也偶

1. 中华书局，1938年，1964年再版。
2.《释门正统》卷一。
3.《山右石刻丛编》卷一四，王宥撰《大宋绛州稷山县十方善寺故大乘戒师义宗和尚塔记》。
4.《渭南集》卷四〇，《海净大师塔铭》。

有出现。例如元代行端12岁得度，18岁受具，史料记载他俗寿88，蜡年76，很明显是从12岁开始计算法蜡的。[1]之所以出现这种变化，显然是因为宋代度牒制度确立，并且开始鬻卖度牒之后，得到度牒的时间，即得度年龄变得比受具年龄更为重要。这就意味着，在观察宋代的例子时，基本上可以把法蜡开始的年龄视为得度年龄。因此我们只须从僧尼的卒年里减去法蜡年数，就可以反观其得度时间及得度年龄。从《释氏疑年录》里选出我们所要探讨的绍兴十一年（1141）至三十一年（1162）之间得度的僧人，以上述方法计算，结果如下（表1）。

表1　绍兴十一年至绍兴三十一年得度高僧统计

编号	僧名	生卒年	法蜡	得度、受具时间	得度、受具年龄
1	袁州慈化普庵印肃	1115—1169	28	1141（绍兴十一年）	27
2	临安南山慧因寺善憙	1127—1204	62	1142（绍兴十二年）	16
3	四明育王佛照德光	1121—1203	60	1143（绍兴十三年）	13
4	杭州菩提寺师简	1138—1208	47	1161（绍兴三十一年）	24
5	雷庵正受	1146—1208	47	1161（绍兴三十一年）	16
6	灵隐松源崇岳	1132—1202	40	1162（绍兴三十二年）	31
7	夔州卧龙破庵祖先	1136—1211	49	1162（绍兴三十二年）	27

1.《续传灯录》卷三六。

续 表

编号	僧名	生卒年	法蜡	得度、受具时间	得度、受具年龄
8	湖州宝云寺了彬	1136—1213	51	1162（绍兴三十二年）	27
9	四明天童无用净全	1137—1207	45	1162（绍兴三十二年）	26
10	天童山息庵达观	1138—1212	50	1162（绍兴三十二年）	25
11	天竺北峰宗印	1148—1213	具戒15岁	1162（绍兴三十二年）	15

表1明确显示，至少在有传记现存的僧人之中，没有一人是在绍兴十四年至三十年之间得度、受具的。其中只有德光（3）得度的绍兴十三年是停发度牒命令下达的翌年，但该年正月二十五日有诏：

> 二十五日诏，未住卖以前收买度牒，既系未立限以前买到，自令书填。[1]

说明停发命令下达之前买的度牒依旧有效，而德光应当正是属于此列。

同时，上表的11人中有8人得度都集中在绍兴三十一、三十二年，这一点值得注意。女尼并不在《释氏疑年录》收录之列，但例如大慧宗杲的弟子妙总（1095—1170），也是在绍兴三十二年“祝发批缁”的。[2]当时，她实际上已经68岁。妙总当然是一个较为特殊的例子，不过这8人中的6人法蜡开始的年龄都超过了20岁，按照宋代的惯例来

1.《宋会要》职官一三之三四。

2.《佛祖历代通载》卷二〇，《大正新脩大蔵経》第49卷第700页B—C。“资寿尼无著禅师入寂。师讳妙总，姓苏氏……有以礼部僧牒无著师号为施者，师说偈受之，祝发披缁，克遂初志。绍兴壬午年（三十二年，1162）也。”

看，应该算是相当高龄了，这一点尤其不能不关注。毋庸置疑，这正是因为政府停止度牒发放，导致他们无法得度。而绍兴三十一年卖牒重开之后，那些希望成为僧尼的人自然急于购买。楼钥《延庆觉云讲师塔铭》就记道：

> 时度牒再颁受戒者，僧吏邀取无艺。师为立成规，省十之九，沙弥至于今德之。[1]

可见当时面对蜂拥而至的“僧尼预备军”，负责度牒发放事务的僧吏予取予求，需索无度。

从上述分析来看，高宗停止度牒发放的命令确实是得到了有效执行的，由此也不难想象，由于没有新增的僧尼，该时期内僧尼总人数自然有所减少。这一变化对寺院经济也产生了很大影响。由于僧尼减少，绝产寺院日渐增加，政府则采取了将这些寺庙财产收缴，充入州县学的措施。《系年要录》就提到，在绍兴二十一年九月：

> 上谓大臣曰：“缘不度僧，常住多有绝产，其令户部并拨以赡学。”既而本部乞令提举司置籍拘管，其无敕额庵院亦依此施行。从之。[2]

尤其是在宋代被称为“佛国”的福建，政府借此机会对寺院经济大加整改。本书第四章还将详述，自唐末以来，福建地区得到迅速开发，而这种开发同时也伴随着佛教的发展。尤其是五代时期建立闽政权的王审知及其后嗣皆笃信佛教，将田土分为三等，其中上等的膏腴之田尽数赐予寺观，中、下等田则分给土著流寓人口，对佛教的优待已可谓极端。这种田产所有关系延续到了宋代，因此福建地区的寺观，尤其是佛寺，通常都是最大的资本家。历任地方官都致力于将寺院的庞

1.《攻媿集》卷一一〇《延庆觉云讲师塔铭》。
2.《系年要录》卷一六二，绍兴二十一年九月戊戌条。另见《宋史》卷一七三《食货上一》，绍兴二十一年条。

大资产灵活运用到民政事务中，例如将各种赋税上供交由寺院承担，尽量减轻人民负担；道桥修筑等土木工程也多由寺院、佛僧来承包，用这些措施将平民的负担转嫁给寺院，因此福建素有“寺院为民之保障”的说法。也正是因为这种地域特点，在卖牒兴盛的时期，福建对中央政府来说不啻为一棵摇钱树。例如绍兴五年（1135），知福州张守就曾将卖牒收入百余万缗之中的钱三四十万上供朝廷，因此得到嘉奖[1]；绍兴十一年（1141），知福州张浚也曾陆续上供63万缗以助国用，获朝廷诏赐奖谕[2]。

上述寺院绝产没官的命令下达之后，绍兴二十二年（1152）春，司农寺丞钟世明被派遣至福建。《建炎以来朝野杂记》甲集卷一六《僧寺常住田》中说：

> 绍兴中，高宗尝取其绝产隶郡国养士。久之，住鬻祠部度牒，其徒寖微。二十（二）年春，命司农寺丞钟世明往闽中措置寺观绝产，自租赋及常住岁用外，岁得羡钱三十四万缗，入左藏库。

熊克《中兴小纪》也有相同记载，不过其中提到钟世明的举措是“凡僧道之见存者，计口给食，余则为宽剩之数，籍归于官”[3]。尤其是所谓“宽剩之数”，又称为“攒剩钱”，正如上文所述，此后也使中央和地方财政受益不少。要而言之，绍兴年间的度牒住卖措施事实上促成了福建地区庞大寺院财产的部分充公，这一结果带来的经济效益颇为可观。

1.《系年要录》卷八四，绍兴五年正月戊申条。“资正殿学士知福州张守充资政殿大学士。……守奉诏变易度牒，得钱百余万缗。会有旨调海舟百艘，守因请以其舟载钱三四十万应副朝廷使用。……中书门下省奏二人（张守、连南夫）供亿调度，曾不愆期。诏以忧国爱君，宜加褒宠。故有是命。”

2.《系年要录》卷一三九，绍兴十一年三月庚子朔条。“观文殿大学士左宣奉大夫福建路安抚大使知福州张浚言：‘朝廷调发大军，用度至广。臣本州措置出卖官田，及劝诱寺院、变易度牒，共得六十三万缗，节次起发，少助国用。’诏浚一意体国，识大臣体，令学士院降诏奖谕。”

3.《中兴小纪》卷三五，绍兴二十二年二月辛巳条。“时住鬻度僧道牒已久，其徒寖少……乃遣太府寺丞钟世明下本路措置寺观田产，凡僧道之见存者，计口给食，余则为宽剩之数，籍归于官。”

尽管高宗停止下发度牒的政策取得了这些成果，但实际上违背诏命，利用法网疏漏的投机之举也并未绝迹。例如郑刚中在任四川宣抚副使期间，就曾因违背朝命售卖度牒并获利55万缗而获罪。[1]违法行为之最甚者，莫过于度牒洗改——僧尼死亡后，寺院住持或州县吏人隐匿本该返还给政府的度牒，涂改法名后巧卖给童行，让其得度。度牒在僧尼死亡之时已然失效，却随着洗改仿佛借尸还魂，因此这种涂改度牒的违法行为被形象地称为“反魂”[2]。对此，朝廷曾分别在绍兴二十五年（1155）二月乙未[3]、二十七年（1157）十二月十五日[4]、二十九年（1159）闰六月十九日[5]、三十年（1160）二月庚戌朔[6]下达禁令，几乎是年年强化惩罚措施，致力于防患未然。然而这类不法行为始终难以根绝，就算在后来恢复卖牒之后，禁令仍是一发再发。此外，还有一种更省事的手段，即无度牒者剃发为僧，也就是所谓的私度僧。自南北朝时期以来，私度僧始终是一个让政府头疼的难题，更何况在停止度牒发放的情况下，私度僧更是呈现增加趋势：

> （绍兴）十九年七月三日，上曰：“官不给卖度牒已十余年，访闻多有无度牒辄披剃者，可令礼部措置禁止，稍重其罪，仍许人告。”[7]

此时高宗说停止卖牒“已十余年”，是将绍兴六、七年当作了度牒住卖的开始。

1.《系年要录》卷一五九，绍兴十九年三月甲辰条。“诏责授濠州团练副使复州安置郑刚中许用议减特免禁锢，移封州安置。……刚中坐任四川宣抚副使日……又辄违朝命，出卖度牒，收钱五十五万余缗。”

2.《系年要录》卷一六八，绍兴二十五年二月乙未条。“知浔州郑思永言：‘……又朝廷住卖度牒之后，州县拘收亡僧道度牒，并不许纳，致重行冒名披剃，谓之反魂。’诏并禁止。”另见《中兴小纪》卷三六。

3.《系年要录》卷一六八，绍兴二十五年二月乙未条。

4.《宋会要》道释一之三五。

5.《宋会要》职官一三之三四。

6.《系年要录》卷一八四。

7.《宋会要》职官一三之三四。

除了无牒披剃的违法僧尼以外，未得度牒便擅自住进寺院之人、带发从事宗教活动之人等，在这一时期都屡见不鲜，这种现象逐渐被视为很大的社会问题，倡议恢复下发度牒的声音也因此出现。下一节就将探讨这些提倡恢复的意见。

四、恢复卖牒的要求及其意见

其实，就如高宗在绍兴十三年（1143）已经提到的，“言者皆欲卖牒以资国用”[1]，停止卖牒的命令从一开始就伴随着无数反对意见。而到了绍兴二十六年（1156）二月，高宗又说：“（王）大宝近又请放度牒，殊未晓朕意。人多以鬻度牒为利，亦以延人主寿为言……”[2]可见到此时，以各种理由要求恢复卖牒的声音越来越多。不过，现存史料中赞成卖牒的声音极少，笔者管见，仅志磐的意见和王之道（1093—1167）的《乞卖度牒粜军粮劄子》两例。其中前者细节如下：

> 述曰：高宗聪明而达于权道，故不放度牒，将抑僧以助农，如古人排佛，正以不耕为国蠹，可谓知政本矣。然尝论之，今之为僧者，未暇以学道言之。或迫于兄弟之众多，或因无田而不耕，皆天下之闲民也。深山蛇虎之乡，边海斥卤之地，非田也。出家之士率众力，凭志愿，幸而可开为亩，皆天下之闲田也。以闲民食闲田，未尝为农病也。矧今为农者常自多，常苦于天下之田少。而寺院之产常自定，不令闲民为僧，则农益多。农多而常田少，农始病矣。去而为商贾，为百工，为游乞，为倡优，趋末者纷纷然；又不能为，则盗于海，劫于陆，无所而不为矣。然则驱闲民而僧之，是亦为政之权道也。可不讲明乎。[3]

志磐的言论虽是站在佛教立场而发，但他从社会政策的角度阐明

1.《佛祖统纪》卷四四，《大正新脩大藏経》第49卷第425页C。

2.《系年要录》卷一七一，绍兴二十六年二月甲午条。

3.《佛祖统纪》卷四七，《大正新脩大藏経》第49卷第426页C—第427页A。

度牒发放的必要性，却尤其值得注意。成为僧尼的人，虽然不能说全是贫民出身，但确有很多不过是为了减少家中人口，满足温饱才遁入佛门的。这也正是“无法子，就做和尚”[1]这句俗语的由来。而正如志磐所指出的，寺观在中国社会中起到了接收“闲民”的作用，这一认识并无谬误。举例而言，北宋末宰相蔡京建立了居养院、安济坊、漏泽园等设施，对社会福利政策着力颇多，而其中有一条措施就是“遗弃小儿，雇人乳养，仍听宫观、寺院养为童行”[2]。此例正表明寺观能够起到孤儿院的作用，收留被遗弃的儿童并养为童行，而这些童行最终将成为僧尼。

后者王之道则是列举了因停止卖牒而产生的种种弊端，以此为据倡议恢复。他在劄子里指出：

> 异时国家常虑暗失丁壮，禁卖僧道度牒矣。而游惰之徒，利于不耕而食、不蚕而衣，虽不披剃披带，例以参头、道者为名，所至云集，往往三两倍见存僧道之数，其与暗失丁壮均也。[3]

这里的“参头”，指的是尚未得度的行者中入门时间长、较为年长者，他们一般会成为众行者之首。[4]而关于“道者”，本书第七章“关于宋代浙西的道民”中会具体论述，此处简而言之，即道者一词虽然有时也用来代指僧侣或道士，但宋代很多时候则代指尚未得度的带发之人。日本僧人無著道忠（1653—1745）认为道者指的是“童行和道者”[5]，但如同出现在《佛祖统纪》里的“倪道者”一样，“弃家作道者，建小庵专意念佛”[6]的虔诚俗家宗教人士，或是被为政者视为邪教徒的白衣道

1. 此为塚本善隆《宋の財政難と仏教》序言中列举的蔑视僧尼的俗语之一。
2.《宋史》卷一七八《食货上六·赈恤》。
3. 王之道《相山集》卷二一。王之道在劄子中请求“权造绫纸度牒五千道，每道立价钱一千贯”。另外，据同书卷二十《论和籴利害劄子》，上述劄子上于绍兴二十九年夏，也就是恢复卖牒两年之前。
4. 無著道忠：《禅林象器箋》，诚信书房排印本，1963年，第299页。
5.《禅林象器箋》第七类《職位門》，第295页。
6.《佛祖统纪》卷二八《往生杂众传》，《大正新脩大蔵経》第49卷第282页B。“倪道者，仁和人，弃家作道者，建小庵，专意念佛。”

者，也都可以称为道者。总而言之，两者都是指尚未得度、带发从事宗教活动的人。

志磐与王之道两人，无论是生活的时期还是立场都不相同，却都站在社会政策的角度反对度牒住卖，要求恢复卖牒。他们一人认为度牒住卖让失业者彻底失去了获得粮食的机会，雪上加霜；一人则认为"游惰之徒"即便没有度牒也依然寄生于寺观，或违法从事宗教活动，对于保证丁壮口数而言并没有任何效果，偏离了度牒住卖的本来目标。不得不说，两人所言都反映了当时的社会现实。就减少现有的僧道数量，以及削弱既存教团势力的角度来说，度牒住卖的效果与高宗的预想一致，确实获得了成效。但相对的，"闲民"成为僧道的路被阻断，结果是成为私度僧，或是所谓参头、道者等未得度的带发宗教人士，且数量多达现有僧道人数的两三倍，因此并不意味着农业人口的增加。甚至可以说，正是这种政策催生出了游离于既存教团势力之外的半僧半俗的宗教群体——例如后文中还会提及的道民、白莲教等——并且促成了它们的发展。而且即便在卖牒恢复以后，这种趋势仍在持续。

第五节　卖牒的恢复

绍兴三十一年（1161）二月二十五日，度牒售卖重新开始。恢复卖牒最直接的原因，是金海陵王撕毁和议大举南侵，南宋军事资金再度告急。不过实际上，从两三年前开始，要求恢复卖牒的声音便日渐高涨，已至难以平息，也是一个重要原因。上节已经提到，卖牒一经恢复，"僧道预备军"便蜂拥而至。此后卖牒一直持续到南宋末，影响波及社会经济的方方面面。这种影响之深，直接反映为该时期的文献，尤其是文集中与卖牒相关记载数量之多，也让我们能够从中了解到这些影响的具体形式。需要补充说明的是，这一时期虽然偶有特旨下赐度牒，但并未举行试经度僧或普度，卖牒几乎是度僧的唯一手段。

首先探讨一下恢复卖牒之后度牒价格的变化趋势。恢复之初，度牒以每道500贯，益以绫纸钱10贯，即510贯的价格出售。与住卖前相比，这个价格高达之前的近5倍。一方面，从绍兴三十一年起，9年间共下发度牒12万道，可知平均每年下发数量多达13 000道[1]，足见政府在资金筹措上对卖牒是何等倚仗。然而恢复之初的度牒售价过高，自然无法大量卖出，因此恢复后的翌年，价格即降至312贯，到隆兴二年（1164）更降至250贯，不过两者都标榜只是临时举措，官方定价始终保持在500贯。乾道五年（1169）政府曾一度停止度牒发放，不过也仅是一时，第二年春天即以每道400贯的价格重新恢复售卖，令购买者以现钱、会子参半支付。[2]然而这样做的结果却是富豪买断度牒之后，再以高于原来的500贯的价格转手，从中牟利，因此淳熙四年（1177）政府采取措施，再度将价格上调为450贯，更为接近官方原价。[3]后来度牒价格一路高涨，淳熙九年（1182）至500贯，十二年（1185）至700贯，到光宗朝高达800贯，下文将详细论述的公田法施行后更是突破了920贯。而且，这不过是政府公布的官方定价，实际上市场中的流通价格有时甚至超过1 000贯。这些度牒买卖中，用米代替现钱进行交易的情况很常见，这样换算下来，则每道度牒大约300石，是北宋神宗朝初期价格的2倍。不过在这种情况下，又存在米价换算的问题，朱熹在《乞借拨官会降度牒及推赏献助人状》中就指出“度牒换米，虽已得旨给降，而米数太多，度牒一道计当钱千五百缗”，说明实际的度牒价格已经超过官方定价的2倍。为此，他表示：“以此至今皆未闻有应募者……其度牒亦乞裁减半价，只作百五十石……”[4]认为应该降价。另外，在四川，只在该地区内部通用的川钱引相对于度牒的价格，在淳熙五年（1178）为度牒1道对钱引800道，后来涨至1 000道[5]，然而实际上却是“蜀中度牒，官直千引，而民间至千六百引云”，实际交易价格是官方价格的1.6倍，出现了“僧、道士有金钱而度牒不可得”的现

1.《建炎以来朝野杂记》甲集卷十五。

2.《宋会要》职官一三之三五。

3.《宋会要》职官一三之三六至三七。

4. 朱熹：《朱文公文集》卷一六《乞借拨官会降度牒及推赏献助人状》。

5.《宋会要》职官一三之三七。

象。[1]到了嘉定初年（1208），四川总领所出库管金银、度牒收兑钱引半界之时，度牒的价格已经高达每道1 200缗。[2]

卖牒本来应该是填补财政空缺的最后手段，然而进入南宋后期，已然到了“国家所以纾用度者，僧牒与鬻爵耳”[3]的地步，卖牒俨然成为重要财源之一。地方财政中卖牒收益所占比例尤重，为此彭龟年就曾说过，中央政府“应副州郡之钱，不过度牒、会子二种”[4]。卖牒收入最主要的用途是遇到自然灾害时充当和籴的籴本，但实际操作中却总会面临种种困难。例如彭龟年在上述发言中紧接着提到的，“但度牒、会子惟平时可以换易，若直待缓急，然后给降，决难支用”，即灾害发生后再临时奏请朝廷拨降，显然为时已晚。于是在情况紧急的时候，地方官为了赈灾，就不得不动用其他名目的官钱。例如在孝宗乾道四年（1168），四川制置使汪应辰在蜀中大旱之际奏请朝廷发放度牒，获准下发400道。当时批准的圣旨中特别加上了“专充籴本，措置赈济，不得别将他用”[5]的条件，而汪应辰在后续的上奏中则报告自己“缘度牒未到，已先兑那别色官钱，逐急收籴，斟量缓急，随宜赈济”[6]。由此可见，朝廷下发用于售卖的度牒，实际上是一种用途有限、不可挪为他用的

1.《建炎以来朝野杂记》甲集卷一五《祠部度牒》。“然僧、道士有金钱而度牒不可得，故蜀中度牒，官直千引，而民间至千六百引云。”［译者注：此处引用史料，原书正文注解中作“蜀中度牒，官直千引，而民间至千六百引云。……僧道有金钱，而度牒不可得”，除“士”字脱漏外，因语序不同而导致因果关系相反。因原书未注明，不知参照何版本，今以徐规氏点校中华书局2000年版（以适园丛书本为底本，参校井研萧露浓刻本、武英殿聚珍版书本、文渊阁四库全书影印本、函海本等）补入。从文意来看，“僧、道士有金钱而度牒不可得”，乃因度牒数量供不应求，似乎更应成为民间度牒价格高涨的原因而非结果，关于此处，原书的解读或可略做商榷。］

2.《建炎以来朝野杂记》乙集卷一六《四川收兑九十界钱引本末》。“逮嘉定初，每缗止直钱四百以下，议者患之。总领财赋陈逢孺乃与僚属议，出库管金银、度牒与民，收回半界。金每两直六十缗，银每两六缗二百，度牒每道一千二百缗。”

3.《宋会要》职官一三之三九。

4. 彭龟年：《止堂集》卷六《江陵条奏边备疏（贴黄）》。“臣亦知朝廷窘匮，应副州郡之钱，不过度牒、会子二种。但度牒、会子惟平时可以换易，若直待缓急，然后给降，决难支用。”

5. 汪应辰：《文定集》卷四《御劄问蜀中旱歉画一回奏（注）》。“十月十三日，奉敕旨，令户部于见拘收诸路未卖度牒内给降四百道，付汪应辰，专充籴本，措置赈济，不得别将他用，余依议。”

6. 汪应辰：《文定集》卷四《第三次奏赈济旱歉》。

“定向补助款”。

正因为度牒对于地方政府来说是重要财源之一，时人文集中常见乞请下发度牒的上奏，也就不足为怪了。然而即便如愿得到度牒，到了卖出的环节，事情却又不那么简单。由于度牒价格持续上涨，经常会出现迟迟等不来买家的情况，周必大所说的“昨日乃闻江西度牒难卖，州郡甚困科扰”[1]，魏了翁提到的“度牒、盐袋虽在橐中，卒难交易”[2]，都是这一困境的真实写照。没有买家，就意味着没有财政收入，因此农民往往被强行摊派。这类案例的报告见于真德秀《回申尚书省乞裁减和籴数状》《申尚书省乞免降度牒状》等上奏。前者是朝廷在嘉定十一年（1218）向湖南潭州发放会子和度牒作为和籴本钱时，真德秀所上奏状，文中论及：

> 度牒经年无人承买，于是官司不获已，以科配从事。每岁州以度牒科之县，县以度牒抑之民，凡户管田一千亩以上者纳度牒米，一千亩以下者认中籴米，每牒一道，率三四户共之，寺观亦然。一岁所科虽十余万石，而所纳实不及半。……而纳度牒米者折阅尤甚，且无变转之所。词诉盈庭，怨嗟载道，民之脂膏，朘削极矣。[3]

可以看到，不只是农民苦于度牒科配，就连寺观也因此经济大受影响。而且，在上述两道上奏中后者的小贴子里，真德秀还指出：

1. 周必大：《文忠集》卷一九八《江西陆提举书》。
2. 魏了翁：《鹤山先生大全文集》卷二七《奏乞增支督府钱物》。
3. 真德秀：《真文忠公文集》卷一七《回申尚书省乞裁减和籴数状》。“自（嘉定）十一年又蒙劄下本州，支降官会、度牒，以为籴本。会价折阅，已不便于民旅，而度牒经年无人承买，于是官司不获已，以科配从事。每岁州以度牒科之县，县以度牒抑之民，凡户管田一千亩以上者纳度牒米，一千亩以下者认中籴米，每牒一道，率三四户共之，寺观亦然。一岁所科虽十余万石，而所纳实不及半。县吏并缘繇此致富，则在在有之。甚至乡胥之走弄，场吏之邀求，价直之减削，斛面之增加，其纳中籴米者，比之市价每石折钱多至八百文足，少亦不下官会一贯。而纳度牒米者折阅尤甚，且无变转之所。词诉盈庭，怨嗟载道，民之脂膏，朘削极矣。”

> 契勘湖南州县寺观，大抵产税岑寂已甚，虽名大刹，不足比江浙、福建下等寺观。兼自嘉定十一年以来，逐岁敷抑度牒，勒令纳米，其数已不可胜计。纳米不足，又责令纳钱，寺观缘此倒败者非一。[1]

据他所说，湖南寺观原本已然是勉强才能度日，更因度牒、钱米的科配而雪上加霜，甚至多有因此倒闭者。由此可以看出，恢复卖牒对于教团来说未必完全是可喜之举，反而更加速了教团在停止卖牒时期里已经出现的衰落势头。

据刘克庄所撰的真德秀行状[2]，上述真德秀提出的免降度牒的上奏并未得到许可，最后不过是“遣人货于都城，而自任其折阅，所籴才十一”[3]。

然而自理宗朝起，和籴愈演愈烈[4]，例如浙西常熟县的和籴额度就高达秋苗的两倍至四倍，到了“今日国用、边饷，皆仰和籴”[5]的地步，且因为是强制配抑，更是导致“浙中钜产化为下户者，十室而九”[6]。而与度牒一同被作为籴本的会子，也因大量印发导致价值下跌，政府不得不为应对纸币问题绞尽脑汁。

作为解决和籴的种种弊病的对策，宰相贾似道在浙西路六个府、州、军实施了公田法，停止和籴，并从地主手中征购土地，以其土地

1.《真文忠公文集》卷一七《申尚书省乞免降度牒状（小贴子）》。“契勘湖南州县寺观，大抵产税岑寂已甚，虽名大刹，不足比江浙、福建下等寺观。兼自嘉定十一年以来，逐岁敷抑度牒，勒令纳米，其数已不可胜计。纳米不足，又责令纳钱，寺观缘此倒败者非一，盖有一二年敷下度牒，至今监钱未足者。人户既不可科配，寺观又不填均敷，委是无所措手。”

2. 译者注：原文作“魏了翁所撰真德秀行状”，按魏了翁所撰为真德秀神道碑（《鹤山先生大全文集》卷六九《参知政事资政殿学士致仕真公神道碑》），而行状为刘克庄所撰（《后村先生大全集》卷一六八《西山真文忠公行状》），此处应为“刘克庄”之误。

3. 刘克庄：《后村先生大全集》卷一六八《西山真文忠公行状》。“朝廷岁降度牒和籴，州配之县，县配之民，率三四户受一牒，昂其价以市米，每斛比市直仅四之三。公乞免降度牒，不许，则遣人货于都城，而自任其折阅，所籴钱才十一。”

4. 和籴的相关研究可参看和田清编《宋史食貨志訳註》（东洋文库，1960年）中的“和糴”一节（斯波義信撰文）。

5.《宋史》卷一七三《食货上一·农田之制》，引谢方叔上奏。

6.《后村先生大全集》卷八七《进故事》。

上的收入充作军粮（1263年）。[1]征购资金由官告、度牒、银、会子四项构成，各项所占比例根据征购土地面积大小而有不同：面积在5 000亩以上的，支付的征购资金为银半分、官告五分、度牒二分、会子二分半；5 000亩以下的为银半分、官告三分、度牒三分、会子三分半；1 000亩以下为度牒、会子各五分；500亩至300亩则全额支以会子。[2]但《至顺镇江志》卷六中记录的比例又与上述有所不同，5 000亩以上为官会一分半、银半分、官告五分、度牒三分，度牒比例更高。此外，该志中还列举了各项财物的市场价值，其中度牒为每道4 600贯。而据周藤吉之的研究，这只是十七界会子的价格，若是以十八界会子换算，则价格为其五分之一，即920贯。以十七界会子计算，此时银价为每两100贯，即度牒价格为每道银46两。

南宋后期的度牒还有一个重要用途，便是充当纸币准备金，即用于回收旧纸币时的资金。恢复卖牒不久后的隆兴二年（1164）正月二十四日，礼部便向浙西等路下发度牒1万道，用于售卖，所得充作都督府的会子本钱。[3]按照惯例，为了防止滥发和价值下跌，会子以3年为一界，到期则回收旧币，而回收时一般以金银、官告、度牒、紫衣师号等换易。例如嘉定二年（1209）回收十一、十二界会子，便从封桩库拨出金150 000两（每两值钱40贯，共计600万贯）、度牒7 000道（每道值钱1 000贯，共计700万贯）、官告绫纸、乳香（每套1贯600文）等，共计2 000余贯，用于旧会子的回收、换易。[4]后来的端平二年（1235）回收十六、十七界会子，朝廷拨下度牒50 000道、四色官资付身3 000道、紫衣师号2 000道、封赠敕告1 000道、副尉减年公据1 000道[5]，其中度牒

1. 关于贾似道的公田法，可参看宫崎市定：《南宋末の宰相賈似道》，《アジア史研究》第二，东洋史研究会，1959年，第208—210页。另可参看周藤吉之：《南宋末の公田法》，《中国土地制度史研究》，东京大学出版会，1954年。

2.《宋史》卷一七三《食货上一·农田之制》。

3.《宋会要》职官三九之一五。

4.《宋史》卷一八一《食货下三·会子》。

5.《宋史全文资治通鉴》卷三二。“端平二年四月……诏令封桩库支拨度牒五万道、四色官资付身三千道、紫衣师号二千道、封赠敕告一千道、副尉减年公据一千道，发下诸路监司州郡，广收（十六、十七）两界会子。”

所占比例明显很高。

在南宋王朝日暮将近之际，度牒也和纸币一样出现了滥发的现象。然而因价格居高不下，即便买入也无法转手卖出，度牒也就无异于废纸一张。例如高斯得就曾在批评公田法的文章中指出：

> 白夺民田，流毒数郡，告牒弃物，不售一钱，遂使大家破碎，小民无依，米价大翔，饥死相望。[1]

描述了官告、度牒不名一文的情况。这一时期朝廷每年下发多少度牒，史料中没有统计，确切数字无从得知。不过，从当时曾有一次下发度牒50 000道的例子来看，一年下发数量应该是超过100 000道的。大量度牒无法卖出，成为一张张空头支票，充斥民间市场。[2]

第六节　度牒的获取方法

本节将探讨“僧道预备军”如何获取政府售卖的度牒，以及如何得度的问题。度牒的购买主要有两种情况，一种是商人或富豪作为中介者购得，因为他们并非自己得度，而是为了转手卖给想要成为僧道的人。另一种则是预备成为僧道的人直接向官府购买，或从商人、富豪手中购买，到手后需要在相关机构书填法名、籍贯等信息，登记在僧尼籍中，方能成为正式的僧道。本节主要观察后一种情况，通过具体事例，厘清相关问题。由于大多数事例还是集中在南宋恢复卖牒以后，因此本节的探讨也将以此为主。

一、化缘

想要出家的人，大多数正如志磐所说，是家中兄弟众多，或无地

1. 高斯得：《耻堂存稿》卷一《彗星应诏封事》。
2. 若每次发放数量多达10万道，则让人不禁生疑，度牒如此大量流通，价格自然应该下跌，更容易找到买家，而僧尼人数也会出现激增。实际上，本章内容最初作为论文发表之后，諸戸立雄氏也曾私下向笔者指出过这个问题。这点的确难以理解，欲留待后考。

可耕的贫民阶层出身，抑或是因天灾而失去家园的流民。他们寄身于寺观以求糊口，以童行或行者的身份修行，以待他日正式得度为僧。然而在南宋后期试经度僧几乎完全停止的情况下，要成为僧道，除了购买政府发售的空名度牒以外别无他法。无奈每道价格高达数百贯，甚至是上千贯的空名度牒，实在不是他们凭一己之力能够买到的。为了实现目的，他们当然也会采取各种方法，而其中之一便是向信众筹集资金。召集出资信众的号召书名为“化僧疏”或“求度牒疏”，通常请名家执笔。南宋文集中，这样的诗偈不在少数，这里试举一例。

张孝祥《灵严行者化僧偈》(《于湖居士文集》卷二六)

咸安郡王功德主，智积菩萨大道场。
有善男子名德柔，欲为大僧无度牒。
我今说偈为劝请，愿见闻者皆乐施。
此善男子得度已，俱证无上菩提果。

偈末特别提到，若乐施净财，使这位行者得度，施主也将同样得到佛果，这种将布施度牒钱作为功德的劝说之法，反映出时人对度牒的认识，这一点颇为耐人寻味。而张孝祥本人除了这篇《灵严行者化僧偈》以外，还著有《妙定化僧偈》《天禧行者广如化僧疏》《行者求僧偈》《乾明舜老度弟子求疏》(皆在《于湖居士文集》卷二六)等偈文。

至于其他文集中的同类诗偈，也不在少数，例如：王庭珪《卢溪文集》卷四一《赠侄孙行深》[1]；林之奇《拙斋文集》卷二〇《天宁行者化度牒疏》；员兴宗《九华集》卷二一《宗印化出家疏》《胡道者化出家疏》《蔡道者化出家疏》；陆游《渭南文集》卷二二《敷净人求僧赞》、卷二四《求僧疏二首》《紫霄宫女童徐居庆求披戴疏》《成都大圣慈寺念经院僧法慧为行者雷印定求度牒疏》《梁氏子求僧疏》《孙余庆

1. 王庭珪《赠侄孙行深》:“余侄孙行深，自幼喜出家，度牒禁阁二十年而志愿不衰，今欲脱巾而缁其衣，资用尚阙，欲丐诸闾里，假众力随缘赞助，乞言于余，为作四句偈题于疏首。偈曰：头陀未具山僧像，只欠钵囊挑锡杖。我今自是在家僧，汝好将钱买和尚。”文中说到“度牒禁阁二十年”，可知其文作于刚刚恢复卖牒后的绍兴三十一至三十二年。

求披戴疏》《陶山庵行者求化度牒疏》《傅妙龢求僧疏》《叶可忻求僧疏》；陈造《江湖长翁集》卷三九《尼求度牒疏》；释居简《北涧集》卷八《慧光庵慧明求僧疏》《老寿庵汤妙应求僧疏》《行者求僧疏》《川行者求僧疏》、卷九《临海尼如奉求僧疏·觉无象族人》《钱昭文直香火道人求僧疏》《下竺智仁求僧疏》《智卢求僧见李知者疏》；李昂英《文溪集》卷一七《行者了宽等题钱买度牒疏四章》；姚勉《雪坡舍人集》卷四六《内宫寺求僧疏》《兴善院求僧疏》《余师姑题缘祠部疏》。

以上各篇中，陆游的《紫霄宫女童徐居庆求披戴疏》和《孙余庆求披戴疏》两篇为道教徒的披戴疏。

这类疏偈没有固定的格式，通常都是作者文思所至，但主旨都与上述各例大同小异。不过，正如李昂英笔下所道：

> 作佛何曾要裹缠，顶门尚欠世间钱。[1]
> 作佛本无相，为僧却要钱。[2]
> 无奈世缘，要二尺绫。[3]

佛本来应是超脱俗世尘缘之外的，然而入佛门为僧却要靡费俗世钱财，须买得“二尺绫”——度牒。李昂英的诗偈，显然对当时的度牒政策持批评态度，可以说为僧道们道出了心中不满。

二、施予

上述化缘的方法，主要是行者自己托钵集资，而所谓施予，则主要是接受来自特定的檀越、富豪的施赠。当时似乎有一种信仰，认为买度牒施予行者，便可以免灾祸、得福报，这种倾向从上文列举的求度僧疏一类诗偈中也可以看出。洪迈《夷坚志》里，就有这样的一则逸话：

> 淳熙四年，张子正待制知泰州，以妻病，焚香祷佛，愿

1.《行者了宽等题钱买度牒疏》其二。
2.《行者了宽等题钱买度牒疏》其三。
3.《行者了宽等题钱买度牒疏》其四。

> 剃度一僧。已而妻愈，乃榜示诸刹，凡在籍童行，令悉趁四月十五结夏日集于报恩光孝寺。秀州行者善鉴，颇欲巡礼丛林，自江阴济江，过石庄投宿明禧禅院，两脚忽重腿如石，不能前，彼盖不知邦君有施也。寺僧与之言，时已初十日矣。心虽欲之，而足力不可强。夜梦伽蓝趣其去，凌晨粥罢，僶勉由如皋县而北。临十四夜，始至郡城，投报恩，股痛益甚，卧于选僧寮。明日，张与妻至，群僚毕预斋供，观诸人探阄，时会者五百余辈，序立堂上。张问纲维："犹有未到者否？"以善鉴对，且言其道路损脚，目今困卧。张必欲其来。鉴不获已，策杖往，随众拈一小纸卷，及开视，独鉴得之。即日落发，张氏制三衣与之，同类皆起登仙之叹。方旬日，南禅缺住持，张又作疏邀开堂主法席，遂连处三大刹，为淮地所重。[1]

这个故事里没有直接提到度牒，但很明显，张子正是提前买下度牒以后施赠给善鉴的。而同书另一篇《张圣者》，也提到了这样一件事：

> 绍兴中，张魏公镇闽，母莫夫人多以度牒付东禅寺，使择其徒披剃。[2]

从中也可看出，施予度牒其实是奉佛的一种方式。事实上，第四节提到的资寿尼无著禅师妙总（1095—1170）也是在绍兴壬子（三十二）年，也就是恢复卖牒的翌年，"有以礼部度牒、无著师号为施者"，这才得度的。[3]

还有一个接受施予的度牒、得度为僧的典型例子，即《水浒传》中著名的好汉——花和尚鲁智深。杀人潜逃的鲁提辖得到赵员外相助，赠予他"五花度牒"，在五台山文殊院得度出家，成为智深和尚。这个故事的素材正是来源于宋代的卖牒政策，对经文教义一窍不通的鲁智

1.《夷坚志》支戊卷四《善鉴为僧》。

2.《夷坚志》支丁卷一〇《张圣者》。

3.《佛祖历代通载》卷二〇。

深，仅凭一纸度牒便能成为僧人，是当时宗教界现状的真实写照。由卖牒政策而产生的如鲁智深一样的“花和尚”，在那个时代不在少数。

三、度僧田、度僧局

寺院一般都住着与僧尼人数相当，甚至可能超过僧尼的童行，他们通常一边修行，一边从事杂役。从寺院的角度来说，则需要“贾度牒以世其徒”[1]。为了筹集购买度牒的资金，寺院会特别购置度牒田，设立度僧局。崔敦礼在文章中就提到：

> 寺素空窭，无以度人，四方之游者泛然为传舍之视，苟不为之计，寺之兴废未可知也。乃饬其徒慧如者，循诸方例，募置常产，为度僧局，铢积寸累，得膏腴之田若干亩，凡志于学、利于众、劳于寺事，则以岁之入度之，设为科条，至精且密。于是人劝其功，堕者思进，懦者思奋，欢喜踊跃而作佛事。……淳熙三年十一月二十五日，静海崔敦礼记。[2]

此外，释居简也曾提到：

> （致政陈公）捐膏腴三百亩，岁度一僧。[3]

另据娄机《东塔置田度僧记》所记：

> （清雅）于是置常住田，置度僧局……就以先所有鲍氏诸家田米岁二百余斛归度僧局，籍净人氏名，鳞以高下，持帖为据。知事僧掌之，给先出局者披度，礼本院为师，有赢金，勿擅支与以济私用。……岁次甲子（嘉泰四年）……娄机记。[4]

---

1. 杨万里：《诚斋集》卷七六《永新重建宝峰寺记》。
2. 崔敦礼：《宫教集》卷六《建康府溧阳县报恩寺度僧田记》。
3. 释居简：《北涧集》卷四《陈致政施田度僧记》。
4.《至元嘉禾志》卷二二。

可知度僧田在寺院的常住田之中也属于特别资产，其目的专在于长期保证僧尼可以得度。

除了设立度僧田以外，寺院通常还普遍从事金融活动，以利息作为度牒购买费用。佛寺的金融活动从南北朝时期就已经开始，其中以北魏的僧祇粟、隋唐的三阶教无尽藏尤为著名。而关于9、10世纪敦煌寺院的金融活动，那波利貞博士也利用出土文书等史料进行了详细探讨，其实质已十分清晰。到了宋代，寺院金融业更加兴盛，尤其是在这一时期被称为长生库的质库，在许多寺院都有设置。[1]《夷坚志》讲述的另一个故事就是其真实反映：

> 永宁寺罗汉院萃众童行本钱，启质库，储其息，以买度牒，谓之长生库。鄱阳并诸邑，无问禅律，悉为之。[2]

关于以购买度牒为目的的经营所需本钱，李弥逊（1089—1153）《福州乾元寺度僧记》中曾提到，得钱60万余，收其盈利，可度有功的童行2人。[3]宋代长生库的月利一般在2分到2分5厘[4]，若按本钱60万，月利2分5厘计算，则一年可得利息18万文。上述李弥逊的文章，从内容来看，写作时间应在他绍兴十年（1140）隐居福州连江以后、绍兴十三年（1143）度牒住卖以前，当时的度牒价格"官直百二十千，民间三十千而已"[5]，从长生库获得的利息18万文虽然离官方定价尚有差距，

1. 关于长生库的问题，可参看日野開三郎：《宋代長生庫の発展に就いて》，《佐賀龍谷学会紀要》4，1957年1月。主要的相关史料该文中都有提及。
2. 《夷坚志》支癸卷八《徐谦山人》。
3. 李弥逊：《筠溪集》卷二二《福州乾元寺度僧记》。"福州乾元住持绍宗与寺僧法珪者，募诸信士，得钱六十万有奇，不以供他费，贫不给者，悉以贷予，收其赢，度有功于众者二人。将自此始，岁以为常也。"
4. 关于这一时期的借贷利息，参看仁井田陞：《唐宋法律文書の研究》，东方文化学院东京研究所，1937年，第4章"消費貸借文書"。另外，《吴兴金石记》卷一一所收录的《报国寺碑》碑阴所载《檀越施田地名衔》（嘉熙元年，1237）中曾提到，长生库以官会入库经营，收益"依寺门体例二分五厘抽息"，又《报国寺布施记》（同）碑阴下半部分《檀越施财修崇名衔》也提到"证例二分育息"。按入库钱财与利息额计算，此时的所谓利息指的都是月利。也就是说，南宋末年的长生库月利约为2分5厘或2分。
5. 《系年要录》卷一〇〇，绍兴六年四月丙午条。

但以民间实际流通价格30贯来算，买2道度牒绰绰有余。另外还有一个例子，来自袁燮（1144—1224）《绍兴报恩光孝四庄记》，记录了绍熙年间（1190—1194）由住持长老惠公主持修复的报恩光孝寺的情况：

> 有度僧局，裒钱百四十万，积其赢以贸牒。[1]

按月利2分5厘计算，则每年可获利420贯。不过，当时的度牒价格为每道800贯，寺院经营两年，也只能买一道度牒而已。但据袁采《袁氏世范》下卷，当时有的借贷利息高达十成，如此则上述利息收入实际上还应该再做增加，很可能购买度牒以后还有羡余，能够留作他用。《宋会要》中就有嘉泰元年（1201）十二月六日臣僚关于寺观长生库的上言：

> 今有物力虽高而和买不及者，寺观之长生库是矣。臣询其故，始因缁流创为度增〔僧〕之名，立库规利，相继进纳，固亦不同。今则不然，鸠集富豪合力同则……初进纳度牒之实，徒遂因缘射利之谋耳。[2]

指出度僧局所行之事早已偏离了初衷，完全沦为营利之所。[3]此时的度僧局虽名曰度僧，实质已经与一般的质库无异。

无论如何，政府实行卖牒政策，结果便是“僧道预备军”需要通过上述化缘、施予，以及寺观设立度僧局等方法筹集资金，购买度牒。不过，《夷坚志》里张子正施予度牒时，超过500人的童行闻讯而来，最终这份幸运却只落到了善鉴一人身上；至于度僧局，也不过是每年从众多童行中选出一到两名对寺院有突出贡献的人，也就是说，无论通过何种途径，童行想要得到度牒，都不是件容易的事。更何况度牒

1. 袁燮：《絜斋集》卷一〇《绍兴报恩光孝四庄记》。
2.《宋会要》食货七〇之一〇二《赋税杂录》。
3. 日野開三郎《宋代長生庫の発展に就いて》文中就上述史料反映的相关问题进行过详细分析。

价格每年水涨船高，南宋末期已经出现了“僧道有金钱，而度牒不可得”的情况。[1]正因如此，即使在恢复卖牒之后，伪造、洗改度牒等违规行为仍未能绝迹[2]，没有度牒而从事宗教活动的现象也屡禁不止。绍兴年间度牒住卖期间出现的种种问题，一直持续到南宋末年。

第七节　小结

度牒及其鬻卖的相关问题，即便仅聚焦于宋代，也关系到各个方面，实非本章所能涵盖。因此，本章的论述重点主要放在卖牒行为在政策上的意义，以及这种政策给社会带来的影响。本章内容大略可以概述如下。

宋代的佛教教团不但包括了20万～40万的僧尼，还包括与之数量相当，甚至可能更多的童行、行者，若再加上在寺院从事杂役的雇佣劳动力，总人口轻易便超过100万。如此庞大的社会群体，无论中央政府拥有何等强权，都很难一举根除。更何况教团还是“闲民”、贫民的容身之所，可以说起到了一种失业救济设施的作用。因此，宋代的为政者们即便对佛教本身持反对态度，通常也不会对寺院和僧尼的存在进行根本上的否定，反而更倾向于将教团力量巧妙运用于财政及社会政策中。而卖牒政策，便如王安石的上奏中所指出的，正是作为筹集军事资金或救灾费用的一种方法而出现的。

而与此同时，担心卖牒政策会导致僧尼数量猛增，加之主张停止发放度牒的声音也日渐增加，南宋高宗最终决定停发，度牒住卖自此持续了近20年。不过，高宗也并非意在一举清除教团势力，他的初衷与北宋中期的思想家们一致，认为应该避免突然毁佛造成社会混乱，而只要消除僧尼新增的可能性，僧尼人数自然就会减少。从福建地区的典型例子可以看出，就削弱现有教团势力而言，停发度牒确实是显著有效的。然而相对的，未经得度便寄身于寺院，或是干脆不进寺院

1.《建炎以来朝野杂记》甲集卷一五《祠部度牒》。

2.《宋会要》职官一三之三六至三九。

便擅自从事宗教活动的、半僧半俗的宗教人士却也明显增加。南宋时期，被称为道民、道者之人十分活跃，这个问题将在第七章进行详述。这里需要注意的是，度牒住卖命令在客观上加速了这种趋势。或许正因为对于流民、贫民来说，教团才是他们的容身之所，所以除非政府设立能够取代教团的社会救济设施，或者积极从事赈恤，否则这种趋势便无法得到有效抑制。到绍兴末年，卖牒重新恢复，政府又开始大量发放度牒，但与此同时，度牒价格的高涨，仍使得贫民们一牒难求。因此在恢复卖牒以后，与现有教团势力的衰退呈现相反趋势，不持度牒、不拘形式的带发从事宗教活动之人日渐增加。被为政者和现有教团视为异端，并多加排挤迫害的白云宗、白莲宗在南宋时期的显著发展，正是这种半僧半俗的宗教活动的反映。关于这个问题，后文将另做探讨。

（原载《仏教史学研究》22-1，1979年，本章为旧稿增补而成）

第二章

寺观的赐额

第一节　前言

若说度牒是对僧尼道士的一种制约，那么赐额，即赐予寺院、道观敕额的制度，就是对寺观进行制约的策略。表面看来，赐额体现出天子对寺观的恩典，而其实质却是国家通过敕额的赐予，将对寺观的掌控权集于己手，对没有赐额的无额寺观予以停废。就这个意义来说，赐额之于寺观，正如度牒之于僧道。正因如此，赐额制度也是宋朝宗教政策的支柱之一。继前章考察度牒之后，本章将关注赐额制度的演变过程，从这个角度观察宋朝的寺观政策。

关于宋代寺院制度，高雄義堅已经在《宋代寺院の住持制》[1]一文中做过俯瞰式探讨，文中“有額寺院の激增”一节也对赐额做了分析，可供参考。不过，关于高雄氏对该制度意义的阐述，笔者以为尚有值得商榷之处。

此外，敕额大多数时候都是同时赐予寺院和道观的，因此很难将两者分开讨论。但和度牒一样，为政者试图加以制约的，主要是在数量上占有绝对优势的佛教寺院，因此本章的讨论同样主要针对中央政府对寺院的政策。

第二节　宋初的寺院政策

论及宋朝的寺院政策，与其他宗教政策一样，其源头至少要追溯到后周世宗的佛教教团整饬政策，即所谓的毁佛运动。这场对佛教而言的浩劫，始于后周显德二年（955）五月六日的一道敕命，该敕命规定，所有无敕额寺院一律停废，且所有城郭、村坊、山林、胜境、古迹之地，自今以后亦不许兴建寺院。[2]其结果是据该年诸州供到帐籍，

---

1. 高雄義堅：《宋代仏教史の研究》，百华苑，1975年。
2. 此据《五代会要》卷一二。《旧五代史》卷一一五《世宗本纪》作五月七日甲戌。

现存寺院2 694所，停废寺院多达30 036所。[1]

建隆元年（960）正月，宋太祖即位之初，立即将后周世宗的整饬政策向缓和方向进行了调整。根据《金石萃编》中收录的《凤翔府停废寺院牒》可知，即位翌月，太祖便下诏，允许保留被后周世宗下令停废的寺院中地处灵境古迹而尚未被拆毁的山寺。[2]紧接着又在该年六月辛卯降下德音：

> ……诸路州府寺院，经显德二年停废者勿复置，当废未毁者存之。[3]

对于城郭、村坊中尚未拆毁的停废寺院，也允许留存。当初后周世宗毁佛的目的之一，是用铜铸佛像改铸铜钱，而对于这个问题，太祖的态度则是于乾德五年（967）七月丁酉下令停止破毁佛像，只禁止此后的铸造。[4]

总的来说，对于后周的毁佛政策，太祖并未进一步推进，只停留在了维持现状的阶段，也减少了来自佛教徒们的反对。太祖身边的旧同僚及下属中信奉佛教的人不在少数，与他义结金兰的石守信就是其中代表，而他当初即位的兵变也得到了来自佛教徒的接受甚至是积极

1.《五代会要》卷一六《祠部》。此外，关于后周世宗的毁佛政策，可参看牧田諦亮：《五代宗教史研究》，平乐寺书店，1971年，第173—189页。

2.《金石萃编》卷一二三《凤翔府停废寺院牒》。“中书门下牒凤翔府。准显德二年五月七日敕文：应天下僧尼寺院，除已指挥存留外，其余并行停废毁拆者。牒奉敕，访闻诸处多有山门，皆是灵境古迹之地，亦在停废之数。宜令指挥其逐处山寺，如未经毁拆者，并与留存，如山下有属山寺下院，亦与依此指挥，仍具存留去处屋宇佛事数目闻奏，其州县军镇城郭村坊经停废寺院，一依照元敕处分，牒至准敕，故牒。建隆元年二月十二日牒。”

3.《长编》卷一，建隆元年六月辛卯条。

4.《长编》卷八，乾德五年七月丁酉条。“先是，诸道铜铸佛像，悉辇赴京毁之。丁酉，诏勿复毁，仍令所在存奉，但毋更铸。”后来在开宝五年正月丁酉，又下令“禁民铸铁为佛像浮屠及人物之无用者”，原因在于“上虑愚民多毁农器以徼福，故禁之”（《长编》卷一三），继铜像之后，进一步禁止了铁像的铸造。

支持[1]，这些都使太祖对佛教态度较为缓和。不过，后周世宗的基本方针——禁止新寺院的创设、新铸佛像等，还是由太祖继承下来。

然而太宗即位之后，政策开始向积极保护佛教的方向转变，不但如前章已经提到的，普度僧尼的人数达到17万人之多，而且还向大量无额寺院赐予了敕额。《佛祖统纪》就提到，在太平兴国三年（987）：

---

1. 宋初活跃于政坛的文武官僚中，不少人信奉佛教，仅从《宋史》列传中对相关记录拾取一二，可略做如下统计：

石守信：尤信奉释氏，在西京建崇德寺，募民辇瓦木，驱迫甚急，而佣直不给，人多苦之（卷二〇五《石守信传》，另见《长编》卷一八）。

韩重赟：重赟信奉释氏，在安阳六七年，课民采木为寺，郡内苦之（卷二五〇《韩重赟传》，另见《长编》卷一五）。

李继勋：信奉释氏。与太祖有旧，故特承宠遇（卷二五四《李继勋传》）。酷信释氏，每造寺施僧，则不计其费（《长编》卷一八）。

沈义伦：好释氏，信因果。尝盛夏坐室中，恣蚊蚋噆其肤，童子秉箑至，辄叱之，冀以徼福（卷二六四《沈义伦传》）。亦尝市木，为母营佛舍（《长编》卷一四）。

李崇矩：信奉释氏，饭僧至七十万，造像建寺尤多（卷二五七《李崇矩传》）。

崔翰：晚年（太宗朝）酷信释氏（卷二六〇《崔翰传》）。

王仁镐：崇信释氏，所得俸禄，多奉佛饭僧。每晨诵佛经五卷，或至日旰，方出视事（卷二六一《王仁镐传》）。

陈思让：酷信释氏，所至多禁屠宰，奉禄悉以饭僧，人目为"陈佛子"（卷二六一《陈思让传》）。

而相对的，崇奉道教之人则不过张永德（卷二五五《张永德传》）和上述李崇矩的"又喜黄白术"两例而已。由此可见，宋初官僚群体中信奉佛教风气尤甚。而且，上述列举的官僚之中，石守信、李继勋、沈义伦三人皆身为"义社十兄弟"成员，与太祖有结义之情，个人关系非同一般（《宋朝事实》卷九）。这一点足以说明，五代宋初的武将之中信奉佛教者尤多。

至于太祖赵匡胤本人，有许多关于他的逸话表明，他微时游历诸国，曾被佛僧断言为未来帝王之器，并受其资助。《宋史》卷一《太祖本纪》中的记录就是其中一例："汉初，漫游无所遇，舍襄阳僧寺，有老僧善术数，顾曰：'吾厚赆汝，北往则有遇矣。'会周祖以枢密使征李守真，应募居帐下。"这条记录的史料来源应该是宋代的随笔，可惜未能明确出处。除此以外，宋代随笔中还另有两三则逸话，都讲述了赵匡胤与佛僧的偶遇。

另外，陶穀《清异录》、司马光《涑水记闻》、朱弁《曲洧旧闻》等都记叙了另一则故事：在陈桥兵变前夕，太祖之母、后来的杜太后曾举家于定力院操办佛事，为儿子的成功祈愿。当时定力院曾受到官差搜查，全凭寺僧的机变才免于被捕。

综上所述，可以说当时太祖周围佛教氛围十分浓厚，至少就佛教徒一方来说，他们对太祖是寄予期待、支持其登基的。这些应该正是太祖采取较后周世宗而言更为和缓的佛教政策的原因。

三年三月，赐天下无名寺额，曰太平兴国，曰乾明。[1]

毋庸赘言，太平兴国乃当时年号，而乾明则是太宗诞辰节名。当然，这一年太宗下赐的敕额不止上述两种，例如现在在石刻史料中可以见到的该年敕额的碑牒、寺碑，就还有以下名号：

1. 保宁等寺牒并使县帖　四月三十日（《八琼室金石补正》卷八九）
2. 福严寺牒　五月（《潜研堂金石文跋尾》卷一二）
3. 法轮院牒　五月（同上）
4. 宝宝寺碑　阙月日（《山右石刻丛编》卷一二）
5. 汧阳县普济禅院碑　阙月日（《金石萃编》卷一二九）

其中关于保宁等寺牒，另有记录曰“京兆府奏：准敕分拆所管存留有无名额僧尼寺院，共陆拾壹所，伍拾柒所并各胜任（得）额”，且还提到其中兴平县的四所无额寺院清梵寺、西禅寺、志公塔院、法花院得到敕额，分别赐名为保宁寺、净相禅院、多宝院、惠安院。太平兴国三年赐额之多，由此可见一斑。

另外，对于太平兴国三年五月归顺的吴越国，太宗同样在其原领土内广赐敕额，不过执行当然要到第二年以后。例如歙州就有寺院于次年得到“太平兴国”寺额，另有寺院于太平兴国五年三月获得“乾明禅院”院额。史料称：

是时，赐两京及诸路无名寺额凡数百，大率多以乾明、太平兴国为名。[2]

《新安志》这条史料记录了赐额的大致数量，尤为珍贵。与此同时，当

1.《佛祖统纪》卷四四，太平兴国三年三月条。
2.《淳熙新安志》卷三《歙县》。

时的道观也获得了敕额，例如歙州就曾在太平兴国三年置乾明观。

上述例子充分表明，在太宗朝，后周世宗停废无额寺院的政策出现了大幅缓和。不仅如此，太宗本人甚至还接连兴建寺院宫观，田况《儒林公议》卷上就曾对这些寺观的壮观规模进行过描写。尤其是太宗出生地兴建的启圣禅院，据记录称费时六年，于雍熙二年（985）四月落成，修筑费用高达数千万，共建有屋宇900余间，且皆覆之以琉璃瓦。[1]不过，太宗的举动并非意味着他完全放弃了后周世宗朝以来的寺院兴建禁令。相反，《太宗实录》中就记录了一道雍熙元年二月的命令：

> 诏曰："应天下佛寺、道宫，自来累有诏书约束，除旧有名籍者存之，所在不得上请建置。"[2]

可以看出，实际上当时仍多次重复下达禁止兴建寺院的命令。而且这条史料的下文还提到，太宗对宰相说"近日多奏请建置僧院，有十余间屋宇，便求院额，甚无谓也。多是诳惑闾阎，藏隐奸弊，宜申明禁止之"，足见当时兴建寺院蔚然成风。除此之外，山西汾阳北辛安村现存的《永安禅院碑》碑文里也记载了淳化年间"有修盖到寺院无名额者，并须毁废，不得存留"的敕命指挥。[3]不过该碑文中还记录有淳化元年（990）十二月十五日的敕命，规定"河东伪命州军"，即原北汉领土之内于归降北宋之后兴建的寺院，即使无敕额者也允许存留。[4]由此看来，在佛教尤为盛行的江南地区，太宗为了招揽人心，或许允准了同样的特例，也未可知。

无论如何，进入太宗朝以后，寺观赐额急剧增加，寺院的兴建也蔚然成风，同时奏请赐额的上言也越来越多。尽管当时禁止兴建的命

1.《太宗实录》卷三三。

2.《太祖实录》卷二二，雍熙元年二月丙申条。

3.《山右石刻丛编》卷一一。

4.《山右石刻丛编》卷一一。"……又准淳化元年十二月十五日敕，宜令转运司遍行指挥，管属州府军监内有文系河东伪命州军自克复后来创修（下缺）院，虽未敕赐名额，并与存留者。"

令仍然有效，且被反复重申，但似乎收效甚微。这种赐额增加的趋势，后来在北宋中期达到了顶峰。

第三节　北宋中期的赐额

在整个宋代，赐额数量最多的是真宗、英宗两朝。宋元时期地方志中“寺观”一项的记录直接表明了这种倾向。在表2“宋代寺院赐（改）额统计表”（见本章末）中，笔者对主要的地方志中各寺院赐额、改额年份进行了统计[1]，结果很明显，赐予寺院敕额最集中的就是真宗大中祥符元年（1008）和英宗治平年间（1064—1067），各地寺院中的大多数“改今额”也是在这两段时期。该表只对寺院进行了统计，但实际上各地道观的情况也体现出同样的趋势。本节就将尝试探讨这一赐额数量激增的具体过程。

一、真宗朝

关于大中祥符元年出现的大量赐额，没有史料直接记录其原因和动机，但毫无疑问，这一年正是天书首次降于承天门，真宗的道教崇拜日趋狂热之时。从翌年各地都建起天庆观，并设置祭祀宋室始祖的圣祖殿这一动向来看，大量赐额应该正是为了纪念和祝贺天书下降。自此直到大中祥符末年，赐额之举未曾间断。

值得注意的是，据元悟《螺溪振祖集》所记载的大中祥符元年的赐额牒状，两浙转运司在上奏中称：

> 准中书劄子，分析辖下诸州军伪命宫观寺院未曾赐额，如后。……[2]

1. 同一寺院在宋代接受两三次赐额的情况，则分别在所赐年份各计一次。因此表中赐额数量严格来说与寺院总数并不一致。而且在地方志的记载中，类似治平六年这样的舛误也偶有出现，并不能保证所有记录都正确，因此该表仅作为参考。另外，《淳熙三山志》于寺院研究而言虽是相当重要的史料，其中关于赐额、改额的记录却寥寥无几，因而没有进行统计。
2.《大日本続蔵経》第2编第5套第5册。

表明此次赐额似乎是重点针对“伪命”，即五代吴越、南唐境内所建的无额寺院所进行的。石刻史料则有祥符三年的《宁国寺残碑》的记录，表明仅东川梓州管内便有27所寺院一并奏请改额。[1]毋庸赘言，梓州在五代也正处在“伪命”蜀国境内。

真宗尊奉道教，为宋代道教的发展创造了基础，但他并没有像唐代的玄宗、武宗那样，刻意采取尊道而抑佛的政策，而是将道佛二教都作为为政教服务的工具，加以灵活利用。面对奏请削减寺院、僧尼人数的臣僚，真宗斥以“释道二门有助世教。人或偏见，往往毁訾，假使僧道时有不检，安可即废”[2]。事实上，真宗晚年的天禧三年（1019）曾举行过一场普度，所度僧尼多达245 770人，其结果便是天禧五年的僧尼总人数达到458 855人，创下在籍僧尼人数之最。[3]

关于寺院数量，史料中也没有明确记载，虽然明显不可能与僧尼人数相提并论，但从江休复《杂志》中仍可窥见一二：

> 景德中，天下二万五千寺，今三万九千寺。陈襄判祠部云。[4]

陈襄判祠部在嘉祐三年（1058）至六年（1061）之间，而江休复卒于嘉祐五年，因此文中的“今”指的是仁宗晚年的嘉祐三四年。[5]这就意味着从景德中（1004—1007）到嘉祐三四年（1058或1059）的约50年间，各地增加了14 000所寺院。陈襄应该是看到祠部保管的寺院籍帐才有此叙述的，因此这个数字的可信度很高。无论是比起《大唐六典》卷四中记录的天下寺院5 358所，还是武宗时期会昌法难中停废的寺院4 600余所，嘉祐年间的这个数字都远远超出数倍之多；而比起本章上节开头提到的后周世宗朝留存寺院的数量，嘉祐之数更是多达其

1.《八琼室金石补正》卷八八。
2.《佛祖统纪》卷四四，景德三年条。
3.《佛祖统纪》卷四四，天禧五年条。
4.《江邻几杂志》佚文，引自《说郛》卷二。
5. 北宋末孔平仲《谈苑》卷二中也有相同记录，但无“陈襄判祠部云”六字。高雄義堅、小川貫弌两氏引用《谈苑》，认为“今”指的是北宋末，然而《谈苑》中的相关内容很明显是从《杂志》引用而来。这提醒我们随笔杂记类史料中往往多此类转引，尤其需要注意。

十四五倍，尽管前者并不包括当时江南地区寺院的数量。而且嘉祐之数是各地上报中央的系帐寺院数量，如果加上不系帐的寺院和小规模庵舍等，粗略估算，总数应多达数万。值得一提的是，会昌法难之际，除了寺院，还拆毁了招提、兰若4万余所，但即便加上这些，当时佛寺总数也不过在45 000左右。但也要注意，宋代有一些将支院从大寺院中独立出来，并赐以敕额的情况，而且正如下文还会详述的，唐代寺院存废的标准一般是屋宇200间，而宋代则降低到大约30间，因此即便同为系帐有额寺院，宋代寺院的规模也较唐代为小。如果不论规模大小，仅比较系帐寺院的数量，那么宋代，尤其是北宋中期的寺院数量确实远超过唐代。不过更为严谨的说法应该是，就国家掌握的寺院数量而言，唐代完全不能与宋代同日而语。

据江休复《杂志》所说，从大中祥符元年到嘉祐三四年的50多年间，各地增加了14 000余所寺院，但从表2可以看出，仁宗朝赐额极少，因此增加的原因主要在于大中祥符年间的大量赐额。至此可知，寺院也与僧尼一样，主要在真宗朝呈现出大量增加的趋势。可以说，这一时期正是宋代佛教教团的鼎盛期。

不过，即便是真宗朝，也不可能丝毫不加限制地放任寺院兴建。天禧二年（1018），真宗接纳上封者进言，因各地无额寺院多奸盗啸聚，骚扰乡里，下诏予以停废，允许告发1间以上，也即是所有私建寺院。不过后来的四月庚寅，真宗又修改原诏命，规定无额寺院中屋宇达30间以上，且有佛像现存、有住持僧人的，以及未达30间，但地处名山胜境的寺院可以保留，仅禁止今后兴建。[1]这说明真宗朝虽然规制较为松缓，但对于私建寺院的行为同样是禁止的。

二、嘉祐赐额

在真宗朝，寺院数量虽然呈现出激增的趋势，但总数却并非最多。

1.《长编》卷九一，天禧二年四月庚寅。“先是，上封者言诸处不系名额寺院多聚奸盗，骚扰乡闾。诏悉毁之，有私造及一间已上，募告者，论如法。于是诏寺院虽不系名额，而屋宇已及三十间，见有佛像、僧人住持，或名山胜境、高尚庵严不及三十间者，并许存留，自今无得创建。”

其后的仁宗朝，庆历四年（1044），范仲淹在奏请功德寺寺额的劄子中曾引用先降条贯“应寺院及五十间已上，至乾元节并得赐额”[1]，说明每逢仁宗诞辰乾元节，朝廷都会赐予敕额。而且正是从这一时期开始，坟寺赐额迅速增加，关于这一点的具体细节，将在下一章重点探讨。也就是说，这一时期赐额并不在少数，然而地方志中关于仁宗朝赐额的记录却数量寥寥。不过，仁宗晚年的嘉祐七年（1062）九月，明堂大飨之后的大赦有令：

> 天下系帐存留寺观未有名额者，特赐名额；其在四京管内，虽不系帐，而舍屋及一百间以上，亦特赐名额。[2]

此诏一出，司马光上《论寺额劄子》，强调既有禁止兴建寺观之法令，如今赐予私建寺院敕额，便是朝廷公然违背法令，出尔反尔，应当立即撤回。[3]不过这次进言并没有被采纳，而且据司马光在仁宗驾崩后所上的《永昭陵寺劄子》，此诏下发之后，“计创添寺额千有余处”[4]。

嘉祐七年曾有过如此大量的赐额，石刻、地方志中却不见当年的赐额记录。寻检其他嘉祐年间的记录，有翌年六月二十三日的《百福寺敕》（汾州平遥县东泉村）[5]和《梵业寺敕额碑》（同县西泉村）[6]。两牒都引用了汾州的同一份奏状：

> 准赦（后者作敕），勘会到下项未有名额系帐存留寺院，共八十四所。

证明仅汾州一地的赐额就多达84所。不过，仁宗在该年三月已经崩逝，所以此次赐额的执行实际上是在英宗即位以后。其他石刻史料中

1.《范文正公集》（四部丛刊本）附录《置功德寺》。在下一章的讨论里还会引用全文。

2.《长编》卷一九七，嘉祐七年九月辛亥条。

3.《司马文正公文集》卷二四。

4.《司马文正公文集》卷二八。

5.《山右石刻丛编》卷一三。

6.《山右石刻丛编》卷一七。

的赐额敕牒则大多出现在英宗治平年间。例如《鹿苑寺记》[1]中治平二年（1065）十二月二十一日中书门下牒便提到了晋州的奏状：

保明到下项寺系帐，乞叙明堂赦，赐名额，候敕旨。

此外还有治平元年二月的《常乐院敕牒碑》[2]、治平二年八月二日的《空相院敕牒碑》[3]都提到的明州所上奏状中也有“准明堂赦”云云。但英宗朝并没有行明堂大礼的记录，因此此处的“明堂赦”，显然指的是嘉祐七年九月辛未的大赦。注意到这一点，就不得不考虑治平元年三月的《清虚观牒》（汾州）[4]、四月六日的《大云寺牒》（威胜军）[5]、闰五月的《真如院牒》（潞州）[6]等只记载了“准赦”的牒文，实际上所准的并非英宗即位大赦[7]，而是仁宗的明堂大赦。也就是说，所谓的英宗朝赐额，其实是英宗对仁宗朝末年发出的诏敕的承袭和付诸实践，表2中数字所表现出的治平年间赐额的显著增加，事实上也是同样的结果。而各地奏请赐额的时间分散在治平元年到三年，即便同一地区也参差不齐，说明各州并非在某个特定时机一起上奏，而是依次将符合赐额条件的寺观逐一上报。

三、寿圣寺观

从赐额的诏令发出到真正实施，往往需要相当长的一段时间，这一点对治平四年（1067）的寿圣寺观来说也一样。该年正月辛亥（二日）有诏：

1.《山右石刻丛编》卷一四。
2.《两浙金石志》卷五。
3.《两浙金石志》卷五。
4.《山右石刻丛编》卷一四。
5.《山右石刻丛编》卷一四。
6.《山右石刻丛编》卷一四。
7. 英宗朝举行过的大赦有三次：嘉祐八年四月癸酉（《长编》卷一九八）、治平二年十一月壬申（《长编》卷二〇六）、治平三年十二月癸卯（《长编》卷二〇八）。

民间先私造寺观，及三十间者悉存之，赐名寿圣。[1]

关于这份诏令出现的背景，《嘉泰会稽志》里曾做过详细说明：

治平四年正月一日，英宗皇帝受徽号，德音：私造寺观及三十间以上、有佛像者以闻，赐名寿圣。寿圣，盖英宗诞节名也。故僧寺名寿圣者，所在有之，一州或至十数。初，前代及本朝有以诞节名寺观者，如千秋、天长、天清、承天、乾元之类，虽间有之，然不多也。至寿圣，始遍及天下。崇宁间，蔡京请郡置一寺观，名天宁万寿，盖权舆于此。绍兴三十二年六月，高宗皇帝内禅，移寓德寿宫，上尊号曰光尧寿圣太上皇帝。是岁十二月，诏寺院、宫观、祠庙，及乡里坊巷、官私亭馆名有犯寿圣及德寿字者并回避，又诏天下寺观名寿圣者皆改为广福云。[2]

这段叙述道尽了寿圣寺观的由来背景。赐额诏命虽是正月二日所发，但考虑到英宗自前一年十一月以来就一直卧病，很显然，这份诏命包含了为英宗早日病愈而祈福的意味。只可惜祈福也不见成效，仅仅六天之后的丁巳（八日），英宗崩逝。因此赐额在他生前并未实现，而是到神宗即位后才付诸实施，赐额的目的也从最初的为英宗祝寿变成祈愿冥福。[3]

寿圣寺观的记录多见于石刻史料和地方志中，赐额时间分散在治平四年（1067）至熙宁四年（1071）的5年之间。[4]而且杭州就有6寺[5]，

1.《皇宋十朝纲要》卷七。

2.《嘉泰会稽志》卷七《寺院》。

3.《佛祖统纪》卷四五记载了治平四年赐额之事，但无具体时间。高雄氏由此认为赐额目的仅在于祈念冥福。

4. 据《新安志》卷五记载，石门广福院、庐山广福院、天王广福院都在熙宁四年赐额寿圣，这是关于寿圣赐额最晚的记录。

5.《咸淳临安志》卷七七至八五。

歙州4院[1]，明州更多达14院，其中象山县就有7院[2]。此外，《寿圣寺牒》还提到平定军管内符合赐额条件的无名额寺院共有23所[3]，《寿圣禅院敕牒》也列举了河南府管内符合条件的寺院25所[4]，显然总数绝不止“一州或至十数”。尤其值得注意的是，《寿圣禅院敕牒》还记载了符合赐额条件的寺院的屋宇间数。牒文中记载，25所寺院之中有19所的屋宇在30间以上，即平均为32.6间，比起“30间以上”这一赐额标准，只是略微超过而已。而且这19所里，连寺院名都没有、仅以“寺”“院子”记载上报的就有10所之多，这些“佛寺”是否真的名实相符，其实大有可疑之处。地方志的记录中也有类似例子，如越州山阴县广福院，原名寿圣院，最初是僧思纯创建的香林寮[5]；以及会稽县广福院，“初名上庵”[6]；再如湖州广福施水禅院，本为至和元年（1054）州人为施水所建，后来屋宇逐渐增至60余间，熙宁元年赐额为寿圣寺[7]。这些被赐予寿圣寺额的，大多都是小规模，甚至未具备佛寺之基本形态的寺院。

白嘉祐末以来不断实施的大量赐额，到熙宁三四年终于告一段落，此后直到南宋灭亡，再也没有过如此大规模的赐额。也正是因此，熙宁初期应该正是宋代寺院数量最多的时候。当时的判祠部苏颂在上奏中就说道：

> 窃见天下寺院宫观计三万八千九百余所。近日又赐三十

1.《新安志》卷四、卷五。

2.《宝庆四明志》卷一三至二一。

3.《山右石刻丛编》卷一四。

4.《金石萃编》卷一三七。

5.《嘉泰会稽志》卷七。[译者注：此处原文为《赤城志》卷七。按《会稽志》卷七《寺院》有曰：“广福院在（山阴）县西三十五里，初，僧思纯造香林寮，治平四年赐寿圣院额，绍兴三十二年例改今额。”《赤城志》当为《会稽志》之误。]

6.《嘉泰会稽志》卷七。

7. 译者注：此处原文作“杭州广福施水禅院”，出处为《咸淳临安志》卷一三。按《咸淳临安志》卷十三内容为行在宫观、祠庙、苑囿，无“广福施水禅院”相关记载，而《嘉泰吴兴志》卷十三《寺院》州治一项下有“广福施水禅院，在子城西，本朝至和元年，州人请于鸿禧寺前建屋施水，后增至六十余间。熙宁元年改今额”，则广福施水禅院所在地似应为湖州。

间以上无名寺院以寿圣为额者二千三百余所，其间勘会未到及不满三十间者仍不在其数，而大臣、节将又例得以看坟为名，陈乞修建者无岁无之。[1]

上文引用的陈襄的叙述仅列举了寺院，数量就有39 000所，而按此处苏颂所说，寺院、宫观共计38 900余所。在地方志的记录中，道观数量也比寺院少很多，因此可以认为两人所言的寺观数量相差其实并不算太大。不过即便如此，按苏颂所说，寿圣寺、观合计，熙宁初期各地寺观实则多达41 200余所，而且此数还不包括官府调查所未及者，以及屋宇不到30间的小规模寺观。他举出的这个数字才是史料记录中宋代寺观数量之最。

如前章所述，神宗朝初期正是将空名度牒的售卖作为解决财政问题的手段之一开始付诸实施的时期。不难想到，同时进行的大量赐额与卖牒之间或许有着紧密的关联。尽管没有史料直接指出两者之间的关系，却不难设想，正是因为政府将这4万多所寺院置于认可和管理之下，卖牒这一导致僧道人数增加的政策才得以付诸实践。

第四节　北宋末的崇宁寺观和南宋的赐额

崇宁寺观为崇宁二年（1103）因蔡京等人的奏请，朝廷于天下各州军所置。其设立经过，《宋会要》礼五之十五至十六、二四至二五已有详细叙述。从这些记录可知，自身也信奉佛教的宰相蔡京，在崇宁二年九月十七日上奏，请求向天下各州军寺院赐予崇宁寺额，命他们为徽宗皇帝圣寿祝祷。蔡京的建言被徽宗采纳，于是各州军置崇宁寺一所，每年徽宗生诞（十月十日）下赐紫衣、度牒，后又赐予刊刻大藏经一藏。[2]紧接着又因十月一日御史中丞石豫上奏，朝廷下令道观也置起崇宁观。翌年二月八日，寺观名额的崇宁之后再添“万寿”二字，

1.《苏魏公文集》卷一七《奏乞今后不许特创寺院》。

2. 这一时期颁赐的刊刻大藏经为福州东禅等觉禅院开版，崇宁二年以崇宁万寿大藏之名下赐。相关细节可参看小川貫弌：《大蔵経—成立と変遷—》，百华苑，1964年。

到政和元年（1111）八月八日，取徽宗诞节名，改崇宁万寿寺观为天宁万寿寺观。

上节引用过的《嘉泰会稽志》认为天宁万寿赐额是对英宗时期寿圣寺观的沿袭，但其实沿袭的只是名号，两者实质并不相同。寿圣寺观的赐额标准是屋宇30间以上，一州可以同时拥有数十所，主要是规模较小的寺观；而崇宁寺观则是每一州军只有一寺一观，以各州军的某所大寺充之，两者性质迥然不同。后者仿照的是唐代的大云、开元、龙兴等官寺的建制，而宋代的先例，则可以追溯到真宗时期的天庆观。正是因此，崇宁寺观才会有“崇宁寺惟得建置祝圣寿道场行香及祈求外，其余行香并令就他寺”[1]的特殊性，并且享受着每寺观赐田10顷、免除苗税和役钱，以及禁止官员停留居住等最高待遇。

南宋绍兴七年（1137），天宁万寿寺观改额为报恩广孝寺观，后又改为报恩光孝，作为专为徽宗皇帝奉祀香火、祈愿冥福的道场，同样享受免除两税、役钱、非时科敷的特别恩典。因南宋律法规定“诸寺观田产，不得免租税、夫役、免役钱，及诸色科敷”[2]，即使是受赐敕额，享有度僧等特权的坟寺，也只能免除非时科敷、差使，而无法蠲免租税、役钱。不过，凭着功德主的权势，坟寺常常享受免税、免役特权，这一点将在下一章中详细讨论。而凌驾于其上、享受最高恩典的崇宁寺观一旦出现，普通寺观对其所享的特殊待遇更是艳羡不已，必欲仿效。为此，绍兴九年（1139）八月二十九日曾有诏命：

> 诸路报恩光孝（寺）观，系专一追崇徽宗皇帝去处，与其他寺院不同。[3]

明确强调了报恩光孝寺观与其他寺观的不同之处。后来在隆兴二年（1164）也曾有圣旨：

1.《宋会要》礼五之一五，崇宁三年正月二十七日条。
2.《庆元条法事类》卷四八《赋役门二·科敷》。
3.《庆元条法事类》卷五一《道释门二·约束》。

> 除天庆、报恩光孝寺观外，其余宫观、寺□（院）今后并不免科敷。[1]

这类禁令的出现，恰好能够说明坟寺等普通有额寺观实际上也多享受着本不属于它们的种种特别恩典。

相对的，南宋时期对无额寺院的赐额大大减少，像北宋那样的一次性大量赐额更是从未有过。不过南宋却产生了一种新的趋势——将停废寺院的寺额移至新建寺院。以《嘉泰吴兴志》中乌程县的寺院为例：

> 嘉会院：本朝绍兴初建，号寿圣下院。后移本州废额于此。
>
> 利济院：本朝绍兴初，僧明辨建。淳熙中，移安吉县废额为名。
>
> 常照院：建炎中，僧梵隆建，因请废额为名。[2]

此外，例如德清县的广法教院、宁国院，是移临安府废额而建，广福院、真寂院则是移钱塘县废额而建；再如归安县的妙因院、武康县的广福尼寺，也都是移废额所建。尤其值得注意的，是从其他府州移额的现象。《嘉泰吴兴志》记载的寺院中，南宋时期获得赐额的，除了上文提到的报恩光孝寺和广福院，以及九所坟寺以外，只有归安县的显亲教院（或为坟寺）与长兴县的辨利院。从表2可以看出，其他州也有同样的倾向，尤其是杭州，即当时的临安，移额显然比赐额更多。这些例子说明，在南宋时期，除了坟寺以外，朝廷极少下赐新敕额，更多的是以停废寺院旧寺额充当新建寺院寺额，有时甚至从其他州移额的情况。这表明南宋极少增加新敕额，而且停废寺院频繁出现的现实。停废寺院出现的原因，如前章所述，主要在于停止发放度牒等政策造

1.《吴兴金石记》卷九《报恩光孝禅寺赐田免税公据碑》。
2.《嘉泰吴兴志》卷一三《寺院》。

成的僧尼减少，以及向寺院征收的免丁钱和非时科敷等负担过重而导致的无住寺院增加。而从赐额的角度也能看出南宋时期佛教教团势力衰退的趋势。

第五节　赐额制度的意义

以上主要探讨了敕额下赐在整个宋代的变化，本节将着重探讨赐额在手续及政策上的意义。

赐额之诏主要在天子生诞或是大赦之际颁发。有资格获得赐额的寺观需要具备3个条件：屋宇间数达到规定；有功德（如佛像等）现存；寺中有住持僧道。其中最重要的就是屋宇间数。正如太宗所言，北宋初“有十余间屋宇，便求院额”，其时标准并不明确。直到真宗天禧二年（1018）下诏，才开始有了30间以上的正式规定。仁宗朝进一步有了50间以上的寺观可以在乾元节得到赐额的条贯[1]，而嘉祐七年（1062）大量赐额之时，系帐寺观并没有设定明确标准，四京管内的不系帐寺观则必须达到100间以上。不过，英宗朝的寿圣寺观赐额标准又降到了30间，北宋末宣和三年（1121）的诏书也称“天下宫观及三十间以上者赐额”[2]。由此看来，宋代似乎是以30间作为赐额与否的标准，仁宗朝的50间或许也不能排除为30间之误记的可能性。在唐武宗会昌法难期间，会昌四年（844）七月“又敕下，令毁拆天下山房兰若、普通佛堂、义井、村邑斋堂等，未满二百间、不入寺额者”[3]，可知当时以200间为存废标准，寺院规模比宋代大。

赐额之诏颁发后，首先从中书门下经诸路转运司等到达州军，州军发下各县，由各县对管内的寺观进行调查，统计其中符合赐额条件者，再由州军统一向朝廷奏请赐额。一般来说，州军的奏请都能得到允准。随后州军翻录敕黄，向各寺观下发通知，让寺观挂起受赐的名

1.《范文正公集》附录《置功德寺苏州白云寺赐额中书门下牒》。

2.《严州图经》卷三《寺观·天乐观》。

3. 圆仁：《入唐求法巡礼行记》卷四。另可参看小野勝年：《入唐求法巡礼行記の研究》四，铃木学术财团，1967年，第71、544—565页。

额。根据《保宁等寺牒并使县帖》中发给保宁寺的兴平县帖，本来应该由受赐的寺院制作额牌，大字书勒，再将牌匾送到州府接受检查确认，但对于一些地处偏远的寺院来说，将额牌一一搬运至州府，未免太过劳民伤财，于是就由寺院全权负责制作、悬挂，只须将整个办理过程以文书形式上报即可。[1]这个例子出现在宋初，不过我们有理由相信，其他地方也同样采用了这种简便手续。

负责调查、判断无额寺观是否符合赐额条件的，实际上是县的官吏。例如河南府《寿圣禅院敕牒》中，负责调查的是各县巡检，平定军《寿圣寺碑》中则是各县县尉。敕额的有无关系到寺观的存废，对寺观来说可谓生与死的分界线，毫无疑问，僧道住持或身为功德主的当地土豪必定会对其竭尽所能，在县官面前进行疏通。

尤其值得注意的是，在嘉祐赐额和寿圣寺观的例子里，诏敕下发三四年之后，还有来自州的赐额奏请。在此期间，当初下发诏敕的皇帝已经驾崩，而赐额目的也从当初的祝祷长寿变成了为大行皇帝祈求冥福。关于这一点，寿圣寺观的敕文中的遣词值得关注：

> 应今日以前诸处无名额寺院、宫观……[2]

敕文将对无额寺观予以赐额的条件限定在了下发当日为止，但即便如此，仍有三四年后奏请赐额，且朝廷也予以承认的情况发生，这又是

1.《八琼室金石补正》卷八九《保宁等寺牒并使县帖》中的兴平县帖。“县帖保宁之寺。清梵寺准使帖奉敕，宜赐保宁之□寺为额者，今帖县，仰一依降到敕命指挥，勒本寺制造额牌，依降到名额，书勒大字了，各将赴衙呈过，归本寺悬挂。兼具知委结罪文状供申者。右准。使帖如前，续准。使帖指挥，切缘诸县例，是各有寺院若将牌上府呈过，况当时暑，又缘去府往覆地遥，仰立便指挥，管界寺院依降到名额，各令如法书勒大字了，当只仰本寺院便自悬挂，不得更将上府申呈者，须帖本寺，一依敕命指挥，降到名额，制造额牌，如法书勒大字了，便于本寺悬挂，仍具知委悬挂月日结罪文状申上，以凭申使，不□□违者。太平兴国三年六月二十日帖。（以下略）”

2.《金石萃编》卷一三七《寿圣禅院敕牒》。“中书门下牒河南府。河南府奏，准敕，应今日以前诸处无名额寺院、宫观□（修）盖及□□（三十）间已上，见有功德佛像者，委州县检勘，保明闻奏，特与存留，系帐拘管，仍并以寿圣为额。”另外，上节引用的《皇宋十朝纲要》诏书中也作“民间先私造寺观”。

为何？《大宋解州芮城县太安寿圣寺额记》叙述的赐额经过，或许可以作为对其间曲折内情的说明。

芮城县忠孝乡的胜境中本有佛庙，但没有寺额，庙宇荒废。治平四年春正月有旨，诸处30间以上的无额寺院准许存留，并且可以申请寿圣寺额，然而这所佛寺却无人修葺，几乎成为废墟。这一年，来了一位叫自怀的僧人，将这里作为终老之地，并与倾慕佛法的张延义等四人合力募集财物，以兴土木，很快就完成了30余间屋宇的葺建。随即他们于熙宁二年呈状奏请赐额，次年三月有诏赐予寿圣之额。[1]按照这篇记所说，太安寿圣寺是在治平四年的诏敕下发之后开始修葺营建，完成之后奏请赐额，最终在诏敕下发后第四年的三月才最终得到赐额的。其他寿圣寺观在得到赐额之前，应该也多有同样的经过。

诏敕下发之后没有立刻实施的情况，在处置停废寺院时也时常发生。后周世宗的“毁佛令”下达于显德二年（955），然而直到五年后的建隆元年（960），被列入停废名单的寺院依然还有存留者。而且在此期间，颇有通过当权者进行各种斡旋，以求免于停废的情况，《黎阳大岯山寺准敕不停废记》就是一个明证。[2]北宋时期同样一面下赐敕额，一面又频频下诏停废无额寺院，恐怕与赐额一样，停废也不会立即执行。无论是赐额还是停废，从令下到执行都会有较长的时间，不难想象，官府在此期间要应付的各种请托必然不少。

宋代有明文规定，“创造寺观一间以上”便为违制[3]，也有“诸创造

1.《山右石刻丛编》卷一六《大宋解州芮城县太安寿圣寺额记》。“……河之侧曰忠孝乡，则有佛庙在焉……实一邑之胜境也。然寺额未立，院宇荒凉，瓦败木朽，无以待苾刍之流，岂不惜哉。治平四年春正月，应诸处无名额寺院，僧人修盖及三十间者，准敕存留，仍得陈乞其额。是时，兹院弗葺，几为废地矣。其年中有浮屠自怀者，游礼至此，爱而不能去，曰：‘真吾徒所乐之地也。吾居之以老，斯足矣。’……于是施方便之力，开善诱之门，悉心募众，以崇修建之功。时得里中好佛之士仪成张延义、陈怀保、李继明辈四人，相率民钱，崇揭土木，复于旧址因而屋之，揔三十余间，不日而成。以熙宁二年状申而请命焉，至次岁三月，有诏以寿圣名其院。”

2.《金石萃编》卷一二一《黎阳大岯山寺准敕不停废记》。“今皇帝君临区宇，子视黎元……向乃颁行天命条贯，僧居有敕额者存，无敕额者废……兹寺也，询诸耆老，唯曰：‘大岯盖前古之寺名，非近年之敕额。’如斯敷列，胡免停废。我主公都尉，指命僧徒缮录铭记，阅其状迹，颇历光阴，遽为奏陈，却获仍旧。……时大周显德五年。”

3.《司马文正公文集》卷二四《论寺额劄子》。

寺观及擅置戒坛，徒二年”[1]的明确罚则。然而尽管如此，直到北宋中期，私造寺院之风仍十分盛行。相关背景，苏颂在奏状中做过说明：

> 臣访闻得乡村无名寺宇所以众多者，始由僧徒缘化造屋数间，谓之佛堂，渐次增添，不数年间便成院宇。次第岁月既久，州县不能穷究因依。或遇朝廷推恩，因指为古迹，为之保明奏报，一蒙赐额，则永为僧居矣。[2]

据他描述，最初的小佛堂逐渐扩大为院，加之得州县保明其所处之地为古迹，由此获得朝廷赐额，成为名副其实的僧寺。由于并非一开始就兴建大寺院，也就算不上触犯私造寺观的禁令，无论政府如何三令五申，也无法真正有效抑制寺院的增加，症结正在于此。然而在地方志的记载里，宋代新建的寺院并不多，大都是建置于五代以前的寺院在北宋时期“改今额”。但从苏颂的奏状可以看出，其中不乏为获得赐额而伪称古寺，建于宋代却故意伪造历史沿革的寺院。极端地说，地方志所谓的“改今额”，其实也就等同于新建。

所谓符合赐额条件者，首先必须是从系帐寺观中挑选的，这一点从上文引用的嘉祐七年诏便可知。而且敕额下赐之前中书门下须向祠部复核，确认获赐寺院在祠部僧道文帐中，才能最终许可。[3]因此在宋代，虽然系帐寺观并不等同于有额寺观，但经过大量的赐额，以及多次保留有额寺观和停废无额寺观的行动，最终结果也几乎达到了系帐即有额的状态。高雄氏注意到这一点，指出“小规模寺院不断进入有

1.《庆元条法事类》卷五一《道释门二·约束》。

2.《苏魏公文集》卷一七《奏乞今后不许特创寺院》。

3. 例如《山右石刻丛编》卷一四《大云寺牒》就是其中一例：

> 中书门下牒威胜军
>
> 威胜军奏，准敕，勘会到武乡县严净寺系帐存留，乞赐名额，牒敕旨，取到祠部状，系得文帐，牒奉敕，宜赐大云寺，仍令本军翻录敕黄，降付本寺，依今来敕命所定名额，牒到准敕，故牒。
>
> 治平元年四月六日（以下略）

额寺的行列，自然导致有额寺的规格逐渐降低”[1]，而且这种敕额的“滥授”，“最终导致了宋朝寺院政策的极度芜杂”[2]，认为这种状态是“持续了仁宗、英宗、神宗三朝的错误的佛教政策”[3]。若以唐代为标准来审视宋代的赐额制度，或许确实会得出这样的结论，不过须知唐代的赐额之制并不像宋代一样明确。然而站在整个宋朝宗教政策的角度来思考赐额的意义，则其未必是敕额的滥授或是极度芜杂的错误佛教政策。我们更应该看到，通过对只有30间的小规模庵院也予以赐额，天子“恩泽”足以深入到乡村、山林的各个角落，而无额寺观的停废，能够防止其成为“奸盗”巢穴，这些都是宋代赐额制度设计背后的深意。系帐寺观即有额寺观，更标志着所有寺观都已囊括进国家管理体系中。而到了南宋，停废寺院不断增加，新建寺院大多移用废寺旧额。这些都显示出，实际情况恐怕正与高雄氏的见解相反，宋朝寺院政策比唐代更为完备，寺院已完全被置于国家管理之下。

第六节　小结

宋代的寺院制度中，除了敕额有无的区别，在住持制度上还有十方寺院和甲乙徒弟院的区别，而十方寺院还根据宗旨，分禅院、教院、律院三种不同种类，以僧道免丁钱为赋税标准。相关制度，高雄氏论文中已有概述。还可补充说明的，就是禅刹的五山十刹制也始于南宋。[4]对寺院设以种种区别的行为，本身就体现出宋朝的寺院政策比前代更为彻底。不过其中无论对政府还是对寺院而言都有着最重要意义的，

1. 高雄義堅：《宋代仏教史の研究》，百华苑，1975年，第60页。
2. 同上，第58页。
3. 同上，第60页。
4. 关于五山十刹的起源，宋濂《住持净慈禅寺孤峰德公塔铭序》(《宋学士文集》卷四〇）的以下说明最为详细：“古者住持各据席说法，以利益有情，未尝有崇庳之位焉。逮乎宋季，史卫王奏立五山十刹，如世之所谓官署，其服劳于其间者，必出世小院，候其声华彰著，然后使之拾级而升，其得至于五名山，殆犹仕宦而至将相。”认为五山十刹制的建立，始于南宋末史弥远的上奏。此外，宋濂还在《天界善世禅寺第四代觉原禅师遗衣塔铭序》(同书卷二五）中记道：“南渡后，始定江南为五山十刹，使其拾级而升。”后者为無著道忠《禅林象器箋》第一类《区界門》所引用。

还是赐额制度。因为敕额的有无关系到寺院的存废，正如本章前言所说，敕额之于寺院，正如度牒之于僧尼。

值得一提的是，在金朝，作为筹措军费的一种策略，政府于大定初年（1161）开始将寺观名额与度牒、紫衣师号一并鬻卖。关于该政策内容，野上俊静《金の财政難と宗教教团》[1]、今井秀周《金朝に於ける寺観名額の発売》[2]都曾有过探讨，后者还对相关石刻史料做了汇总。这是宋代不曾施行的政策。不过，宋代在由政府官方实施卖牒之前，就已经有地方官衙私下转卖度牒的现象存在，那么州县在奏请赐额之际，从寺观手中征收些许利润，也并非全无可能。北宋中期连年赐额，除了天子恩泽这一表面原因，若考虑其背后的财政方面的必要性，也会更容易理解。不过，到目前为止，还没有史料能够明确证明这一点。这个问题有待今后进一步探讨。

还有一点不可忽视，即在宋代，虽然政府强化了对寺院的控制管理，但这并不意味着私造寺院完全消失。尤其是不满30间的小规模庵院、佛堂，在南宋时期反而呈现出增加的倾向。下一章将要讨论的坟庵便可归入这一类型。此外，被视为违法宗教团体而受到打压的白云宗、白莲宗等教团的传道所，也是无额庵堂。官府向来将这种庵堂作为违法建筑，力图拆毁，却始终难以根绝，而且越到南宋末期，其数量越多。关于白云宗等教团的活动，将在第七章详细探讨。

附：

表2　宋代寺院赐（改）额统计表[3]

寺　院	杭州	湖州	明州	越州	台州	秀州
总数	762	217	304	343	395	136

1.《東洋史研究》4-6，1939年，载野上俊静：《遼金の仏教》，平乐寺书店，1953年。

2.《東方宗教》45，1975年。

3. 译者注：原书所引数据存在各项与总数不合的情况，经核相关史料，结合文中分析与结论，现维持原书。同类问题不再赘述。

续　表

寺　院		杭州	湖州	明州	越州	台州	秀州
太宗		11	0	7	12	8	0
真宗	总数	117	18	59	131	126	33
	大中祥符年间（元年）	116（76）	14（8）	54（33）	123（119）	109（84）	28（20）
仁宗		7	2	12	5	8	1
英宗	总数	258	87	143	77	148	32
	治平元年	1	0	41	4	5	23
	二年	241	86	98	11	1	5
	三年	3	0	3	61	140	4
神宗		16	6	16	4	4	6
哲宗		1	0	0	1	1	0
徽宗		10	8	8	4	6	6
南宋时期（移额）		87（110）	18（9）	29（3）	8（5）	22（0）	35（4）
出处		咸淳临安志 76—85	嘉泰吴兴志 13	宝庆四明志 11—21	嘉泰会稽志 7，8	嘉定赤城志 27—29	至元嘉禾志 10，11

［旧稿原题《宋朝の宗教政策—とくに寺観の賜額について—》，收入《昭和五四年度科学研究総合研究（A）宋元代の社会と宗教の総合的研究·研究報告》，1980年。本章为旧稿增补而成。］

第三章

宋代坟寺考

第一节　前言

宋代的寺院制度中，尤其具有重大社会意义的就是坟寺。所谓坟寺，指的是建于坟墓近旁，用于追奉祖先，并负责坟墓洒扫、看守林木的寺院，亦即守墓寺院。宋代制度不同于其他时代，尤为特别，一旦官至宰相、参知政事、枢密使副，则与后妃、宗室、宦官等人一样，可以向朝廷奏请坟寺敕额。获赐敕额的坟寺能够享受种种特权，如度僧、赐紫衣师号、科敷（附加税）蠲免等，因此高官往往以设立坟寺为名，行兼并寺院之实，以图增产盈利，并享受科敷等杂税的蠲免。而从寺院和僧尼的角度来说，不但能够得到权贵的荫庇，还能代行种种特权，这些诱惑往往使得他们对能够从属于坟寺，乃至成为坟寺住持充满期待。正因为这类体现出权贵与寺院之间密切关联的事例存在，学界早就对坟寺制给予了关注，三島一、小川貫弌等人的研究都是其中代表[1]。尤其是后者的研究中几乎囊括了所有与坟寺制度相关的基本史料，关于该制度本身的细节已经相当明晰。不过，坟寺制为何仅见于宋代，以儒为尊的宋代士大夫为何纷纷将守墓重任委诸寺院，这些关系到坟寺制历史意义的问题，先行研究都未曾论及。更具体而言，历来受关注的几乎都是获得赐额的所谓有额坟寺，然而在当时，不具备奏请资格的士大夫官僚也大多建置有无额坟庵，同时，坟寺制也同样见于道教宫观中，而这些现象都没有引起先学的注意。

坟寺制不仅是宋代寺院制度方面的问题，更是一个关系到宋代士大夫官僚的宗教生活，尤其是祖先祭祀的问题，再进一步而言，也是能够清晰勾勒出宋代社会史中某个侧面的重要制度。因此，本章将在先学研究的基础上，对迄今为止尚未受到关注的几个问题进行探讨，明确其社会背景，揭示宋代士大夫阶级性质的某些特点。

1. 三島一：《唐宋時代に於ける貴族対寺院の経済的交渉に関する一考察》，《市村博士古稀記念東洋史論叢》，富山房，1933年；小川貫弌：《宋代の功徳墳寺に就いて》，《龍谷史壇》21，1938年。

此外，坟寺还有守坟院、守坟庵、功德寺、功德院、守坟功德院、香火院、香灯院等其他称谓，而日本学界的一般通用术语为功德坟寺。笔者此前也一直遵照这一惯例，但实际上当时的史料中其实极少出现功德坟寺这一称谓，大多使用的是坟寺或功德院。因此，笔者虽无意故做异论，但在本书中仍以法令用语为准，统一使用坟寺这一称谓。另外，史料中使用其他称谓，如功德院、香灯院时，所指不一定仅限于坟墓近旁的寺院，也有可能是远离坟墓、仅置有祖先祠堂以奉香火的寺院。不过，要将所有称呼一一仔细区别，实为困难，而且从性质上说，它们都属于为供奉先祖所建寺院，所以在此姑且将它们都作为坟寺，不加区别。

第二节　坟寺制的起源

在坟墓近旁建置寺院负责看守的惯例是从何时开始的，其实并无定论。在陵墓旁修建寺塔，早在杨衒之《洛阳伽蓝记》里就有记载："明帝崩，起祇洹于陵上，自此以后，百姓冢上或作浮图焉。"[1]可见滥觞久远。后来隋唐时期也有在帝王陵墓近旁修建佛寺的先例[2]，或可推测这一时期民间也有此风，但据笔者管见，尚未有确切记录。这种现象在南方出现，应不晚于唐末五代，这一点下文将详细论述。

与此同时，有学者认为，赐予高官坟寺敕额的制度，应始于唐代。[3]这种看法的依据之一，便是宋代志磐《佛祖统纪》里"（大历）二年（767），诏辅相大臣，始建功德院"[4]的记录。然而这条记录并没有标明史料出处，且唐代文献中也不见相关记载，恐怕难以尽信。明代觉岸《释氏稽古略》卷三在记录大历二年史实时，仅提到"七月……鱼朝恩奏以先所赐庄为章敬寺，以资太后冥福"。这条记录很明显转引自《资

1.《洛阳伽蓝记》卷四《城西·白马寺》。

2. 小川貫弌：《宋代の功德墳寺に就いて》，第40页。

3. 见三島一《唐宋時代に於ける貴族対寺院の経済的交渉に関する一考察》。鎌田茂雄《中国仏教史》（岩波书店，1979年，第28页）也指出，该制度"在唐代就已经存在"。

4.《佛祖统纪》卷四一。

治通鉴》卷二二四中该年七月丁卯条。《资治通鉴》原文后续部分还记录了代宗及宰相元载、王缙、杜鸿渐等人对佛教的狂热信奉。可以想象，志磐或许是对这些记录进行了类推，这才出现了《佛祖统纪》里符合当时情况的解释。至于贵妃、公主们，志磐更将她们开始建造功德院的时间上溯到了景云二年（711）[1]，但这条记录同样出处不明，后来的佛教史籍中也没有相关记载。因此，认为坟寺制始于唐代的见解，实际上是缺乏足够证据支撑的。而且即便《佛祖统纪》里的叙述确为事实，也没有足够证据表明其中的功德院就是坟寺。

坟寺赐额的制度被认为始于宋代，然而关于这一点，也没有明确的材料能够说明该制度创立的时间以及相关背景。如小川氏所指出的，坟寺赐额的最早记录，是李焘《续资治通鉴长编》中天禧五年（1021）二月的一条记事：

> 赐故太尉王旦坟侧僧院，名曰觉林，近坟田租悉除之。[2]

王旦卒于天禧元年（1017）九月，十一月庚申葬于开封府开封县新里乡大边村。[3]因此真宗赐予王旦坟侧僧院觉林院，是他离世四年以后的事，而坟寺制主要是赐予现任高官，两者事体不同。而且免除近坟田租的恩典，也是普通坟寺没有的。也就是说，这是对于元老王旦的特别恩泽，严格意义上来说并非坟寺制的起源。不过这条记录仍然说明，在坟侧建置僧院、敕赐寺额的做法在真宗朝已经出现。而作为元老身后哀荣的坟寺赐予，在坟寺制成立以后也曾多次实行。

现任高官为坟寺奏请敕额并获准的，最早是范仲淹的例子。范仲淹文集中题为《置功德寺》的中书门下牒，说明了前后经过：

> 中书门下牒苏州白云寺。右谏议大夫参知政事范仲淹劄子奏："苏州天平山有白云泉，南有寺。寺中有刺史白居易

1.《佛祖统纪》卷四〇。

2.《长编》卷九七，天禧五年二月甲子条。

3.《欧阳文忠公文集》卷二二《太尉文正王公神道碑铭序》。

《咏白云泉》诗，明古寺也。臣本家松楸，实在其侧，常令此寺照管。准先降条贯，应寺院及五十间已上，至乾元节并得赐额。上件古寺屋宇，已应得条贯，伏望特赐一名额。取进止。”牒：奉敕，宜赐白云寺为额。牒至，准敕，故牒。庆历四年四月二十五日牒。

右谏议大夫参知政事范（仲淹）

右谏议大夫参知政事贾（昌朝）

刑部尚书平章事晏（殊）

工部尚书平章事章（得象）（以下略）[1]

在此之前，范仲淹曾赴陕西负责对西夏战事的阵前指挥，后于庆历三年（1043）被召回中央，升任参知政事，与欧阳修等人一起推动了行政改革，即庆历新政。因受到来自政敌的强烈反对，这次新政实施不到一年便草草收场，但改革方案中的一些设想，却在后来的王安石新法中得以继承并付诸实施。上述牒文发出的庆历四年四月，正是新政陆续进入实施阶段的时期。

这份中书门下牒所描述的内容经过大致如下。据参知政事范仲淹的劄子称，苏州天平山有一座名为白云寺的古寺，受范氏一族之托，历来代为照管其近旁的范氏祖茔。而此前朝廷所降条贯规定，所有50间以上的寺院皆可在仁宗寿诞的乾元节获赐敕额。该古寺符合条件，因此奏请赐以名额。该奏请获准，奉敕“宜赐白云寺为额”，当照此施行。牒文之后的列官中也有奏请人范仲淹的名字，这一点颇为值得玩味。在这个案例中，范仲淹为本来就一直照管范氏祖茔的寺院奏请赐额并获准，但从奏请的理由来看，当时似乎并没有专门为坟寺赐额所设的特别规定。因为如果当时已有像后来的官至宰执便可奏请建置坟寺之类的规定或惯例，范仲淹也就无须以“先降条贯”作为理由，强调白云寺符合条件。对比后来的元祐六年（1091）九月的《傅尧俞资忠崇庆禅院疏》，这一点不言自明（译者按：引文中的着重号为作者所加）。

1.《范文正公集》（四部丛刊本）附录《置功德寺》。

> 礼部奏，中大夫守中书侍郎傅状："检会执政官恩例，许陈乞建置僧院看管先茔，有先葬坟垅在孟州济源县，欲乞依例许置一僧院，仍以资忠崇庆为额，每年圣节度僧追荐。其院宇未成间，合依例寄度行者寺院，即逐时别具陈乞，候指挥。"今来所乞，本部看详依得条例，每年遇兴龙节，许拨放童行一名，别无违碍。奉元祐五年正月廿五日敕，命依所乞，仍赐资忠崇庆禅院为额。续准元祐六年正月廿八日午时敕，尚书礼部奏，准都省送下中大夫守中书侍郎傅申："昨蒙恩除前件官日，依例奏乞建置看管先茔僧院，蒙敕许置僧院，仍赐资忠崇庆为额。……"[1]

前章已经提到，宋代的寺观赐额普遍以30间为标准，范仲淹劄子中所说的50间，有可能是30间的误记。这一点姑置不论，事实是庆历年间并没有针对坟寺赐额的特别规定，只要有寺舍50间以上的守坟寺院，无论官职高低，都可以奏请赐额。范仲淹正是其肇端者之一。

几年后的皇祐二年（1050）九月，右谏议大夫、天章阁待制、勾当三班院王子融在上奏中提到：

> 臣亡兄曾，于郑州新郑县安葬。坟侧修到僧院，已奉敕赐号崇梵院。欲乞依吕夷简等坟所僧院例，每年拨放剃度行者。[2]

此外，还奏请于现有院额上加"旌贤"两字。朝廷准奏，敕赐"旌贤崇梵"院额，并允许该院于每年乾元节剃度行者一人。[3]王曾（978—1038）坟侧僧院旧有的崇梵院敕额，不知是何时所赐，但至少可以确定，在皇祐二年以前，除了王曾的坟院，曾是范仲淹政敌的吕夷简（979—1044）的坟墓近旁也已建置有寺院，且享有每年仁宗诞节可以

---

1. 魏锡曾：《绩语堂碑录》，《石刻史料新编》第二辑第一册，新文丰出版公司，1979年。傅尧俞元祐四年十一月除中大夫守中书侍郎，六年十一月卒，可见是离世前不久才获准建置坟寺的（此据同书傅以礼跋）。
2. 《潜研堂金石文跋尾》卷一三《旌贤崇梵院牒（皇祐二年九月）》。
3. 同上。"'……并臣亡兄神道碑，昨蒙御篆赐名旌贤，其崇梵院欲乞赐号旌贤崇梵院，候敕旨。'奉敕：宜特赐旌贤崇梵院为额，每年乾元节与剃度行者壹名。"

度僧的特权。不过吕夷简的坟院与王曾一样，是于高官墓旁特意修建的僧院，与范仲淹的高官亲自奏请敕额不同。

和范仲淹一样属于高官本人在世时奏请置坟寺的，还有《咸淳临安志》中记载的杭州庆善禅院，这是因夏竦（985—1051）皇祐二年的奏请而改作功德院并改额的。[1]其时已是夏竦去世前一年。另外，据《宋赐教忠积庆禅院额牒》，文潞公文彦博（1006—1097）迁葬伊阙（洛阳以南），“欲依近例，改乡名教忠，里名积庆，兼乞坟侧置僧院”[2]，中书门下牒下于皇祐三年（1051）七月。文彦博于庆历八年（1048）二月至皇祐三年十月任宰相，此敕正是他在任时所下。

这样的坟寺奏请先例一开，每逢君主诞节，奏请建立坟寺的官僚便越来越多，自然也在情理之中。正如至和元年（1054）判祠部张洞在关于度僧滥放的上谏中所说：

> 又文武官、内臣坟墓，得置寺拨放，近岁滋广。[3]

现状如此，对朝廷来说，采取某些限制措施已成当务之急。嘉祐四年（1059）六月，朝廷下发了这样一条诏命：

> 应乞坟寺名额，非亲王、长公主及见任中书、枢密院并入内侍省都知押班，毋得施行。[4]

此令一出，便将有资格奏请坟寺敕额的官僚限定在了宰相、参知政事、枢密使副等人之中。这与从国初以来已成定例的父祖赠官规定中所谓“追赠三世”的资格几乎一致。[5]换言之，这些高官除了国初以来的追赠

1.《咸淳临安志》卷七七《寺观三·寺院》。

2.《金石三跋》卷二。

3.《宋史》卷二九九《张洞传》。

4.《长编》卷一八九，嘉祐四年六月乙丑条。

5.《宋史》卷一二三《职官志·赠官》。“宰相、三师、三公、王、尚书令、中书令、侍中、枢密使副、知院、同知院事、参知政事、宣徽使、签书同签书枢密院事、观文殿大学士、节度使，并赠三世。”

三世恩典之外，还获得了建置坟寺的恩典。孙觌《常州永庆禅院兴造记》在说到南宋初张守的坟寺时，有“建炎、绍兴间，擢任枢要，进参大政，始用故事追赠三世。又表请能仁故刹，为祖祢崇道追福之地，诏赐显慈永庆禅院”[1]的记述，也是一个例子。而牟巘《忠烈庙记》所说的关于范仲淹“尝即白云庵奉香火，洎登政府，得追封三世，置坟寺，始奏改庵为白云寺，祀徐国公、唐国公、周国公。盖庆历时也，犹未有忠烈庙之名”[2]，也显示范仲淹在升任参知政事之后，才获得了追封三世、置坟寺的资格。不过，当时并没有明确的坟寺制，牟巘的描述乃是以后来制度为出发点的类推。

建置坟寺一旦被定为限于宰执的殊荣，反而造成了有此资格者必然会进行奏请的结果，因此自英宗朝而后，关于坟寺、功德院的记录便骤然增加。北宋末的崇宁四年（1105）七月，发生了新法党蔡京将旧法党人的坟刹尽数予以剥夺，并令其改额为寿宁禅院的事件。当时被剥夺坟寺的有吕大防、韩维、司马光、韩忠彦、傅尧俞、孙固、郑雍、曾布、胡宗愈、黄履、蒋之奇、陆佃、文彦博、吕公著、李清臣、王严叟、苏辙、张商英、刘挚19人[3]，由此亦可见当时坟寺之普遍。

要而言之，坟寺制始于仁宗庆历年间，到嘉祐四年左右，作为一种明确的制度大致定型。而这一时期，用于祖先祭祀的家庙[4]的建置也受到朝廷的积极鼓励。仁宗曾对辅臣感叹：“今公卿之家，专殖产业，未闻有立庙者。”[5]在庆历元年（1041）的南郊赦书中命令“应中外文武官，并许依旧式创立家庙”[6]，又在至和二年（1055）采纳宰相宋庠的建议，下两制、礼官详定其制。然而仁宗革新世风的热忱却没能结出硕果，当时建立了家庙的只有文彦博一人而已。家庙的建置在唐代曾经蔚然成风，但正如宋庠所说，如今时移世易，即便同谓公卿，古

1.《鸿庆居士集》卷二二。

2.《范文正公集》附录《褒贤祠记二》。

3.《长编纪事本末》卷一二二《徽宗皇帝》，崇宁四年七月甲寅条。

4. 关于家庙，《宋会要》礼一二之一至一四《群臣士庶家庙》中有详尽叙述。另见宋敏求《春明退朝录》卷中、俞文豹《吹剑三录》、《宋史》卷一〇九《礼志·群臣家庙》等。

5. 罗从彦：《豫章文集》卷三。

6.《宋会要》礼一二之一，《宋史》卷一〇九。

时的诸侯、门阀贵族与今日的士大夫官僚立场也迥然不同。对祖先祭祀的认识既已不同，却仍令他们“依旧式”建置家庙，只怕即便是天子之命，也难以听从。将相大臣纷纷建置家庙，已是北宋末大观以后（1107—）的事。总之，仁宗朝的高官对于君主亲自倡导的家庙并没有表现出兴趣，而是争相奏请坟寺敕额。为何他们会如此热衷于坟寺，下一节就将对其原因试做探讨。

第三节 坟庵及道教的坟寺

从上节讨论的范仲淹的例子就能看出，大凡坟寺，起先都是本就建在坟墓近旁，受墓主家族委托照管坟墓的私人庵院，后来才特别受赐敕额，享受国家保护。虽然后来多有将有额寺院改为坟寺的例子，但坟寺制建立之初的情况却基本如此。换言之，无名额的坟院、坟庵的存在，正是坟寺制出现的前提。而士大夫官僚们并非人人都有有额坟庵，并非人人都能获赐坟寺敕额。尤其是嘉祐四年以后，具备奏请资格的官僚被限定在了文武二相，即便偶有未至执政的官僚获赐的例外[1]，但总体来说，这个原则在整个宋代都得到了贯彻。然而官至二相的人数实在不多，就连有名的文豪苏东坡，最高也不过做到礼部尚书，并不具备奏请资格，眉州苏氏祖茔的坟寺旌善广福禅院，是弟弟苏辙官至尚书右丞后才奏请的。[2]苏轼本人的坟寺在汝州郏城县，绍兴九年

---

1. 史料记载中间或可见非执政获赐坟寺的特例：

（1）（熙宁十年十二月戊子）上批故宣庆使、昭州防御使李神福……可赐神福坟寺，为褒勤禅院，每二年度一僧，毋得为例。（《长编》卷二八六）

（2）龙图阁待制傅楫……既死，援王陶例，未至执政，特赐功德院，而不改广教之额。楫墓在寺侧，其群从亦有依寺而居者。（周必大《文忠集》卷一六七《泛舟游山录》四月癸未）

（3）（元符元年十月乙酉）……陕西转运司勾当公事孙虞丁……乞依王陶等近例。（《长编》卷五〇三）

（4）（元符元年十月辛卯）姚麟乞建坟寺，诏赐额曰显忠，以其祖尝开边，特许之，余人不得援例（同上）。

2. 苏辙：《栾城集》三集卷十《坟院记》。“旌善广福禅院者，先公文安府君赠司徒坟侧精舍也……至尚书右丞，与闻国政，以故事得于坟侧建刹度僧，以荐先福。坟之东南四里许有故伽蓝……相传唐中和中，任氏兄弟所舍也。辙以请于朝，改赐今榜，时元祐六年也。”

（1139）任礼部侍郎的苏轼之孙苏符援引范镇家之例奏请敕额，获赐旌贤广惠[1]，这也属于赐额的特例。

由此可见，获得坟寺敕额实非易事。不过，不具备奏请资格的中下级官僚或身处江湖之远的士人们，其实也置有看管坟墓的坟庵，其数量恐怕大大超过有额坟寺。只是这类坟庵很少在文献中留下记录，因为宋代地方志中寺院一项列举出的，都是当时的有额或系帐寺院，大多数小规模无额庵院不会被收录其中。然而在元代的地方志中，宋代的有额无额之分已经全无意义，因此许多小庵也留下了记录。以《至顺镇江志》中的庵为例：

> 1. 报亲庵：在崇德乡白兔山。宋开府詹文守坟庵。景定中，詹氏子孙建。初名报德。归附后毁于火，庵僧静庆等重建，改今名。（丹徒县）
>
> 2. 德云庵：在丹徒乡。即宋制置邱崇守坟庵。（同上）
>
> 3. 时思庵：在洞仙乡南庄单巷。即宋知县张知刚守坟庵。嘉熙丁酉（元年，1237）建。归附后，延祐戊午（五年，1318），其孙大兴撤而新之。（同上）
>
> 4. 奉先庵：在仁信乡之南山。宋绍兴间（1131—1162），中散大夫胡氏建。仍舍田以供众。（丹阳县）
>
> 5. 报恩庵：在后彭村。延祐四年（1317），里人束德荣兄弟同建。江山县尹俞希鲁为记。（同上）[2]

1中的詹文是缙云人，官位不过是崇宁三年（1104）以朝散大夫、直秘阁知越州[3]，本人显然没有奏请坟寺的资格。2中的邱崇即丘崈（1135—1208），江阴人，光宗朝任四川安抚制置使，嘉泰元年（1208）官至同知枢密院事[4]，晚年有了奏请资格，但或许来不及奏请便已离世。

1.《系年要录》卷一三二，绍兴九年九月丙申条。
2.《至顺镇江志》卷九《寺院·庵》。
3.《嘉泰会稽志》卷二。
4.《宋史》卷三九八《丘崈传》。

至于3的知县张知刚，则是全无资格的低级官僚。4没有明确说明其庵为守坟庵，但从庵名和所在位置来看，当为坟庵无疑。不过胡氏的身份并不明确。5建于元代，作为身无官职的里人所建坟庵，值得予以关注。与这些例子类似的情况，在宋代应该也存在。而且除此以外，从名称来看应当属于坟寺的例子还有不少：

> 丹徒县：荐福庵、报本庵（义里乡）；报亲庵、奉祠庵（丹徒乡）；思敬庵、忠孝庵、时思庵（大慈乡）；荣显庵（平昌乡）
>
> 丹阳县：报德庵（永和乡）；衍庆庵（桂仙乡）；宁寿庵、永福庵（太平乡）；显福庵、崇报庵、致思庵（仁信乡）
>
> 金坛县：永思庵（登荣乡）；善继庵、报德庵（大云乡）

以上诸庵中的大部分应是元代所建，但由此足以推测宋代建置坟庵之风的盛行。[1]

那么，宋代以前坟茔近旁寺院的存在，最早可以追溯到何时？关于这一疑问，从宋元地方志的记录中可以寻得线索。例如《吴郡志》卷三三就记道：

> 寿圣院，在吴县西南二十里。晋天福五年（940）吴越国中吴军节度使威显公文奉创建，以奉其父广陵王元璙墓祀。初名吴山院。

此外，《淳熙三山志》卷三八也提到：

> 香灯资福崇寿院，太平里，同年（同光三年，925）置，

1. 关于元代坟寺，最受关注的问题是其与后章将要讨论的新兴教团白云宗的关系。根据小川貫弌氏的研究，由白云宗开版雕印的大普宁寺版藏经的赞助人中，有陈宅坟、陆宅坟、许坟、娄坟等庵名（《元代白雲宗教団の活躍》，《仏教史学》3-1，1952年）。正如小川氏所推测的，这些庵院中应当有白云宗僧侣负责守墓，并居住于此的，可见在坟墓照管方面，白云宗与浙西豪强的联系同样存在。关于白云宗的讨论，详见本书第七、八章。

> 闽王以国夫人茔郭之西，因置是寺，显德四年（957）加今额。

从这两条史料的叙述来看，两院应分别为五代时期吴越国、闽国的王室坟院。再往前追溯至唐代，则《至元嘉禾志》卷一〇中略有提及：

> 方广院……唐咸通六年（865）造。按寺记，蔡侍郎功德院，宋建隆中赐额延寿院，治平元年（1064）改今额。寺有蔡侍郎祠，蔡氏坟茔在寺之左右，有石幢犹蔡氏故物也。

同书卷一二《祠庙》中还有关于蔡侍郎庙的记载，其中提到“惟石幢题云：唐咸通六年，蔡赞造。去父母茔九十步，去寿域一十六步。三代皆当世文儒”，可知方广院确实是坟茔近旁的寺院。若仔细爬梳唐代史料，或许还能找到其他关于坟院的记录[1]，但以上几例已足以说明，坟院至少可以追溯到唐末。这种坟院在宋代进一步发展，直至坟寺制正式确立。

正如小川氏已经指出的，宋朝有在皇帝出生地等与之具有重要关联的地方建立佛寺、道观，并置神御殿祭祀的习惯，帝陵之中也有宣祖、太祖、太宗三陵营建了永昌禅院。此外，真宗永定陵也建有永定禅院，仁宗永昭陵修建完成之后，永定禅院改额为永定明孝禅院，兼奉二陵。[2]由此看来，可以说坟寺制正是这种陵寺之制从后妃、宗室普及到官僚、内臣之中的结果。但所有帝王陵都置有陵寺这一现象，本

---

1. 例如陶希圣主编《唐代寺院经济》（食货出版社，1974年重印）三四《家山、功德院与庄》就在引用上文提到的《佛祖统纪》景云二年、大历二年的记录之外，还收录了《全唐文》中三条类似功德院的材料（第91—93页）：

   （1）李玭《请自出俸钱收赎善权寺事奏》（卷七八八） 咸通中

   （2）李濬《慧山寺家山记》（卷八一六） 乾符六年

   （3）刘汾《大赦菴记》（卷七九三） 中和三年

   其中，（3）与宋元时期坟寺性质最为相近，然而其地名却作“广信路弋阳县归仁乡四十六都新陂里”，此外还有很多元代才出现的用语，不得不断定为后世伪作。《文苑英华》中自然也没有收录该记。（1）和（2）都是唐末的材料，可以作为坟茔近旁寺院存在的证明，但其与后来的坟寺、坟庵并非相同事物。

2. 小川貫弌：《宋代の功德墳寺に就いて》，第60页。

身就是民间坟院盛行的反映，甚至是对其的效仿。

本章前言已经提到，负责坟墓看守的不光有佛教寺院，也有道教宫观。关于后者，首先《庆元条法事类》在提到诸寺观租税时有一条注记：

> 后妃臣僚之家坟寺，功德观、院同。[1]

将功德观与坟寺、功德院并列，而其他文集、地方志中也能看到一些道教坟观的相关记录。其中较为有名的，是叶梦得《石林避暑录话》中欧阳修的例子：

> 欧阳文忠公平生诋佛老，少作《本论》三篇于二氏……公既登政路，法当得坟寺，极难之，久不敢请。已乃乞为道宫。凡执政以道宫守坟墓，惟公一人。[2]

欧阳修是一个彻底的排佛者，以至于在编纂《新唐书》时删去了所有与佛教有关的记录，此事广为人知。他任参知政事在嘉祐六年（1061）到治平四年（1067）之间，正是上述史料的背景时代。关于他的守坟道宫，罗大经《鹤林玉露》[3]以及曾敏行《独醒杂志》[4]中也都有提及，根据这些记载可知，欧阳修素恶佛教，因而一直没有奏请坟寺，后来为韩公（琦）所劝，虽然奏请了道观以作坟寺之用，又因亡父崇公名讳为“观”，于是将道观之名改为西阳宫。关于西阳宫后来的情况，除了毕仲游《代欧阳考功（棐）撰西阳宫记》[5]以外，还有元代吴澄

1.《庆元条法事类》卷四七《赋役门一·受纳租税·赋役令》。

2.《石林避暑录话》卷一。

3.《鹤林玉露》卷之一·甲编《仕宦归故乡》。“执政得立功德寺，公素排佛教，雅不欲立寺。崇公讳观，又不可立观，乃立青阳宫。然公自葬郑夫人之后，不复归故乡。”

4.《独醒杂志》卷二。“两府例得坟院，欧阳公既参大政，以素恶释氏，久而不请。韩公为言之，乃请泷冈之道观。又以崇公之讳，因奏改为西阳宫，今隶吉之永丰。”

5.《西台集》卷六。

《西阳宫记》[1]、刘岳申《与欧阳元功（玄）书》《与翰林承旨欧阳元功书》两篇[2]，记录西阳宫在元代的情况。

虽然叶梦得指出执政中以道观守坟的仅欧阳修一人，但这仅是北宋的情况，南宋时另有几条记录。例如绍兴初（1131）任参知政事的翟汝文（1076—1141），其功德院之一便是位于丹阳县的道观仁静观。[3]另外，《嘉泰吴兴志》还记载了归安县的常清观：

> 常清观……梁大同四年（538），施肩吾舍宅建。……本朝治平二年（1065）改今额。后又废。绍兴中，和义郡王杨存中请其额于坟庵，乾道初（1165）复还。[4]

南宋名将杨存中（1102—1166）曾建置名为显忠资福禅院的坟寺[5]，又在绍兴二十六年（1156）奏乞建立家庙，获朝廷批准，并赐祭器[6]。此外，《延祐四明志》也记载了鄞县的几个道观：

> 显忠旌德观、清修悟贞观、太清悟空成道宫，并在大慈山。宋丞相史公母齐越国夫人葬于山中，建为功德所。[7]

其中提到的丞相史弥远（1164—1233）除了在大慈山建置了四所坟寺以外[8]，还建了上述三所道观用作功德所。而早在此前，其父史浩（1106—1194）已经建立了家庙。[9]《延祐四明志》同卷还有记录：

1.《吴文正集》卷四八。

2.《申斋刘先生文集》卷四。

3.《至顺镇江志》卷一〇。“仁静观，在县东北四十里九灵山，即翟忠惠公汝文之功德院。”而翟汝文在该地同样也有作为功德院的佛寺，例如同书卷九所记：“植德博施院，在县东北四十里，宋参政忠惠公翟汝文之功德院。”

4.《嘉泰吴兴志》卷六《宫观·归安县》。

5.《鸿庆居士集》卷二三《显忠资福禅院兴造记》。

6.《宋会要》礼一二之四。

7.《延祐四明志》卷一八《释道考·在城道观》。

8.《宝庆四明志》卷一三《鄞县志卷二》。

9.《宋会要》礼一二之六。

元真观……嘉定十一年（1218）观文赵公（彦逾）因建坟创立。

此外，后妃宗室之中，也有惠顺贾贵妃功德院（太清宫）、沂靖惠王府香火院（常清宫）等例子。[1]

而元代也有同样的例子：

（鲍周）自卜葬地于城南之叶有，筑宫其傍，使道流守之，名曰心田道院。[2]

不过这属于生前为自己选定墓地的逆修道院。与佛教坟庵一样，元代地方志中也能找到不少道教坟庵的踪迹。同样以《至顺镇江志》为例：

丹徒县：高庄吴坟庵（洞仙乡）；叶坟庵（义里乡）；崔坟庵（丹徒乡）

丹阳县：敬亲庵（桂仙乡）；言（？）坟东庵（永济乡）

金坛县：后瞟潘坟庵（金山乡）；汰塘庄坟庵（大云乡）；厚德庵、永怀庵、敬亲庵、南王庄赵坟庵（登云乡）；邹坟庵、敬思庵、王坟庵（三洞乡）；荐福庵、报本庵、张坟庵、报德庵、敬亲庵（游仙乡）[3]

以上只是列出了从庵名来看应属坟庵的例子，而仅是这些，数量也已超过佛教坟庵。另外，这些坟庵中，如“吴坟庵”“叶坟庵”等冠以姓的庵名很常见，这是道教坟庵的一个特点。它们之中的大部分应该也是元代所建。

要而言之，与寺院一样，道观也会被用于守坟，同样在坟寺制的体系之中。欧阳修是因为排斥佛教，才特意以道宫代坟寺，但南宋的

1.《咸淳临安志》卷七五《寺观一·宫观》。
2. 郑玉：《师山集》卷七《有元封黟县尹鲍先生墓志铭》。
3.《至顺镇江志》卷十《道观·庵》。

翟汝文、杨存中、史弥远等人都是在坟寺之外另建道观作为功德所，甚至在此基础上再在宅邸中建立家庙。他们的祖先祭祀活动可谓儒、佛、道三教并用，也没有刻意对三教进行区分。南宋士大夫对于宗教的折中态度，由此可见一斑。

第四节　坟寺、坟庵普及的背景

一、坟寺的特权

北宋中期以后，文武高官纷纷建置坟寺，正如先学诸说所指出的，其原因莫过于通过建置坟寺可以获享种种特权。其中之一，便是度僧的许可和紫衣、师号的赐与。熙宁五年（1072）十二月二十七日制订的条文中有这样的内容：

> 应见任两府、亲王、长公主、入内都知押班许陈乞守坟等寺额，许于十年内依见在例，仍两经圣节与度行者一名。[1]

规定坟寺每两年可以度行者（童行）一人。在此之前的治平四年（1067）左右，苏颂曾建言：

> 其臣僚之家例合赐院额者，并许指射有名寺院僧徒看管坟茔，仍依旧例，一年或间年与剃度行者一名，充为恩泽。[2]

可见每年或每两年允许行者得度，乃是“旧例”，即仁宗朝以来的惯例。如前文所述，皇祐二年左右已经开始允许坟寺度僧，但从王子融上奏请求“依吕夷简例”可以看出，坟寺度僧在当时还未成定例。与坟寺之制一样，坟寺度僧成为定例，应该也是在嘉祐年间。同时，赐予僧尼紫衣、师号本来也是天子对佛教的恩惠之一，但有先例显示，

1.《宋会要》道释一之二七。

2.《苏魏公文集》卷一七《奏乞今后不许特创寺院》。

坟寺僧尼同样有获得的机会：

> 后又赐（任）泽坟寺，为旌孝禅院，岁度僧二人，紫衣或师号一人。[1]

然而比起这些特别恩典，对高官来说更具吸引力的是科敷的蠲免。徽宗大观三年（1109）曾有一道敕命：

> 勋臣戚里应功德坟寺，自造屋置田，止赐名额、蠲免科敷，从本家请僧住持，不许指占有额寺院充坟寺、功德，许御史台、内侍省弹劾施行。[2]

自此明文规定了坟寺的科敷蠲免。不过，在实际执行中，蠲免对象已经扩大到了田税、役钱，这一点从大观四年五月十四日的臣僚上言就可看出。该上言提到，按照元丰令的规定，只有崇奉三圣祖及历代皇帝神御、陵寝的寺观可以免除役钱，然而最近的臣僚多借功德坟寺名目，奏请免除各种差役，而都省也直接予以批准。其中不乏将土地施入寺产以求免纳之人，更有甚者，守坟人为上、中户，仍奏请免除役钱，其免除部分自然成为下户的负担。因此请求今后坟寺不予免除役钱、不许守坟人奏请免役。后来的结果是诏令礼部调整，并送户部令改正。[3]

自此坟寺虽然没有了免除役钱的特殊待遇，但直到进入南宋以后，

1.《长编》卷三三八，元丰六年八月甲戌条。

2.《佛祖统纪》卷四六，大观三年条。

3.《宋会要》食货一四之一五。“大观四年五月十四日，臣僚言：‘元丰令，惟崇奉三圣祖及祖宗神御陵寝寺观，不输役钱。近者臣僚多因功德坟寺，奏乞特免诸般差役，都省更不取旨，状后直批放免。由是援例奏乞，不可胜数。或有旋置地土，愿舍入寺，亦乞免纳。甚者至守坟人虽系上中户，并乞放免。所免钱均敷于下户，最害法之大者。欲今后臣僚奏请坟寺，不许特免役钱，仍不得以守坟人奏乞放免。其崇宁寺观合纳役钱，亦乞改正施行。’诏令礼部划刷，关户部改正。”另外，关于崇宁寺观，可参看前章第四节“北宋末的崇宁寺观和南宋的赐额”。

其他非时科敷一直得以免除。曹勋《崇先显孝禅院记》就提到，绍兴二十二年（1152）该坟寺落成之时，“仍诏攸司，俾免科敷、差借，不许官司指占”[1]，《宋苍山资福寺敕牒碑》所引用的贺允中状里也请求“寺内不许人权殡安葬，及不许官员诸色人作名目影占安下，仍依例免州县非时诸般科率、差使、借借”[2]，表明坟寺一旦获得敕额，便可享受蠲免科敷等特别待遇，且功德主家基本可以独占寺院使用权[3]。

然而说到坟寺制在社会影响方面的弊病，最大的问题正是这种寺院的独占和私有化。坟寺分为新建和既有寺院改额两种，其中尤其受到强烈批判的，便是指占有额寺院，用作私家坟寺。不过，最初还不至于如此物议哗然，甚至有观点认为更应该用有额寺院充当坟寺，上文提到的苏颂的建言便是一例。他认为，新建寺院必有莫大耗费，无疑是扰民之举，因此请求“例合赐院额者，并许指射有名寺院僧徒看管坟茔”。他本人在元祐中升任尚书左丞之后，也曾奏请将有额寺院因胜院作为坟寺，获赐院额“因胜报亲院”[4]。此外，王安石也曾在熙宁九年（1076）奏请将有江宁第一名刹之称的蒋山太平兴国寺作为坟寺。[5]

1.《松隐集》卷三〇。

2.《两浙金石志》卷九。关于牒文中的“借借”，宫崎市定曾在《借借の解》（《アジア史研究》4，第492—496页）一文中有过考证，认为此语原意是自由借贷，但频繁被用于与权力相关的叙述背景中，带有强制借贷之意。本文也正符合这种情况。

3.《庆元条法事类》卷四八《赋役门二·科敷·赋役令》中有：“诸寺观后妃臣僚之家坟寺，功德观、院同田产不得免租税、夫役。夫役谓科差、丁夫役使，免役钱及诸色科敷，其租税亦不得免支移折变，止纳见钱。”可见此令于后妃、臣僚家的坟寺和功德观、院也同样适用。但实际上坟寺和功德观、院多享受各种蠲免，此令形同一纸空文。同书“支移折变”一项也引用了此令全文。

4.《嘉定镇江志》卷八《僧寺·院·丹徒县》。

5. 太平兴国寺原为梁武帝为高僧宝志禅师所建的开善寺，世代被作为宝志的道场，香火鼎盛。尤其是宋太宗因宝志曾有预言宋朝未来的谶记而对之尊崇不已，将开善寺改为太平兴国寺，并施入田土。熙宁九年十二月，王安石奏请施田，为父母及早逝之子雱营办功德，获准（《长编》卷二七九，熙宁九年十二月丙戌条；另见《王文公文集》卷一九）。自此该寺成为王家的功德寺，后来合并了蒋山的其他小刹，才成为大刹（《至正金陵新志》卷一一）。然而到北宋末年，王氏过房孙王棣自擅，林木几被砍伐殆尽，寺宇荒废，坟墓无人洒扫。政和六年（1116）正月乙未，徽宗手诏，令王棣不得干预，寺中田产、米斛、钱物等均按王安石夫妇在世时备办，住持僧下两街僧录选差，林木不得砍伐（《长编纪事本末》卷一三〇《徽宗皇帝》）。后文还将详述，直到元代，王安石父子的画像前仍然香火不断。元文宗曾重建该寺，明初因敕命移至现址，正是今天的灵谷寺（《金陵梵刹志》卷三《钟山灵谷寺》）。

然而，到了北宋末年，情况为之一变，上文提到的大观三年诏敕规定，自行造屋置田的可赐予寺额，而指占有额寺院的行为则加以禁止。这一方针为南宋所继承，且绍兴七年（1137）还规定，凡此前奏请以有额寺院作为坟寺的，一律命令改正，只赐以无额小院用作坟寺。结果，李纲指占常州普利院和邵武兴圣院以作坟寺之事被御史台告发，诏令其改为无额小院；而沈与求的妙严院虽是自建的坟寺，但在用作坟寺以前已经获得敕额，因此自请改正，不再以该院作为坟寺，最终被高宗批准。[1]但与此同时，孙觌《显忠资福禅院兴造记》里提到：

> 旧制，建诸坟寺，率改畀故刹以赐。[2]

从上下文来看，所谓“旧制”，指的是绍兴七年以前的制度无疑。这应该可以解释为，大观三年的禁令虽然存在，但实际上并没有严格执行，尤其是在南宋初政府机构或权贵可以任意占住寺舍的时期，已全然没有了新建坟寺的余地，因而古刹的改额才被默许。而到绍兴七年左右，南宋的政权基盘已基本得到巩固，正是重申大观禁令、严禁指占有额寺院的好时机。

不过，尽管三令五申，终南宋之世，有额寺院坟寺化的趋势始终没有停止。这种情况从淳祐十年（1250）三月的臣僚上言，以及数年前天台沙门思廉寄给杜清献公（范）的书简便可窥知。两者都见于南宋志磐《佛祖统纪》卷四八，相关内容在三島、小川两氏的研究中也有过部分引用。其中前者大致内容如下：

> 国家优礼元勋大臣、近贵戚里，听陈乞守坟寺额。盖谓自造屋宇，自置田产，欲以资荐祖、父，因与之额。故大观降旨，不许近臣指射有额寺院充守坟功德。及绍兴新书，不许指射有额寺院，著在令甲。凡勋臣戚里有功德院，止是赐

1.《佛祖统纪》卷四七。

2.《鸿庆居士集》卷二三。

> 额、蠲免科敷之类，听从本家请僧住持，初非以国家有额寺院与之。迩年士夫一登政府，便萌规利，指射名刹，改充功德，侵夺田产，如置一庄。子弟无状，多受庸僧财贿，用为住持，米盐薪炭随时供纳，以一寺而养一家，其为污辱祖宗多矣。况宰执之家，所在为多，若人占数寺，则国家名刹所余无几。官中一有科需，则必均诸人户，岂不重为民害。臣愚欲望睿旨申严旧制，应指占敕额寺院并与追正，仍从官司请僧，庶以杜绝私家交通寺院贿货之弊。

这条建议虽被接纳，但实际上究竟取得了多大效果，非常值得怀疑。无论如何，正如上言中所指出的，坟寺美其名曰追怀先祖，以此获得天子认可，实则是一种有效的营利途径。同时，思廉书简中也引用了权贵们“请过功德，一针一草皆我家之物”的狂言，反映出他们大行寺院兼并的事实。

从寺院的角度来说，他们也盼望着能通过请托权贵，成为坟寺，以获得蠲免科敷的特权。从绍兴六年（1136）左司谏王缙的上言可以看出，这种寺院多为拥有大量庄产的有额寺院。[1]

二、徙居之风与坟墓的管理

上述种种特权，尤其是科敷的蠲免，令高官们对奏请坟寺趋之若鹜，成为宋代坟寺盛行的一大要因，但这还不是全部原因。原本以儒学为尊、将佛教视为夷狄之教并加以排斥或抑制的士大夫官僚，甚至是身处政界最高地位的宰执、枢密使副们，纷纷将先祖坟茔的看管委诸寺院，这本来就是一种极为特殊的现象。我们必须认识到，单是经济方面的欲望，并不足以解释这种现象出现的原因，经济利益的表象

1.《系年要录》卷一〇五，绍兴六年九月壬辰条。“左司谏王缙言：‘窃见军兴以来，费用百出。州县科敷，有不能免。已降指挥，官户并同编户，所以宽下民也。诸处寺院有庄产多者，类请求于权贵之门，改为坟院，乞免科敷。朝廷优礼大臣，特从所请，然官户既不免，坟院之名，盖缘官户，岂得独免哉。况又前宰执员数不少，所在僧徒，侥幸干请，使庄产多者独免，则合科之物，均之下户，非官户同编户之意也。’诏户部申严行下。”另见《宋史》卷一七四《食货上二·赋税》。

之下，定然存在着更加本质性的理由。更何况上节已经提到，没有资格奏请坟寺的中低级官僚，以及没有直接参与朝政的士大夫们也大多置有坟寺，而这些坟寺都是得不到敕额的无额小庵，自然也就无法享受种种特权。即便如此，由宋至元，坟庵建置始终盛行不衰，其原因究竟是什么？在这一节中，我们需要转换视角，从其他角度对这一原因做一探讨。

自入宋以来跻身领导层的士大夫阶级有一个鲜明的特点，便是徙居之风。这一点洪迈在《容斋随笔》续笔卷一六《思颍诗》里已经指出过，笔者也曾在拙稿《北宋士大夫の徙居と買田—主に東坡尺牘を資料として—》[1]中论及。简而言之，当时的士子们志在科举及第、释褐为官，而如果顺风顺水地及第出仕，则作为官僚，一生都要过着辗转于中央和地方的漂泊不定的生活，再加上回避本贯之制的确立，更使得他们终其一生都难有回归故乡拜祭先祖的机会。虽然难有归乡之机，是身居庙堂者的情非得已，但对于那种积极在他乡购置田地，俨然为扎根安居之计，甚至为此洋洋得意的行为，洪迈还是忍不住举出欧阳修的思颍诗为例，对其加以非难。类似的看法在南宋并不少，例如俞文豹《吹剑续录》中就记道：

> 今士大夫捐亲戚，弃坟墓，而游宦他州，至有乐其风土而遂家焉，如欧、苏诸公皆然。是固未敢轻议，要之父母之邦，坟墓所在，岂容恝然。（第39页）[2]

委婉批评了当时士大夫舍弃故乡、远离祖茔的风潮。像这类论及士大夫徙居之风的话题出现时，上述欧阳修、苏轼的例子必然被引为例证。例如林希逸《莆田方氏灵隐本庵记》也记道：

> 固有买田清颍而泷冈日远（欧阳修），买田阳羡而去蜀万

1.《史林》54-2，1971年3月。
2. 俞文豹《吹剑录》有张宗祥辑录校订的排印本《吹剑录全编》（古典文学出版社，1958年）。本书自该版本中引用之处，会注明引用内容所在页码。

> 里（苏轼）者，虽大贤有所不免，要不可以为训。[1]

这些仕宦于外、不能拜祭先祖坟墓的士大夫，多委托乡居的族人代行看管坟墓之责。正如前引拙稿中已经论及的，欧阳修将坟墓的看管交给了自己的十四弟焕，而苏轼则委托了留蜀未仕的堂兄弟不危（字子安）和邻人杨济甫。范仲淹也在给堂兄弟仲仪的尺牍里提到“吴中松楸有数房照管”[2]。

徙居士大夫死后一般不会归葬祖坟，而是在他乡另起新坟。范仲淹在苏州置有坟寺，欧阳修的祖坟位于永丰泷冈，而两人都葬在开封，苏轼葬于汝州。他们的坟墓近旁也会由将来显达的子孙建置坟寺。范仲淹之子纯仁官拜执政之后，在开封的先父墓旁建置了褒贤显忠禅院，就是其中的典型代表。

不过，即便本人因仕官在外，不能亲自照管祖坟，但既然有族人照管，又为何还要建置坟寺坟庵，令寺僧照管？关于这一点，陈著《王氏舍田入定明寺记》中有这样的说明：

> 家之兴废，子孙之贤不肖，自古所难必。况年来公私交迫，以刻为岁，虽欲庐墓，势有不可。无已，则委之寺，不犹愈于他委乎。[3]

他指出，人世之盛衰难以预料，而且人人迫于眼前之生计，像古人那样结庐守墓之举，实是有心无力。无奈之下只能将守墓之责委于坟寺，总归好过委于旁人。而元代吴澄在《临川饶氏先祠记》中也表达了类似看法：

> 人家守坟墓之子孙，或游宦，或迁徙，不能不去其乡矣。纵使不去，而家业或不如前，则岁时展墓之礼，岂无废堕之

1.《竹溪鬳斋十一稿续集》卷一一。
2.《范文正公集尺牍》卷下《仲仪待制》。
3.《本堂集》卷五〇。

> 时哉。深思远虑者，谓人家之盛，终不敌僧寺之久，于是托之僧寺，以冀其永存。其意不亦可悲矣乎。[1]

他同样认为，本应照管坟墓的子孙，同样可能因仕官或迁徙，不得不远离故乡。而即便身居乡里，也未必能始终维持家业不衰。因此，思虑长远的人会认识到，比起世俗家族，僧寺更能长久存续，于是委托僧寺代行照管，实则也有祈求永存之希冀。正如吴澄所说，当时的人多相信僧寺能够永存。关于其原因，元代黄溍曾有过说明，指出寺院有佛法之代代相授，而田庐、资产、器械等物也都是代代相传。最初的成业之难，后来的保业更是不易，这一点与普通世俗之家大同小异；但世俗之家的后代并不都是孝子贤孙，而佛氏之后代，则是因佛家义理而聚，选贤任能而传予衣钵，因此能使其传承千百年不坠，这一点绝非世家大族可比。[2]

黄溍将寺院永存的原因归于住持继承制，这一点非常耐人寻味。不过仅是建一所坟寺还远远不够，要保证长久，还须有相应的经济基础，这就需要向坟庵施入田土。上文引用的《王氏舍田入定明寺记》里就提到“今田为墓而舍，则墓与寺相为无穷”，《莆田方氏灵隐本庵记》里也说“田存则庵存，庵存则松楸百世无恙矣”。当时的人相信，将万古不变的田土施舍给坟庵，才是相得益彰的，能保先祖坟茔永存。

众所周知，宋代以后的士大夫被称为“终身贵族”（Life peer）。在这个司马光所谓的“非进士及第者不得美官”[3]的时代，即便是宰相之家，子孙中若没有能够金榜题名的贤才，家族荣光也会迅速衰落下去。上文引用的各条史料，无不指出了这种士大夫官僚之家的不安定因素，并将其视为建置坟寺的背景原因。从这些叙述中，我们可以理解，为何坟寺制不在隋唐而在宋代出现，为何坟庵在宋元时期得到普及——

1.《吴文正集》卷四六。

2.《金华黄先生文集》卷一三《净胜院庄田记》。“凡佛者之居曰寺若院，有甲乙次相授法，田庐、资蓄、器械，百须之物悉得以为世业，传子若孙。其成之难，而保有之不易，与齐民之家固无大异也。然人之子孙不皆才且贤，而佛氏之子若孙，率以义合，必择焉而得其人，乃以畀之，故其传往往至于千数百岁而不坠，世家大族弗如也。迹所以凭藉以永久者，存乎其人尔。”

3.《司马文正公文集》卷三〇《贡院乞逐路取人状》。

正是在徙居之风盛行、子孙地位沉浮不定的宋代士大夫社会之中，坟寺制、坟庵才成为必要，而唐代以前的门阀贵族社会，是不会孕育出这种制度的。

而家庙制度，则与之正好相反。《宋史·礼志》中说：

> 群臣家庙，本于周制，适士以上祭于庙，庶士以下祭于寝。唐原周制，崇尚私庙。五季之乱，礼文大坏，士大夫无袭爵，故不建庙，而四时寓祭室屋。[1]

将士大夫不再袭爵作为五代以来家庙制度瓦解的原因，故而才出现了本章第二节提到的现象，即便仁宗努力倡导推行，其结果却是：

> 既以有庙者之子孙或官微不可以承祭，而朝廷又难尽推袭爵之恩，事竟不行。[2]

在以实力为准则的士大夫官僚社会，子孙不贤以致家道中落、难以承祭的例子比比皆是，而朝廷也不可能恢复唐代的袭爵制，结果建立家庙的只有文彦博一人，此事不了了之。这件事清晰地反映出唐宋之间巨大的时代变化。后来的北宋末及南宋时期，“大观及绍兴以来，将相大臣、勋戚之家，始皆循旧制而建立焉。然求其阀阅相传，父子继相，丰功盛德，前后交辉，膺庙祀而无愧焉者，中兴以来，史氏一门（浩、弥远等）而已”[3]。对于很难将家世门第传于子孙后代的士大夫官僚来说，家庙这个负担太过沉重，倒不如将祖先祭祀交给能够长存的坟寺、坟庵，更为现实且稳妥。

不过，即便如此，也不能说建置坟寺、坟庵的士大夫都是虔诚的佛教信徒。排斥佛教、对佛教屡屡加以批判的司马光，也在位于陕府

1.《宋史》卷一〇九《礼志一二·群臣家庙》。

2.《宋史》卷一〇九《礼志一二·群臣家庙》。

3.《吹剑三录》第71页。“岁在壬午（嘉定十五年，1222），余作《史卫王家庙颂》，今又二十七年，故我犹存，而人非物换矣。兴怀往事，感而录之。……我朝宋莒公虽尝有请，而为之者独文潞公尔。大观及绍兴以来，将相大臣、勋戚之家，始皆循旧制而建立焉。然求其阀阅相传，父子继相，丰功盛德，前后交辉，膺庙祀而无愧焉者，中兴以来，史氏一门而已。”

夏县（今山西省）以西20里处鸣条山的祖茔旁建有名为“余庆”的坟寺[1]，而他对于这座坟寺的态度，正如他自己所说：

> 凡臣僚之家，无人守坟，乃于坟侧置寺，啖以微利，使之守护种植而已。[2]

在他看来，坟寺不过用于守墓，除此之外没有任何意义。而楼钥《长汀庵记》里也提到：

> 前辈言，子孙以仕宦，不能自守坟墓，而使人代之，故守墓之人不可待以奴隶，而况庵僧乎。[3]

他认为不可将守坟人或庵僧视为奴隶，但反过来说，却正反映出当时庵僧往往被当作奴仆，任意使唤。上文引用的《王氏舍田入定明寺记》则更加直白地说：

> 如流俗之溺于所谓空，徼福于茫昧之表，非吾事也。

强调建置坟寺并非因为耽于佛教、一心求福，而只不过是计出权宜而已。可以说，这种意见才是身为儒者的士大夫对坟庵态度的直白表达。

第五节　从坟庵到墓庄

坟寺制并没有被元朝继承，只在宋朝昙花一现便即消亡。元代的坟寺没有了种种特权，与普通寺院无异。不过，元代地方志里的“寺观”一项，对某某寺观曾为宋臣坟寺之事一一加以注记，可见坟寺的形式还是得到了一定程度的保持。而在王安石的坟寺太平兴国寺，父

---

1. 马永卿：《懒真子录》卷四。
2.《温国文正司马公文集》卷二八《永昭陵寺劄子》。
3.《攻媿集》卷六〇。

子三代的画像前依旧香火鼎盛。[1]相对的，从前几节引用的元代各种史料中可以看出，佛、道教坟庵的兴建风潮在元代仍然势头不减。建置理由正如吴澄《临川饶氏先祠记》等史料记录中所示，与宋代并没有任何不同。不过到了明代，文集中关于坟庵的记录却明显减少。既然如此，那么明代以降，坟茔照管是如何进行的？关于这个疑问，清代全祖望《宝积庵记》中有如下叙述：

> 设为寺庵院之属以守墓，宋人最盛，其登两府者甚至请之朝以重其地，而放翁以为非古。明人稍易之，为墓庄，使佃户耕墓田，以司洒扫，此变而合于礼者。吾始祖侍御府君之墓，建庵于沙渚，以奉香火，盖宋之旧也。[2]

由此可知，明代开始建置墓庄以代坟庵，并将坟墓的洒扫等工作交与墓庄的佃户，而非庵僧。尽管目前笔者还未能举出具体事例，但全祖望的观点应该抓住了事实核心。此外，宝积庵建置于宋代而长久存续直至清代，这一点也值得注意。

全祖望所说的明代以后坟寺转向墓庄，庵僧变为佃户的变化，究竟为何发生？关于这个问题，首先应该予以注目的原因，便是朱熹《文公家礼》的普及。宋代士大夫在丧葬、追缅祖先方面，基本上都遵循佛教的做法。据说就连素来不信佛教的司马光，其家法中也有“十月斋僧诵经，追荐祖考之训”。而在崇尚理学的江西，临川黄荦逝世，其子塄为他治丧时，本打算不用僧道之法，却被亲族群起攻之，最终不得不妥协，“遂从半今半古之说”[3]。丧葬习俗中佛教影响渗透之深，已至

1. 吴澄：《吴文正集》卷四六《临川饶氏先祠记》。“予昔在金陵，同一达官游钟山寺，见荆国王丞相父子三世画像，香灯之供甚奢，达官怃然兴叹焉。盖以二百余年之久，荆国子孙衰微散处，而僧寺之祠独不泯绝，此孝子慈孙爱亲之意，所以不能不然者与。”

2.《鲒埼亭集外编》卷二一。

3.《吹剑四录》第125页。“独一老师曰……自佛入中国以来，世俗相承，修设道场，今吾欲矫俗行志，施之妻子可也；施之父母，人不谓我以礼送终，而谓我薄于其亲也。温公至不信佛，而有十月斋僧诵经，追荐祖考之训……江西尚理学，临川黄少卿荦卒，其子塄欲不用僧道，亲族内外群起而排之，遂从半今半古之说，祭享用荤食，追修用缁黄。”

若不按照佛教规程操办丧仪，便会被世人视为不孝尊亲而痛加批判的地步，即便是士大夫也难以超然于这种世俗陈规之外。对此有一种意见认为，面对父祖之死，哀痛之情既无以言表，便也只能屈从于俗礼夷教。[1]正是在这样一个时代，朱熹参酌古今礼制，综合俗礼，著成《文公家礼》，明确了士大夫应该遵守的冠、丧、祭礼仪规范。随着朱子学的发展，士大夫中推崇文公家礼的人日渐增加，丧葬规程也日渐脱离佛教，依循儒家之礼。几部明代地方志中“风俗”一项的记录，可以作为例证：

士夫遵家礼，民间尚浮屠。（《万历汉阴县志》卷四）

丧遵文公家礼。……乡民半作佛事。（《天启同州志》卷二）

士大夫家悉遵朱文公家礼。用佛事者，世禄之家并商贾。（《万历朔方新志》卷一）

邑士夫之家，尽仿家礼，不用浮图，有不具备鼓乐者。[2]（《万历昭化县志》卷一）

扬俗丧礼，士大夫家用司马及考亭家礼。（《万历扬州府志》卷二〇）

惟士夫脱流俗者，少遵家礼。（《万历蒲台志》卷三）

这些例子都表明，明末士大夫之家中遵行文公家礼而不用佛事者有所增加。这些士大夫通常在家中设立祠堂祭祀祖先[3]，并专设祭田以作祭祀

1.《吹剑四录》第125页。“盖孝子顺孙，追慕诚切，号泣旻天，无所吁哀，虽俗礼夷教，犹屈意焉。”

2. 译者注：本条据作者所作日语释读还原而成，并非史料原文。经查史料，未能检索到作者所引原文，疑为出处标示有误，姑且存疑待考。

3. 赵翼《陔余丛考》卷三二《祠堂》有曰：“今世士大夫家庙，皆曰祠堂。”认为把家庙称作祠堂，应始于元代。而元代吴澄在前引《临川饶氏先祠记》里也已指出：“古之士大夫家有庙而墓无祭，近代非有赐不得立庙。先儒定家祭礼，遂易家庙之名为祠堂，而墓祭之礼亦从俗。然既祭于墓，而又立祠于僧舍，不知于礼为何如。”所谓“先儒”，指的应是朱熹，则吴澄认为家庙称祠堂应始于宋。此外，祠堂也多置于坟寺，例如该文本身就是临川饶氏在祖坟近旁的武林寺设祠堂时吴澄所作的记。

费用[1]，还辟出墓田，充为墓祭费用。上文的墓庄正是这种墓田，而耕作墓田的佃户同时也负责坟墓洒扫。要而言之，文公家礼的普及，对士大夫的丧葬、祖先祭祀仪礼产生了重大影响，至于坟墓照管，也出现了佛道庵院以外的其他选择，这种不必委诸庵院的方法在明代以后蔚然成风。

与此同时，归乡定居的士大夫增多，一族上下共同管理宗祠、祖坟的风气渐盛，也是坟庵衰落的一个原因。此外，佛教教团的社会作用相较于宋代而言普遍低下，也是不可忽视的要素。对明代以后佛教的社会史角度的考察，将是今后的课题。

（原载《東洋学報》61-1、61-2，1979年，本章为旧稿增补而成）

1. 朱熹：《文公家礼》卷一《通礼第一·祠堂·置祭田》。“初立祠堂，则计见田，每龛取其二十之一以为祭田，亲尽则以为墓田。”关于祭田、墓田，可参看清水盛光：《中国族産制度攷》，岩波书店，1949年。其中第二章第二节“祭田の起源と発展”考察尤为详尽。此外，宋代关于是否进行墓祭多有争议，朱熹与张栻持相同观点，支持“古不墓祭”之说（叶寘《坦斋笔衡·不墓祭》），但在家礼中则遵从俗礼，对墓祭表示了肯定。

第四章

福建的寺院与社会

第一节 前言

鉴于前代采取毁佛等强硬手段也难获成效，只能徒致社会混乱的教训，宋朝的宗教政策秉持的原则，是通过强化对度僧和寺院兴建的限制，逐渐削弱教团势力。而在承认教团存在的前提之下，当时的为政者们在行政、财政领域都不吝对其势力充分加以利用。在私生活方面，他们建置坟寺、坟庵，也同样表明了这种倾向。那么，具体而言，寺院及僧侣在地方行政或与地方社会的关系中究竟扮演着怎样的角色？本章就将对这一问题进行探讨。

历来的中国佛教史研究十分关注中央政策，然而对于教团在地方上的具体形态及其与一般社会的关系，先学却少有探讨。对于重点关注佛教隆兴期——南北朝、隋唐时期的研究来说，史料上的限制确实会给地域史视点的考察带来阻碍。但宋代以降，各州县地方志大量留存，其中必设有"寺观"一项，普遍对该地的寺院状况记载甚为详备，有些甚至细致到各寺院财产都一一记录其中。因此，地方志无疑是研究中国寺院史的珍贵史料库。关于寺院史料，青山定雄氏早在《宋元の地方誌に見える社会経済史料》[1]一文中就有过介绍。不过尽管如此，后来的学者却几乎从未利用这些史料进行过关于佛教教团的地域史研究。而明清地方志的境况也基本相同。基于以上现状，本章以梁克家《淳熙三山志》42卷（以下简称《三山志》）这一代表性的宋代地方志为主要材料，试图厘清福建，尤其是福州的寺院与地方社会的关系。

以杭州为中心的两浙地区，自五代吴越国时期起，佛教发展便日趋隆盛，进入宋代以后仍是佛教中心。而五代时期位于闽国版图之中的福建地区，也是一个可以与之比肩的"佛教国"。《宋史·地理志》描

1.《東洋学報》25-2，1938年2月。

述这里“其俗信鬼尚祀，重浮屠之教，与江南二浙略同”[1]，《群书考索》也说“江浙、福建（僧尼）常居天下之半”[2]。当时的福建时常被称为“佛国”。然而，福建三面环山、远离中原，地理条件极为不利，在中国属于开发较晚的落后之地，其发展自唐中期以后方始，到宋代才终于略有小成。[3]在这样的发展中地区，佛教教团势力影响极大，因此不难想象，在寺院与社会的关系方面，这里的紧密程度必定超过其他地区。前引青山氏论文就指出，“寺观田相对于民田的比例因地而异，但福建寺观田尤多。若从整体土地开发起步较晚的角度来考虑，不难想象，造成这一现象的原因在于寺院处于能够抢占先机的地位”[4]。

本章就将进一步对这一点进行具体论证，将福建作为典型案例，考察宋代佛教教团的社会作用。

第二节　福建寺院的社会地位

正如《三山志·寺观》开篇所述，佛教在福州的传播，肇始于西晋太康年间（280—289）建于州北的绍因寺。不过后来终两晋之世，只增加了2所寺院；再历经南朝、隋200年之后，所增加的也不过是齐朝1寺、梁朝17寺、陈朝13寺，以及隋朝3寺而已。至于唐代，从高祖到文宗时期共222年（618—840）间仅兴建了寺院39所，可见直到唐代中期，佛教都远未达到在这片土地上扎根的地步。[5]

寺院的建造开始走向兴盛，是从所谓会昌法难之后的宣宗朝开始的，宣宗一朝共兴建寺院41所，后来更以懿宗朝120所、僖宗朝56所、昭宗朝18所的速度激增，而且这些寺院无不“殚穷土木，宪写宫省，

1.《宋史》卷八九《地理志五·福建路》。

2. 章如愚：《群书考索》后集卷六三《财用门·鬻僧类》。

3. 参看桑原隲蔵：《歴史上より観たる南北中国》，《桑原隲蔵全集》第2卷《東洋文明史論叢》，岩波书店，1968年；日比野丈夫：《唐宋時代に於ける福建の開発》，《中国歴史地理研究》，同朋舍，1978年，原载《東洋史研究》4-3，1939年3月；北山康夫：《唐宋時代に於ける福建省の開発に関する一考察》，《史林》24-3，1939年7月等。

4. 青山定雄：《宋元の地方誌に見える社会経済史料》，《東洋学報》25-2，1938年2月，第284页。

5.《三山志》卷三三《寺观类一·僧寺》。

极天下之侈矣”[1]。略一估算,则平均每年都要增加五六座寺院。[2]这种趋势恰与福建地区开发的进展轨迹相同。而从佛教本身来看，新兴宗派禅宗的传播发展对这种趋势起到了很大的推动作用。尤其是出身泉州的雪峰义存（822—908）带来了“行化四十余年，四方之僧争趋法席者不可胜算矣，冬夏不减一千五百”的盛况[3]，福州因此成为禅宗的一大中心。

五代时期建立闽国独立政权的王潮和其后继者们对佛教的尊崇，更促进了这种趋势的进一步发展。尤其是王潮之后即位的王审知，是与吴越国钱俶齐名的五代十国时期最具代表性的佛教信奉者，他大量建立寺塔、铸造佛像，还慷慨施舍田土，制作金银字藏经，为佛教事业贡献了难以数计的财物。而他的次子王延钧更度民2万为僧，结果“由是闽中多僧”[4],还对土地进行丈量,将之分为三等,其中上等膏腴田分给僧道。闽国王室的这种崇佛行为使以福州为中心的福建佛教教团得以飞速发展，带来了闽地成为宋代“佛国”的全盛景况。[5]

1.《三山志》卷三三《寺观类一·僧寺》。

2. 从《三山志》卷三三至三八摘取寺观类所记载寺院的兴建或重建年代加以统计，如下表所示，可知咸通年间（861—870）为唐代寺院的全盛期。

表　唐、五代福州寺院兴建或重建数量统计表

建立年代	801—810	811—820	821—830	831—840	841—850	851—860	861—870	871—880	881—890
寺院数量	2	4	3	4	29	37	70	30	32
建立年代	891—900	901—910	911—920	921—930	931—940	941—950	951—960	961—970	971—980
寺院数量	64	43	40	45	7	35	59	85	78

3.《宋高僧传》卷一二《唐福州雪峰广福院义存传》。

4.《佛祖统纪》卷四二。

5. 关于闽国佛教，可参看常盤大定:《仏教史上に於ける二人の忠懿王》,《中国仏教の研究（続）》，春秋社松柏馆，原载《宗教研究》新6-4，1929年7月；魏应麒:《五代闽史稿一》,《国立中山大学语言历史学研究所周刊》7-75，1929年；横井（柳田）聖山:《祖堂集の資料的価値（一）》,《禅学研究》44，1953年；阿部肇（肇一）:《雪峯義存と玄学的仏教》,《東洋史学研究》3，1955年；Edward Schafer, *The Empire of Min*, Tokyo & Rutland: Charles E. Tuttle and Co., 1954；拙稿《唐·五代における福建仏教の展開》,《仏教史学》7-1，1958年2月。

宋代福州寺院的实际情况，根据《三山志》的记叙，可以从寺院数量、寺田、产钱几方面来观察。

一、寺院数量

唐末五代时期寺院增加的趋势，在福州归入宋朝统治之后也仍在继续，正如《三山志》所记：

> 虽归朝化，颓风弊习，浸入骨髓，富民翁妪，倾施资产以立院宇者亡限。[1]

根据《三山志》的统计，宋代福州寺院数量变化如下：

1. 庆历中：1 625所
2. 绍兴中：1 523所
3. 淳熙中：1 504所

其中1为庆历三年（1043）林□程的记录；而关于绍兴年间的数量，有绍兴甲寅（四年，1134）曹师建的记录和绍兴二十二年（1152）钟世明整理寺院财产等数据时所做的统计，两份记录稍有差异，但2的数字与两者都不同。3是“今州籍县申”之数，也就是《三山志》成书的淳熙九年（1182）根据由各县报告系帐于州的寺院数量。另外，福州的道观数量总共不过9所[2]，史料中所谓“寺观”，可以认为基本指的都是寺院。

根据上述统计，可知福州的寺院数量在北宋中期达到最多，南宋时期逐渐减少，与前章论述的宋代整体寺院数量增减趋势基本一致。

接下来将福州各县的寺院数量与《三山志》卷十《户口》中的主客户数做一比较，结果如下表所示。

1.《三山志》卷三三《寺观类一·僧寺》。
2.《三山志》卷三八《寺观类六·道观》。“……故寺院无数，而道观至今才有其九。”

表3 福州主客户与寺观户比较表

县	主客户合计	寺观户	比例（%）
总数	321 284	1 474	0.46
闽	32 745	178	0.55
侯官	26 911	202	0.75
怀安	23 310	169	0.72
福清	48 512	194	0.4
长溪	46 324	134	0.29
古田	43 625	161	0.39
连江	18 714	95	0.51
长乐	13 264	73	0.55
永福	21 367	70	0.33
闽清	14 558	88	0.6
罗源	12 389	61	0.49
宁德	19 249	49	0.25

由上表可知：

1. 作为政治文化中心，福州城下三县，即闽、侯官、怀安，寺院数量比主客户数为多；

2. 邻近以上三县的闽清、连江、罗源、长乐各县仅次于三县，寺观户对主客户的比例高于平均；

3. 距离州县较远的宁德、长溪、古田、永福、福清各县比例低于平均。

由此可见，福州的寺院数对主客户数比例的大小呈现出以州城为中心的同心半圆形状，离圆心越远，寺院密度便越小。这也显示出，福州地势三面环山，东南面海，文化不易分散，倾向于凝聚在一个中心地。

福建的其他州军中，兴化军也呈现出相同比例走势。据《弘治兴化府志》记载，该地寺院数量为莆田县246所、仙游县217所、兴化县僧尼院33（32？）所，共计495所。[1]

绍熙年间（1190—1194）兴化军的主客户数为2 363户[2]，寺院数量与户数比例为0.68%，与福州各县相比也算是相当高比例，几乎仅次于福州。兴化军面积狭小，其中的莆田等县是自唐代起就有“小稷下”之称的儒学兴盛之地[3]，还出过不少高僧，文化水准相当高，因此寺院密度也表现出了如此高的数值。

二、寺田

自唐末以来，由于地方豪族及闽国王室对佛教的热衷，大量田泽山林被施舍为寺院田产。尤其是上文提到的王延钧将上等膏腴田土分赐寺观之后，比起一般民田，寺田一跃而至优越地位，寺院成为这片土地上最大的地主。即便到了宋代，寺田的优越地位仍然难以撼动。对此，《二山志》中有这样的描述：

> 旧记谓僧户与民参半[4]。以今籍较之，直民田五之一。今民田若地八万二千余顷，食民五十七万九千，黄中小老不计。浮屠氏田若地二〔七〕千余顷[5]，食僧徒一万四千余人。是民七人共百亩，而僧以二人食之。[6]

1.《弘治兴化府志》卷十《户纪·户口志》。

2.《弘治兴化府志》卷十《户纪·户口志》，引《绍熙郡志》。

3.《宋高僧传》卷一三《本寂传》。“释本寂，姓黄氏，泉州蒲田人也。其邑唐季多衣冠，士子侨寓，儒风振起，号小稷下焉。”

4.《资治通鉴》卷二一三，玄宗开元十八年是岁条有胡三省注曰：“参半者，或居三分之一，或居其半。”

5. 原文中的“二千余顷”明显为“七千余顷”之误。曾我部静雄氏曾在其论文《宋代福州の仏教》（《仏教史学論集：塚本博士頌寿記念》，塚本博士颂寿纪念会，1961年）中将此数字改为“二万”，但如此则与下文“僧以二人食之”计算不合。

6.《三山志》卷十《版籍类一·僧道》。

表明在北宋中期，寺田多达民田的三分之一或半数，而到南宋中期，也仍不少于民田面积的五分之一。而且这一统计还不包括山地园林。[1]如果再加上山地园林，则寺田面积占民田的四分之一以上，僧尼1人平均拥有土地约160亩，等于民丁11人所有的土地面积。再考虑到寺田基本为上等田，从农作物收获量来说，更是不啻天壤之别。

试算福州各县寺田面积对民田面积的比例，则整个福州的寺观户田占垦田总面积的17%。另外，山地园林等所占比例25%，刚好是总面积的四分之一，两者合计，寺观户所有地占21%。[2]按照这个比例对各

1. 将上述田地面积与同卷“垦田”一项里列举的垦田、园林山地、池塘陂堰等面积做比较（顷以下单位舍去），结果如下：民田地八万二千余顷（垦田35 308顷，园林等46 787顷，共计82 095顷）；寺田地七千余顷（垦田7 324顷，园林等15 800顷，共计23 124顷）。很明显，民户田地面积为垦田和园林等的总面积，而寺观户田地面积却仅指垦田面积。至于为何出现这种差别，史料并未明言。

2. 下表为根据《三山志》卷十中垦田和僧道的记录所作的“福州寺观田比例表”：

表　福州寺观田比例

县	垦田		山地园林		全所有地	
	比例（%）	每户平均（顷）	比例（%）	每户平均（顷）	比例（%）	每户平均（顷）
总数	17	4.9	25	10.7	21	15.7
闽	21	4.5	49	9.1	36	13.7
侯官	34	4.9	38	15.3	37	20.1
怀安	30	4.7	42	12	38	16.6
福清	12	3.5	22	6.2	18	9.7
长溪	7	4.1	6	3.4	6	7.6
古田	17	6.2	32	14.3	25	20.8
连江	11	3.1	13	4.7	12	7.7
长乐	10	2.6	20	4.5	14	7.1
永福	16	6.3	23	28.3	21	34.6
闽清	17	4.1	20	12.3	19	16.4
罗源	16	4.4	23	12.7	20	17.1
宁德	32	18.7	9	9.9	17	28.6

县进行分类，结果如表4所示。

表4　福州寺观田比例分类表

	以上	平均	以下		以上	平均	以下		以上	平均	以下
垦田	闽 怀安 宁德 侯官	罗源 永福 闽清 古田	长溪 长乐 连江 福清	山地园林	古田 怀安 侯官 闽	闽清 长乐 福清 罗源 永福	长溪 宁德 连江	全所有地	怀安 侯官 闽	宁德 福清 闽清 罗源 永福 古田	长乐 连江 长溪

从上表不难看出，就寺观田面积相对民田面积的比例而言，城下三县（闽、怀安、侯官）也同样最占优势。寺院数量低于平均水平的古田、永福等山区各县，在田地面积上却与平均水平相当，这一点值得注意。下面再按照每户平均占有田地面积的比例，对寺观户进行分类，结果如表5所示。

表5　福州寺观田每户平均土地面积比例分类表

	以上	平均	以下		以上	平均	以下		以上	平均	以下
垦田	古田 永福 宁德	侯官 怀安 闽 罗源 闽清 长溪	长乐 连江 福清	山地园林	古田 侯官 永福	宁德 闽 怀安 闽清 罗源	长溪 长乐 连江 福清	全所有地	侯官 古田 宁德 永福	闽 怀安 闽清 罗源	长乐 长溪 连江 福清

与寺院数量的分类不同，表3中数值最低的古田、永福、宁德等山间偏僻地区，在表5中占据高位，而城下三县则基本处在中间位置。

从表4、表5所示结果来观察南宋中期福州寺院的势力，可知在处于政治中心的福州城区，寺院势力最为强大，寺田所占比例也最高。其次便是古田、永福等山区各县，寺院势力也不容小觑，即便不得不考虑土地较为贫瘠的因素，这些县的寺院土地所有面积也是福州之最。这种情况的出现，主要是因为在寺院势力逐渐衰落的南宋中期，山间偏僻地区受其影响较少，尚能保持一直以来的势力。关于这一点，下文将会详细论述。

接下来需要考虑的，是一所寺院所拥有的土地最多能够达到多大面积。《三山志》记载了各寺院的产钱，但并没有记录下寺田数量，因此很难得知确切数字。不过《鼓山志》中有记录表明，位于福州鼓山的涌泉寺在宋代拥有土地13 000亩[1]，而《三山志》则记录了该寺产钱为15贯730文[2]。以此产钱数额为标准，列出拥有与涌泉寺同等程度寺产的福州寺院，结果不过以下几寺而已：

神光寺（侯官）：一十六贯九百二十四文
西禅寺（侯官）：一十四贯二百八十九文
法海寺（闽）：一十三贯九百八十五文
安国寺（怀安）：一十三贯五百一十三文
乾元寺（怀安）：一十三贯一百二十一文
秀峰崇胜院（古田）：一十二贯九百九十九文
寿山广应院（怀安）：一十二贯九百四文

其中只有神光寺的产钱比涌泉寺更多，因此如果产钱与土地面积成正比，则福州寺院所有土地面积最多应不超过150顷。不过，此面积仅为垦田面积，不包括园林山地。但即便如此，比起这一时期江浙大刹坐拥数万亩肥沃丰饶的常住田[3]，福州寺院的寺田也少得不值一提了。

接下来是关于兴化军，《弘治兴化府志》中对明代各寺的田地山林面积有详细记录。其中多达百亩以上的有两所。

1.《鼓山志》卷五《田赋》。

2.《三山志》卷三三《寺观类一·僧寺》。

3.《建炎以来朝野杂记》甲集卷一六《僧寺常住田》。“今明州育王、临安径山等寺常住膏腴，多至数万亩。”

仙游县龙华寺：一百四十八顷七十七亩九分

莆田县龟山寺：一百一十三顷七十七亩六分[1]

从宋代到明代，寺田整体的面积变化倾向通常并非增加而是减少，因此这两寺在宋代拥有的寺田面积必定比上述记录更大。不过须得注意，与涌泉寺不同，这些数字中包括了山地面积，因而在与福州做比较时，必须从总数中减去山地面积，由此可以推断，兴化军当时的寺田最大面积应该不会超过福州。

若寺田面积最大值为150顷，那么福州的寺院虽然无法与江浙地区的大刹相提并论，但相较民户所有的土地而言，已是占有无可比拟的优势。正如方勺《泊宅编》中所记的：

七闽地狭瘠而水源浅远，其人虽至勤俭，而所以为生之具，比他处终无有甚富者。垦山陇为田，层起如阶级……[2]

在大半土地皆为山地的福建地区，农田的开垦管理面临着诸多困难，无法实现如江南地区那样的大土地所有。因此才会有“泉南富家田不过五顷，至十顷极矣”[3]的情况。考虑到这样的地理条件，150顷实是极为广大的所有土地面积。

另外，通过南宋中期陈淳的记载，我们还可以了解关于漳州的情况：

举漳州之产而七分之，民户居其一，而僧户居其六。于一分民户之中，上等富户岁谷以千斛计者绝少，其次数百至百斛者亦不多见，类皆三五十斛无担石之家。终岁营营为仰事俯育之计，且不能以自给，则为漳之民户者甚贫，在官司绝不可更有丝毫之扰。以六分僧户言之，上寺岁入以数万斛，

1.《弘治兴化府志》卷五四《工纪·水利志》。

2.《泊宅编》卷中。

3. 陈懋仁：《泉南杂志》卷上。

其次亦余万斛或数千斛，其下亦六七百斛或三五百斛，虽穷村至小之院亦登百斛，视民户极为富衍。[1]

漳州虽地处沿海，从政治、文化上来说却是福建的偏僻之地，此地的佛教也不可能像在福州、泉州等地那样呈现出欣欣向荣之景。但正因是较为落后的地区，才与福州的古田、永福等县一样，佛教教团在南宋时期仍然能够保有相当大的势力。

三、产钱

所谓产钱，是宋代行于福建的特别赋税制度，《嘉靖惠安县志》曾对此有如下说明：

宋陈洪进纳土，诏均闽中赋额，以田土高下定出产钱，其夏秋二税及折变粮科，俱以产钱为母，而第人户九等以权之。[2]

也就是说，产钱是指按照土地肥瘠算出的财产评估价值，主要用来作为两税、折变等赋税的标准。《三山志》的“寺观类”部分分别记录了各寺的旧产钱金额，其中怀安乾元寺条的注中记道：

未经界前，谓之旧产；已经界后，谓之新产。今税苗盐役虽用新产科纳，而敷四色钱犹用旧产，故特存之，后准此。[3]

---

1. 陈淳：《北溪大全集》卷四三《拟上赵寺丞改学移贡院》。
2. 《嘉靖惠安县志》卷六《田赋》。此虽为明代记录，但对产钱的说明最为准确清楚。此外，朱熹《朱文公文集》卷一九《条奏经界状》曾对经界一事有过产钱的提案：“独此泉、漳、汀州不曾推行。……为今之计，莫若将见在田土打量步亩，一概均产，每田一亩，随九等高下定计产钱几文，而总合一州诸色租税钱米之数，却以产钱为母，别定等则，一例均敷，每产一文，纳米若干、钱若干。”
3. 《三山志》卷三三《寺观类一·僧寺》（宋元地方志丛书本7947页下段）。所谓四色钱，指的是上供等钱中的军器物料钱、酒本钱、醋课钱、助军钱四种，本章下一节的论述中还会涉及。

指出所谓旧产钱，指的是绍兴十九年（1149）经界法实施以前的金额[1]，而之所以记载各寺观旧产钱，是因为寺院的上供银钱等需要以旧产钱作为计算标准。

另一方面，上文引用的《三山志》中关于寺田与民田面积对比的叙述之后，还有这样的下文：

> 民产钱八千缗有奇，僧寺一千五百，不啻当民八之一，以故州常赋外，一切取给于僧寺，有以也夫。[2]

继上文指出民田与寺田面积之比为5∶1之后，这里还指出两者产钱之比为8∶1，寺院的国家赋税负担较轻。不过，实际的计算方法为：

> 民田35 000顷：产钱8 000缗
> 寺田7 000顷：产钱1 500缗
> （比例）田5∶1　产钱5.3∶1

可见产钱比例与所有土地比例实际上相差并不大。这就表明，虽然当时的寺院在各方面都比民户负担要轻，但这一点并不能从产钱上得到证明。

下表为统计产钱总额之后分别计算出的每户、每亩平均值。

表6　福州产钱金额户、亩均值表

县	每户平均（文）	每亩平均（文）
总数	1 024	2.1
闽	1 311	2.9

1. 关于福州的经界法，《三山志》卷十《版籍类一·垦田》中有记载："绍兴十九年行经界法，田以名色定等，乡以旧额敷税，列邑之地各有高下肥硗，一乡之中土色亦异，于是或厘九等，或七等，或六等，或三等，杂地则或五等，或三等，多者钱五文，一斗五升（注略），最少者钱一分，米仅合勺。"正如朱熹《条奏经界状》中所指出的，福建一地之中经界法施行也有前后之分，如漳、泉、汀州等地便是直到多年之后方才开始施行。
2.《三山志》卷十《版籍类一·僧道》。

续 表

县	每户平均（文）	每亩平均（文）
侯官	1 557	3.2
怀安	1 329	3
福清	843	2.4
长溪	595	1.5
古田	636	0.9
连江	952	3.1
长乐	716	2.1
永福	1 140	1.8
闽清	693	1.7
罗源	918	2.1
宁德	1 050	0.6

很明显，从每户平均值来看，闽、侯官、怀安等城下三县较平均水平更高，而长溪、古田、长乐、闽清等偏远县则较低。从每亩平均值来看，城下三县以及福清、连江等县较高，长溪、古田、永福、闽清、宁德等山区县，以及偏远的沿海县都在平均水平以下。因此也可以说，越是地处偏远，产钱也就越少。这一结果真实反映了山区土地贫瘠，导致收获量较少的现实。

再看兴化军的情况：

莆田县：246寺　925贯662文　每寺平均3.7贯

仙游县：217寺　917贯59文　每寺平均4.2贯

兴化县：33寺　255贯779文　每寺平均7.8贯

总计：496寺　1 998贯440文　每寺平均4贯

每寺平均值约为福州的4倍。不过，如果将民户的产钱做比较，则是福州每户平均25文对兴化军245文，相差将近10倍。[1]《长编》中曾记载，元丰八年（1085），殿中侍御史黄降上奏称：

> 伏见福建路下四州军产钱，福州十二县，共八千余贯；泉、漳州，兴化军一十四县，共六万余贯。而福州缘王氏之旧，每产钱一当余州之十，其科纳以此为率……[2]

曾指出福州的产钱与其他州军相比是以一当十。将这个比例同样运用于寺院产钱，那么兴化军的产钱均值4贯，在福州就相当于0.4贯，低于福州的所有县。由此可以判断，相较福州的寺院，兴化军寺院的寺产要少得多。

通过以上对宋代福建寺院在社会经济中的地位所做的观察能够得知，福州的寺院占户口总数的约0.5%，也就是说每200户中便有1户是寺院。而且越是位处政治文化中心，这个比例就越高，越是山地僻壤则越低。而兴化军整体来说更倾向于前者，因此该地比例也偏高。从经济力量，即寺田的面积来看，福州土地的五分之一皆为寺田所占，而在漳州，这个比例甚至高达七分之六。福州各县的寺田通常是越靠近山地僻壤则面积越大，在总体而言山地偏多的福建，所谓“田之大半，皆入诸寺”[3]，绝非夸大其词。

最后还须对福建的僧尼人数略做考察。本节开头已经提到，闽国曾经大量度僧，尤其是王延钧在天成三年（928）十二月度民2万为僧，

1. 将福州和兴化军的民户产钱数额做比较，结果如下（兴化军统计数据来自《弘治兴化府志》卷十《户纪·户口志》所引《绍熙郡志》）：
   福州：321 590户　产钱8 141贯326文　每户平均25文
   兴化军：72 363户　产钱17 711贯698文　每户平均245文
2.《长编》卷三五八，元丰八年七月庚戌条。
3. 林希逸：《竹溪鬳斋十一稿续集》卷十《重建敛石寺记》。“嘐嘐者但曰：吾乡地狭人稠，田之大半，皆入诸寺。”

“由是闽中多僧”。这种倾向一直延续到入宋以后，至道元年（995）太宗翻阅泉州送上的僧籍，看到已得度僧人多达数万人，尚未得度的系籍者（童行）也多达4 000余人，太宗大为吃惊，针对现有的每年僧100人许度1人的规定，在佛教尤为兴盛的江南、两浙、福建路，将其调整为僧300人许度1人，尼100人许度1人，以此遏制僧尼增加之势。[1] 后来的景德二年（1005）九月，朝廷曾下令，禁止福建路童行向僧尼画像拜师出家——实际上是得度——的行为[2]，可见以投机的方式随意得度的人不在少数。

不过即便是在福州，这种持续增加的趋势，也只维持到北宋末年。《三山志》中对僧道人数有过统计：

> 旧记系帐僧三万二千七百九十五人，童行一万八千五百四十八人；今系帐僧一万一千五百三十人，童行二千九百一十五人，道士一百七十人。[3]

原文中没有说明“旧记”为何时之记，但从该志统计寺院时列举了庆历年间和绍兴初的合计数字这一点来看，旧记的时间应为两者之一。值得注意的是，从北宋到南宋，福州的户口随着时间推移一直在增加[4]，寺院数量也只是在南宋时期稍有减少，然而僧尼和童行的总人数却大幅减少到原来的三分之一。其中一个原因正是受到第一章所述的高宗实行的度牒住卖，以及恢复卖牒后度牒价格持续高涨的影响。另外还应指出的，就是官府对寺院课以重赋，从而导致了不少寺院的倒

1.《宋会要》道释一之一五。“至道元年六月，诏：‘江南、两浙、福建僧尼，今后以见在僧数，每三百人放一人……’是岁，太宗阅泉州僧籍已度数万余籍，未度者犹四千余，始定此制。明年，又诏淮南、川陕路并依此制。”此事还见于曾巩《元丰类稿》卷四九《本朝政要策》、李攸《宋朝事实》卷七、江少虞《皇朝类苑》卷二、王栐《燕翼诒谋录》卷三等。此外，《太宗实录》卷七七，至道二年三月壬寅条仅记载了上述引文的“明年”，即至道二年部分。

2.《长编》卷六一，景德二年九月戊午条。“禁福建诸州军寺院童行依僧尼真影出家者。”

3.《三山志》卷十《版籍类一・僧道》。

4.《三山志》卷十《版籍类一・户口》。

闭废弃。

第三节　福建的地方财政与寺院财产

本节主要考察在福建社会中位列第一阶级的寺院，在这个时代的社会中扮演了怎样的角色。首先需要探讨的是寺产对地方财政所起到的作用。

一、寺院课税

在宋代，除了敕修祈愿寺等特例以外，寺院都须为其所有田地缴纳两税。在此基础上，自王安石主导实行募役法以来，本来拥有免役特权的僧道也必须负担助役钱，绍兴十五年（1145）后，更须按照寺院的种类、等级等缴纳相应的“清闲钱”，亦即免丁钱。[1]可见南宋寺院除了要缴纳对寺田征收的两税外，还须负担以寺僧为征收对象的免丁钱。然而在福建，寺院赋税却不止于此。上一节探讨产钱部分时曾引用《三山志》一〇的叙述，原文在指出寺院赋税负担较轻之后这样记道：

> 以故州常赋外，一切取给于僧寺。

说明在土地狭小、人口稠密、经济贫困的福州，所有两税以外的税目、非泛科敷等，都从寺院征收。朱熹曾指出“（福州闽县）县赋故多取具

---

1. 关于僧道的免丁钱，《宋会要》食货一二之九（另可见同书六六之一、二）、《建炎以来朝野杂记》甲集卷一五《僧道士免丁钱》、《佛祖统纪》卷四七、無著道忠《禅林象器箋》第二九类《銭財門·免丁錢》等史料中都有记录。相关先行研究，则可参看塚本善隆：《宋の財政難と仏教》，《塚本善隆著作集》五，大东出版社，1975年；道端良秀：《宋代仏教と人頭税》，《山崎先生退官記念東洋史学論集》，山崎先生退官纪念会，1967年；金井德幸：《宋代僧道免丁錢について（上）、（下）》，《東方宗教》37、38，1971年；諸戸立雄：《宋代における僧侶の税役問題—とくに免丁錢（清閑銭）を中心として—》，《秋田大学教育学部研究紀要》29，1979年等。諸戸氏在文中提到，“僧道免除税、役，在如今已是极其普遍的认识”（第47页），但实际上这一认识绝非普遍。在“普遍认识”的前提下立论，反而容易令人心生疑惑。

于僧坊”[1],刘克庄也说过泉州“郡计取办僧刹,久矣”[2],可见福建其他州军情况相同。林希逸《重建敛石寺记》对寺院的赋税负担有更详细的说明:

> 余观江、湖、浙之和籴运籴,淮东、西之车驮夫脚,其为产家害极惨……独吾闽之人衣食其田,自二税之外无所与闻。问之僧寺,则上供有银,大礼有银,免丁又有银,岁赋则有祠牒贴助,秋苗则有白米撮借,与夫官府百需,靡细靡大,皆计产科之。[3]

随后还引用了前人之言“僧寺,闽南之保障”。由此可见,寺院承担着种种科敷,实为民之保障。

关于这条史料中提到的上供银,《三山志》卷一七《财赋类·岁收》中列举了以下寺院科纳税目。

> 寺院科纳上供银等钱304 632贯228文
> 上供银钱177 221贯186文
> 军器物料钱11 000贯36文
> 酒本钱22 755贯889文
> 醋课钱42 157贯976文
> 助军钱40 487贯142文
> 大礼银钱81 037贯64文

从这些数字可以看出,在福州,赋税负担最为高额的是上供银钱。值得一提的是,与之相对,僧道免丁钱仅为21 000余贯。关于寺院也须承担上供银的背景原因,《宋会要》中有这样的说明:

1.《朱文公文集》卷九三《左司张公墓志铭》。
2.《后村先生大全集》卷九三《荐福院方氏祠堂记》。
3.《竹溪鬳斋十一稿续集》卷十。

> （绍兴）四年正月二十九日，诏福建路州军，今日以前见欠左藏库估剥银数、亏欠官钱，特与蠲放四年。户部侍郎叶份言“福建路见上供银数，系以元丰年宝瑞场所收课利立为定额。自崇、观以来，坑井渐降，银价又高，应办责之人户，科敷及于寺院”故也。[1]

表明向寺院征收科敷，是从北宋末崇宁、大观年间（1102—1110）开始的。关于此事，还有别的记录可以作为旁证：

> （侯官）县有余太宰香火寺，倚势不输上供银，每移增于诸刹。（黄）琮严加征督，时谓其清廉无比。[2]

黄琮元符三年（1100）进士及第，活跃于政宣年间，而余太宰香火寺指的是政和八年（1118）被余深奏请为坟寺的西禅寺。[3]正如本章第二节已经提到的，这所西禅寺是产钱名列福州第三的大刹，应该有足够财力输纳上供银。虽然具体时间无法明确，但寺院开始输纳上供银，最迟也应不会晚于宣和年间（1119—1125）。

二、实封惯例

除了上述种种赋税，成为地方政府财源的，还有福建独有的实封之惯例。福建的寺院拥有巨额财产，导致“僧利其富饶，争欲为主守，赇请公行”[4]。史料所说的这种现象发生在曾巩知福州的熙宁十年（1077）

1.《宋会要》食货六四之六一。

2.《弘治兴化府志》卷三七《礼纪·人物·黄琮传》。

3.《三山志》卷三四《寺观类二·僧寺》。

4.《宋史》卷三一九《曾巩传》。这一记录史料来源为《曾巩行状》（《元丰类稿》附录），行状中还有下文：“公俾其徒自相推择，籍其名，以次补之，授文据廷中，却其私谢，以绝左右徼求之敝。民出家者三岁一附籍，殆万人，阖府徼赂，至裒钱数千万，公至，不禁而止。”说明曾巩让僧人推荐合适人选，记录其名，以此为准逐一任命住持，以绝贿赂之风。此外，这条记录中提到的官府向出家之民征收贿赂，其数额高达数千万一事，也颇为值得注目。

至翌年的元丰元年之间。[1]

而到了南宋，以贿赂的多少来选定寺院住持的做法更为盛行，几乎成为一种潜规则。对此，南宋末的刘克庄曾有如下说明：

> 闽多佳刹，而僧尤盛。一刹虚席，群衲动色，或挟书尺、竭衣盂以求之。有司视势低昂、资厚薄而畀焉，先输资，后给帖，福（州）曰实封，莆（田县）曰助军。异时大丛林、大尊宿补处，往往皆实封、助军之僧矣。[2]

被称为“实封”的竞买方法，当时一般用于官田鬻卖，即所谓实封投状。而莆田县所谓的助军，只是以征收财物的用途来命名，实则“输资”的方法已经决定了它就是实封无疑。总之，无论名为实封还是助军，其实质都不外乎由官府所主导的寺院住持权利的买卖。另据刘克庄《忠肃陈观文神道碑》所记，住持任期为十年，到期后再行实封，但由于当时州府经费不足，多将住持任期缩短为七年或五年，更有甚者，对任期尚不满一年的住持百般挑剔、罗织名目，频繁更换新住持。[3]对于官府来说，住持的任免不过是筹措经费的方法之一。

福州的实封之制，最初是在绍兴二年（1132）由当时任知福州的张守开始实行的，其前因后果由《宋会要》中所载绍兴二十九年闰六月十二日侍御史朱倬的上言可知：

> 臣闻昔伪闽时，以八州之产分三等之制，膏腴者给僧寺、道观，中下者给土著、流寓。至其末流，贸易取金，自刘夔始，由是利分私室，士竞干求。其后张守遂与土居士大夫谋为寔封之说，存留上等四十余刹以待真僧传法，余悉为实封，金多者得之，岁入不下七八万缗，以是助军兵春冬二衣，余

1.《三山志》卷二二《秩官类三·郡守》。

2.《后村先生大全集》卷一五八《明禅师墓志铭》。

3.《后村先生大全集》卷一四六《忠肃陈观文神道碑》。

宽百姓非泛杂科，时寔便之。[1]

据朱倬所说，绍兴二年张守任知福州，与土居的士大夫们商议，谋定实封之策，除了40余所上等寺院维持原样，用以招高僧传法以外，其余寺院全部以实封竞买的形式，交与纳钱最多之人。这一政策每年能带来七八万缗的收入，除了用来补助军队的军服费用，剩下的还可以减轻加在百姓头上的非泛杂税，在当时颇受民众欢迎。这份上言明确了实封就是为选定住持而进行的竞价买卖。

朱倬的上言也被《系年要录》转引于张守任知福州的相关记叙中[2]，此外还见于应是以《系年要录》为史料来源的《宋史》卷一七三《食货志·农田之制》，以及《文献通考》卷七《田赋考·官田》等处。然而，这些转引却各有各的问题。其中《系年要录》基本上保留了原文，而其他两者的记叙却体现出了理解的错误。首先看《宋史》：

（绍兴）二十一年，以大理寺主簿丁仲京言，凡学田为势家侵佃者，命提学官觉察；又命拨僧寺常住绝产以赡学。户部议并拨无敕额庵院田，诏可。初，闽以福建六郡之田分三等膏腴者给僧寺、道院，中下者给土著、流寓。自刘夔为福州，始贸易取赀。迨张守帅闽，绍兴二年秋，上倚以拊循凋瘵，存上等四十余刹以待高僧，余悉令民请买，岁入七八万缗以助军衣，余宽百姓杂科，民皆便之。

这段叙述中出现而朱倬上言中所无的“上倚以拊循凋瘵”七字，应是来源于《系年要录》中的“上曰：‘福建盗贼之后，要在拊循凋瘵，用守为宜’”。然而《宋史》却在关于将僧寺常住绝产没官的叙述之后转

1.《宋会要》食货二六之四二。

2.《系年要录》卷五六，绍兴二年七月丁卯条。“丁卯，资政殿学士新除提举万寿观兼侍读张守知福州，从所请也。上曰：‘福建盗贼之后，要在拊循凋瘵，用守为宜。’初，伪闽以八州之产分三等之制，膏腴者给僧寺、道观，中下者给土著、流寓，自刘夔守福，始贸易以取赀。守与士大夫谋为实封之说，存留上等四十余刹以待高僧，余悉为实封，金多者得之，岁入不下七八万缗，以助军衣，余宽百姓杂科，时实便之。此以绍兴二十九年闰月甲子朱倬所奏修入。”

引朱倬的上言，很明显是将此上言误作了记录寺田鬻卖的史料，而且还将原文的“余悉为实封，金多者得之”改为了“余悉令民请买”（译者按：引文中的着重号为作者所加）。

至于《文献通考》，同样因将该上言内容引用于《田赋考·官田》一项中，致使文章呈现出了向官田方向改动的痕迹。相关记录原文如下：

> 刘夔为福州帅，贸易僧寺田以取赀。至张守帅闽，始议存留上等四十余刹，以待高僧外，悉令民实封请买。岁入七八万缗，以助军衣，余宽百姓杂科，民皆便之。

尤其是在原文的“贸易取金”，也即是《系年要录》所谓的“贸易以取赀”一句中加入了“僧寺田”三字作为宾语，这样一改，下文自然也就不得不与《宋史》做同样方向的改动。的确，原文中“贸易”一词的宾语为何，颇有语焉不详之处，而且该部分承接上文关于闽国田产分配的叙述，自然更容易理解为将寺田用于贸易。但须得注意，原文并没有只言片语涉及寺田买卖，始终只提及了实封。因此文中所说的始于刘夔的“贸易取金”，指的并非寺田，而是住持身份的买卖，换句话说，用于贸易的商品就是寺院本身。顺带一提，刘夔任福州知州，是在皇祐三年（1051）到皇祐六年之间。

上述上言的引用部分之后，朱倬还接着告发了绍兴二十七年到二十九年闰六月之间知福州的沈调，指出他将实封视为奇货，连丰寺大刹都尽数交易，中饱私囊。朱倬请求将沈调任命的住持悉行罢免，仍然按例再行实封，收入用以补助上供、非泛科敷，此奏获得许可。[1]

1.《宋会要》食货二六之四二。“……沈调帅闽，则以为奇货，丰寺大刹，悉货入己。……所有本州寺院调所差者，悉令罢去，依旧寔封，而减其则例之重，以补公上时代泛科，以惠黎庶，实远民之大幸。从之。”和田清编《宋史食貨志訳注（一）》（东洋文库，1960年）农田部分（周藤吉之负责）注九三二中，除了朱倬上言，也列举了本书提到的各种史料，但并未指出其中异同以及《宋史》的谬误。此外，据周藤吉之的考察，《宋史·食货志》南宋时期的记录大多来源于《中兴四朝国史》的《食货志》部分，而后者则采用了《系年要录》和《朝野杂记》中的大量记录（《宋朝国史の食貨志と『宋史』食貨志との関係》，《宋代史研究》，东洋文库，1969年，第567—634页）。因此，此处讨论的谬误应该是从《中兴四朝国史·食货志》开始的。

由此可知，实封这一惯例在此后也得以继续实行。

三、趱剩钱的征收

实封带来的收入主要被用于补贴州县财政，但同样饱受财政问题困扰的南宋中央政府，也注意到了福建寺院的丰厚寺产，想方设法取之以补亏空。绍兴二十二年（1152）开始在福州征收的趱剩钱，正是为了实现这个目的。

第一章已经提到，绍兴十二年（1142）度牒的发放全面停止以后，僧尼人数有所减少，无住寺院随之增加。于是绍兴二十一年（1151）十月六日，朝廷下令将无住寺院的田产，即所谓的常住绝产全部没收，"令拨充赡学支用"，而同时被没收的，还有无敕额的违法庵院所有的田产、屋宇。[1]

当时，户部命诸路州军调查绝产寺院，由各路提举学事司进行汇总并上报。然而福建寺观众多，中央唯恐其调查费时以致出现漏报，特意派遣司农寺丞钟世明专门负责福建一地的措置。单从这一点，已经能看出朝廷对福建的绝产调查成果寄予了多大的期待。钟世明到任后，将福州的寺观田收入中减去两税、上供钱，以及常住每岁所需，即寺观必要开销之后，剩余部分作为"趱賸钱"（"賸"也常记作"剩"），每年征收365 806贯845文，送至中央的左藏库。[2]他的这一措置比朝廷最初的"令拨充赡学支用"方针更进一步，将福州所有寺观的田产收入羡余全部征收，送入左藏库，收缴程度可谓彻底。不过，正因这种收缴方式太过极端，实施不过一年，便不得不进行调整。

1.《宋会要》食货六一之一四。"……诏令户部措置，并缘住卖度牒，常住多有绝产，令拨充赡学支用。户部言：'近来僧道往往违法，于所在去处擅置庵院，散在民间，若无敕额，其所买田产、屋宇，亦乞依前项施行，更合取自朝廷指挥。……'"另见《宋史》卷一七三《食货上一·农田之制》。

2.《宋会要》食货六一之一五。"二十二年三月二十二日，户部言：'数内福建路寺观系数多去处，虽已行下本路提举学事司开具，窃虑往反取会迟延，因致漏落，今欲乞朝廷差官一员前去措置施行。'从之。同日，户部言：'已降指挥，差官一员前去福建路措置寺观常住绝产田亩。今欲专委新除司农寺丞钟世明带行本职，前去措置。'从之。世明措置：将寺观田产除二税、上供、常住岁用等外，每岁趱剩钱三十六万五千八百六贯八百四十五文，起发赴左藏库。"

在钟世明最初的方案里，所谓“常住岁用”仅限于居住在寺观中的僧道们的食物开支（计口给食），但翌年任知福州的张澄提出，寺观里除了僧道以外，还有童行和其他负责杂役的雇佣劳动力，后者的开支也须计入成本，从羡余中扣除。最终根据张澄的提案，趱剩钱的金额减为每年339 360贯文余。[1]熊克《中兴小纪》记张澄的新方案“较前所拘，十还六七”[2]，但正如李心传所指出的，新方案减少了原来金额六七成的说法明显有误，这一点从汪应辰所记的原额34万余贯，隆兴元年（1163）仍为28万余贯的数字也可看出。[3]汪应辰的记录下文将详细分析。不过，也应该考虑到留州的可能性，即本应送往中央的趱剩钱之中或许有几成是留于福州的。

对于福州的寺观来说，趱剩钱带来的赋税负担实在过于沉重，因而滞纳现象时有发生。对此，绍兴三十二年（1162）十一月二十五日有诏：“福建路自绍兴三十年以前寺观认纳儹剩积欠，并予除放。”[4]几年后的乾道三年（1167）十一月二日，又有南郊之赦：“福建路昨来寺观儹剩钱，缘一时所立数目稍重，其间往往不能桩纳，以致僧道逃亡，虚挂欠负，无所从出。可并予蠲免。”[5]据汪应辰《请免卖寺观趱剩田书》，隆兴元年（1163）六月十二日有敕，令将用于趱剩的田产出售[6]，这或许就是为应对趱剩钱征收情况不理想而采取的对策。对此，汪应辰列举了“不便者五”以示反对，最终施行得以中止。

与此同时，汪应辰在反对意见里提到了福建财政与寺院财产之间的关系，其内容颇为耐人寻味[7]：

1.《宋会要》食货六一之一五。“续据知福州张澄乞添破童行人力米，除豁外，实计每岁起发钱三十三万九千三百六十贯文有奇。”

2.《中兴小纪》卷三五，绍兴二十三年夏四月是月条。

3. 李心传在《系年要录》卷一六三该日条的注中引用熊克《小历》，并指出熊克所谓“十还六七”的认识有误，却又在《朝野杂记》甲集卷一六《僧寺常住田》中记道：“明年，张知莹节使为帅，又请于朝，十还六七矣。”仅凭这些，无法断定哪一记载无误。

4.《宋会要》食货六三之二〇。

5.《宋会要》食货六三之二八。

6. 汪应辰：《文定集》卷一三《请免卖寺观趱剩田书》。“准行在尚书户部符，准都省批下隆兴元年六月十二日敕，将福建寺观元剽拨趱剩之田估价出卖事……”

7. 汪应辰所作题名为《请免卖寺观趱剩田书》的上奏共有两篇，本章所论以第二篇为主。

窃见向者遣使剩拨之时，止以寺观一岁所入，计口给粮之外，其余尽谓之趱剩，初不曾分田某段给口食，某段充趱剩。今者出卖，旋行纽拨，其间高下肥瘠之不同，计嘱之弊，将纷然而起，何可胜言。此其不便者一也。

昨常平司卖官田钱数，比今寺观趱剩之数为甚微，犹且六年未能尽鬻，至或非理科抑邻保，分外骚扰民众，尚未能办，见今不住据人户论诉。今所鬻之田，其数浩瀚，其限迫促，又非常平官田之比。况闽人至贫，家无千缗之积，一朝责以三百万缗，将十年且不可得。此其不便者二也。

本路趱剩钱元计三十四万余贯，自后时有丰稔，价有低昂，随年估直，已不及元额，尚有二十八万余贯。卖田指挥既下，寺观更不复耕布，自今岁便无二十八万贯之入。趱剩之外，所失非一，若更如卖常平田，累岁之间积而较之，何止三百万缗。此其不便者三也。

昨来所差使者，括责口食之时，未放行度牒，今度牒既行，僧道日增，即不曾添给口食，寺观亦只于趱剩数内将新盖旧，那融赡给，其意犹谓既放行度牒，朝夕亦须放免趱剩。今既绝望，而寺观元给之数有限，其新披度人将顾而之他，则免丁钱不可复得。此其不便者四也。

闽中地狭民稠，常产有限，生齿既滋，家有三丁，率一人或二人舍俗入寺观，所以近来出卖度牒，本路比之他处率先办集。今寺观穷寂，观者愁叹，谁肯乡道。自是度剩必难发脱，免丁钱亦复随失。此其所以不便者五也。

数事之外，在州郡则有实封、助军、大礼、经总制、盐钱之额，岁计既不可阙，将取之于民，则焦熬之态益甚。今日应辰区区管见，以谓朝廷不若明降指挥，特免寺观出卖趱剩田产，多降度牒，均之八郡。姑以二千道计之，为钱六十万缗，兼不失二十八万趱剩数，遂成九十万缗，又添二千人免丁钱。比之鬻田累年不能尽，其暗有所失，不可胜计，利害明白。

总而言之，汪应辰认为，福建一路的财政十分依赖寺院，而在这样的现状之下，若将寺院田产充公，立即就会给整个州的财政带来影响，造成人民生活困苦。而且寺院废弃、僧侣减少，同样会使朝廷损失度牒钱和免丁钱，倒不如多发度牒，增加僧侣人数，方为上策。本书第一章已经讨论过，宋代为政者们对于教团的态度十分现实，这一点从汪应辰的上奏也同样可以看出。此外，文中提到福州“家有三丁，率一人或二人舍俗入寺观”，也是一种值得注意的社会现象。

趱剩钱的征收持续到何时，目前尚不清楚。不过《三山志》中没有任何相关记录，或许可以认为其在淳熙年间已不存在；抑或是上文提到的乾道三年的蠲免之令，在蠲免滞纳的同时将趱剩钱本身也废除了。如果是这样，那么趱剩钱就是仅在绍兴二十二年到乾道三年为止的16年间实行的一种临时征税。

四、常住绝产的没官

自绍兴二十一年起，将无住寺院的绝产寺田没官以充赡学等费用的政策开始施行，但这一政策并未与趱剩钱的兴废完全同步，而是在后来仍以独立的形式一直在福建各地实行。据朱熹《建宁府崇安县学田记》记载，淳熙七年（1180），建立县学的知县赵侯为图“饮食久远之计”，将县内的中山、白云、凤林、圣历、暨历五所绝产寺院的田产悉入县学，每岁能获租米220斛。[1]另外，《弘治兴化府志》也记录了南宋时期，王居安、张友、陈仲微、赵彦励、王孝遵等人将废寺田产转而用以赡学的事迹。[2]而除了赡学以外，废寺田产也被用于填补其他种种开支，例如《宋史·袁甫传》所记：

> 丁米钱久为泉、漳、兴化民患，会知漳州赵以夫请以废寺租为民代输。[3]

1.《朱文公文集》卷七九《建宁府崇安县学田记》。
2.《弘治兴化府志》卷四《吏纪》。
3.《宋史》卷四〇五《袁甫传》。

表明废寺租曾被用以代输身丁钱，减轻民患。而下一节将要讨论的城垣修建、陂塘修复工程，以及举子仓资金等州县各项经费里，也都曾有过来源于废寺田产的补助。

第四节　土木工程、福利事业与教团

地方政府对教团的利用，并不仅限于以上所述的财政方面。在当地的土木工程、福利事业中，地方官也积极利用了寺院丰厚的资产，以及“不耕而食”的僧徒的力量。这样的事例在江浙等地当然也并非罕见，但正处于开发之中同时教团势力又极大的福建，土木建设方兴未艾，地方官将僧徒、寺院用于其施工及后续管理的情况尤为普遍。本节将列举几个具体事例，以此观察社会事业与教团之间的关系。

一、桥梁架设

《八闽通志》卷一七《地理志·桥梁》一项中，有多条僧侣修建或重修桥梁的记录，其中甚至有以一人之力修建多座桥梁的僧侣。在泉州，北宋时期的普足、南宋末的道询都分别修建了多座桥梁，而元代的头陀王法助在泉州和福州修建或重修的桥梁更是多达17座。不过记录中能够看到的其实只是一小部分，例如关于道询，就曾有记录说他“修造桥梁二百余所，捍海水为田，不可胜计”[1]。这些桥梁架设工程中僧徒的参与，固然不少是他们自发的善意之举，但同样有很多是出于地方官的调遣，例如：

> 朱公视事二年，悯民之惫而图厥利，谕寺僧：邑里有好义，输费佣工，同心协力。[2]

这里提及的就是受知州之令，由僧俗协力而成的例子。另在南宋漳州

1.《嘉靖惠安县志》卷一三《释道询传》。“净山下人，俗姓王……修造桥梁二百余所，捍海水为田，不可胜计。景炎元年，赐灵应大师，没于白沙寺。”

2.《乾隆福州府志》卷九《宋鲁国曾朱公桥记》。

同样有类似情况：

> 都运赵侯之造通济桥，亦大役也，每舟惟支二十缗付之一僧，亦不扰而桥成，即今柳营江之所跨是也。[1]

作者陈淳在这份劄子里提及了将公共事业委任于僧徒的益处，作为例子举出的正是这座通济桥。

但凡桥梁，一般都在附近设有为往来平安祈福的庵院，或是供旅人小憩的场所。如《三山志》提及南路驿铺时，浮桥一条的注曰：

> 架亭于其侧，以憩行者。中亭之北，又有泗洲堂一所，命僧守之。……南亭之南，复即山为亭，以济川名之，创庵其西。[2]

提到了浮桥附近建有用于休憩的亭子、泗洲堂以及庵舍，命僧人照管。另外，《弘治兴化府志》中引用的王偁《宁海桥记》中也记道：

> 元元统间，有释氏子曰越浦者，始成梁为桥……亭外复建为招提一所，用备憩宿，人大便之。……复议将萃囊山所入之粟数百石，俾他僧处其招提，以延接往来之士。[3]

可见同样的情况在元代也十分常见。《三山志》中出现的泗洲堂，是祭祀被尊为水神加以供奉的泗洲大士之处，此外也有桥梁被冠以泗洲桥[4]、观音桥[5]等名。在桥梁近旁祭祀泗洲大士[6]、观音菩萨等深深根植于民间

1.《北溪大全集》卷四三《拟上赵寺丞改学移贡院》。
2.《三山志》卷五《地理类五·驿铺》。
3.《弘治兴化府志》卷三十《礼纪·艺文志》，王偁《宁海桥记》。
4.《八闽通志》卷二四《食货志·水利》。
5.《八闽通志》卷一七《地理志·桥梁》。
6. 关于泗洲大士，可参看牧田諦亮：《中国における民俗仏教成立の一過程》，《中国近世仏教史研究》，平乐寺书店，1957年。

信仰之中的神明，显然是为了祈愿渡桥安全。

正是在这样的背景下，桥梁架设与佛教提倡的广种福田的思想相关联，也能够与当时民众的佛教信仰相契合，容易经由僧徒之手大力推行。同时，也因为桥梁工程具有这样的特性，对地方官而言，更容易将工程的建设委之僧徒。[1]

二、陂堤建设等

与桥梁工程一样，灌溉水池的陂堤的修筑、运河的开凿疏浚等工程里，也常有来自僧徒的力量。首先，关于前者，史料有如下记载：

> （郡通守陈公振孙）推浮屠氏之有智计者，俾自任其役。[2]
>
> （郡守赵侯）择丰产与夫浮屠之干动者董其役，而官不与焉，故不劳而成。[3]

如这些例子所示，僧徒常受地方官指派，不单参与陂堤斗门修筑工程，还身任董役监督之责。若是遇到像泉州东湖这样的大工程，则会由十几所寺院协力参与，由寺院自行招募人夫，负责开凿疏浚。[4]同样的方式还被应用于福州外河开浚工程，细节如刘克庄所记：

> 先是，寺产满百钱者浚三尺，产二百以下皆敷。（赵）公下令产满百者浚二尺而已，浚内河者半之；负郭三邑，寺产

---

1. 关于宋代由僧徒进行的桥梁建设，可参看方豪：《宋代僧徒对造桥的贡献》，《东方杂志》复刊第3卷第4期，1971年。
2.《弘治兴化府志》卷三十《礼纪·艺文志》，宋郑寅《重修濠塘泄记》。
3.《弘治兴化府志》卷三十《礼纪·艺文志》，宋傅淇《陈墉斗门记》。
4.《万历泉州府志》卷三《舆地志下·湖塘陂埭》。“晋江县城东三十七、三十八都曰鸾歌里，有东湖，郡境诸湖，此为最大。庆元六年春正月，守刘颖始以钱米畀十五禅寺，使募工开浚，助以壮城卒，总一万四千七百三十五丈。冬复开浚一万四千三百四十九丈有奇，每丈各深四尺……岁久浸废，豪民势家窥请为田。淳祐三年，守颜颐仲按故牍，仍畀寺僧浚之。始于附郭，不足则均之旁近以及远外，各视产高下，率以产钱千赋役七丈，使集佣夫，官售其直。凡浚五万五千余丈，又积土为三山，中创二桥，复丰泽斗门，置水利局，僧司之。”

> 三百以下，余十县，寺产六百以下者皆免敷。遂划界限，度丈尺，总以十大寺，而余寺分隶焉。近寺幕工，远寺助费，率以产满百者助二工，按籍给由，下之十县。以僧督僧，吏拱手不得与。寺尤远而输未至者，先兑库钱。[1]

这份材料让我们看到，在由多所寺院合作进行的大工程中，各寺的职责是按照寺产多少、距离工地远近而划分的，而且以十大寺作为统筹，“以僧督僧”，胥吏甚至并未参与其中。像这样的大工程，整个福州境内的寺院都被动员参与，这一点尤其值得注意。

陂堤也和桥梁一样，为了防止风雨天灾的侵袭，同样要供奉保护神。例如上文提到的泉州东湖就是一例：

> 作亭其上，曰恩波，为集拜之所。复徙宝胜废院额，创东湖放生祝圣宝胜禅院，合五院课入以益之，俾专主其事，且司湖之启闭。[2]

佛教徒历来对放生池一类的水利设施颇为重视，而从上述几个例子来看，我们不该仅认为这些设施的兴建是僧徒们自发的行动，而更应看到地方官对佛教的社会性质的利用。

三、其他建筑工程

桥梁、陂塘等建筑工程，原本就与佛教的社会事业性质相符，但其他种类的工程中，其实也不乏僧徒活跃的身影：

> 1. 乃因行舍旧址，斥而大之……择浮屠氏之才者分掌其役。[3]
>
> 2. 先是，官画丈尺，俾僧干筑。僧有能否，有勤惰，而

1.《后村先生大全集》卷九〇《福州浚外河记》。

2.《乾隆泉州府志》卷九《水利·晋江县·东湖》。

3.《弘治兴化府志》卷二七《礼纪·艺文志》，陈俊卿《兴化军贡院记》。

官无赏罚。(曾)侯斥逐其不勉者。[1]

3. 熙宁元年五月，霖雨荐作，山谷百水争出。……官舍亦遂荡然。有僧远思等余八十人，以住院遗积请任其役，阅四月，为屋五十七楹，规模始大于前。[2]

4. 政和元年，罗殿撰畸命雪峰、太平主僧重修。畸自为记云：过忠懿王祠，叹其陋甚。窃自怪曰：浮屠氏好谈因果以劝世，而忠懿喜营塔庙，其功德在佛之徒为多。若使反其所施，以治其庙像，是使浮屠氏之说益信也。闻雪峰、太平主僧足以任事，乃谕之。未阅月而成。[3]

其实这些例子也不过是冰山一角，其他设施如贡院、州城、官舍、庙宇等，凡是州县负责的建筑工程中，大都有僧徒身任其事。像3一样僧徒毛遂自荐的情况也偶有出现，不过大多数仍是由州县官委任或命令。因此才会有2那样由官方出面罢免无能、不勤勉之人的先例。而4中的地方官在委任僧徒之际，借用了佛教的因果之说，以佛教徒有义务为王审知修筑庙宇为理由加以劝谕，甚至用佛教将借此广结善缘的说法相诱，这一点颇为值得深思。

不仅僧徒要接受工程的委派，工程费用也时常仰仗常住绝产。例如《弘治兴化府志》中就提到：

孝宗时，(王克恭)起知兴化军，会汀、邵寇作，势寖南侵，旁郡皆增陴浚濠，以为城守，独吾郡无备，民且溃去。时直秘阁陈公宓家居，倡板筑之议，克恭从之，捐浮屠不济钱废利钱名不济数万，以助其费。[4]

这样的例子，应该还有很多。

1.《后村先生大全集》卷八八《兴化军新城记》。

2.《三山志》卷九《公廨类三·诸县官厅·闽清》。

3.《三山志》卷八《公廨类二·祠庙》。

4.《弘治兴化府志》卷五《吏纪五·官监下·王克恭传》。

四、桥梁等设施的管理

桥梁等设施的建筑工程既然交给了寺院、僧徒，之后的管理自然也是他们的任务。上文提及的南路浮桥便是其中一个例子。这座桥是当地出身、时任知福州的王祖道在元祐八年（1093）七月所建，翌年一经完成，便由负郭三县的30所大寺轮流负责浮桥的船板、藤缆等部分的管理和修缮，并有21名水手隶属其下，负责朝夕巡视，发现需要修缮之处立即向寺院报告。崇宁二年（1103），王祖道再任知福州，又在桥南建置了天宁寺，并指派其主僧为30所大寺的都管。同时，原计划工程款剩余3 900缗，其中一部分用作船板修缮资金，产钱5贯以上的寺院每所为1单位，5贯以下寺院则2所～3所为1单位，将修缮基金平均分配，共分给了213所寺院。另一部分则作为大藤缆修缮资金，分给负责管理的30所寺院。这些资金都由各寺院自行经营取息，以作维修基金。到南宋时期，浮桥的一部分被石桥所替代，藤缆也被换成了铁缆，修缮频度有所降低，于是作为30所管干寺院的都管而存在的天宁寺也在绍兴二十四年（1154）停废。就这样，管理浮桥的组织体系逐渐解体，浮桥也日渐破损而无人修缮。到了淳熙年间（1174—1189），手握维修资金的各寺院也对之不闻不问，原先被分配下来的基金和所得利息都入了各寺院的私囊。而这30所管干寺院几乎都是直到淳熙年间仍然拥有5贯以上产钱的大寺。[1]

除此以外，延平府（当时的南剑州）沙县的翔凤桥也是“嘉定四年（1211）……始构庵，入浮桥田米，命僧守之”[2]，泉州晋江县的万安桥“绍兴八年（1138），飓风桥坏，郡守赵思诚修复，以余金分诸刹，

1.《三山志》卷五《地理类五·驿铺·南路浮桥》。另外，30所管干寺院及其各自产钱数额如下：鼓山（15贯730文）、雪峰（12贯336文）、神光（16贯924文）、西禅（14贯289文）、芙蓉（12贯7文）、法海（13贯985文）、乾元（13贯121文）、安国（13贯513文）、寿山（12贯904文）、开元（11贯978文）、大中（11贯845文）、精严（10贯34文）、等觉（不明）、九峰（10贯61文）、困山（8贯941文）、万岁（5贯780文）、报恩（7贯145文）、白鹿（8贯871文）、天王（5贯624文）、太平（7贯343文）、贤沙（6贯457文）、昇山（6贯347文）、灵峰（3贯948文）、仁王（6贯246文）、双峰（3贯575文）、大沩（5贯463文）、圣泉（5贯308文）、衡山（5贯251文）、兴福（5贯1□1文）、广因（5贯260文）。

2.《八闽通志》卷一九《地理志·桥梁》。

权子母为修桥费”[1]，可见管理方法与福州浮桥近似。

同样的方法还被运用于水门的管理。根据《三山志》关于内外城濠的记载，福州的西湖曾在淳熙年间由朝廷批准进行兴复开浚，而从西湖放水入民田的5处闸门却是交由寺院来管理的。其中第1、2闸负责人不明，第3、4、5闸分别交由开元寺、安国寺、东禅寺负责。另外，西湖新买官地砧基簿共10本，其中6本分别交由雪峰、鼓山、东禅、西禅、支提等寺，以及道教的紫极宫保管，并由7所寺观共同负责西湖水门的管理。其中除了支提寺产钱为2.5贯以外，其余6所寺观产钱都在10贯到15贯之间[2]，可见都是当时在福州处于领导性地位的大刹。

至于兴化军，据刘克庄《重修太平陂记》可知，该陂田的管理委任于囊山寺，由囊山寺负责陂田的安全保障，设陂正1人、陂干1人，都由僧侣担任。[3]这所囊山寺直到明代仍是坐拥田地81顷、在整个兴化军首屈一指的大刹。

五、平籴仓等的经营

在宋代，以常平仓为代表，由官府或民间经营的各种义仓、社仓扮演了重要的社会角色，使调节粮食价格、赈恤、济贫等福利事业得以蓬勃发展。一般来说，诸仓的经营管理多由州县官吏或是乡居士人进行，寺院僧徒很少参与其中。然而在福建，僧徒的参与却十分普遍。史料中提到的兴化军所置的平籴仓，就是其中一例：

> 平籴仓者，太守宝章曾公之所作也。……捐楮币万六千缗为籴本，益以废寺之谷。寺之产及五贯而籴，民不与也。仓之政，择二僧而付，吏不与也。……又拨废寺钱三百缗供縻费。岁俭价长，则发是仓以权之；岁丰价平，则散诸市，易新谷以藏焉。[4]

1.《同治泉州府志》卷十。

2. 支提以外的寺观产钱，见前揭30所管干寺院产钱数额统计。

3.《后村先生大全集》卷八八《重修太平陂记》。

4.《后村先生大全集》卷八八《兴化军创平籴仓记》。

据此刘克庄所记，兴化军平粜仓的粜本之中有部分来自废寺的谷物，用于经营运作的成本也是废寺钱，除此以外，连其管理都交由寺僧进行，可以说完完全全是由教团经营的。曾有学者认为，这样的例子独一无二。[1]

然而，根据《八闽通志》卷六一《恤政》项的记载，寺院参与福利事业的情况并不少见。例如汀州宁化县共有五处淳祐平粜仓，分别置于华严寺、黄土寨、安远寨、宝地寺、中定寨；社仓也同样，建州建阳县九处社仓中有五处置于寺院，崇安县则是九处中六处都在寺院中；再如举子仓，建州的浦城、建阳、松溪、政和四县，以及汀州的宁化县等，举子仓都设在寺院。上述各仓既然置于寺院之中，有理由推测其经营管理也是交由寺僧进行的。实际上，福州的举子仓正是以停废寺院的寺田收入作为经营资金，由僧徒主事的。[2]类似于惠民仓的广惠仓亦是如此：

> 淳祐九年（1249）知县林子勋建。减月俸及民食盐积累子缗充局，命僧掌之，备民间抵当。[3]

由以上诸例可见，在各种福利事业中，对寺院的宽敞屋宇善加利用，将废寺资产转用于赈恤利民，以及将福利设施的管理委之寺僧等情况，至少在福建并非罕事。

六、利用教团的初衷

正如上文所述，福建地方官府在当地的各种土木工程、福利事业中频繁利用教团力量。至于其原因，最重要一点便是寺院坐拥庞大资产，即便用以开辟新兴事业，也可以不劳民力而毕其功。当时的官僚们认为，寺院财产乃公共财产的一部分，既与百姓私产不同，将之用于公共事业，也就不必过于小心翼翼。而从教团的角度来说，架桥、

---

1. 今堀誠二：《宋代平糴倉批判》，《歴史学研究》12–8、12–9、12–10，1942年。
2. 袁燮：《洁斋集》卷一七《朝散大夫赵公墓志铭》。
3.《八闽通志》卷六一《恤政·福安县》。

济贫等举措本来就与佛教原有的思想教义相契合，由僧徒来负责这些事业更不失为弘扬佛教的好方法，他们没有理由拒绝官府的合作要求。而官府也正是利用了佛教徒活动的这种特点。

不过，地方官将公共、福利事业等全权委任于教团，还有更重要、更直接的原因，便是为了避免官场陋习的影响，具体而言就是胥吏的贪腐行径和工作效率低下。关于这一点，上文中引用过的陈淳《拟上赵寺丞改学移贡院》中有十分详细的叙述：

> 大抵官司创造，始必发公帑以市屋材，而责胥吏以行文引，四散乡村，与民户交易，于是乎假托行奸而扰民者百出焉。凡用若干竹木、若干瓦石、若干砖甓，钉若干头、灰若干斛、朱漆若干斤，引之所载者百，不知卖弄其几百，而后百者始至官；引之所具者千，不知卖弄其几千，而后千者始至官。及其既至官，直一缗者只估五百，直十缗者只估五千，较之民间私价已亏其半。至请其半价之直，则又有董修造职事之觅、总修造都匠之觅、交领货物吏之觅、估物价牙侩之觅，与夫禀支发吏之觅、出库吏之觅、经由诸门吏之觅，实钱归家，能复几何？名曰依公估价，而实横取；名曰见钱和买，而实白夺。况又易坚以瑕，代美以恶。胥辈于中种种情弊，故其所萃集之物，则徒尔驳杂备数，而不复能以精良。至于工匠，所谓工师者，止用一人，而小小诸匠，亦各有定数，乃阖境卖弄无宁居，卒之趋供工而赴执役者，特其羸钝无钱计嘱者耳。官或时支雇钱，复为监吏所得，不过索手而归，故其所制造之功，则徒尔草率应命，而不复能以固致。是则公家虽不欲扰民，而民实不能逃其扰，虽不吝于费财，而绝不得其财之力。朝植而暮欲颓，春落成而秋告圮焉。所谓区处之不得其策者也。
>
> 善于区处者，如之何？举漳州之产而七分之，民户居其一，而僧户居其六。于一分民户之中，上等富户岁谷以千斛计者绝少，其次数百至百斛者亦不多见，类皆三五十斛无担

> 石之家。终岁营营为仰事俯育之计，且不能以自给，则为漳之民户者甚贫，在官司绝不可更有丝毫之扰。以六分僧户言之，上寺岁入以数万斛，其次亦余万斛或数千斛，其下亦六七百斛或三五百斛，虽穷村至小之院亦登百斛，视民户极为富衍。以灭伦败教，不耕不蚕，块然一无用之僧，独无故窃据而奄有之，闲居以安享之。所与坐食之众，上寺不过百人；其次不及百人，或数十人；其下仅五六人，或止孤僧而已，则岁费类皆不能十之一，所谓九分者，直不过恣为主僧花酒不肖之资，是果何为也哉。
>
> 故今公家凡有创造，无求诸他，惟尽第彼僧门产业之高下，而画吾屋宇界分之，大小之财付之，且量支吾公帑之财，为之开端，而后取办责成焉耳。绝无出一引，绝无差一吏，凡竹木砖瓦之类，任其以市价私自贸易，而吾不之问焉，则其所聚者皆精良。凡工匠人夫之辈，听其以乡例私自佣雇，而吾不之绳焉，则其所就者皆固致。[1]

在详细陈述了上述背景之后，陈淳还列举了以前漳州的地方官将州治、州学，以及上文提及过的通济桥的建设委任给僧徒，事半功倍的例子。[2]

陈淳的这篇劄子细致入微，道尽了公共事业中胥吏的种种弊端和利用教团的益处。当时的地方官为防止胥吏的不法行为而绞尽脑汁，多方尝试避免使用胥吏。朱熹的社仓法就是其中一个有名的例子。朱熹在《左司张公墓志铭》中记道：

> （福州闽县）县赋故多取具于僧坊，公为区画，使其徒自相督僧，得无吏卒之扰，而输益办。今亦为例。[3]

1.《北溪大全集》卷四三《拟上赵寺丞改学移贡院》。

2. “往者判院赵侯之架州治，亦大役也，惟责办于诸僧，而民绝无所扰，即今之厅事是也。司谏邓侯之架州学，亦大役也，每斋惟支百缗，付之一僧，亦不扰而学成，即前所谓西偏是也。都运赵侯之造通济桥，亦大役也，每舟惟支二十缗，付之一僧，亦不扰而桥成，即今柳营江之所跨是也。”

3.《朱文公文集》卷九三《左司张公墓志铭》。

在这个例子里，闽县将寺院赋税的征收完全交由僧人自行相互督办，不经胥吏之手，反而成效卓然。另一个例子虽然来自江西，却与福建颇为相似，即周必大在给陆洸的劄子里提及收籴救荒之策时说的“大抵委土官僧道胜于胥吏”[1]。以上种种都表明，把本属于行政系统的一部分任务交给寺院的僧徒，是因为这样能够使不法胥吏无机可乘，提高工程、事务的效率。不仅如此，某些大规模工程往往需要动用大批资金和劳动力，教团作为负责人，则可以化缘、劝募信徒，无论是筹集资金抑或召集人夫，都更为容易。上述陈淳的叙述，以及下文将要分析的刘克庄的记录都说明，交给教团负责的工程，往往无须官民劳心劳力，便能迅速而高质量地完成。地方官将土木工程等交给寺院僧徒，不仅是为了利用寺院雄厚的资产，也是意在利用教团的这种组织能力和应变能力。

如上所述，福建的教团与地方行政之间有着密不可分的联系。尤其重要的是，在当时的福建，佛教被认为是民众生活的保障。这种观点的代表性言论，要数刘克庄《福州浚外河记》中的记录：

> 世常患佛者不耕而食，为吾民蠹，余于民但见佛者为吾民之卫。猝建一事，骤使万人，吾民晏然若罔闻知者，皆缁流以身当之。善为政者知其然，必不穷其力，必不数易主首，非曰能为吾福田利益也，所以厚吾民保障也。[2]

站在福建人民的角度来说，教团为他们承担了赋税之重，替他们响应了来自州县的征发，是守护普通民众生活的一道壁垒，善政者对此十分清楚，因此才致力于保全教团的力量，这种主张与上文分析过的汪应辰的结论有着相通之处。这种观点至少可以代表当时大部分为政者的意见。不过，刘克庄提到对教团的保护是出于巩固民众之保障，而非崇奉佛教、为自身积福，这一点也很值得注意。这即是说，他们对教团的承认并非出于对佛教这一宗教本身的承认，不过是将教团视为

1.《文忠集》卷一九八《与江西陆提举洸劄子》。

2.《后村先生大全集》卷九〇《福州浚外河记》。

客观存在的一个社会群体而已。

第五节　寺院势力的衰落与元、明代的形势

福建的寺院拥有极大的社会性影响，但这并不意味着这种影响在整个宋代都能维持不变。正如上文已经提及过的，福州的寺院数量在庆历中达到峰值，之后逐渐减少；最初的寺田占民田一半的高比例，至南宋中期减少为四分之一；僧尼、童行人数也减少到了北宋的三分之一。这种趋势持续到南宋末，不少寺院已然荒废，不闻暮鼓晨钟，只剩蝙蝠栖息的废梁残垣。[1]

导致这种寺院荒废现象的最大原因，正是上文所述的各种过重的负担。苦于追讨之急迫，甚至有僧人不得不逃亡：

> 至景定庚申（元年，1260），院贫屋老，赋急债重，主僧宝熏计无所出，将委之而逃。[2]

面对这种情况，作为功德主的方寺丞拿出私产偿还了寺院所有债务，并将寺院翻修一新，甚至还率领宗族前往州衙，为请求各种赋税的蠲免而陈情。其陈情书中所说的“院以葺理而兴，以科敷而废”[3]，无疑一语中的。另外，上文引用过的林希逸《重建敛石寺记》一文中也曾提及，因赋税过重，导致寺院“僧逃屋败者过半”。

不仅如此，土木工程的承揽，对寺院而言也是一项沉重的负担。正如史料所言：

> 大寺苦数役，小寺不免敷，而中寺殷实者以贿吏免，强有力者以挟贵免。[4]

---

1. 陈懋仁：《泉南杂志》卷下。“朱紫阳簿同安日，有诗云：输尽王租生理微，老僧行乞暮还归。空山日落无钟鼓，惟有虚堂蝙蝠飞。”
2.《后村先生大全集》卷九三《荐福院方氏祠堂》。
3.《后村先生大全集》卷九三《荐福院方氏祠堂》。
4.《后村先生大全集》卷九〇《福州浚外河记》。

雪上加霜的是，南宋停发度牒，以及恢复卖牒之后度牒价格居高不下，使得僧尼人数减少，无住寺院增加。没有僧人居住的寺院变成废寺，其寺产也就被收缴入中央或地方财政中，充作赡学费用，或用以代输身丁钱，抑或投入陂塘修筑等工程之中。

最后简单探讨一下宋代福建寺院的政治、社会地位在后来的时代发生了哪些变化。

关于元代的情况，由于没有具体数据留存，寺院数量、僧尼人数都难以确知。而且元朝政府也没有针对福建寺院实施任何特别优待措施。不过，正如上文的许多例子已经表明的，元代的僧徒在桥梁架设等社会活动中扮演的角色，与宋代并没有太大差别。不仅如此，考虑到元朝尊崇佛教的风气，我们有理由认为，福建的寺院也得以恢复曾经的活力，甚至很可能寺产更有增加。

而到了明代，最显著的特征便是寺院数量明显减少。福州的寺观户数量在宋代曾以千、百计，而据《万历福州府志》所说：

> 郡城中之寺观凡二十四。……城外寺观凡五十二。[1]

出现了急剧减少的倾向。另据《万历兴化府志》中的按语所说：

> 按：莆中寺观庵院，载绍兴志凡二百五十余所，载弘治志三十七所。今考，寺存者仅一十九，观二而已，其间又寺存僧逃者半，仙邑尤甚。[2]

可见到了万历年间，寺观数量已经减少到不足南宋时期的一成。而漳州的情况也类似：

1.《万历福州府志》卷三六《杂物志四·寺观》。
2.《万历兴化府志》卷三《建置志》。

> 自唐迄元，境内寺院大小至六百余所。今废寺多所并入，而合为五禅寺。[1]

这样急剧减少倾向的出现，背景在于明初对寺院进行整改时将小庵院都并入了大寺院中，但其实明代初期以后，寺院仍然在不断减少。

然而就寺田而言，相较民田，寺田仍然稳居绝对优势地位。据蔡清所说，明代僧田最多的地方就是福建，而在福建范围内，又以泉州为最，其中多者有数千亩，而少者也不下数百亩。[2]另据巡按福建监察御史徐镛的上奏，“福建僧寺田，有多至万亩者”[3]。聂豹更列举具体数字，指出福建一府的官民田粮约为849 000有余，寺观田粮达128 000有余[4]，两者的比例大约为6.5 ∶ 1。清水泰次氏的研究指出，这个数字是嘉靖四年（1525）左右的统计结果，如果换算成亩，则寺观田面积约为20 000顷[5]。另外，《正德漳州府志》中有漳州府下6县的田土统计记录，6县民田面积共约8 532顷，僧道田约1 268顷，两者比例约7 ∶ 1。[6]如上文所引南宋中期陈淳所说，在宋代的漳州，民户与僧户比例约为

1.《崇祯漳州府志》卷八《赋役志上·田赋考》。

2.《同治福建通志》所引，此据傅衣凌：《明清农村社会经济》，生活·读书·新知三联书店，1961年，第155页。

3.《宪宗实录》卷二一〇，成化十六年十二月戊午条。

4.《皇明经世文编》卷二二二，聂豹《应诏陈言以弭灾异疏》。

5. 清水泰次：《明代ノ寺田》，《東亜経済研究》8-4，1924年，第51页。

6.《正德漳州府志》卷八《田土考·民田》。其中所记录的民田、僧道田数量如下表所示：

表　漳州府六县民田、僧道田统计

县	民　田	僧　道　田
龙溪	1 966顷59亩7分3厘	569顷52亩4分7厘
漳浦	1 832顷58亩8厘	261顷79亩1分6厘（道4顷33亩8分）
龙岩	1 633顷3亩4分1厘	12顷7分4厘
长春	1 066顷77亩1厘	58顷22亩2分4厘
南靖	1 181顷94亩1分5厘	353顷24亩9分3厘
漳平	873顷93亩9分8厘	8顷91亩4分
总计	8 554顷86亩1分6厘	1 268顷4亩7分4厘

1∶6，而到了明代，该比例出现了逆转。不过与此同时，寺观的数量是呈现急剧减少趋势的，因此每寺所有的田土面积依然很大。

明朝政府当然也不会对福建面积广袤的寺田置而不问。自明朝建国以来，政府就积极对寺观田采取限制性政策，例如洪武十五年（1382）下令天下僧道常住田不许典卖[1]，建文三年（1401）又鉴于江南僧道田数量众多，有诏僧道1人限田地5顷，超过部分尽数予民。[2]到了正统十三年（1448）又规定，各处寺观僧道，除了洪武年间置买的土地以外，之后买得的悉还与民，并没收停废寺观的田庄，赐给无业或是丁多田少之民。[3]景泰三年（1452）更进一步规定，每所寺观只留下60亩土地，余下的全部给予小民，令其佃种。[4]尤其是成化十六年（1480）十二月乙未施行了一项针对福建的措施，寺田只留下500亩，剩余土地的半数充公，分予贫民。这种除去寺院日常开销、剩余土地全部予以没收并分给贫民的措施，在明代曾多次施行，类似于南宋隆兴元年开始的福建趱剩田没官之策。不过，宋代只是出售剩余寺田，将收入作为国家财政来源之一，是作为一种财政政策而成立的，而明代则通过这种措施将土地分予贫民，属于扶贫政策的一个环节。

明代同样实行过利用寺产来填补财政亏空的对策，嘉靖时期以后尤甚。嘉靖八年（1529），由于民间征收的税粮未能达到原定税额，于是朝廷将拥有田产的寺院也编入里甲，让他们与民户一样纳粮当差，填补税粮的缺额，并将停废寺观的田产出售。[5]自古以来拥有免役特权的僧道，在这时也跟民户一样被编入了里甲，这一点不可轻易忽视。在福建，该措施于嘉靖十六年（1537）开始实施，后来文献在描述嘉靖二十一年（1542）的情况时说：

福建各寺观田土已卖者，俱要收入承买人户内纳粮当差，

1. 万历《大明会典》卷一七《户部四·田土》。
2. 可参看清水泰次：《明代ノ寺田》，第65页。
3. 万历《大明会典》卷一七《户部四·田土》。
4. 万历《大明会典》卷一七《户部四·田土》。
5. 万历《大明会典》卷一七《户部四·田土》。

> 见在者若盈五顷，抽田一顷，五十顷抽田十顷，仍给僧道掌管，每亩除粮外，纳租银一钱备赈。[1]

即若有寺观田5顷以上，则从中抽取五分之一交给僧道掌管，除了税粮以外，再加收税银，作为赈济费用。翌年，为了筹措都城九庙的修建费用，朝廷再次出台新措施，官卖福建寺院的田土，召民承买、纳银。[2]此次大量寺田被官卖，例如在宁德县，除了支提禅寺以外，灵溪、广福、栖云、布泉、仁丰等各寺的寺田都在该年被“奉例官卖”[3]。

不过，上述措施还只是临时举措，而嘉靖末年为筹措倭寇防卫所需费用而设的寺租之制，则成为福建特有的税目，后来也长期施行。寺租之制的课税地区遍及除福州以外的福建全省，明清时期的各地方志中，都分别记录了该制度的由来以及当地的税额。例如曾被《天下郡国利病书》转引的《万历兴化府志》中的叙述就提到：

> 嘉靖四十二年，闽省兵兴，军储告匮。军门议将各寺田产扣除迷失崩陷外，每实田十亩扣抽六亩充饷，四亩还僧。充饷者每亩征银二钱，内除一钱四分办纳粮差，尚银六分解司。[4]

如史料所述，该制于田十亩中“六亩充饷，四亩还僧”，因此又被称为“寺租四六之法”。[5]从其由来可以看出，该措施在最初其实也是作为一

---

1. 万历《大明会典》卷一七《户部四·田土》。
2.《万历泉州府志》卷六《田土》曰：“嘉靖中，有大工之役，费无所出，令民间找买寺田。”此外，《万历宁德县志》卷三《寺观》支提禅寺条的注中也记道：“嘉靖二十二年，御史陈豪题请将田尽数官卖，价银二千玖百余，解京以助大工。”同卷所载张明正《支提寺田记》中也有云：“至贰拾贰年，奉文召民林乔等承买，纳银壹仟柒佰柒拾贰两捌分肆厘，解京以助大工。”同卷仁丰寺条明言“解京以助九庙大工”，可知所谓“大工之役”指的是宫廷建九庙之事。另外，《康熙沙县志》卷六《寺观》中记录明代寺院时曰：“后又以九庙之工，朝命尽卖废寺田土，所存者又无几矣。”可以看出这项措施对寺院来说可谓巨大打击。
3.《万历宁德县志》卷三《寺观》。
4.《万历兴化府志》卷四。该条在《天下郡国利病书》第26册中也曾被转引。
5.《崇祯漳州府志》卷八《赋役志上·田赋考》。

种权宜之策开始施行的，但却逐渐成为地方财政的重要来源之一，所以一直没有废止，延续至清代。

综上所述，在明代，福建寺院不但要承担税粮，还要负担里甲之役，甚至还须应付寺租，税役负担实则比宋代更重。苦于这种境遇，寺院僧徒逃亡的现象也更加频繁。上文引用的《万历兴化府志》卷三按语中就说“寺存僧逃者半”。此外，如建阳的灵峰禅寺本是创置于元至大三年（1310）、坐拥寺田90顷的大刹，却因在嘉靖四十年（1561）被科派寺租银802两，万历二十四年（1596）增至1 088两，万历二十六年（1598）更高达1 900余两，最终不堪重负，致“本寺僧多逃亡”[1]。

除了赋役以外，豪民、势佃的侵占，也是寺院所面临的一大压力。《嘉靖罗州志》曾引用高相之言，指出罗源县在宋元时期曾有64所寺院，且拥有膏腴良田，到明代却逐渐被豪强侵夺，寺宇也日益荒废[2]；陈懋仁《泉南杂志》中也提到，泉州的膏腴田地自五代起便大多属于寺观，后来“渐为势佃转相沉匿”，寺观只剩下虚粮的逐年累加。[3]寺院无论在数量上还是经济上都逐渐式微，曾经丰厚的寺产不断被官民蚕食，明代的福建，早已看不出“佛国”的痕迹。

不过尽管如此，明代仍有意见认为，福建寺院与地方财政、社会密切相关，不可放任其就此绝迹。《崇祯漳州府志》中有论曰：

> 余读《淳祐志》宋侍郎庄夏奏住卖寺院田状，其言与朱文公、真德秀、赵以夫诸君子似相抵牾，然其意有足师者，不惟僧失业而生计日蹙，其害实且移之于民。[4]

对于庄夏所提出的停止寺院田售卖的意见表示了赞同。而《万历兴化府志》卷三在叙述了明代官卖寺田和征收寺租的政策导致僧徒相继逃

1.《万历建阳县志》卷二《建置志·寺观》。
2.《嘉靖罗州志》卷二。
3.《泉南杂志》卷下。
4.《崇祯漳州府志》卷八《赋役志上·田赋考》。

亡之后，也提出“官府宜稍加宽恤，庶几少存一二，以为祝圣道场之所，可也”，从民众教化的角度出发，认为应留存寺院。另外，《康熙漳州府志》卷二八中关于佛教势力衰微、停废寺院增加的记录之后，论赞中叹道：

> 呜呼！天下之至无用，释氏也。然自古以来，尝沙汰僧尼矣，尝禁人度僧尼道士矣，尝废之以兴书院、庙学矣，经贤君相之摈逐，大儒之诋斥，而其途不能尽绝，非尽佛教之行也，盖亦有用于人世焉。游手游食惰民贫无所依归，逃此一途，固圣世所不禁也。[1]

也从社会政策方面强调了佛教的有用性。这些意见都与上文讨论过的宋代政治家的见解有共通之处。这表明明清时期的为政者同样认为毁佛并无效果，而只要教团存在，便能对其加以利用，减轻人民的负担，让它们在社会福利政策中发挥作用。与宋代相比，明清时代的教团势力显得微不足道，而教团依然能保有一定的社会地位，不能不说是得益于这种佛教观的影响。

第六节　小结

宋代的福建之所以被称为“佛国”，比起说法论教或禅风的兴盛，似更应归因于各地寺院数量之多、相较民户而言寺产之丰。福建寺院的财力，一方面体现在文化上，自北宋末期起，福建寺院相继出版了中国第一部私刻版大藏经——东禅等觉院版，以及后来的开元禅寺版，开创了佛教文化史上空前的丰功伟绩；另一方面则体现在社会影响上，寺院代替贫困的民户支撑着地方财政，在公共事业、福利事业中扮演重要角色，在福建社会的发展过程中发挥了关键作用。虽然这些负担最终也导致了教团势力的衰落，但即便如此，寺院与社会的紧密关系

1.《康熙漳州府志》卷二八《古迹》。

仍一直持续至明代。

本章分析的这种寺院与社会的关系，是由几个条件催生而来的：（1）福建属于开发较晚的落后地区；（2）此处自然地理条件比较恶劣，民户几乎都很贫穷；（3）与之相反，佛教寺院的田产非常丰厚。不得不说，福建是中国较为特殊的地区。不过，除了福建，其他符合（2）和（3）两个条件的地区也不少，因此应该考虑到，与福建类似的社会情况同样见于其他地区。例如黄榦所说的：

（安徽）安庆府寺观最多，田地山林，大半皆属寺观，僧道常住优厚，亦皆肯出力为官司办事。[1]

黄榦本人就曾雇遣僧道制造砖瓦。此外，本书第一章中曾提到过的“虽名大刹，不足比江浙、福建下等寺观”的湖南寺观，情况也十分相似：

自嘉定十一年以来，逐岁敷抑度牒，勒令纳米，其数已不可胜计。纳米不足，又责令纳钱，寺观缘此倒败者非一。

让作为地方官的真德秀只能徒叹“人户既不可科配，寺观又不填均敷，委是无所措手”[2]。而湖南并不充分具备（3）的条件，因而必须认识到，

1. 黄榦：《勉斋集》卷三一《申制司行以安庆府催包砌城壁事宜》。“一，包砌城壁，全借砖灰。安庆府寺观最多，田地山林，大半皆属寺观，僧道常住优厚，亦皆肯出力为官司办事。遂委僧道分头烧办青砖，支给柴料工食钱米，并与私家价数一同。但僧道别无用心，措置皆有方法，已约定砖三百余万片。窃虑其间有鼓倡不肯用心，并苟简蔑裂，合从本府勒罢住持。其用心最勤者，合从本府升差上刹。庶几各知劝戒，早得办集。”另同书卷一一《与金陵制使李梦闻书》、卷一五《复陈师复寺丞》提到，“已择僧之善干者二十人，委之分头烧办”，可知已经付诸实践。

2.《真文忠公文集》卷一七《申尚书省乞免降度牒状》。“契勘湖南州县寺观，大抵产税岑寂已甚，虽名大刹，不足比江浙、福建下等寺观。兼自嘉定十一年以来，逐岁敷抑度牒，勒令纳米，其数已不可胜计。纳米不足，又责令纳钱，寺观缘此倒败者非一，盖有一二年敷下度牒，至今监钱未足者。人户既不可科配，寺观又不填均敷，委是无所措手。”

其寺院与社会的相互依存关系呈现出比福建更为明显的形态。

（旧稿原题《宋代福建の社会と寺院》，载《東洋史研究》15–2，1956年10月；又《唐・五代における福建仏教の展開》，载《仏教史学》7–1，1958年2月。本章为两篇旧稿改写而成。）

第五章

关于“吃菜事魔”

第一节　前言

所谓“吃菜事魔”，是作为宋代最具代表性的邪教而遭到官方严厉镇压的秘密宗教，一直被认为是摩尼教传入中国后改称的明教中的一派。目前已有中外学者从中国外来宗教史或中国邪教史的角度出发对相关问题进行探讨，其中陈垣、重松俊章、牟润孙等先学的研究[1]更是基本囊括了与这个教派相关的主要史料，成为后来众多研究的基础。不过，作为始终受到官方镇压的秘密宗教，其相关史料无外乎两种来源——以搜捕邪教分子为己任的官方的记录，或是崇奉儒学、与秘密宗教无缘的读书人们笔下的传闻逸事。至于由秘密宗教内部写作并且流传下来的史料，可以说绝无仅有。这一点对于任何邪教来说都是共通的，宋代的“吃菜事魔”当然也不例外。但现有的先行研究似乎并没有充分考虑到邪教相关史料的这种性质，大多数时候，只要文献中出现“吃菜事魔”一词，便会被归为关于明教亦即摩尼教的史料。然而，这些文献的作者是否能够明确区分各种秘密宗教，首先便是一个疑问；更何况对于取缔邪教的官府来说，不管对方是否摩尼教，揭发和搜捕所有可能造成社会不安的宗教结社是他们的使命，很难想象官吏在给上峰的报告中会对这些“战果”一一进行准确区分。因此，对于史料中出现的与“吃菜事魔”相关的记载，我们不应武断地认为它们指的就是摩尼教。而且，中国学者往往有一种倾向，看到史料中的“白衣”“夜聚晓散”，就很容易认为其描述对象是摩尼教，这种想当然的类推是必须慎之又慎的。要探讨摩尼教在中国宗教史或民众叛乱中所起的作用，首要任务就是必须探讨相关史料的叙事背景，明确这些史料叙述真正的所指。

---

1. 陈垣：《摩尼教入中国考》，《国学季刊》第1卷第2期，1923年4月，载氏著：《陈垣学术论文集》（第1集），中华书局，1980年；重松俊章：《唐宋時代の末尼教と魔教問題》，《史淵》12，1936年3月；牟润孙：《宋代摩尼教》，《辅仁学志》第7卷第1、2期合刊，1938年，载氏著：《注史斋丛稿》，新亚研究所，1959年。

历来研究的立论，都是以“吃菜事魔”即明教、摩尼教为前提的，但事实是否果真如此？摩尼教（Mānī）或末尼教等名称都是传入中国以后的音译，而明教之名则来源于其教义，这一点在唐代就已有了明确记载[1]，文献中出现的明教，毫无疑问就是摩尼教。不过，“吃菜事魔”一词意为不食荤茹、供奉魔神，其所指颇为含糊，从字面来看，更不必限于摩尼教，例如提倡斋戒的佛教派别同样与之不无相通之处。即便“吃菜事魔”就是摩尼教，也会出现另一个疑问，即既已有摩尼教、明教之名，又何须在宋代别创一个“吃菜事魔”的名称？

本章以以上基本问题为出发点，试图探究“吃菜事魔”的本质。为此，首先必须从可以明确认定为摩尼教记录的史料入手，追寻摩尼教在宋代的发展轨迹，然后在此基础上探讨“吃菜事魔”一词在当时的运用语境，明确其所指对象。另外，“吃菜事魔”之所以多受关注，主要是因为它与北宋末的方腊之乱有直接联系，方腊被认为是“吃菜事魔”教徒，亦即摩尼教徒。而这个问题将放在下一章进行讨论。

第二节　明教的传播

唐代的摩尼教在武宗会昌三年（842）遭到了彻底弹压，但据说后来转入地下，仍秘密传播，五代后梁贞明六年（920）还发生了“末尼”教徒在河南陈州拥戴毋乙等人发动叛乱的事件。[2]另外，南唐徐铉《稽神录》中也记录了清源（泉州晋江县）“有善魔法者，名曰明教”[3]，可知当时摩尼教确实传到了福建。关于福建地区摩尼教的起源，明代何乔远《闽书》中记载，会昌法难之时，有一位呼禄法师从中原布教至福建，并停留于泉州，最终卒于当地。[4]不过正如重松氏已经指出的，福建地区的摩尼教与唐代中原传播的摩尼教实属不同派别，其传入路径应来自海上。

1. 此据《九姓回鹘可汗碑》。
2.《旧五代史》卷一〇、卷一三，《佛祖统纪》卷四二。
3.《稽神录》卷三《清源都将》。
4.《闽书》卷七《方域志》。

到了宋代，值真宗朝编纂道藏经之际，福建等州所进道书《明使摩尼经》也被收入其中[1]，另有史料称，福州富人林世长贿赂编纂官，使摩尼教经典《二宗三际经》也得以入藏。[2]后来徽宗刊行《万寿道藏》，分别于政和七年（1117）和宣和二年（1120）两次命令温州进呈摩尼教经典用以入藏[3]，可见至少在北宋后期，摩尼教确实传至温州，且教义经典多有流传。另据洪适为亡父所作行状，其父洪皓政和六年（1116）任台州宁海县主簿时，曾断过一李姓富人家藏《二宗三际经》并擅行祀神之会的讼案[4]，可知摩尼教也影响了台州。

针对摩尼教在浙东地区的传播，朝廷采纳臣僚上言，在宣和二年（1120）十一月四日下禁令进行镇压。据这份上言，温州等地有人自称明教，号为行者，近来在各自居住的乡村违法建立斋堂，温州一地就达40余处。教徒于每年正月择一密日聚集，开设道场，鼓动乡民，男女夜会。明教徒所念诵的《讫思经》《证明经》《太子下生经》等经文，以及绘画、佛像等，都是道释藏经中未曾收入的妄诞妖怪之言，多引“尔时明尊”之事，却又与道释的经文不同，而且字音难以辨认。[5]这是关于宋代明教最详细的记录。为此，徽宗降下御笔，命令拆毁温州等地所有明教斋堂，主犯依法施以处罚，且设赏格允许告发[6]，朝廷于此明

1. 正统道藏本《云笈七签》序。
2.《佛祖统纪》卷四八，宁宗嘉泰二年条，引《夷坚志》。
3. 黄震：《黄氏日抄》卷八六《崇寿宫记》。
4. 洪适：《盘洲文集》卷七四《先君行状记》。“先君登政和五年进士第，主台州宁海簿，会令去，摄其事。……李氏富而戆，家藏妖书，号二宗三际经，时节集邻曲，醵香火祀神，元未尝习也。奸人诡入伍中，通其女。既泄，即告县，逮送狱。”
5.《宋会要》刑法二之七八。“（宣和二年）十一月四日，臣僚言：一、温州等处狂悖之人，自称明教，号为行者。今来明教行者各于所居乡村建立屋宇，号为斋堂。如温州共有四十余处，并是私建无名额佛堂，每年正月内取历中密日，聚集侍者、听者、姑婆、斋姐等人，建设道场，鼓扇愚民，男女夜聚晓散。一、明教之人所念经文及绘画佛像，号曰《讫思经》《证明经》《太子下生经》《父母经》《图经》《文缘经》《七时偈》《日光偈》《月光偈》《平文策》《汉赞策》《证明赞》《广大忏》《妙水佛帧》《先意佛帧》《夷数佛帧》《善恶帧》《太子帧》《四天王帧》。已上等经佛号，即于道释经藏并无明文该载，皆是妄诞妖怪之言，多引尔时明尊之事，与道释经文不同。至于字音，又难辨认。委是狂妄之人伪造言辞，诳愚惑众，上僭天王、太子之号。”
6.《宋会要》刑法二之七八。“奉御笔：仰所在官司根究指实，将斋堂等一切毁拆。所犯为首之人依条施行外，严立赏格，许人陈告。今后更有似此去处，州县官并行停废，以违御笔论。廉访使者失觉察，监司失按劾，与同罪。”

令州县官对管辖之地的明教予以停废。下一章中将会详细论述，此时方腊已经起兵为乱，不过尚只是睦州青溪县的一介小盗，因此该举措应与方腊之乱没有任何关系。

由上述过程可以确知，北宋时期，摩尼教亦即明教在福建和温州、台州等浙东地区已有传播，而到南宋时期，除了下文将要详细介绍的“吃菜事魔”或魔教相关记录以外，摩尼教的影响地区没有出现大的变化。陆游笔下曾记道“闽中有习左道者，谓之明教”[1]，《佛祖统纪》有引用《夷坚志》记载，谓“‘吃菜事魔’，三山尤炽。为首者紫帽宽衫，妇人黑冠白服，称为明教会”[2]，又记曰“摩尼尚扇于三山”[3]，正如这些记录所反映的，摩尼教在福州尤其盛行。据陆游所说，明教吸引的教众不仅有秀才、吏人、军人，就连名族士大夫中也不乏信奉者。陆游本人在绍兴二十八年（1158）至三十年（1160）之间先后任福州宁德县主簿、福州决曹，绍兴三十二年（1162）回归中央后上呈《条对状》[4]，其中一条就是针对邪教的对策，文中说道：

> 伏缘此色人处处皆有，淮南谓之二襘子，两浙谓之牟尼教，江东谓之四果，江西谓之金刚禅，福建谓之明教、揭谛斋之类，名号不一。明教尤甚。[5]

列举了各地的邪教。陈垣氏认为其中的二襘子、牟尼教、明教皆指摩尼教，四果指白云菜（宗），重松氏则依据《鸡肋编》《避暑录话》的记录，认为金刚禅也是摩尼教。不过，金刚禅之名五代已有，宋人孙光宪《北梦琐言》中就提到过[6]：

1.《老学庵笔记》卷一〇。

2.《佛祖统纪》卷四八，引《夷坚志》。

3.《佛祖统纪》卷五四《事魔邪党》。

4. 于北山：《陆游年谱》，中华书局，1961年。

5.《渭南文集》卷五《条对状》。

6. 宫崎市定：《宋代における殺人祭鬼の習俗について》，《中国学誌》7，第91—92页。

> 弥勒会，北中金刚禅也。[1]
>
> 梁世，兖州有下猛和尚，聚徒说法，檀施云集，时号金刚禅也。[2]

这里的“金刚禅”，指的似乎是佛教系的宗教结社。重松氏依据的《避暑录话》记录，指的是以下内容：

> 近世江浙有事魔吃菜者，云其原出于五斗米，而诵金刚经，其说皆与今佛者之言异，故或谓之金刚禅。然犹以角字为讳，而不敢道也。[3]

这条记录确实可以作为“吃菜事魔”亦称金刚禅的证据。但文中所说的是浙江地区，并非陆游所谓江西。[4]另外，俞成《萤雪丛说》在批判“吃菜事魔”时说道：

> 至于贪财恋色，男女溷置，修二会子，说金刚禅，皆幻术也。[5]

认为二会（襘）子、金刚禅都是“吃菜事魔”。此外，王质也在《论镇盗疏》中记道：

1.《北梦琐言》卷四《妖人伪称陈仆射》。

2.《北梦琐言》卷一二《柳大夫不受润笔李德阳附》。

3.《避暑录话》卷下。这段文字与庄绰《鸡肋编》卷上“事魔食菜”相关记录基本一致，或可认为叶梦得也是以此为史料来源。

4. 译者注：原文引用《避暑录话》记录作“近世浙江有事魔吃菜者……”未注明所据版本。徐时仪整理《避暑录话》(《全宋笔记》第27册，大象出版社，2019年)，以《石林遗书》本为底本，校以《稗海》《学津讨原》《宋人小说》《说郛》等各本，该处作“近世江浙……”若以“江浙”为据，则似不可将陆游所说江西排除在外。且下文出现的王质《论镇盗疏》引用部分，前文有“臣往在江西，见其所谓食菜事魔者弥乡亘里”，明确提及了江西的食菜事魔。此点待考。

5. 俞成：《萤雪丛说》卷下《茹蔬说》。

> 其术则有双修二会、白佛、金刚禅。[1]

以上各例中，陆游、叶梦得将金刚禅作为教团名称；而俞成认为二会子是修术之会，金刚禅为其教义，王质认为两者都是法术，双方见解各异。从文意来看，后者尤其是俞成的看法应最准确。

至于另一个称谓“四果”，指的是提倡四果十地，又被称为十地菜的白云菜（宗），这一点自陈垣氏提出以来便得到一致认可。然而关于这个问题，也并非毫无疑问。周紫芝《成忠郎冯君墓志铭》中有云：

> 先是，江淮间民亦合党夜聚为妖，谓之四果，其所事神曰张公，君曰："是所谓张角者。"……其后桐庐贼（方腊）自号圣公，民皆神之，其所附皆异时事张公神者。叹曰："吾固知其不为贼也。"[2]

在这里，四果被认为是信奉张公神的道教系宗教结社，党同方腊作乱。如下文所述，白云宗的开山祖师孔清觉卒于方腊之乱被镇压的宣和三年（1121），而他布教的地区仅限于杭州及浙西的湖州、嘉兴府等地，且完全看不出任何参加过方腊之乱的迹象，因此这条史料所说的江淮间盛行的四果，并不能视为白云宗。另有一条元代史料，是黄溍为茶陵州判官许君所作墓志铭，其中有如下叙述：

> 太平山中有窃浮图氏四果之名以为教者，文衣高坐，日临其徒，泉南、广东慕而趋之者金帛填委，所聚男女，恒数百千人，不法之状暴闻于官，而吏置弗问。君谓："是将诖误吾民为大奸。"亟列上于郡，杖其首百，其风遂衰。[3]

可见四果教在元代也盛行于湖南地区。不过，这一时期白云宗的传播

1.《雪山集》卷三《论镇盗疏》。

2.《太仓稊米集》卷七〇《成忠郎冯君墓志铭》。

3.《金华黄先生文集》卷三三《茶陵州判官许君墓志铭》。

范围也主要在浙西一带，尚无证据表明其传播到了湖南。

从以上论述可知，仅凭名称推断各个秘密宗教的种类，是十分冒险的。要而言之，陆游《条对状》中列举的邪教名称，大致都是指当时被视为“吃菜事魔”的秘密宗教，但正如二襘子、金刚禅的例子所表明的，除了亲闻亲见的福州地区以外，他对其他地区的记叙很难轻易尽信，仅仅依据这份记录，福州以外各地的摩尼教传播情况很难得到证实。从陆游的记叙可以确知的是，福州是明教亦即摩尼教最为盛行的地方。

与此同时，在浙东地区的明州慈溪县，有一座自宋初以来便供奉摩尼香火的道院，南宋绍兴元年（1131）十一月，因道士冲素大师陈立正的上请，得赐敕额曰崇寿宫。[1]正如牟润孙所指出的，此次改额是为了逃避北宋以来官方对明教的弹压。

而关于元代的情况，《闽书》中有记载曰：

> （华表山）与灵源相连，两峰角立如华表。山背之麓有草庵，元时物也。祀摩尼佛。[2]

除了草庵供奉摩尼佛以外，还提到这座草庵至明代万历年间犹存。而根据近年来的历史遗迹调查，这座草庵至今尚存，且庵内石壁上还刻有摩尼佛像。调查情况登载于《文物参考资料》1958年第4期上，从插图中可以看出，佛像长发及肩，颚下还有两条长须。佛身背光直径1.98米，向四方呈放射状。而背光旁还有小碑，刻有“谢店市信士陈真泽等善舍本乡圣像祈荐考妃早生佛地者。至元五年（1339）戒月四日记”字迹，可知这是元代的教徒陈氏所造。此外，草庵前约20米处另有石刻，刻文“劝念清净光明大力智慧无上至真摩尼光佛。正统乙丑（十年，1445）九月十三日，住山弟子□□立”，证明此庵所供奉者为摩尼光佛。不过，现在此庵住持僧表示庵中佛像为释迦佛。[3]这座草庵曾经的摩尼教历史是从何时起逐渐被

1.《黄氏日抄》卷八六《崇寿宫记》。

2.《闽书》卷七《方域志·华表山》。

3. 参看怀华：《福建晋江华表山摩尼教遗址》，《文物参考资料》1958年第4期。

遗忘的，现在已经不得而知，但至少其传承确是延绵至明代的。

明初，明教又称为明尊教，与弥勒佛、白莲社、白云宗等宗教教派一样，都是官方镇压的对象[1]，盛行于温州的大明教也因“名犯国号”而被加以废毁[2]。所谓大明教，正如先学所说，也应是自宋代以来传承至此的明教。

通过以上对五代至明代相关史料的梳理，可以确知，明教（摩尼教）曾在福建的福州、泉州到浙东的温州、台州、明州一带流传。这些地方都地处东南沿海，《鸡肋编》中的“（事魔食菜）自福建流至温州，遂及二浙”[3]之说，可以说准确反映了摩尼教的传播路径。

第三节　“吃菜事魔”的传播以及官方取缔

本节将重点探讨关于“吃菜事魔”的史料记录。现存文献中最早出现“吃菜事魔”一词，是在宣和三年（1121）闰五月七日的尚书省上言中，对此《宋会要》记道：

> 尚书省言：“契勘江浙吃菜事魔之徒，习以成风，自来虽有禁止传习妖教刑赏，既无止绝吃菜事魔之文，即州县监司不为禁止，民间无由告捕，遂致事魔之人聚众山谷，一日窃发，倍费经画。若不重立禁约，即难以止绝，乞修立条。”从之。[4]

上言中提到，江浙地区盛行“吃菜事魔”，而朝廷虽历来明令禁止妖教传习，但尚无禁止“吃菜事魔”的法令，官府和民间都没有取缔、告发的途径，因而请求制订明确针对“吃菜事魔”的禁令。这份上言被采纳，据此制订了后来被作为“绍兴敕”的法条：

1.《大明律》卷一一《礼律一·祭祀·禁止师巫邪术》。

2. 宋濂：《芝园续集》卷四《故岐宁卫经历熊府君墓铭》。“温有邪师曰大明教，造饰殿堂甚侈，民之无业者咸归之。君以其瞽俗眩世，且名犯国号，奏毁之，官没其产，而驱其众为农。”

3.《鸡肋编》卷上。

4.《宋会要》刑法二之八一。

诸吃菜事魔或夜聚晓散、传习妖教者绞，从者配三千里，妇人千里编管。托幻变术者减一等，皆配千里，妇人五百里编管，情涉不顺者绞。以上不以赦降原减。情理重者奏裁，非传习妖教流三千里。许人捕至死，财产备赏，有余没官。其本非徒侣而被诳诱，不曾传授他人者，各减二等。[1]

这一法令也称为“事魔条法”[2]，其制订在宋朝宗教政策中可谓意义重大。在此之前，即便是被认为具备最完善法律体系的唐律之中，也没有关于取缔邪教的专门法，只在《唐律疏议》的贼盗律中有规定：

诸造袄书及袄言者，绞。传用以惑众者，亦如之；其不满众者，流三千里。言理无害者，杖一百。即私有袄书，虽不行用，徒二年；言理无害者，杖六十。[3]

这里的袄书袄言之禁，换成宋代的专有名词，即是“传习妖教”的禁令。不过，到后唐明宗天成二年（927），在上述内容的基础上又加入了新的条件，即该年六月七日的敕令《应条流三京诸道州府县镇寺院僧尼事》第6条有（译者按：引文中着重号为作者所加）：

一，州城之内，村落之中，或有多慕邪宗，妄称圣教，或僧尼不辨，或男女混居，合党连群，夜聚明散，托宣传于法会，潜纵恣于淫风。若不祛除，实为弊恶。此后委所在首府县镇，及地界所由巡司节级，严加惩刺，有此色人，便仰收捉勘寻，关连徒党，并决重杖处死。[4]

关于邪教的定义，在“传习妖教”之外又加上了一条“夜聚明散”（宋

1.《宋会要》刑法二之一一二，绍兴十一年正月十七日条。
2.《宋会要》刑法二之一一二，绍兴七年三月二十四日条。
3.《唐律疏议》卷一八《贼盗·造袄书袄言》。
4.《五代会要》卷一二。

代则为“夜聚晓散”)。这两个条件为宋代所继承，作为取缔邪教的标志。例如《宋会要》刑法中就有规定：

> （景祐二年）十二月十四日，诏益、梓、利、夔路夜聚晓散，传习妖法，能反告者赏钱五万，以犯者家财充。[1]
>
> （大观二年）八月十四日，信阳军言：“契勘夜聚晓散、传习妖教，及集经社香会之人，若与男女杂处，自合依条断遣外，若偶有妇女杂处者，即未有专法。乞委监司每季一行州县，觉察禁止，仍下有司立法施行。”从之。[2]

据此可知，尤其是后者让两个条件正式成为立法明文。所谓夜聚晓散，指的是深夜举行斋会，而传习妖教的具体定义，正如宣和二年下发的明教禁令中所说的，指的是宗教结社私自藏有未收入道释藏经的经书、图像等。

相对于上述北宋时期的邪教取缔法令，宣和三年制订、绍兴初年正式成为成文法的绍兴敕，除了原有的两个条件之外，又增入了一句与“吃菜事魔”相关的内容，且将其置于法令开头。而且绍兴敕所规定的刑罚十分严厉，即使追捕过程中造成教徒死亡，也不会被追究罪责；本人原非“吃菜事魔”教徒而被诓骗入教者，以及未曾向他人传教者，也同样处以严罚。更甚者“家人虽不知情，亦流于远方，以财产半给告人，余皆没官”[3]。这条事魔条法制订之初的宣和三年，方腊已被生擒，其叛军主力也已经溃败，但“支党散走浙东，贼势尚炽”[4]，官军受到方腊余党的不断抵抗，疲于讨伐扑灭。在这样的时期专门制订针对“事魔”的条法，这一点不能不予以注意。

然而，尽管弹压举措日渐严厉，“吃菜事魔”非但没有减少，反而不断增加。绍兴四年（1134）五月，起居舍人王居正上言：

1.《宋会要》刑法二之二一。

2.《宋会要》刑法二之四八。

3.《鸡肋编》卷上《事魔食菜教》。

4.《长编纪事本末》卷一四一《徽宗皇帝·讨方贼》。

> 伏见两浙州县有吃菜事魔之俗，方腊以前，法禁尚宽，而事魔之俗犹未至于甚炽；方腊之后，法禁愈严，而事魔之俗愈不可胜禁。州县之吏，平居坐视，一切不问则已，间有贪功或畏事者，稍踪迹之，则一方之地流血积尸，至于庐舍积聚、山林鸡犬之属，焚烧杀戮，靡有孑遗。自方腊之平，至今十余年间，不幸而死者，不知几千万人矣。[1]

指出“吃菜事魔”之风在方腊之乱以后甚至变本加厉，出现了扩大趋势。而绍兴十五年（1145）二月四日高宗的言论，更是体现了他的深深忧虑：

> 近传闻军中亦时有吃菜者，若此辈多食素则俸给有余，却恐骄怠之心易生。可谕与诸处统兵官，严行禁戢。[2]

高宗所忧的是不仅普通民众，就连军队中也盛行起“吃菜”之风。而这一点在郑刚中的上疏中也得到了证实：

> 但婺七邑乡民多事魔，东阳、永康尤甚，根株连结，虽弓手、土兵躬受其法。盖不如是，则其家不安。故一处有盗，他邑为盗用者已不可胜计。[3]

表明本来应身当取缔邪教之任的弓手、土兵，竟也加入了“事魔”的结社。

朝廷对“吃菜事魔”的扩大极为戒备，根源正在于教徒的大量集结，最终难免发展为叛乱。史籍对他们的叛乱多记载为“魔贼”之乱，而这种叛乱在方腊之乱以后，也即是事魔条法制订以后仍屡屡发生。重松氏也曾在其论述中列举过，史籍中有记载可见的南宋时期魔贼之

1.《系年要录》卷七六，绍兴四年五月癸丑条。

2.《宋会要》刑法二之一一三。

3. 郑刚中：《北山文集》卷一《定谋齐力疏》。

乱，主要有以下五次：

（1）王宗石（念经）之乱 建炎四年（1130）四月—六月 信州（江南东路）贵溪、弋阳

（2）余五婆、缪罗之乱 绍兴三年（1133）三月—六月 衢州、严州（两浙路）

（3）谷上元之乱 绍兴十年（1140）十二月 婺州（两浙路）东阳县

（4）俞一等之乱 绍兴十四年（1144）六月 宣州（江南东路）泾县

（5）黄曾等之乱 绍兴二十年（1150）四月—六月 信州（江南东路）贵溪县

此外，据汪藻执笔的《赵公谨奖谕敕书》可知，在发生于饶州、信州界的事魔贼徒王九十二之乱中，赵公谨平乱有功[1]，而根据汪藻的履历可知，此乱发生的时间应在建炎末到绍兴初[2]。由此可见，这类没有载入史籍的事魔贼徒发动的小规模叛乱，应该还有不少。不过，在以上各条记录中，魔贼之乱主要集中在南宋初期的建炎四年到绍兴二十年之间[3]，叛乱发生地也局限于浙东、江东的丘陵地带。历来的研究造成一种印象，似乎“吃菜事魔”的炽盛贯穿了整个南宋王朝，但实际上“吃菜事魔”最吸引世人关注的时期至多不过二三十年。同样的，关于“吃菜事魔”的奏议、笔记的写作时间也主要集中在这一时段。

1.《浮溪集》卷一六《赵公谨奖谕敕书》。

2. 据《宋史》卷四四五《汪藻传》，汪藻受召于高宗践祚之初，由中书舍人升任翰林学士，诏令一类多出自其笔下。此敕书应撰文于该时期。这篇《赵公谨奖谕敕书》中提到：“敕赵公谨等。省抚州状：契勘本州据管下金溪县申，为饶州、信州界内有事魔贼徒王九十二，杀人放火，去本县界甚近，州司差拨巡尉等前去把隘。……”

3. 吴晗《明教与大明帝国》（《读史札记》，生活·读书·新知三联书店，1956年）中还列举了发生在绍定六年（1233）的陈三枪、张魔王之乱（见《宋史》卷四一九《陈韡传》）不过，“魔王”一词在佛典中十分常见，因此所谓张魔王者，与方腊之乱中的郑魔王一样，仅是称谓而已，单凭魔王二字，很难断定本人就是摩尼教徒。

上述各次叛乱每每发生，朝廷便立即严令所在地的官府严申、贯彻事魔条法，并鼓励各方检举告发。例如上述（2）余五婆、缪罗之乱发生后，朝廷立即于四月十五日向徽、严、衢州申严搜捕魔教传播分子的命令[1]；（3）东阳县魔贼之乱平定翌年的正月七日，有臣僚上言，要求黜责搜捕魔贼不力的东阳县官吏，为此高宗发布诏敕，强调今后各州县守令若能尽力缉捕，则加以推赏、奖擢[2]；绍兴十二年七月十三日，命提刑司调查管下州县有无“吃菜事魔”教徒，并每月奏闻[3]；而上述（5）黄曾等人作乱之初，五月二十七日朝廷再度申严“吃菜事魔”相关罪赏，督责提刑司每月申奏[4]，而叛乱枚平后，知州李柽、知县叶颙、权提刑使张昌等人因未能及时觉察，导致魔贼啸聚，皆被免官[5]。

事魔条法的制订，使地方官府承担起举报、缉捕“吃菜事魔”的责任，并且随着魔贼叛乱接连发生，这种责任也越来越重。回顾北宋时期的邪教政策，政和四年（1114）的命令规定：

> （七月）十二日，诏诸路提刑司常行觉察夜聚晓散徒众及督责，仍每年具部内委无夜聚晓散徒众申尚书省。[6]

对比之下可知，政和年间，诸路提刑司只需每年向尚书省报告管内有无邪教徒即可。而再看此前的大观二年（1108）的情况：

> 八月十四日，信阳军言：“契勘夜聚晓散、传习妖教及集经社香会之人，若与男女杂处，自合依条断遣外，若偶有妇女杂处者，即未有专法。乞委监司每季一行州县，觉察禁止，仍下有司立法施行。”从之。

1.《宋会要》刑法二之一一一。
2.《宋会要》刑法二之一一二。
3.《宋会要》刑法二之一一三。
4.《宋会要》刑法二之一一三。
5.《系年要录》卷一六一，绍兴二十年六月庚申条。
6.《宋会要》刑法二之六三。

也是每季令州县调查举报。到了绍兴十二年（1142），提刑司必须每月向中央报告管辖地区有无“吃菜事魔”教徒，比起北宋时期，责任显然变得重了不少。

此外，王炎曾作过一首诗，题为《沿檄如蒲圻讯民之食菜事魔者作诗悯之》[1]。王炎于乾道五年（1169）登进士乙科，初授四明户曹，后来历任鄂州崇阳县主簿、知岳州临湘县等职[2]，该诗写作时间应不早于淳熙年间（1174—1189）。这首诗的题目足以表明，即便在史籍记载中几乎已不见魔贼之乱一词以后，在从未发生过魔贼之乱的蒲圻所属的湖北地区，地方官仍须巡察任地，查明是否有事魔之徒的存在。不仅如此，朱熹曾发布《劝谕榜》，其中第二条“禁约保伍”项中，“不得传习魔教”与“不得贩卖私盐”等禁约并列[3]；真德秀《再守泉州劝农文》中也提到“莫习魔教，莫信邪师”[4]，可见当时的乡村行政管理中，魔教的取缔是一项重要内容。

不过，虽然地方官身负纠察“吃菜事魔”、防患于未然的重责，要从普通民众中辨别出那些躲避法网、秘密传习的教徒，并对之加以举报搜捕，这对地方官来说绝非易事，而且过于严苛的搜查往往容易引起不必要的恐慌，甚至反而会招致哗变。例如张守就曾在《措置魔贼劄子》中记道：

> 至于事魔之迹，则诡秘难察，以故事未发作，则无非平民，州县虽欲根治，却虑未必得实，别致骚扰生事。[5]

充分体现出在事魔之徒的纠察一事上，地方官如何进退维谷。而且正

---

1. 王炎：《双溪文集》卷二。该诗本身并没有与“吃菜事魔”直接相关的内容，而是表达了对佛教徒的非难。诗中有云：“瞿昙何为者，髡首徒实繁，不饮非畏义，不杀非知仁。举世昏不悟，跣足行荆榛。胎祸产妖幻，与佛歧又分。”
2. 王炎的履历可参看《双溪文集》附录《郡志大传》。
3.《朱文公文集》卷一〇〇《劝谕榜》。
4.《西山先生真文忠公文集》卷四〇。
5. 张守：《毗陵集》卷七《措置魔贼劄子》。（译者注：此处原文作“廖刚《高峰文集》卷二《乞禁妖教劄子》”，检史料原文为张守劄子，作廖刚者应为误记。）

如前文所述，宣和三年以来，关于传习妖教的禁令中还加入了“吃菜”一项，亦即禁止饮食茹素、默守精进，这项内容成为妖教判定的最重要标准。然而魔教之迹频频出现的浙东、江东等丘陵地区，居民“肉食者少，往往止吃蔬菜”[1]，“江浙山谷之民，平时食肉之日有数，所以易于食菜”[2]，从中辨别事魔教徒极为困难。然而既然存在事魔条法，地方官府便有纠察之责，一旦发生叛乱，地方官便不得不背上失察罪名，或因此遭到贬黜。因此，难免产生与魔教全无瓜葛的无辜民众仅因茹素便惹来怀疑，甚至横遭拘捕的冤案，楼钥笔下记录的案件就是其中一例——湖州德清县官府抓捕数十名茹素者，本欲论律惩处，调查中却发现，他们不过是被卖柴生意中的竞争对手诬告的普通乡民。[3]正如上文引用过的王居正之言所指出的，“自方腊之平，至今十余年间，不幸而死者，不知几千万人矣”，就连高宗在面对王宗石之乱后的残局时，也不得不感叹“朕思贵溪两时间二十万人无辜就死，不胜伤痛”[4]。

既然由地方官发现、搜捕事魔之徒殊为不易，能够仰仗的便是教徒或居民的告发。法令中也有将犯人财产折半作为告发者奖赏的规定，但如此则难免出现觊觎赏金，抑或出于私怨的诬告。例如上文列举的台州富人李氏家藏《二宗经》而受罚下狱，就是因为有奸人与李氏之女私通，罪行败露后怀恨在心而告发，而前述德清县的案例也是由于竞争对手的诬告。余五婆、缪罗之乱，就是这种情况发展成叛乱的典型。

绍兴三年（1133），衢州妖民余五婆在所居的开化县九里坑传习魔法，衢州守臣汪思温受朝命追捕，余五婆逃入严州遂安县白马洞的缪罗家中。缪罗因藏匿妖民获罪，亦遭官府追捕，于是纠集徒众拒抗官兵。大约两个月后，缪罗接受招安，叛乱被成功镇压，而汪思温则因失察妖民、招致变乱之罪贬秩一等。以上为《系年要录》卷六三、六五所记载的事件大致经过。然而在庄绰的记载中，针对同一件事的

1.《毗陵集》卷七《措置魔贼劄子》。

2.《系年要录》卷六三，绍兴三年三月丁丑条，引孙近上言。

3.《攻媿集》卷一〇六《参议方君墓志铭》。

4.《系年要录》卷三四，建炎四年六月辛卯条。

叙述，文末补记里却有一句“余五婆为人所告，逃于严州遂安县之白马洞缪罗家”[1]，而且还在别处另记道：

> 衢州开化县界，严、徽、信州之间，万山所环，路不通驿，部使者率数十岁不到。居人、流寓恃以安处。（绍兴）三年春，偶邑人以私怨告众事魔，有白马洞缪罗者杀保正，怒其乞取。其弟四六者辄衣赭服，传宣喧动，至遣官兵往捕，一方被害。[2]

认为余五婆是因私怨而被告发，而缪罗兄弟率众叛乱，根源则在不忿官府的科敛取索。类似于这样的导致叛乱发生的背景，史书中通常是不会记载的。而《系年要录》中的记录，五月己未条里的“遂安民缪罗”，到了同月丁卯条就变成了“魔贼缪罗”，很显然是叛乱兴起以后官方贴上的标签。考虑到这些情况，余五婆、缪罗等人是否真的是“吃菜事魔”教徒，其实很有值得怀疑之处。这也就是说，即便在史书记载中被称为魔贼，其实也不过是因为在官方报告中被如此归类，并不能作为本人就是“吃菜事魔”教徒的确切证据。

第四节　“吃菜事魔”与佛教的关系

地方官府为取缔魔教而疲于奔命，结果自然难免将怀疑的目光投向佛教、道教的宗教活动。宋代有不少文人效仿东晋慧远的白莲社而结社念佛，很多时候便难逃“吃菜事魔”的嫌疑。洪迈笔下曾有记载：

> 张才甫太尉居乌戍，效远公莲社，与僧俗为念佛会。御史论其白衣吃菜，遂赋鹊桥仙词云：
>
> 远公莲社，流传图画，千古声名犹在。后人多少继遗踪，到我便，失惊打怪。西方未到，官方先到，冤我白衣吃菜。

1.《鸡肋编》卷上《事魔食菜》。

2.《鸡肋编》卷中。

龙华三会愿相逢，怎敢学，他家二会。[1]

“西方未到，官方先到，冤我白衣吃菜”，实是对官方充满讽刺的批判。而从这句戏谑之言也不难想象，各种念佛结社如何受到官方魔教搜捕行动的波及而纷乱扰攘。

被既有佛教宗派视为异端的白云宗、白莲宗，在南宋时期也同样被作为“吃菜事魔”，受到来自官方的打压。[2]白云宗的开山祖师孔清觉和白莲宗的开山祖师茅子元分别于政和六年（1116）、绍兴三年（1133）受人告发而获罪流谪，而关于茅子元，《释门正统》记载：

有论于有司者，加以事魔之罪，蒙流江州。[3]

可知茅子元获罪的依据其实来自“事魔条法”。关于白云宗，嘉泰二年（1203）七月十二日，临安府余杭县南山白云庵的“道民”沈智元进状，为白云庵乞赐敕额，对此臣僚劾以“道民者，游堕不逞，吃菜事魔，所谓奸民者也”，主张应将沈智元流徙远方，拆毁白云庵舍，“以为传习魔法、玩视典宪之戒”，上奏获准。[4]由此可见，白云宗也同样被为政者视为事魔之徒。不过应该注意的是，这份奏状中关于道民的说明，与《宋会要·刑法》中庆元四年（1198）九月一日臣僚上言的内容基本一致，后者开头就断言“浙右有所谓道民，实吃菜事魔之流”[5]，而

1.《夷坚三志》己卷七《善谑诗词》。

2. 关于白云宗，可参看重松俊章：《宋元時代の白雲宗門》，《史淵》2，1930年12月；小川貫弌：《元代白雲宗教団の活躍》，《仏教史学》3-1，1952年6月；以及本书第八章“元朝的江南统治与白云宗”等。关于白莲宗，可参看重松俊章：《初期の白蓮教会に就いて》，《市村博士古稀記念東洋史論叢》，富山房，1933年；望月信亨：《南宋子元の白蓮宗と其余党の邪説》，《浄土学》14，1939年7月；小川貫弌：《元代白蓮教の刻蔵事跡》，《中国仏教史学》7-1，1944年10月；小笠原宣秀：《中国近世浄土教史の研究》，百华苑，1963年等。

3. 宗鉴：《释门正统》卷四《斥伪志》。

4.《释门正统》卷四《斥伪志》。

5.《宋会要》刑法二之一三〇。“浙右有所谓道民，实吃菜事魔之流，而窃自托于佛老以掩物议，既非僧道，又非童行，辄于编户之外别为一族。奸淫污秽甚于常人，而以屏妻孥、断荤酒为戒法；贪冒货贿甚于常人，而以建祠庙、修桥梁为功行。……”

且整篇上言中并未提及白云宗一词。此外，上引嘉泰臣僚上言的下文中还提到“况庆元臣寮论伪民奸恶之弊”，很明显，嘉泰臣僚对道民的定义乃是参照了庆元四年奏状。而嘉泰臣僚上言引用本来并不相干的道民的定义，其实只是为了表现沈智元的“奸恶”，因此不能以此上言为据，断定道民即白云宗信徒，此例还应从其他角度另行探讨。相关具体分析，本书将在第七章“关于浙西的道民”中进行，这里只简单介绍结论，即道民中包括了白云宗教团。因此可以认为，在南宋时期，白云宗也被视为“吃菜事魔”之流。不过，同样引用了后者奏状的牟润孙，虽不无踟蹰，仍认为道民是摩尼教的“依托变易”[1]，吴晗也引用其他史料，断言道民即是明教[2]。但很显然，两者都未得其实。

另外，《释门正统》和《佛祖统纪》记载中都有将白云宗称为白云菜或十地菜、白莲宗为白莲菜之处，但在南宋这样一个仅因茹素便难逃“吃菜事魔”嫌疑，且动辄遭到告发的时代，很难想象教团会自己主动起一个带“菜”字的称呼，因此应该考虑到，这些名称极有可能是既有教团所起的称呼，带有诽谤之意。两者既然在元代自称白云宗、白莲宗，或许宋代也同样是以“宗”为名的。

如上所述，作为佛教异端的白云宗、白莲宗，也同样被视为“吃菜事魔”之流，受到事魔条法的约束。《释门正统》论及“白云菜”，特意强调其“实不可与事魔妖党同论”[3]，其实反而证明了当时存在白云菜与“吃菜事魔”混淆不清的现象。

其实，不仅是异端教派，普通教团也有险些被事魔条法之名加以惩处的例子。南宋初期禅宗的领军人物，据说重振了临济禅的大慧宗杲（1089—1163），曾在绍兴十一年（1141）五月被秦桧指为主战派张九成之党而流徙衡州（湖南），绍兴二十六年（1156）十月再流岭南。据薛季宣《先大夫行状笺》，宗杲在前往岭南途中，有人“欲以危法加之，用茹素事魔告之”，薛季宣伯父薛嘉言为宗杲辩白，曰其为“佛

1. 牟润孙：《宋代摩尼教》，第18页。
2. 吴晗：《明教与大明帝国》，第253页。
3.《释门正统》卷四《斥伪志》。

之徒”，这才让告发者“不敢复言”。[1]当时，事魔条法便是最严的“危法”。不仅是佛教僧侣，就连朱熹也曾在庆元三年（1197）被沈继祖弹劾“剽张载、程颐之余论，寓以吃菜事魔之妖术”[2]，道学之士被诬为“殆如吃菜事魔、影迹犯败之类”[3]，可见“吃菜事魔”一词也常用作批判、中伤对手的譬喻。

要而言之，文献中出现的“吃菜事魔”不见得就是代指特定的秘密宗教，更多的时候，其范围包括了更广义的邪教整体。进一步而言，还可能用在与宗教毫无关系、只意在诽谤某人或某群体流毒社会的场合。南宋时期，说到“吃菜事魔”，更多的时候应是用于代指扰乱社会的奸恶之徒。

第五节　对“吃菜事魔”认识的变化

通过以上论述，我们已经可以明确，所谓“吃菜事魔”，不一定是指特定的秘密宗教摩尼教。这一点从南宋初期方勺的《泊宅编》、庄绰的《鸡肋编》对“吃菜事魔”的说明[4]中也可以得到印证。在提到明教时，宣和二年的臣僚上言中出现的“尔时明尊”“密日”，陆游《条对状》中的“明使”等，都是摩尼教或西方宗教中的专有名词，明教不会与道教、佛教或世俗信仰等混淆。然而《泊宅编》《鸡肋编》等记录中非但不见这些专有名词，《泊宅编》还记道，“吃菜事魔”乃是后汉张角五斗米道的末流，“吃菜事魔”教徒面对张角兴起的北方而拜，观其礼便可知其源；《鸡肋编》中也记载，“事魔食菜”以张角为鼻祖，因

1. 薛季宣：《浪语集》卷三三《先大夫行状笺》。“僧宗杲得罪秦相，褫服加巾，窜岭表。道出南海，其徒从之者数百人。或欲以危法加之，用茹菜事魔告之，伯父曰：‘得非僧宗杲者？皆佛之徒尔。’告者惭沮，不敢复言。”
2. 叶绍翁：《四朝闻见录》丁集《庆元党》。“（沈继祖）庆元三年丁巳春二月癸丑省劄：臣窃见朝奉大夫、秘阁修撰、提举鸿庆宫朱熹，资本回邪，加以忮忍，初事豪侠，务为武断，自知圣世此术难售，寻变所习，剽张载、程颐之余论，寓以吃菜事魔之妖术，以簧鼓后进，张浮驾诞，私立品题，收召四方无行义之徒以益其党伍，相与餐粗食淡，衣褒带博。……”
3.《宋史》卷三九四《林栗传》。
4. 相关记载在先行研究中已被反复引用，这里便不再赘述，只对其大略稍做说明。

此对“角”字严格避讳。正是因此，何执中在任知台州时，便利用这一点辨别教徒，判决狱讼。将一切邪教的源头都归于五斗米道，这本是中国的传统邪教观念，因此不少观点都主张忽视这一点。然而，正如上文所述，在两者成书的南宋初期，“魔贼”兴起的叛乱不断发生，朝廷的取缔日益严苛，官方为辨别教徒而大伤脑筋。方勺、庄绰特意记录下教徒的辨别之法，或许正是因为对魔教应对之策有所关注。因此可以说，两人的记载绝非空穴来风的猜测，至少在他们的理解中，“吃菜事魔”这一宗派中包括了信奉张角的道教结社。总的来说，在这个“吃菜事魔”蔚然成风的时期，但凡出现稍显怪诞不经的宗教或信仰，很容易被一概归之为“吃菜事魔”。

不过，在南宋后期的史料记载中，出现了认为“吃菜事魔”与普通宗教不同的观点。王质《论镇盗疏》第二段陈述针对“食菜事魔”与盗贩茶盐的取缔之策时，就指出这样一点：

> 惟夫愚民之求福也无厌，求之于佛者，而以为未足，又转而求之于鬼神；求之于鬼神而以为未足，故左道惑人焉，则是食菜事魔者。[1]

他认为，“食菜事魔”属于既非佛教、也非民间信仰的另类宗教。文中接下来还记道：

> 臣往在江西，见其所谓食菜事魔者弥乡亘里……其术则有双修二会、白佛、金刚禅，而其书则又有《佛吐心师》《佛说涕泪》《小大明王出世开元经》《括地变文》《齐天论》《五来曲》……

正如上文已经提及的，双修二会、白佛、金刚禅等在先行研究中都被视为专属于摩尼教的名词。不过，王质在文章中虽称这是他在江西时

1.《雪山集》卷三。王质的议论历来没有受到研究者关注，因而在此对原文进行引用。

亲闻亲见，但其实此处列举的佛教经典的名称，与《释门正统》中所列书目几乎一致：

> 唯祖宗法令，诸以《二宗经》及非藏经所载不根经文传习惑众者有罪。……非藏经所载不根经文，谓《佛吐恋师》《佛说涕泪》《大小明王出世开元经》《括地变文》《齐天论》《五来子曲》之类。[1]

由此可知，王质也是援引了《释门正统》所依据的法令。关于这条法令，文中虽称其为“祖宗法令”，但法令中所列举的经典与宣和二年明教禁令中所列举者无一相同，而且朝廷在宣和三年八月二十五日下令焚毁事魔所习经文时[2]，《二宗经》并不在焚毁之列，可见这条法令应是进入南宋时期以后才制订的。王质是兴国（江西）人，绍兴三十年（1160）进士，卒于淳熙十五年（1188）[3]，上述奏疏的写作时间应在乾道至淳熙（1165—1188）之间。

1.《释门正统》卷四《斥伪志》。这段文字也被《佛祖统纪》卷三九以“《释门正统》良渚曰”开头引用，但两者文字多有出入。另外，续藏本《释门正统》中误排不少，本书引用时以其底本，即京都大学附属图书馆藏藏经书院本［元禄三年（1690）书林淺野九兵衛重刊本］进行了校对。以下为《释门正统》与《佛祖统纪》引用部分内容对照，加点部分为互异之处。

《释门正统》：“唯祖宗法令，诸以《二宗经》及非藏经所载不根经文传习惑众者有罪。《二宗经》，诸男女不嫁娶，互持不语，病不（续藏本作大，误也）服药，死则裸葬。非藏经所载不根经文，谓《佛吐恋师》《佛说涕泪》《大小明王出世开元经》《括地变文》《齐天论》《五来子曲》之类。”

《佛祖统纪》引用部分：“准国朝法令。诸以《二宗经》及非藏经所载不根经文传习惑众者，以左道论罪。二宗者，谓男女不嫁娶，互持不语，病不服药，死则裸葬等。不根经文者，谓《佛佛吐恋师》《佛说啼泪》《大小明王出世经》《开元括地变文》《齐天论》《五来子曲》之类。”

法令正文为“诸”至“罪”部分，“二宗”以下为注释。对比两者内容，应以后者为是之处颇多。但关于“不根经文”的具体书目，前者与王质《论镇盗疏》中所列经名几乎一致，此处或应以前者为准。此外，酒井忠夫《明末における新興の民衆信仰集団について》（《東方宗教》48，1976年10月）注（20）中指出，《开元括地变文》应据《佛祖统纪》改作《开天括地变文》，但《论镇盗疏》中也作“开元”，可见改“元”为“天”实无必要。

2.《宋会要》刑法二之八三。

3.《宋史》卷三九五《王质传》。

接下来在著述于嘉熙（1237—1240）初的《释门正统》卷四《斥伪志》中，作者宗鉴在对“吃菜事魔”的说明之后还提到，如今的魔党是唐代的袄教、末尼教之末流，虽名称不同，实则教法相同。志磐于咸淳五年（1269）著述《佛祖统纪》时，几乎原封不动地引用了这一叙述[1]，此外还引用了洪迈《夷坚志》中“吃菜事魔”就是摩尼教的记录[2]。

这即是说，虽然南宋初的《泊宅编》《鸡肋编》都将“吃菜事魔”归为道教系的结社，也没有提及任何西方宗教的专有名词，但到了南宋后期，相关认识却出现了明显的转变，倾向于认为“吃菜事魔”与佛道、鬼神信仰都不同，系属从西方传来的摩尼教。应该说，“吃菜事魔”这一宋代特有的名词，在不同时期有着不同的内涵。

第六节 小结

现有研究多认为“吃菜事魔”即摩尼教，而本章以对此观点所抱疑问作为出发点，阐明了“吃菜事魔”一词并非仅限于代指摩尼教或明教。一般来说，“吃菜事魔”是一个带有非难诽谤之意的贬义称呼，显然不可能是教徒们的自称。而魔王、魔头、魔母等也一样。单是这一点，就与教名来源于教义的明教大相径庭。而更重要的是，“吃菜事魔”一词在文献中的首次出现是来自臣僚上言，从这一点就能看出，所谓“吃菜事魔”，是以取缔邪教为责任的为政者所用的词语，正如所谓事魔条法一样，同时也是一个刑法用词。在为政者看来，所有怪诞妖异的反社会宗教结社及其活动，无论是道教系、佛教系，抑或民间信仰，往往都可以视作“吃菜事魔”或魔教，是搜捕、告发的对象，作为佛教之中异端教派的白云宗、白莲宗自然也不例外。不仅如此，连大慧宗杲这样的僧人也曾险些被扣上事魔之罪，朱熹等人也曾被诽谤为与“吃菜事魔”同类。当然，不可否认，“吃菜事魔”这个称呼主要指的是明教亦即摩尼教，但即便如此，也不能将史料中出现的“吃

1.《佛祖统纪》卷三九、卷四八。

2.《佛祖统纪》卷四八。

菜事魔”一词统统断定为摩尼教。

然而，先行研究中的大多数都持与此相反的观点。例如吴晗认为，摩尼教在会昌法难之后，折中佛教、道教教义而整合出新的信仰体系，并与佛教中的大乘教、三阶教合为一体。到北宋末，又与源出净土宗的白莲教相结合，甚至还结合了弥勒佛教。到了元末，最终出现了红巾军的全面起义。[1]以此为出发点展开的正是洪武帝本人为明教教徒、大明的国号来源于明教这一著名学说。毋庸置疑，受到镇压的秘密宗教为避免迫害而假托其他宗教之名的现象确实常有，而且在此期间与其他宗教相互融合的现象也并不罕见。不过，作为讨论前提，我们更应该首先认识到，将“吃菜事魔”与其他教派视为同宗同源的，是来自官方报告或读书人笔记的观点，而实际上正如《释门正统》所记，“今之魔党，仍会昌配流之后，故不名火祆；仍贞明诛斩之余，故不称末尼。其教法则犹尔也”[2],大多都承袭并维持着各自的教法。元代泉州摩尼教草庵的存在就是一个明证。不过对于为政者来说，问题的关键不在于如何逐一辨别不同宗教派系的教法，而是秘密宗教的妖异怪诞之处、反社会之处，相类似的宗教结社相互混淆，在他们笔下应属常见。因此将他们叙述的一字一句全部理解为事实是一种很危险的方法，不能不参酌其他史料进行确认。吴晗等氏的研究之所以走向误区，正是由于只依据叙述“吃菜事魔”的只言片语，便将其不加批判地全部作为事实，甚至将之作为进一步推断的基础。

另外，据酒井忠夫氏的研究，“吃菜事魔”一词在明代仍有使用。明末的徐州人马登儒因祈雨灵验，被称为神仙，而凤阳巡抚李三才在上奏中说“马登儒吃菜事魔，而造《推背图》《阵法图》，惑众有证”[3]。不过这并非说他是摩尼教徒，而正如酒井氏所指出的，“不过是李三才援引类似宋代‘吃菜事魔’的信仰群体，以此为例证而进行的说明”[4]。

1. 吴晗 :《读史札记》，第253—254页。

2.《释门正统》卷四《斥伪志》。

3.《明神宗实录》卷三四五，万历二十八年三月甲辰朔条。

4. 酒井忠夫 :《明末における新興の民衆信仰集団について》，第9—11页。不过，酒井氏也认为“吃菜事魔相当于中国的摩尼教”，而且“不能认为中国的弥勒教、白莲教在宋代以后丝毫没有受到来自摩尼教的影响”。

此外酒井氏还列举了其他例证，如谢肇淛曾攻击林兆恩一党，说他们与“吃菜事魔”、五斗米、黄巾、白莲等为同类；沈德符也认为明代白莲、无为等教的盛行，与宋人所谓“吃菜事魔”的南北并起本质相同。酒井氏认为，这些例子里出现“吃菜事魔”，“并不是说他们确实拥有事魔党的身份，而是因为这个词本身是当时的官僚攻讦民间信仰群体的惯用语”，这个见解可谓一语中的。需要强调的是，这种用法不惟明代存在，而是从宋代就已经开始。

（原载《青山博士古稀記念宋代史論叢》，省心书房，1974年。本章为旧稿增订而成。）

第六章

方腊之乱与“吃菜事魔”

第一节　前言

在中国史学界，围绕着中国史上的农民战争与宗教之间关系的问题，过去曾有过一场争论。[1]争论对象上至东汉的太平道、五斗米道，下至清末的拜上帝会等，涉及与叛乱有关的各种宗教，而争论焦点就在于这些宗教本身是否具有革命性要素，其教义经典中是否包含革命思想，也就是宗教在农民战争中所起的作用以及邪教的性质，等等。然而尽管如此，关于个别的宗教叛乱和邪教的实证研究并未随着这场争论的白热化而更加深入，很难说出现了实质性的成果。

这场争论当然也涉及了作为邪教代表之一的“吃菜事魔”，除了“吃菜事魔”即摩尼教这一结论以外，摩尼教教义也在探讨范畴之中。而“吃菜事魔”之所以被视为邪教，主要是因为它是造成方腊之乱的宗教源头。众所周知，方腊之乱肇始于北宋末宣和二年（1120）十月方腊在睦州青溪县的起义，他自号圣公，改年号为永乐，甫一起事便席卷两浙、江东的6州52县，震惊朝野。方腊之乱与四川的王小波、李顺以“均贫富”为口号发动的叛乱，以及湖南的钟相、杨么之乱并称为宋代三大农民起义，20世纪后期以来受到诸多关注，研究成果颇丰，在中国还出版了如《宋代三次农民起义史料汇编》这样的史料集。[2]这场叛乱多被视为“吃菜事魔”，亦即摩尼教徒方腊利用宗教组织掀起的叛乱，而考察或介绍这场叛乱的论文、解说中也都会有“吃菜事魔”一节，概述摩尼教在中国的传播及其宗教思想等，上述史料集中还收

1. 讨论中国农民战争与宗教关系的相关论文，可参看史绍宾编：《中国封建社会农民战争问题讨论集》，生活·读书·新知三联书店，1962年。另可参看熊德基：《中国农民战争与宗教及其相关诸问题》，载《历史论丛》第1辑，中华书局，1964年。此外，对于这些研究成果，小島晋治《農民戦争における宗教—結社宗教》（《中国文化叢書6 宗教》，大修馆，1967年）一文中也做了介绍。

2. 苏金源、李春圃编，中华书局，1963年。不过，宫崎市定在《宋江は二人いたか》（《東方学》34，1967年6月）一文中论及宋江相关事迹时曾指出，该书在编纂上相当粗糙，错漏很多。

录了敦煌出土的摩尼教经典的断简。然而，这些论文所引用的史料中，并没有确切证据表明方腊就是“吃菜事魔”之徒或摩尼教徒。而且陈垣也曾在《摩尼教入中国考》一文中指出，方腊是否为摩尼教徒，这一点并不明确。[1]

因此我们不得不思考，方腊究竟是不是摩尼教徒？如果不是，他到底利用何种宗教发动叛乱，又为何会被后世视为摩尼教徒？本章首先将重新梳理方腊之乱的相关文献，利用这些零星记录，尝试探讨宗教要素在方腊之乱中的作用。

第二节　方腊之乱相关史料

与方腊之乱相关的主要史料，都收录于前揭《宋代三次农民起义史料汇编》中，但该史料集错漏很多，对诸史料的整理流于表面，只是毫无针对性地将与叛乱有关的各种记录一一罗列而已。而现有的相关论文对这些史料价值的探讨也尚不充分，因此本节在此首先对一些主要史料进行分析。

首先，当时的史书《通鉴长编纪事本末》（以下简称《纪事本末》）、《宋会要辑稿》、《皇朝编年纲目备要》（以下简称《纲目备要》）卷二八、《皇宋十朝纲要》（以下简称《十朝纲要》）卷一八，以及《东都事略》《宋史》等，对这场叛乱的记录虽详略有所不同，但内容上并无大的抵牾。其中《纪事本末》《宋会要》，以及《十朝纲要》都按日记录了叛乱的过程，不过《十朝纲要》中宣和三年三月条将丙申朔误作丙戌，这一点《廿四史朔闰表》已经指出；而且该月的最后一条记录是丁卯日，若以丙戌为朔，即丁卯为四十三日，即便以丙申为朔，丁卯也是三十三日。因此《十朝纲要》中的记录，至少关于三月条，

1.《国学季刊》第1卷第2期，1923年，第230页。另外，关于宋代的摩尼教，还可参看重松俊章：《唐宋時代の末尼教と魔教問題》，《史潮》12，1936年；牟润孙：《宋代摩尼教》，《辅仁学志》第7卷第1、2期合刊，1938年；吴晗：《明教与大明帝国》，载氏著：《读史札记》，生活·读书·新知三联书店，1956年。此外，宫崎市定《水滸伝》（中央公论社，1972年）第三章“妖賊方臘”也极具启发意义。

本书不予采信。

《青溪寇轨》和《青溪弄兵录》两种史料总结了方腊的事迹，是研究方腊之乱时必引的文献，但实际上两者都是编纂史料。

《青溪寇轨》在书目中皆作宋代方勺撰，其实内容分别来自方勺《泊宅编》、佚名《容斋逸史》，附录则来自庄绰《鸡肋编》，只是从各篇中摘录出的与方腊相关的记录编纂而成。《四库提要》记其编者为编纂《学海类编》的曹溶，但自陶宗仪《说郛》始，《青溪寇轨》在明代丛书中已有收录，可见其编纂时期还可以上溯到更早[1]，只是精确时间不明。而且，此书引以为据的《泊宅编》等本身也有问题。

《泊宅编》作者方勺为婺州人，晚年于湖州乌程县之东数十里的泊宅村购田寓居，自号泊宅少翁。《泊宅编》便是这一时期的著作，主要记录了北宋后期的见闻逸事。尤其是其中关于方腊之乱的内容，因是当代人的记录，很早便受到注目。不过，现存的《泊宅编》有三卷本和十卷本，明末清初三卷本独受瞩目，《四库全书》所收的亦为此版本。《青溪寇轨》中录自《泊宅编》的方腊相关记录也来自此三卷本（卷下）。后来，嘉庆年间，石门顾氏得到了明隆庆四年锡山秦汝立旧藏的宋刊十卷本，便同三卷本一起校刻，收入《读画斋丛书》中。另外，《金华丛书》也将两版本一同刊刻。三卷本和十卷本不单各项内容互有出入，同一项中的文字也多有相异之处，正如《四库提要》所指出的，三卷本中不乏来自后世人的臆改，因此应以十卷本为准。自然，关于方腊之乱的内容，应该参考的也不是录自三卷本的《青溪寇轨》，而是十卷本《泊宅编》卷五。三卷本中多有后世之人的武断臆改，这

---

1. 本章旧稿曾错误沿用了《四库提要》和《宋代三次农民起义史料汇编》中的舛误，认为“正如《四库提要》中所记，其编者应为《学海类编》编纂者曹溶”（第23页）。丹乔二氏很快在《北宋末の方臘の乱に関する基礎的考察》（《日本大学人文科学研究所研究紀要》17，1975年）一文中指出这一错误，对此笔者深表感谢。不过，对于以反驳笔者观点为出发点的丹氏的论述，笔者仍多有不敢苟同之处。尤其是丹氏认为《容斋逸史》成书于南宋初期，容斋即是洪迈，因此该书的史料价值很高，对此笔者持保留意见。关于这一问题，近年来中国学界也有过很多讨论，详情下文注解中还将言及。而笔者仍然认为不该过高评价《容斋逸史》中记录的可信度。此外，关于《青溪寇轨》编纂者并非曹溶这一点，吴企明《〈青溪寇轨〉非曹溶改题》（《中华文史论丛》第1辑，上海古籍出版社，1979年）一文也进行过考察。

一点从以下关于“吃菜事魔”的说明中可以看出。同一条记录，十卷本中记道（译者按：引文中着重号为作者所加）：

> 有以其疑似难识，欲痛绝之，恐其滋蔓，因置而不问，驯致祸变者有之。有舍法令一切弗问，但魔迹稍露，则使属邑尽驱之死地，务绝其本根，肃清境内，而此曹急则据邑聚而反者有之。[1]

与之相对，三卷本中以上两处“者有之”分别改为“则陈光之于方腊是也”和“则越守刘韐之于仇贼是也”，后者之下还有双行注“仇破剡县、新昌、上虞凡三县”。也就是说，若从三卷本，则意味着方勺将方腊与仇贼（仇道人）都视为“吃菜事魔”之徒，这就成为方腊身为摩尼教徒的有力证明；而十卷本并没有下此论断。三卷本的这一表述明显是出自后人之手的加工。另外，三卷本中作“吃菜事魔”之处，在十卷本中都为“蔬食事魔”，反映出“吃菜事魔”一词在南宋初期还没有固定下来。另外，陈光其人，是仅在三卷本《泊宅编》中出现的叛乱初起之时的青溪知县。关于此人，三卷本作“知县事承议郎陈光不即锄治”，而十卷本仅提到县官，并没有言及姓名，且其他史料中也不见关于陈光的记载。

《青溪寇轨》的第二段内容以“容斋逸史曰”开头，其中有对方腊起事前的“漆园誓师”的记叙。文中提到，方腊召集“恶少之尤者”百余人聚会宴饮，酒过三巡，方腊起身抗议朝廷苛政，痛斥软弱的外交政策，倡言起事，一呼百应。方腊的行为被作为对此次叛乱目的的说明，成为后世研究者提及方腊之乱时必引之文。然而，《容斋逸史》本身的史料性质却多有不明之处。“容斋”二字必然令人联想到著名文人洪迈所著的《容斋随笔》《容斋诗话》，但实际上此“容斋”却似乎并非彼“容斋”。这一段的末尾记道：“泊宅翁之志寇轨也，蕲王（韩世忠）犹未知名，故略之。且时宰犹多在朝，腊党阴谋，语多忌讳，亦

1.《泊宅编》（十卷本）卷五。

削不载，吾故表而出之，以戒后世司民者。”表明这部分内容应是后世人基于野史等材料新添入的表述。[1]总而言之，较之叛乱敉平后撰成的其他内容，“漆园誓师”部分的史料价值多有不及。

《青溪寇轨》附录部分的内容摘自南宋庄绰的《鸡肋编》。《四库提要》中关于庄绰姓名、生平的记叙有误，这一点正如余嘉锡考证。[2]根据余氏考证，庄绰字季裕，泉州惠安县人，绍兴元年（1131）通判建昌军，绍兴六年（1136）知南雄州。《青溪寇轨》中摘录的内容为《鸡肋编》卷上“事魔食菜”条（《青溪寇轨》改为“吃菜事魔”），而后者文末有附记曰“余既书此未一岁，而衢州开化县余五婆者，为人所告，逃于严州遂安县之白马洞缪罗家，捕之，则阻险为拒，杀害官吏”云云。如前章所述，缪罗之乱发生在绍兴三年（1133）三月到五月，因此可知庄绰这篇“事魔食菜”是其前一年，即绍兴二年在建昌军（江西）时所撰，彼时距离方腊之乱仅过去了10年。不过，这部分文字并非叙述方腊之乱的经过，之所以被《青溪寇轨》收录附载，是因为文中提到“睦州方腊之乱，其（事魔食菜）徒处处相煽而起”。

至于另一史料《青溪弄兵录》，据说为南宋王弥大所撰，但此书其实也是编纂史料，是从十卷本《泊宅编》中的方腊相关记载，以及《国朝续会要》卷二五三《出师门·方腊》条中摘录而来的，末尾还有嘉泰元年（1201）王弥大所作的附记。《国朝续会要》为元丰元年（一说神宗朝初年）至靖康末年的会要，也被称为《乾道续四朝会要》。[3]这部分摘录文字与《宋会要》兵一〇之一六《讨叛四·方腊》条一致，文

1. 关于《容斋逸史》，近来中国学界的主要研究参见吴企明：《〈容斋逸史〉补证》，《中华文史论丛》1979年第1辑，第268页；陈得芝：《关于方腊的所谓“漆园誓师”》，《南京大学学报（哲学社会科学版）》1979年第2期，第73—74页；杨渭生：《〈容斋逸史〉献疑》，《历史研究》1979年第9期，第85—88页。

其中吴企明与丹乔二观点相同，认为《容斋逸史》为洪迈所撰，而陈得芝和杨渭生则对其史料价值表示怀疑。另外，旧稿完成后，又有对杨渭生予以反驳的陈振《〈（容斋逸史）献疑〉质疑》（《历史研究》1980年第2期，第176—178页）一文问世，但尚缺乏有力的驳斥意见。关于记录了所谓“漆园誓师”的《容斋逸史》史料价值的问题，关系到如何评价方腊之乱，想必今后仍会出现不少讨论。

2. 余嘉锡：《四库提要辨证》五，科学出版社，1958年。
3. 汤中：《宋会要研究》，商务印书馆，1932年。

字出入也极少。既已有《宋会要》与《泊宅编》现存，自然也就没有必要另外参考《青溪弄兵录》了。

同时代人的文集中，除了已收入前揭《宋代三次农民起义史料汇编》之中的记录以外，李纲《梁溪先生全集》中的诗文也很重要。李纲（1083—1140）曾于宣和元年京师大水之际，上疏要求朝廷制订针对盗贼、外患的对策，因此触怒执政，被贬为监南剑州沙县税务。翌年徽宗释其罪，获准回到其父所居梁溪（无锡），在从南剑州北上途中遭遇叛乱，不得不绕道饶州，取道池州，辗转两个月才到达金陵。他在金陵分别向太宰王黼、门下侍郎白时中、少傅郑居中、中书侍郎冯熙载、尚书右丞王安中、梅执礼、程振等当权者及旧交寄出《论方寇书》[1]，极言对策，其时正是宣和三年正月，方腊军攻占杭州、进攻秀州之际。在给王黼的上书中，李纲写道：

> 某迟回饶、信诸郡者凡两月余，于方寇事亲见探报及得于传闻，实为详悉，日夜虑之至熟，窃不胜愤懑。[2]

他的消息虽得之“探报”和“传闻”，却是关于方腊之乱最早的记录。而且，他挂心身在梁溪的亲族之安危，多有以此为题的诗作，也是遭遇方腊之乱的士大夫们心境的反映。

第三节　方腊之乱与宗教的关系

以上列举的各种史料，在为方腊之乱定性时态度都很一致，即这是一场利用宗教纠集民众而发动的叛乱。以下记录都为其明证：

> 睦州青溪县有洞曰帮源，广深约四十余里，群不逞往往囊橐其间。方腊者因以妖贼诱之，凶党稍集。是月丙子，杀

1.《梁溪先生全集》卷一〇八、一〇九。

2.《梁溪先生全集》卷一〇八《上王太宰论方寇书》。

> 里正方有常，纵火大掠。还处帮源，遣其党四出侵扰，鼓扇星云神怪之说，以眩惑众听，从之几万人。[1]
>
> 睦州青溪县妖贼方腊据帮源洞，僭号改元，妄称妖幻，招聚凶党，分道剽劫。[2]
>
> 方寇者，本狂愚无知之人，传习妖教，假神奇以惑众，遂谋僭逆。[3]
>
> 睦州青溪县堨村居人方腊，托左道以惑众。[4]

以上各条记录都描述了方腊传习妖术、蛊惑民众从其举兵，但对于此“妖教”即“吃菜事魔”，却都没有一字提及。这一点已如陈垣所述。当然，考虑到记录史料的一方未能准确辨别叛乱者的宗教，或是不经探查便随手记下妖教两字的可能性，不得不承认，史料中没有出现“吃菜事魔”或魔教等字眼，并不能作为断言方腊等人并非信徒的证据。然而，《泊宅编》中提到方腊时说他“托左道以惑众”，对于与之相呼应而起事的越州剡县仇道人，则称之为“魔贼”，下文将会提到的楼钥的文章也仅在提到台州吕师囊的时候说他“以魔术而发于台之仙居”[5]，可见当时文人对于“妖贼”和“魔贼”是区别记录的。而且，上节引用过的《鸡肋编》事魔食菜条中提到：

> 而近时事者益众，云自福建流至温州，遂及二浙。睦州方腊之乱，其徒处处相煽而起。

这段记录中其实也没有说明方腊本人就是事魔之徒，只是说与方腊之乱遥相呼应，事魔之徒也蜂起于各地而已。

若方腊不是“吃菜事魔”之徒、摩尼教徒，那么他所传习的“左

1.《纪事本末》卷一四一《徽宗皇帝·讨方贼》。

2.《宋会要》兵一〇之一六。

3.《梁溪先生全集》卷一〇八《上门下白侍郎书》。

4.《泊宅编》卷五。

5.《攻媿集》卷七三《跋先大父徽猷阁直学士告》。

道”“妖术”究竟是什么？对此史料并没有明确的说明，但从各种史料的断片记录中，我们仍能得到一些线索。首先，《宋会要》引用的江南东路转运副使曾升的上奏中提到：

> 访闻贼徒虽多，全少器械，惟以人众为援。本路所遣官兵各持器械，而贼徒独以数百人前后奋拳，辄困官兵。童子、妇人在前，饰以丹黛，假为妖怪，以惊我师。复在巢穴、四向设险，阴为陷阱，又为长人服大衣，作关机以动止，执矛戟旗帜，饰以丹黛，为鬼神之貌，以惑官兵。皆不足畏。必得熟知道路之人，即可进入。[1]

这份上奏详细报告了叛军的情况。而《泊宅编》描述方腊军“无甲胄，唯以鬼神诡秘事相扇訹”，与上述情景基本一致。且叛军时常设计佯攻，击败官军，对此李纲就曾在上书中说过：

> 设疑兵自江乘潮而下，统兵者悉众捍之，贼由山径捣虚以入，遂陷钱塘。[2]

方腊军的这些装神弄鬼、故布疑阵、声东击西的行动，在官军看来，无异于坐实了他们“妖贼”的形象。不难想象，揭竿而起的民众见本该强大的官军如此不堪一击，也会更相信妖怪鬼神的灵验及威力，自然更加士气高涨。

但与此同时，南宋地方志里常见另一种版本的记载，叛军进攻之际，官军阵营常常天降“神兵”，使贼人惊走四散，平叛后该神明则享受立庙受祀的待遇。[3]这些地方一般都是“尚鬼好祀之地”，无论是叛军

1.《宋会要》兵一〇之一八《讨叛四·方腊》，宣和三年四月二十六日。

2.《梁溪先生全集》卷一〇八《上王太宰论方寇书》。

3. 试举数例如下：

张太尉庙：宣和寇犯邑。昼见神金甲按兵河岸，列帜皆神号。寇惊遁，邑得全，民相帅祠之（《嘉定赤城志》卷三一）。（转下页）

还是官军，似乎都热衷于巧妙利用当地习俗、民众信仰，以此鼓舞民众或士兵的士气。

另一条体现叛军特点的史料，是楼钥《跋先大父徽猷阁直学士告》中的记录：

> 少随侍处州，闻其来处也，止以数舟载百余人，绛帛帕首，带镜于上，日光照耀，自龙泉山间乱鸣钲鼓，顺流而下。[1]

这批叛军是方腊部将洪载所率的一支队伍。吴晗曾指出，他们在幅巾上带镜，是出于作为向往明界的摩尼教徒的信仰[2]，但实际上上述史料的下文还记道：

> 温（州）则处贼洪再使其徒来攻其西，吕师囊以魔术发于台之仙居，既破乐清，又攻其东，危甚。

楼钥将吕师囊描述为“魔贼”，而对洪载却只称其为“贼”，很明显是没有将后者视为事魔之贼。而且关于洪载，史料中还有其他记录：

（接上页） 新安河西庙：宣和寇乱，逼南乡。乡人祷焉。翼日与寇战庙前桥上，见神立空中，飞矢石如雨。寇惊走，南乡得全（《嘉定赤城志》卷三一）。

慈感庙：国朝宣和中，民避寇其间。寇望山中草木皆为兵，惧不敢犯（《嘉定赤城志》卷三一）。

灵祐庙：宣和初……近郊复有陆盗千余人，且及城下，知州事王倚见神于梦。已而守城者夜睹异人冠服华侈，往来雉堞间，转相告语，知神阴助。贼平，州主其事，遂有封额之赐（《嘉泰吴兴志》卷一三）。

显应庙：宣和辛丑……一夕，四山旗帜车盖，隐隐出入云间，见者咸疑神游，而庙不存矣。视之果煨烬。未几，又有复见，如前日之异，若反旆而来，贼徒忽惊，呼曰：“天兵至矣！”遂自相攻杀。官军未至，贼已歼尽。乡人相与复筑庙宇甚盛（《嘉泰会稽志》卷六）。

武祐庙：方腊陷钱塘，欲东犯会稽。其众见（北岭）将军擐金甲，陈兵于西兴江岸，张大旗，有北岭字。贼不敢渡。郡守刘忠显公韐上其事，赐今额（《嘉泰会稽志》卷六）。

1.《攻媿集》卷七三。

2. 吴晗：《明教与大明帝国》，载氏著：《读史札记》，第251页。

> 腊贼之党洪载，果道松阳，袭据郡城，劫取大家财，散以募众，又以妖术蛊郡民，置圆镜案上，曰可以照人罪业，即殴出肆屠戮。[1]

这枚“照人罪业”的圆镜，便是佛典中所说的业镜。所谓业镜，据说是能够照出众生善恶业的冥界之镜[2]，也有人相信，幽冥途中阎罗面前，亡者可以从业镜中看见前世善恶[3]。宋代关于业镜的例子见于绍熙之初，梅浦巨室胡大本在半山的佛王堂休息时，遇见两名道人，其中一人佩有青铜镜。胡大本向他询问青铜镜何用，道人答曰“此名业镜，持以照人，可知终身贵贱寿夭”，胡大本求为一照，却只见半明半暗。[4]可见洪载的队伍在幅巾上所佩的也是业镜，或有照出官吏、富豪之恶业，使其屈服之意。

不只是洪载，据说身为方腊身后谋主的陈箍桶，也有一面类似的镜子：

> 自号圣公阴兵，执镜照人，谓凡用心不臧者皆照见之。百姓窜走。方伏匿于山林，其徒持镜四出，谓人曰：“我已尽见。”愚民畏惧，皆出就擒。[5]

他似乎就是靠这样的镜子强迫民众集结的。

至于方腊本人，尽管所用的不是业镜，但同样是利用镜子制造祥瑞，令民众畏服。《朱子语类》中就举过一例：

---

1. 韩元吉：《南涧甲乙稿》卷一九《处州东严梁氏祠堂碑铭》。
2. 織田得能：《仏教大辞典》，第562页。
3. 敦煌出土P.2003《佛说十王经》，《西域文化研究 第五（文部省科学研究費総合研究報告）》（法藏馆，1962年）第265页所引。“第五七日，过阎罗王。赞曰：五六阎罗息诤声，罪人心恨未甘情。索发仰头看业镜，始知先世事分明。”
4. 《夷坚三志》己卷六《半山两道人》。
5. 周南：《山房集》卷八《杂记》。周南（1159—1213），平江人，绍熙元年（1190）进士。笔者注意到这条史料是在旧稿刊发之后，当然，《宋代三次农民起义史料汇编》中也没有收录。朱瑞熙《论方腊起义与摩尼教的关系》（《历史研究》1979年第9期）一文曾对这条史料进行过分析。

> 腊之妇红装盛饰，如后妃之象，以镜置胸怀间，就日中行，则光采烂然，竞传以为祥瑞。[1]

纵观古今中外，镜子都是与宗教活动或信仰行为密切相关的道具，中国也从来不乏宗教首领利用镜子制造显灵之效以吸引信徒的事例。尤其是在一些传闻中，宗教叛乱的主谋利用镜子聚集民众、纠集叛党，隋朝的宋子贤就是一个例子。据说宋子贤擅长幻术，每每入夜便在楼上放出亮光、幻化佛形，自称弥勒出世。他还将大镜高悬堂上，每有人来拜，镜中便会映出其人与蛇、兽之画，他便声称镜中蛇、兽为此人罪业，劝其念佛纾祸。宋子贤用这种手段，每天都能聚集信者数百人。大业九年（613），宋子贤起兵反叛，阴谋刺杀炀帝，后事败未果。[2]这个例子里的宋子贤其实也是利用了业镜的原理蛊惑信众。时代更晚的《聊斋志异》也讲述了一个心怀不轨的白莲教首徐鸿儒的故事。这个徐鸿儒有一面镜子，据说能照出人的终身，他将镜子悬于庭中，让人照视镜中形象，这些人分别在镜中看到自己或戴幞头，或戴纱帽，衣绣衣、冠貂蝉等各种形象，大为惊怪。徐鸿儒声名远播，不断有人远道而来，求镜一观。徐鸿儒声言，“凡镜中文武贵官，皆如来佛注定龙华会中人。各宜努力，勿得退缩”，而他自己面向众人，照出镜中形象，则俨然是冕旒龙衮的王者之姿，民众大惊，连忙伏地跪拜。于是徐鸿儒建旂秉钺，民众无不踊跃相从，希望自身行动与镜中的映像相符。数月之间，闻风聚集之人已有上万。[3]由此可见，在巧妙使用

1.《朱子语类》卷一三三《盗贼》。该条也收录于清代潘永因辑《宋稗类钞》卷二《叛逆》，旧稿曾引用《宋稗类钞》版。

2.《隋书》卷二三《五行志下·裸虫之孽》。“唐县人宋子贤，善为幻术。每夜，楼上有光明，能变作佛形，自称弥勒出世。又悬大镜于堂上，纸素上画为蛇为兽及人形。有人来礼谒者，转侧其镜，遣观来生形像。或映见纸上蛇形，子贤辄告云：‘此罪业也，当更礼念。’又令礼谒，乃转人形示之。远近惑信，日数百千人。遂潜谋作乱，将为无遮佛会，因举兵，欲袭击乘舆。事泄，鹰扬郎将以兵捕之。”

3.《聊斋志异》卷六《白莲教》。“白莲盗首徐鸿儒，得左道之书，能役鬼神。小试之，观者尽骇。走门下者如鹜。于是阴怀不轨，因出一镜，言能鉴人终身。悬于庭，令人自照，或幞头，或纱帽，绣衣貂蝉，现形不一。人益怪愕。由是道路遥播，踵门求鉴者挥汗相属。徐乃宣言：‘凡镜中文武贵官，皆如来佛注定龙华会中人。各宜努力，勿得退缩。’因亦对众自照，则冕旒龙衮，俨然王者。众相视而惊，大众齐伏。徐乃建旂秉钺，罔不欢跃相从，冀符所照。不数月，聚党以万计，滕、峄一带望风而靡。”

镜子这一点上，无论是宋子贤还是方腊及其部将，都有相通之处。

显示方腊与佛教有关的另一条线索是沙门宝志的谶记。正是《泊宅编》中所说的：

> 以沙门宝志谶记诱惑愚民，而贫乏游手之徒相乘为乱。[1]

沙门宝志活跃于南朝齐、梁时代，作为受梁武帝尊崇的神异之僧而为人所知。他的种种奇行、灵迹传于后世，与僧伽信仰一样，宝志信仰也在民众之中深深根植。[2]他好作谶记，并被奉为预言者，其中更有预言皇统寿夭的谶记，在王朝成立初期特别受到追捧，尤其在五代宋初最为盛行。据传，当时民间有人获一志公铜牌，上有“有一真人起冀州，开口张弓在左边，子子孙孙保永年”的字样。江南国主李氏听闻，特意为自己的儿子起名弘冀，吴越国钱氏更将诸子按弘字辈取名，以期应此谶记，只可惜后来君临天下的却是宋太祖赵匡胤。而赵匡胤之父、宋之宣祖名弘殷，正与宝志的谶记相符。关于这段轶事，《佛祖统纪》卷四三认为其来源是宋初宰相赵普的《皇朝龙飞记》（佚名）。另外，真宗朝杨亿的《杨文公谈苑》[3]中有《铜牌记》一篇，文字也几乎相同。但南宋岳珂《桯史》卷一《艺祖禁谶书》却认为“开口张弓”之谶来自唐代李淳风的《推背图》，而且后世现存的《推背图》中也确实记载有此谶记，可见南宋以后，这条谶记似乎基本被视为李淳风的预言。[4]

1.《泊宅编》卷五。

2. 关于宝志传和宝志信仰，可参看牧田諦亮：《中国における民俗仏教成立の過程：二、宝誌和尚》，《中国近世仏教史研究》，平乐寺书店，1957年。

3.《重校说郛》卷一六所收。

4. 关于志公《铜牌记》，《佛祖统纪》卷四有曰：“先是，民间有得梁志公《铜牌记》云：‘有一真人起冀州，开口张弓在左边，子子孙孙保永年。’江南李主名其子曰弘冀。吴越钱王诸子皆连弘字弘倧、弘俶、弘亿，期应图谶。及上受禅，而宣祖之讳正当之，太祖皇考上弘下殷，追谥宣祖。赵普《皇朝龙飞记》。”另《杨文公谈苑》（重校说郛本）有《铜牌记》记道：“梁沙门宝志《铜牌记》，多识未来事，云‘有真人在冀州，闭口张弓左右边，子子孙孙万万年’。江南中主名其子曰弘冀，吴越钱镠诸子皆连弘字，期以应之。而宣祖讳正当之也。”比较上述两者，明显史料来源相同，只是一作“开口”，一作“闭口”。另外，（转下页）

接下来的太宗朝太平兴国年间，各地献上不少祥瑞之物，其中之一就是太平兴国七年（982）在舒州（安徽）出现的志公石。据说怀宁县人柯萼路遇一名异僧，在其指点下前往万岁山取宝，在该僧所指的古松下掘出一块黝石，上面刻有“梁志公记”，曰：

吾观四五朝后，次丙子年，赵号太平，二十一帝，社稷永安。

而这名异僧转眼不见踪影。太宗得到舒州献上的这块瑞石，敬叹不已。[1]

（接上页）岳珂《桯史》卷一《艺祖禁谶书》开头部分记道：“唐李淳风作推背图。五季之乱，王侯崛起，人有幸心，故其学益炽。开口张弓之谶，吴越至以偏名其子，而不知兆昭武基命之烈也。宋兴受命之符，尤为著明。”可见宝志的所谓“开口张弓”之谶被认为是《推背图》的谶记。关于《推背图》，可参看中野達：《「推背図」初探》，《東方宗教》38，1970年。

1.《佛祖统纪》卷四三。关于志公石，除了本文引用的《佛祖统纪》以外，《长编》《宋会要》中也有相关记录，但内容互有抵牾，须略做探讨。《佛祖统纪》卷四三所揭原文为：“舒州奏贡瑞石，言怀宁县人柯萼逢异僧，令往万岁山取宝，僧以杖指古松，萼掘之，得黝石，上刻梁《志公记》云：‘吾观四五朝后，次丙子年，赵号太平，二十一帝，社稷永安。’僧忽不见。上览石，敬叹不已。”而《长编》卷二三，太平兴国七年六月甲戌条的记载则为：“先是，舒州怀宁县有老僧，过民柯萼家，率萼诣万岁山取宝，僧以杖于古松下掘得黝石，上刻《志公记》云‘吾观四五朝后，次丙子年，赵号二十一帝，敬醮潜山九天司命真君，社稷永安。’僧忽不见。萼以刻石来献。于是诏舒州修司命真君祠，黄门綦政敏往督其役，总成六百三十区，号曰灵仙观。”这部分文字“于是”以前与《佛祖统纪》大致相同，但谶记一句仍有不同，或为“赵号二十一帝”中脱漏了“太平”两字。尤其重要的是《长编》中增入了“敬醮潜山九天司命真君”十字。因谶记中多了这一句，才引出了后来太宗派宦官前往督建灵仙观一事。然而这一句似乎显得与宝志谶记的语句格格不入。如前者那样每句四字的结构作为谶记似乎更为自然，而《长编》这一句或许是后来添入的。

不过，若果真为后来所添，那么是何时添入的？这个问题的答案或许可以从《宋会要》瑞异一之一二的记录中找到。该条记录原文为：“（大中祥符五年）闰十月，车驾诣启圣院，召从司宣太平兴国中舒州民杨革所进瑞石。石有文曰《志公记》：‘吾观四五朝后，次丙子，出赵号太平，二十一帝。敬志醮潜山九天（司）命天尊，社稷永安。’内供奉官冯仁俊曾管勾瑞物，诵得此文，及睹圣祖临降，表其事。且言太祖后唐天成二年二月十六日降诞，太宗丙子岁即位，皇宋启运在五代后，并皆符合。诏许于龙图阁阅之，与仁俊所诵无异。又得一瑞石，上亦有文曰‘赵二十一帝’字，又诏以石于明堂宣示文武百官，及付史馆。帝作七言诗，近臣毕和。”在这条记录里，除了柯萼作杨革以外，谶记之文也有出入，但与《长编》一样，包括了上文讨论的十字。不过没有营建灵仙观一事，取而代之的是管理瑞物的内供奉官冯仁俊诵得谶记，并在目睹圣祖降临（大中祥符元年）之后上表奏之。由此可见，十字的添入极有可能是在所谓的圣祖降临，也就是真宗崇奉道教之后。《长编》该条记录也并非由（转下页）

这里值得注意的一点是，所谓“次丙子年”，指的并不是太祖即位的建隆元年（960），而是太宗即位的太平兴国元年（976），也就是说这条谶记将太宗作为宋朝的开国之君。关于太祖到太宗的皇位交接，有着各种各样的传闻，可以说留下了一个千古之谜，不过笔者曾在拙作《宋の太祖と太宗——变革期の帝王たち》[1]中阐述过自己的意见，即这其实是太宗倚仗自身的强大势力而发起的帝位争夺，也就是一种“小革命”。这条谶记可以说是太宗夺权之说的一条旁证。不仅如此，曾经有着皇位继承权的太祖之子德昭和德芳，到前一年为止已经相继死去，太宗之弟秦王廷美也在这一年贬黜出京。也就是说，发现这块黝石的太平兴国七年，还是一个有资格或有能力给太宗造成威胁之人被一扫而空、太宗地位完全稳固的时间点。在这样的时期，预言皇统永安的宝志谶记之石的发现绝非偶然，其背后有着更深层的政治意图，甚至是政治表演。

这块黝石与其他祥瑞之物一起被收置在宫中，大中祥符五年（1012），真宗将它示与近臣，并亲自写下诗和赞，将其命名为“神告帝统石”。此外，真宗还为宝志加谥号“道林真觉”，禁止指斥志公之名，令号为宝公。据说宝志坟茔所在的金陵钟山开善寺（梁天监十四年建）在太宗朝改额为太平兴国寺，受到国家保护，后来在神宗熙宁末年，隐居金陵的王安石也曾施舍资产金帛，将诸小刹合并为一座大

（接上页）《实录》而来，而应该是基于仁宗朝编纂的《三朝国史·符瑞志》。因此，本章以《佛祖统纪》记录为准。

《佛祖统纪》卷四三中，本章正文引用部分之后还有下文：“忽一日，志公降禁中，上亲闻训语，乃遣使诣钟山奉斋。其文略曰：‘至真临格，宝训躬闻。审基绪之由来，积庆灵之永久。’乃诏赐号道林真觉菩萨，公私不得指斥其名。因号宝公。”《金陵梵刹志》卷三也有太宗所撰《致斋宝志公青词》，应该可以认定太宗确实曾在当时奉斋，但至于“志公降禁中”，则似乎更像是在仿效“圣祖降临”的故事。另外，赐号道林真觉之事，在《长编》卷七九中也有记载：“（大中祥符五年闰十月）丁丑，谒启圣院太宗神御殿。礼毕，诏于龙图阁取太平兴国中舒州所获志公石以示辅臣，上作诗纪其符应，又作赞，目曰神告帝统石。乃加谥志公曰真觉，遣知制诰陈尧咨诣蒋山致告。其后又加谥曰道林真觉，令公私无得斥志公名。”关于此事，《长编》的记载应该更加可信。因此这部分以《长编》记载为主，补以《佛祖统纪》。

此外，灵仙观所在的舒州潜山即灵山，自唐代起便被认为是司命真君所居之地，据说宝志也曾在此地筑室。灵仙观后来改名为真源宫（《康熙安庆府志》卷八、卷一三）。

1. 清水书院，1975年。

刹。[1]正如前章所述，该寺也是王安石的坟寺。

到了元代，文宗在重建太平兴国寺的同时，还兴建了大崇禧寺，并为宝志加号“道林真觉慧感慈应普济”。虞集所撰碑文中说，宝志“能相我国家之神化，以覆护吾民也”，“水旱疾疫，凡有祷焉，随愿辄应”[2]，俨然是拯救民众之苦难、襄助国家之教化的神明。及至明代，洪武帝的登基也被解释为符合志公的谶记。[3]

沙门宝志就是这样受到宋代以后各皇室的荫庇，以襄助王朝统治的神僧形象而享受尊崇的。而与皇室的关系正是宝志信仰的特点之一，尤其是宝志谶记常对皇权的确立有所裨益。

不过，方腊起事之时所宣扬的宝志谶记，又会有怎样的内容？由宋初的谶记类推，应不外乎是赵氏皇室将亡、方氏取而代之之类。方腊自号圣公，改元永乐，但其僭位的正当性仍须以宝志谶记的形式进行宣传。而且对于相去金陵不远、对宋初故事耳熟能详的江南民众来说，这种宣传应是足以让他们信服的。先行研究从未留意过，若要说方腊之乱的“革命性”要素，不得不提的正是宝志谶记。[4]

以上针对方腊之乱中宗教因素的作用，通过业镜和宝志谶记两条线索，探讨了其背后的深意。两者都根源于佛教信仰，这一点毋庸赘言。这即是说，方腊的“妖教”至少是融合了佛教因素的，虽然这并

1.《至正金陵新志》卷一一《太平兴国禅寺》。“至太平兴国三年，改赐今额，庆历二年，叶清臣奏为十方禅院。绍兴二十二年加封宝公号，塔以感顺为额。今塔院西偏有木末轩，王荆公命名。……荆公罢相居金陵，多以资产金帛助施，寺中各有碑籍。”另据虞集《道园学古录》卷二四《集庆路重建太平兴国禅寺碑》：“熙宁中，王丞相安石守金陵，合诸小刹以附益之，寺始大。建炎毁于兵。绍兴中更作。淳熙中又毁，随更作之。每更作辄加宏广，日葺月累，至于我　国朝，而规制之盛极矣。”

2. 虞集：《道园学古录》卷二四《大崇禧寺碑》。“父老则又以为，昔有圣僧曰宝公者，自梁以来，委灵兹山，能相我国家之神化，以覆护吾民也。水旱疾疫，凡有祷焉，随愿辄应。”

3. 周晖：《金陵琐事》卷一《志公谶》。“何元朗《丛说》解宝志公谶云：‘杖上悬尺者，梁也。剪者，齐也。镜者，大明也。其谶甚明，其说最确。但中间尚有隋唐宋元，何不一谶之乎？志公生于金陵鹰巢，朱姓者探于巢而养之。志公葬于钟山，太祖迁其地而葬之。此更是一大谶也。志公真神僧哉。’”

4.《水浒传》百二十回本第一一〇回提到了方腊崇奉的《推背图》之文，文中有“十千加一点，各尽始称尊，纵横过浙水，显迹在吴兴”。这固然是虚构的故事，不过所谓志公谶者，大约也不外如是。

不意味着方腊就是佛教信徒。而在其他史料中，方腊还是一个“鼓扇星云神怪之说”，“以鬼神诡秘之事”蛊惑民众的形象。尽管我们无从得知所谓“星云神怪之说”“鬼神诡秘之事”的具体细节，但不难想象，方腊或许正是利用了该地民众日常生活中的众多世俗信仰和神祇。若非如此，恐怕他很难在短时间内纠合聚集数万、数十万民众。而业镜或宝志谶记也都是其中之一。

第四节　方腊之乱与“吃菜事魔”的关系

本节将针对方腊是否为摩尼教徒这一疑问，以其他侧面为出发点，从当时摩尼教的传播情况及其与“吃菜事魔”的关系入手，试做探讨。不过，关于宋代的摩尼教与“吃菜事魔”，前章已有过讨论，此处只重点关注其中与方腊之乱有直接关系的问题。另外，虽然“吃菜事魔”并不一定专指摩尼教，但史料中出现的与方腊之乱有关的“吃菜事魔”或魔教，本节都姑且视为摩尼教。

前章提到，宋代的摩尼教以福州、泉州等地为中心，渐次沿东南沿海北上，到北宋末期，已传播至温州、台州等地。据宣和二年（1120）十一月四日的臣僚上言可知，当时温州等地明教（摩尼教）教徒的传道活动进行得如火如荼。为此徽宗以御笔命令所在官司对实际情况进行彻底调查，除了拆毁所有斋堂、主谋依法惩处以外，另立赏格鼓励告发。

臣僚之言上达徽宗的时候，方腊已自号圣公并改元永乐（十一月一日），但还只不过是以帮源洞为据点，在青溪地区四处盗掠的一介盗贼，与这次对明教的镇压并没有关系。也就是说，方腊之乱发生之初，虽然明教（摩尼教）已经传播至温州、台州一带，但还并未达到在两浙地区广为传播的地步。

随着方腊之乱的扩大，温州、台州地区的民众也纷纷响应。绍兴二年（1132）[1]十月二十九日枢密院上奏言：

1. 译者注：原文作“绍兴七年”。按《宋会要》刑法二之一一一所记为绍兴二年八月至十月间事，此处应为“绍兴二年”之误。

> 宣和间，温、台村民多学妖法，号“吃菜事魔”，鼓惑众听，劫持州县。[1]

反映出温州、台州地区的起事之人，主要是号称“吃菜事魔”、传习妖法的村民。此外，洪适《先君述》中也提到：

> 方腊反，台之仙居民应之，踪捕反党及旁县。一日驱菜食者数百人至，县丞尉皆曰可杀，先君争不得。[2]

由此也可知，呼应方腊而起的台州仙居民众正是“吃菜事魔”之徒。而其中首领之一便是所谓“以魔术发于台之仙居”[3]的吕师囊。关于此人，南宋李守谦（李兼）的《戒事魔诗十首》中的第七首中写道：

> 仙居旧有祖师堂，坐落当初白塔乡。眼见菜头头落地，今人讳说吕师囊。[4]

说明其据点白塔乡[5]原有一座祖师堂，而在当地人的认识中，吕师囊就是事魔之首。总之，从当时摩尼教的传播情况来看，仙居的吕师囊无疑是摩尼教徒，是他纠合台州地区的摩尼教信众发起了叛乱。不过在《水浒传》的故事里，他原本是歙州富户，因向方腊献纳钱谷，被后者任命为东厅枢密使，成为方腊的爪牙，并在宋江带领的军队前来讨伐之时率众迎击。[6]但其实关于他的行动和经历，有迹可循的并不多。宣

1.《宋会要》刑法二之一一一。

2.《盘洲文集》卷七四。

3.《攻媿集》卷七三《跋先大父徽猷阁直学士告》。

4.《嘉定赤城志》卷三七《风土门》。据牟润孙考证，《赤城志》中所记作者李守谦，应是开禧三年（1207）知台州的李兼之误。

5. 据《嘉定赤城志》卷一八《军防门》中的记载，自吕师囊之乱后，该地始置白塔寨，在县西35里。另从嘉定十五年（1222）齐守硕和其他臣僚的奏言可知，当时该地已经过一定的开发，形成了聚落。

6.《水浒传》百二十回本第一一一回。

和三年三月壬辰，他大肆屠掠仙居县，随即于四月戊辰进攻台州城，被通判李景渊击败。[1]六月辛丑，在姚平仲的追击之下，他弃石城而走，其部下太宰吕助等人被擒获。[2]吕师囊此后行动的各时间点并不明确，但可以确知，他后来又被折可存率军追击，在黄岩（台州）据险顽抗，最终被杨震生擒。[3]从这一系列行动来看，吕师囊自仙居县起事，先后转战于台州城、黄岩县，主要是在台州范围内活动，似乎与方腊的主力部队并没有交集。而且在《泊宅编》的记载中，与他同时起兵的还有越州剡县的“魔贼”仇道人、方岩山贼陈十四公等，先后攻掠温州、台州地区各县，身为摩尼教徒的魔贼仇道人也与方腊的军队没有关系。而且仇道人的进攻目标并非越州，而是温州、台州的各县，应该是因为得到了这些地区的摩尼教徒的支持。《鸡肋编》里“方腊之乱，其徒处处相煽而起”的所谓“其徒”，正是吕师囊、仇道人等人，而他们举兵之地，正是摩尼教之势颇盛的温州、台州等地。

正如前章所述，现存史料中“吃菜事魔”一词的首次出现，是在宣和三年闰五月七日的尚书省上言之中，其目的在于请求朝廷针对“吃菜事魔”制订专门法条。此前的四月二十六日，方腊已经在帮源洞被生擒，发起叛乱的主力军也已经溃散，但“支党散走浙东，贼势尚炽”[4]，事态尚未完全平稳。这些“支党”就包括了吕师囊、仇道人等人。他们应是依靠摩尼教徒的支持，潜伏于民众之间，巧妙地运用游击战术，让官军在讨伐中疲于奔命。朝廷为了达到歼灭余党的目的，便不得不从根源上入手，揭发并镇压作为其后盾的摩尼教徒，这才有了请求制订“吃菜事魔”专门条法的必要性。

要而言之，“吃菜事魔”，亦即摩尼教、明教，虽然在方腊之乱发生之时已经从福建传播至温州、台州等地，且朝廷也下过镇压之令，但“吃菜事魔”与方腊之乱并没有直接联系。而“吃菜事魔”条法的

1.《纪事本末》卷一四一《徽宗皇帝·讨方贼》，另见《十朝纲要》卷一八。

2.《十朝纲要》卷一八。

3.《宋史》卷四四六《杨震传》。另据《嘉定赤城志》卷三《地里门》，黄岩县南30里处有建于宣和年间的德胜桥，当时官军曾在这里剿灭贼寇，因此得名。

4.《纪事本末》卷一四一《徽宗皇帝·讨方贼》。

制订，其实也是在方腊本人被生擒，叛军主力已经溃散之后。因此这一条法并非为了讨伐方腊而制订，而是为了平定温州、台州等地呼应方腊之乱而起的摩尼教徒的叛乱，追捕吕师囊、仇道人等人。然而，正如前章提到的，该条法制订以后，“吃菜事魔”之徒反而有所增加。而这一点也表明，方腊本人及其主力军与“吃菜事魔”或摩尼教并没有关系。之所以造成错觉，其实只是因为呼应方腊之乱而起的队伍中有部分摩尼教徒，而这种错误印象到了南宋，渐渐形成了方腊之乱即“吃菜事魔”叛乱的观点。另有一点值得一提，宣和三年四月初，有一个“贼首郑魔王”在衢州被生擒[1]，因《鸡肋编》称“其魁谓之魔王”，一般观点都认为他即是“吃菜事魔”的魁首，但其实“魔王”一词常见于佛典中，仅凭这个称呼很难下此论断。

第五节　方腊之乱的社会背景

最后，本节将把目光转向方腊之乱的社会背景，尤其是受方腊“妖术”鼓动而起事的民众的动态。

方腊之乱的策源地睦州，在叛乱敉平后改名为严州，据《严州图经》《景定严州续志》，以及吕祖谦《为张严州作乞免丁钱奏状》[2]所说，该地地形以山谷为主，耕地面积仅占土地总面积的两成，且土质贫瘠，所育苗稼细如牛毛。州下六县上供粳米总数，甚至不及湖州、秀州等浙西地区富户一户的收获量。这样的质量自然无法自给自足，必须仰仗其他州的供给。自北宋皇祐年间（1049—1054）起，睦州每年代相邻的婺州承担上供绢36 000匹，换取婺州每年应副米粮15 000石，但即便如此，仍然无法满足当地驻军的粮食需求，南宋中期仍缺米粮13 010硕。在这样恶劣的自然条件下，当地农民无论怎样辛勤劳作，仍始终挣扎在贫困中。幸而得益于五代以来的开发，当地养蚕制丝业十分发达，再加上将出产的茶、漆、纸、木材等载船沿钱塘江而下，运

1.《纪事本末》卷一四一《徽宗皇帝·讨方贼》，另见《宋会要》兵一〇之一八。
2.《东莱吕太史文集》卷三。

到杭州等地贩卖，尚可积累一些财富。不过，这种“安于简易之政，扰之则生事”[1]的经济体制，一旦遭遇政府的高额征收，便会立即受到严重冲击。号称有“漆楮材木之饶”的方腊，在官府贪得无厌的取索中忍无可忍、揭竿而起，便是这种境况的真实反映。不过，根据新出的《桂林方氏宗谱》记载，方腊只是一个饱受征敛之苦的贫困雇农。关于方腊的出身，至今仍有诸多不明之处，还须今后进一步探讨。

要了解宋代睦（严）州的社会结构，前引吕祖谦奏状的内容能够为我们提供重要线索。这份奏状是吕祖谦任州学教授时，代乾道六年（1170）任知州的张栻所作[2]，文中根据严州的丁籍，将下辖六州的丁数分为第一等户至第四等户、第五等有产税户、无产税户三类，并列举了各类的统计数字（表7）。

表7　乾道六年严州各县丁数（据吕祖谦《乞免丁钱奏状》）

丁　数	建德	遂安	寿昌	分水	淳安	桐庐	合　计
第一等至第四等户	1 849	2 337	977	506	3 650	1 399	10 718
第五等有产税户	17 898	8 964	7 629	13 705	8 303	15 480	71 479
无产税户	3 822	10 886	4 218	978	18 274	2 018	40 190
共计	23 569	22 187	12 824	15 189	30 227	18 897	122 387

据吕祖谦所说，总数70 000余的第五等有产税户，其实“虽名为有产，大率所纳不过尺寸分厘、升合秒勺，虽有若无，不能自给”，至于40 000余无产税户，则皆是“并无寸土尺椽，饥寒转徙，朝不谋夕”之贫民。根据这份统计数据，我们可以试算各县的各阶层丁数在该县总丁数中所占比例，结果如表8所示。

1.《严州图经》卷一《风俗》。
2.《景定严州续志》卷二《贤牧》。

表8　乾道六年严州各县丁数比例（据表7）

丁数比例	建德	遂安	寿昌	分水	淳安	桐庐	合计
第一等至第四等户	8%	11%	8%	4%	11%	7%	9%
第五等有产税户	76%	40%	60%	90%	28%	82%	59%
无产税户	16%	49%	32%	6%	61%	11%	32%

正如这份数据所显示的，严州是一个第五等有产税户和无产税户占总户数91%的贫困地区。尤其值得注意的是，其中方腊起事的淳安县（即青溪县，叛乱敉平后改名）无产税户的比例更是高达61%，远远高出其他各县。而从严州整体来看，淳安的无产税户丁数也明显多于其他，占严州无产税户总数的45%。而且，不仅这样"朝不谋夕"的极端贫困人户明显为多，淳安县第一等至第四等户所占比例也为诸县中最高，可知该县是严州贫富差距最大的地区。从以上数据我们不难察知，方腊之乱为何发生在睦州，为何发生在其中的青溪县。当然，上述统计结果来自叛乱平定48年之后的数据，不能不考虑半个世纪之间的区域开发、人口变动等因素，但距此31年前，亦即叛乱平定18年后的绍兴九年（1139）的户口统计也显示，建德县共22 656丁，淳安县25 292丁[1]，两县丁数比例基本相同。由此可以推断，方腊之乱发生时，当地人口比例应与乾道六年相差不大。

不难想象，比例高达61%的无产税户除了作为雇佣劳动力从事农耕以外，还要从事养蚕，或在茶园、漆园等处勤恳工作，精打细算维持生计。而即便如此，一旦政府实行强制征收，当地经济受到压迫，利益受损最多的也是他们这些无产之人。上文已经提到，方腊可能也是其中之一。方腊"以沙门宝志谶记诱惑愚民，而贫乏游手之徒相乘

1.《严州图经》卷二《户口》、卷三《户口》。

为乱”[1]，此时聚集而来的愚民、贫穷游手之徒，正是这些无产税户。毫无疑问，他们在方腊的“革命”呐喊之下备受鼓舞，想方设法寻求从清贫困苦的生活中脱身的策略。

另外，上表中的数据显示，与淳安县呈现出相似比例的还有遂安县。该县总丁数只比淳安、建德两县略少，无产税户所占比例高达49%，仅次于淳安，而第一至第四等户的比例也为11%，与淳安相同。无独有偶，该县也是叛乱频发的扰攘之地。例如建炎元年（1127）就有凤林乡的师巫徐周、倪从庆聚众为乱，叶梦得《石林奏议》卷一至卷三对此事经过记录详备。另有绍兴三年（1133）本县“魔贼”缪罗据白马洞为乱，此事前章已有过叙述。此外，《石林奏议》卷一中还有一份奏议，是关于淳安县永平乡管村的管孙众等人发起叛乱之事，叶梦得在奏议中认为管孙众等人都是方腊余党。总之，即便放在“多盗之区”的严州境内，淳安县、遂安县也是尤其混乱的盗区，而叛乱频发的原因之一便在于两县共通的显著贫富差距，以及不正常的阶级结构。

这片群山连绵、幽谷纵横的土地，成为官兵难以接近的天然要害，各种反叛势力时常以险阻山洞作为据点，方腊据帮源洞为乱就是一个典型例子。淳安县境内有帮源洞、梓桐洞、威平洞，遂安县也有白马洞、广洲洞等，这些洞有时也被称为“源”。例如《石林奏议》就提到过，倪从庆等人发动叛乱时“鸣鼓一呼，（广洲）一源之内八百余户、一千二百余人无不响应”[2]，还说倪从庆等人在广洲源赵侯庙“鸣鼓聚众，结集作过”[3]，可见当地所称的“洞”或“源”规模之大。在叶梦得的上奏中，方腊之乱敉平数年之后，在同一地区发生的这些叛乱仍被视作“方腊余党”之乱，其贼首多为“师巫”，倪从庆等人结集于赵侯庙，这些细节都从侧面反映出方腊并非摩尼教徒。

方腊之乱波及6州52县，再加上其他地方呼应方腊而起的队伍，叛乱之潮席卷了两浙、江东一带。其中不但有与睦州地理、社会条件相似的歙州、处州等山间丘陵地区，还包括了湖州、秀州、常州等平

1.《泊宅编》卷五。
2.《石林奏议》卷二《奏乞分送倪从庆等三十四人近边州军自效状》。
3.《石林奏议》卷一《奏严州贼倪从庆窃发第一状》。

原地区的米粮之乡。由此可见，虽然叛乱发生的社会背景并不相同，但无论地理条件如何，任何地方都有在困顿中挣扎、亟须为心中愤懑寻找一个出口的贫民。所谓“村落穷民，有私制绯衣巾，以俟盗起者”[1]，说的虽然是南宋时期湖南的情况，但应该也能反映出当时两浙、江东地区贫民的生活现状。正如官方报告中所说的：

> 契勘近日自睦贼占据杭州后，有湖、秀、常州平江府管下诸县乡村凶顽人户，乘此惊扰，结集徒众，窥伺州县。[2]
>
> 逆贼方腊猖獗未殄，穷民败卒乘此扰攘，正须缉捕。[3]

这其中不乏“诈称凶贼徒党放火及劫夺财物人，及诈作群贼贴匿名文榜惊恐州县者”[4]，或时有“县镇小窃迩来妄称贼徒姓名，贴写文字”[5]的情况。可见不少贫民将叛乱当成了自己向官吏、富户报复心中积怨的良机。

不过，这些响应叛乱而起的人，在叛乱平定之后仍会回到故乡，而官府也仍须尽力号召他们回归旧业，为让他们安心而出台种种优待措施。早在宣和三年正月十四日，朝廷就曾命令江南两浙路监司、所在州县官，针对“宣、歙、杭、睦州民居，缘凶贼劫略逃避，既无所得食，遂致失所”的情况，由州县“多方抚谕”，务必“劝诱归业”。[6]同年二月五日另有诏令，对两浙、江东的“被贼烧劫州县人户”，许以免除他们复业之前所欠的诸般租赋、公私债负，并蠲免复业以后三年的赋税。[7]同年四月二十六日，又命两路“被贼及邻州民户租田产等输科私家者”予以减免所纳租课两成，三年后方恢复旧额，其中“被

1. 胡寅：《斐然集》卷一八《寄张相书》。“湖南缘大兵大旱之后，继以月桩重敛，又州郡县道鲜得人，故民力大段困乏，怨咨日甚。村落穷民，有私制绯衣巾，以俟盗起者。”
2.《宋会要》兵一二之二二。
3.《宋会要》兵一二之二三。
4.《宋会要》兵一二之二一。
5.《宋会要》兵一二之二三。
6.《宋会要》食货五七之一五、一八～一九等。
7.《宋会要》食货六九之四二等。

焚劫人户”则予以一年全免。[1]同年闰五月十三日，再命两路租佃私田时从掌业人手中借贷种粮、牛具等物的“焚劫民户”，予以减免租课两成[2]，八月十二日又令复业人户中如有缺少种粮、牛具者，由提举司量行借贷[3]。以上诏谕及融资措施的对象，也包括茶园户[4]、盐亭户[5]。反过来说，通过这些措施可以看出，曾参与叛乱的民众不只是自耕、租佃的农民，也包括茶园户、盐亭户在内。《宋会要》中就记录了一条绍兴三年（1133）十月十一日的臣僚上言：

> 昨来两浙贼方腊、福建贼范汝为，皆因私贩茶盐之人以起。[6]

历代发生过的叛乱中，从来不乏茶盐走私集团的参与，这份臣僚上言则一针见血地指出，方腊之乱也不外如是。

如上所述，方腊之乱是一群居住于睦州青溪县山间聚落的“贫乏游手之徒”发动的叛乱，其主力军的本质是占当地总丁数之六成以上的无产之人。叛乱发生后，其影响在两浙到江东一带迅速扩大，无论山区、平原，各地都有不少民众响应和参与。他们应不全是农民，但毫无疑问，都是在贫困中挣扎，甚至私下准备绯色衣巾，暗自盼望着盗贼蜂起、局势大乱的贫民。至于本章讨论的主题，即方腊之乱与宗教的关系，通过上述讨论可以明确，从现存史料来看，无法证明参加叛乱的贫民之间原本存在基于宗教信仰的组织或联系。

1.《宋会要》食货七〇之一七九。

2.《宋会要》食货一之三四。关于此处“租课”，旧稿原作“借贷款”，系误。承蒙渡邊紘良在《宣和三年私租私債減免令について》（《木村正雄先生退官記念東洋史論集》，木村正雄先生退官纪念事业东洋史论集编集委员会，1976年）第112页中对此问题做出指正，特此致谢。

3.《宋会要》食货五七之一五。

4.《宋会要》食货三二之一四。

5.《宋会要》食货二五之一三。

6.《宋会要》食货二六之一八。

【补记】

旧稿原载《東洋史研究》32-4，1974年3月，本章为旧稿改订而成。当时，方腊即摩尼教徒一说无论在中国还是日本，都被作为不证自明的定论，旧稿则主要试图强调重新审视现有史料，以及努力发掘其他相关史料的必要性。笔者幸而看到，近来中国学界相继出现了不少研究成果，其方向性正与笔者所企盼者相一致。首先是《文物》1974年第11期刊登的论文介绍了新史料《桂林方氏宗谱》，显示方腊并非世居睦州青溪的漆园主，而是从歙州迁居而来，受雇于青溪方氏的雇工，这一线索引起了学界对方腊出身问题的关注和讨论。[1]1979年先后发表的3篇论文，围绕一直被视为方腊之乱主要史料的《青溪寇轨》的编纂者及其史料价值进行了探讨，使笔者旧稿中提出的问题也得到了进一步深化。继而载于《历史研究》1979年第9期的朱瑞熙《论方腊起义与摩尼教的关系》一文，与笔者所用史料几乎相同，也得出了方腊并非摩尼教徒这一相同结论。当然，该文有一些与笔者意见相左的见解，但总体而言，论点与笔者旧稿一致。

以上与笔者致力方向相同的论文先后发表，笔者的旧稿自然显得相形见绌。而且得益于这些成果，笔者也注意到旧稿中有不少需要修订之处。全面修订留待他日，本章暂且只着力于明确旧稿在方腊之乱研究史中的定位，以及旧稿的部分修订和与前章内容的协调。

---

1. 参看冠倬：《关于方腊的出身和历史——介绍浙江淳安〈桂林方氏宗谱〉中的几条史料》，《文物》1974年第11期；安徽师大历史系方腊调查组：《方腊是雇工出身的农民起义领袖》，《光明日报》1975年12月4日。旧稿完成后，笔者注意到还有几篇与方腊之乱相关的论文，除了本章第二节列举的《容斋逸史》相关研究以外，还可参看吴泰：《关于方腊评价的若干问题》，《学术月刊》1979年第7期；陈振：《方腊起义研究中的几个问题》，《学术月刊》1979年第7期；李祖德：《曾敏行的〈独醒杂志〉与方腊起义》，《中华文史论丛》1980年第1期；杨渭生：《关于方腊起义若干问题的再探讨》，《文史》1980年第3期。

第七章

关于浙西的道民

第一节　前言

宋代的宗教管理制度相当完善，与此同时，国家对宗教活动的控制也进一步强化，频繁下达各种针对私人性质的宗教活动，以及私庵、私度僧的各种禁令。特别是如前章所述，北宋末的方腊之乱发生后，朝廷制订了“吃菜事魔条法”，所有非法宗教活动都被冠以“吃菜事魔”的名目，遭到官方弹压。然而尽管如此，南宋时期，各地仍然私庵林立，身份不受国家承认的佛教徒也从来不曾绝迹。这些人向来被视为私下纠集信徒、制造叛乱的潜在反社会势力，朝廷多次对他们下过解散命令。浙西的道民便是这类“反社会势力”的其中之一。

关于道民，《宋会要》刑法二记载的庆元四年（1198）臣僚上言，以及转引这份上言的《释门正统》卷四，另有基于《释门正统》记录而作的《佛祖统纪》卷四八的内容都曾言及。就史料性质而言，这些记录中关于道民的性质、活动状态等方面的叙述可谓难得地详细，因此时常被作为研究宋代异端宗教的史料加以利用。然而，也因为这是现存的唯一史料，不免产生一些关于道民的想当然的解释，甚至是错误理解。其实，宋元文献中不乏关于道民的其他材料。本章就将利用这些材料，尝试明确所谓道民者的实际形态，进而观察作为道民主要活动范围的南宋浙西地区社会状况的某些侧面，以及该地区佛教教团的性质等问题。

第二节　道民相关史料

现存史料中最详细的关于道民的记录，就是上文提到的《宋会要》刑法二之一三〇中记载的庆元四年九月一日[1]的臣僚上言（以下简称

1. 译者注：原文作“九月十三日”。按《宋会要》原文，关于道民的臣僚上言在九月一日，且本书第五章第四节曾引用过同一条史料，也作九月一日。此处“九月十三日”或为误。

“庆元上言”)。上言内容很长，但作为基本材料，有必要全文引用。

> 九月一日，臣僚言:“浙右有所谓道民，实吃菜事魔之流，而窃自托于佛老以掩物议，既非僧道，又非童行，辄于编户之外别为一族。奸淫污秽甚于常人，而以屏妻孥、断荤酒为戒法；贪冒货贿甚于常人，而以建祠庙、修桥梁为功行。一乡一聚，各有魁宿。平居暇日，公为结集，曰烧香，曰燃灯，曰设斋，曰诵经，千百为群，倏聚忽散，撰造事端，兴动工役，夤缘名色，敛率民财，陵驾善良，横行村疃。间有斗讼，则合谋并力，共出金钱，厚赂胥吏，必胜乃已。每遇营造，阴相部勒，啸呼所及，跨县连州。工匠役徒悉出其党，什器资粮随即备具。人徒见其一切办事之可喜，而不知张皇声势之可虑也。及今不图，后将若何？乞行下浙西诸郡，今后百姓不得妄立名色，自称道民，结集徒党。严切晓谕，各令四散着业。如敢违戾，将为首人决配远恶州军，徒党编管。务要消散异类，使复齿于平民，以推广陛下抑诞怪、畅皇极之意。”从之。

另外，本书第五章“关于‘吃菜事魔’”中已经提到，《释门正统》卷四《斥伪志·白云菜》中引用的嘉泰二年（1202）七月十二日实施的臣僚奏状（以下简称“嘉泰奏状”）也引用了上述庆元上言的内容。尽管略显烦琐，但为将两者做一比较，此处也将该奏状的相关内容引用如下[1]：

> 嘉泰二年七月十二日，施行臣寮所奏临安府余杭县南山白云庵道民沈智元进状乞敕额。云：道民者，游堕不逞，吃菜事魔，所谓奸民者也。既非僧道，又非童行，自植党与，千百为群。挟持妖教，聋鼓愚俗。或以修路建桥为名，或效诵经焚

1. 关于《释门正统》，如本书第五章“关于‘吃菜事魔’”注释中已经提及的，续藏本《释门正统》中误排不少，本书以其底本，即京都大学附属图书馆藏藏经书院本［元禄三年（1690）书林淺野九兵衛重刊本］进行校对。

> 香为会。夜聚晓散，男女无别。呼啸善诱，实繁有徒。所至各有渠魁相统，忽集忽散，莫测端倪。愚〔遇〕有争讼，合谋并力，厚啖胥吏，志在必胜。遇有修建，夤缘假名，敛率民财，自丰囊橐，横行州县，欺轹善良。创置私庵，以为逋逃渊薮。盖由寄居形势之家受其嘱托，认为己产，出名占据，曲为盖芘〔庇〕，遂使州县莫敢谁何。此风久炽，全不为怪。

两部分文字相较，一目了然，后者虽有与前者文字不同、表达方式各异之处，实质内容却如出一辙。而且后者下文中还记道：

> 况庆元臣寮请伪民奸恶之弊，不得自为党类，永远结集，各令四散。如违，将为首人决配远恶州军，徒党编管。

其中“不得……编管”部分文字也与前者一致，明言嘉泰奏状以庆元上言为基础。不过，后者中增加了“创置私庵”以下的文字，这部分恰好是考察道民组织性质的重要内容。或许因为嘉泰奏状与白云宗庵舍的赐额问题有关，嘉泰臣僚的上言中才增加了这样的内容。

庆元上言中说所谓道民者“实吃菜事魔之流”，过度评价摩尼教在中国影响力的牟润孙等研究者以此为据，指出道民为“吃菜事魔”，也就是摩尼教徒，而事实上，笔者在前章已经做过论证，在史料记录中被归为“吃菜事魔”的并不一定就是摩尼教徒。而日本一些佛教史研究者没有注意到嘉泰奏状与庆元上言之间的引用关系，只根据嘉泰奏状，就从其开头部分“白云庵道民沈智元”，以及下文“道民者”云云，便认定道民即是白云宗，上奏中记录的道民的活动即白云宗的情况。然而，该奏状所依据的庆元上言中根本没有提及白云宗，可见只是嘉泰臣僚为了说明沈智元等人的奸恶之状，而拿原本与之无关的道民作例，这才使沈智元看上去与道民有了联系，实际上仅凭嘉泰奏状的叙述，并不能断定道民即是白云宗信徒。对此，有必要先对道民本身进行考察，然后才能明确其与白云宗的关系。

根据上述庆元上言、已经对其进行转引的嘉泰奏状，我们可以大致勾勒出所谓浙西道民者的轮廓。这些自称道民的人屏去妻儿、戒断荤酒，每遇暇日便蜂屯蚁聚，实施烧香、燃灯、设斋、诵经等各种法会，作为一种信仰群体，广泛分布于浙西农村，并且每个聚落都有相应的领导人。他们之间团结性很强，遇到诉讼便齐心协力，以金钱贿赂胥吏，必欲争得胜利。尤其是道民以兴建祠庙或修建桥梁、道路之类的工程为功德，每当有施工之处，号令一下，便能立即召集四面八方的信徒和工匠、人夫，也能迅速筹备建材，因此颇受当地人民的欢迎。此外，道民还建造私庵，与寄居当地的官户、形势户相互勾结，冒认为其私产，借着这些有权有势之人的荫庇，逃避官方的追责。

文献史料中描述的上述道民的活动，可以从宋元时期的石刻史料中得到印证。首先值得关注的是陆心源《吴兴金石记》中的记录（译者按：以下各引文中着重号均为作者所加）：

> A. 仪凤桥石柱题名
>
> 绍熙四年九月初六日朝请郎知湖州军州事赵充夫建
>
> 皇伯太师安德军节度使判大宗正事嗣秀王
>
> □兄明州观察使提举佑神观充秀安僖王园令兼本位检校少保
>
> 干缘道民汤彦宗、汤道春、朱道诚、李道妙、周智成、沈道彦、都料严□泉
>
> 城居张九亭、谕天瑞、同妻李氏居净，助缘直石柱壹，回兹胜利，叩报四恩三有，谨志。[1]

以上每行各刻于一石，共五石。据陆心源的考证，文中的嗣秀王指的是赵伯圭，兼园令为赵师拨，建桥者赵充夫绍熙四年任知湖州。不过关于第四行出现的“道民”，陆心源并没有提及。所谓“干缘”，下文引用的《大藏经刊记》中还会出现，此处应是指负责工程的责任人，而“都料”则应为工匠的头领。此文中提到的干缘道民六人，其中四

1.《吴兴金石记》卷一〇。

人的名字里都有“道”字，这一点值得注意。

B. 骆驼桥石柱题字

太傅永兴军节度使充万寿观使平原郡王韩侂胄

朝奉大夫权知湖州军州兼管内劝农事李景和

文林郎湖州乌程县丞措置赵善法

时嘉泰元年岁在辛酉四月己卯朔十六日癸巳，干缘道人汤彦宗、□□□题。[1]

此文也同样每行刻于一石，共由四根石柱组成。题字中刻有当时发起庆元党禁、权势盛极一时的韩侂胄，以及太宗长子元佐之六世孙赵善法的名字，如实反映了道民与当时地位最高的权贵有关系的事实。A中名列道民之首的汤彦宗在此处再次出现，且被称为道人，可知道民有时也被称作道人。而且这几根石柱的题字刻石，时间在庆元四年朝廷颁布道民解散命令的三年之后，而其中仍有汤彦宗的名字，足见禁令在当地并没有得到贯彻。

C. 德胜桥题字

皇宋岁次丁未淳祐七年孟夏吉日重新修创，干成道民鲁王□、劝缘李三少保府都□ 张、劝缘荣文恭王府监舍郎□。[2]

这里的李三少保很可能是指李全，荣文恭王则是理宗皇帝生父、太祖十世孙希瓐，他死后被追封荣王，谥文恭。据陆心源解释，荣王监舍是王府属官。

以上三例都是桥梁的题名中刻有道民（人）姓名的，此外，《宝书桥题字》第一行刻有如下字样：

1.《吴兴金石记》卷一〇。

2.《吴兴金石记》卷一一。

皇宋宝祐十年（即景定三年，1262）岁次乙卯十月□日

□□□士俞□同道友募众建[1]

所谓道友，或许可以理解为同为道民的相识之人。另外，在元代石刻中，D《长兴州重修东岳行宫记》（延祐元年四月，1314）的施主题名中有如下字样：

□□庵住持梵修管庙　道民张师净[2]

东岳行宫是由知州吕渭发起、前白云宗僧正明奉等人重修的工程，石刻中分别列举了每间殿屋的施主姓名。尤其是石刻开头部分列举了23所白云宗寺院，是研究元代白云宗的重要史料，对此小川貫弌氏已在研究中引用过。[3]同时，文中还提到施主中有五熟行、香烛行、银行、净发行等共计22种行业，作为研究湖州经济史的材料也受到研究者关注。不过在这里需要注意的，是道民与白云宗寺院一同出现这一点。其意义将在下文中详述。

除了以上石刻以外，与道民相关的重要史料，还有《至元嘉禾志》中收录的作于宝庆二年（1226）的《桥道记》。记文全篇内容略冗长，与道民相关部分内容大致如下：

E. 桥道记

……（嘉定）乙亥仲春，重建张泾桥，可通车马，名曰通济。近邑有包角堰桥，塘西东水出入其下，连雨则湍急，址为止荡啮，屡敧而屡修。有青坡道民余智超、姚富，率其徒裒金辇石，易以卷蓬之势，可久而不坏。成于庚辰冬十月。先是，季夏，漕渠南桥一夜忽倾隤，时堰桥之役未就，县家就

1.《吴兴金石记》卷一二。

2.《吴兴金石记》卷一三。

3. 小川貫弌：《元代白雲宗門の活動狀態》，《石浜先生還曆記念論文集（第2集）》，关西大学东西学术研究所，1958年，第19页。

> 委二道民干造，官帑不足，继之募缘。越明年三月成。余所居西俯张泾，南瞰语溪，从东旧有木桥，曰东兴，狭陋殆类略彴。于是因其名，以石易之。壬午春，工预治石，九月初吉兴筑，十月上浣迄工。跨南北若横霓然，通济、东兴翼乎其左右，而溪光野色尽在拱揖中矣。自东兴以东至沙渚，徒步挽舟，皆田塍路，风雨之晨，冰雪之夕，陷淖蹶块，相属于道。有演教僧思齐蕴常者，自演教西先已布石三里，余谓有志者事竟成，其二十余里，当任责。乃请崇胜僧道琛、文达招致道民张智圆、富道宻、余智超，论之为首，同干造。涓日之良，就崇胜，会干造及寺僧房各一人、邑老宿吕瑶、沈道珍偕道侣蔡道政、沈智成、朱圆照、钱道宻、陈智遇、褚德、许圆修等三十余人，设伊蒲之馔，随力题疏，分遣缘化，僦舟运石，不惮劳勚，始作癸未（嘉定十六年，1223）暮冬，成宝庆丙戌（二年，1226）之季春。望之砥平，行者无不赞叹。是役也，费甚大，通思齐所造，总用石四千五百五十丈，为钱六千三百五十缗，皆善类闻风而喜舍，非强之也。……宝庆二年四月望，朝奉大夫致仕赐紫金鱼袋莫若冲记。[1]

这篇记文反映了庆元上言所说“以建祠庙、修桥梁为功行”的道民具体如何参与相关工程，是记录道民活动情况的重要史料。对于漕渠南桥的修复，县官直接将工程委派给两名道民，而之后道路工程中的石材铺装，则由致仕官莫若冲出面，委托崇胜院僧人招募道民，这也说明这些道民与佛寺崇胜院有着某种联系。此外，文中共列举了道侣七人的姓名，他们应该算是由道民张智圆所率的徒众之中处于相对有力地位的人。文中出现的崇胜院是一所位于嘉兴县东南3里处的有额寺院，始建于五代后晋开运二年（945），北宋治平二年（1065）获赐今额。[2]而演教禅院创建于崇宁年间（1102—1106），于绍兴二十九年

1.《至元嘉禾志》卷二六《碑碣十一》。

2.《至元嘉禾志》卷一〇《寺院》。

（1159）获赐额，位于松江府以东2里[1]。

另外，《宋会要》所载嘉定二年（1209）十二月十三日的臣僚上言中，还提到一个例子：

F. 若道民所创石桥不碍水势者，听其仍旧。[2]

上言中没有说明所在地区，但联系上言的背景，所叙述的应是浙西的情况。

道民的活动不仅限于建设祠庙、桥梁道路，也有人从事社会公共事业：

G. 赵孟坚《德清县平阳岭兴善施水庵记》

昉，淳熙甲午（元年，1174），道民丁妙超募缘买地岭上，结庵以居，前跨通衢，架凉廊，列坐槛，以便休者。维夏之月，则注汤瀹茗，施济烦渴，人便赖之。丁既往，僧妙崇继之，道民沈妙净又继之，一踵前规，以处应施。妙净又募缘展地边隅，以拓蔬圃，加饰庵炉，以崇像供。里之善友沈宥德辈为僧置翁家园田五亩，以助其薪茗，资可以久济人而不坠。[3]

这篇文章的作者赵孟坚是太祖十一世孙，宝庆二年（1227）进士，家在嘉禾（嘉兴府）海盐县广陈镇，有名的赵孟頫便是他的从弟。根据这篇记文，名叫丁妙超的道民在平阳岭建起一座施水庵，后来又先后由僧妙崇、道民沈妙净接管，善友沈宥德等人还为之施舍了园田5亩。由此可见道民不但与僧有所区别，与所谓善友，亦即俗家信众也有区别。不过，涉及施水庵的管理维持等实际事务方面，道民与僧便没有什么不同之处了。两者的差异只在于有无度牒、是否剃发而已。

从上述史料D可知，道民的活动在元代仍然持续，而以下记录则

1.《至元嘉禾志》卷一〇《寺院》。

2.《宋会要》食货六一之一四八。

3.《彝斋文编》卷三。

详细到人数，史料价值十分重要。

> H.《元史》卷一九〇《赡思传》
>
> （后至元三年，1337）复以浙右诸僧寺，私蔽猾民，有所谓道人、道民、行童者，类皆渎常伦，隐徭役，使民力日耗。契勘嘉兴一路，为数已二千七百，乃建议请勒归本族，俾供王赋，庶以少宽民力。朝廷是之，即著以为令。

可见道人、道民被与行童（即童行）等而视之，在从属于僧寺、可免徭役之列。

通过以上各种史料，我们可以确知，庆元上言、嘉泰奏状中所说的浙西道民，从南宋到元代，一直在湖州、秀州等地实际从事桥梁道路改建等活动。他们自称道民，而且就每座桥的相关人数而言，A涉及7人，E则除了道民4人以外另包括道侣7人，可见他们的组织规模相当大，所率信徒众多。嘉泰奏状中说他们是受到来自寄居形势户的保护，才得以逃脱官方的追剿，但实际上我们能够看到，他们不仅与知州、县官或致仕官等有关系，甚至交通宋朝宗室，以及如韩侂胄般身处权力峰巅之人，他们的立场和地位绝非官方可以轻易置喙的。也正因如此，纵然庆元四年朝廷曾采取措施，命令道民解散，也看不到任何实际效果，庆元四年之后，道民仍然受权贵或州县官的委托接管土木工程，毫不避讳地将自己的名字刻上石柱，而且这些痕迹还完好地保留至后世。尽管他们被中央官僚斥为“奸民”，打上“吃菜事魔之流”的烙印，实则在地方上却是为社会开发做出贡献、提供技术资源的存在，是颇受地方社会欢迎的宝贵力量，事实上，至少不受官方镇压地存续到元代以后。

第三节　道民与南宋浙西社会

尽管被中央政府视为“奸民”，施以弹压，浙西道民也并未就此销声匿迹，而是活跃如常，若要探讨这种现象出现的原因，便需要从当时浙西地区的佛教教团和社会形势入手。

道民活动的最大特征，便是信徒中有工匠、劳工，可直接负责桥梁改建工程。对佛教徒而言，桥梁建造是重要的慈善行为之一，而且也与佛教的福田思想相契合。例如《佛说诸德佛田经》[1]就将设桥梁、渡弱者列为七福田中的第五，认为此举将带来来世的福报[2]。实际上，自南北朝以来，关于僧侣建桥的记录就频见于各种史料，这种桥通常被称为义桥。后来明清时期盛行的功过格中，不少都对建桥、修路等行为给予极高评价。[3]宋代浙西地区也和前章所述的福建一样，有许多僧侣建造的桥梁，据《同治湖州府志》卷二三的记录统计，其数量多达12座。浙西是一个水运发达的泽国水乡，尤其在围田兴建、水利灌溉发达的南宋，桥梁的兴建与改造十分盛行，也是地方行政中的重要工作之一，有时甚至被视为一县之首要政务。

尤其值得关注的是，这一时期，建造坚固的石桥以取代木桥的趋势十分明显。例如《咸淳毗陵志》卷三中就列举了常州桥梁中以石易木的例子：

> 州治　惠明桥：嘉定中，史守弥念重建，易甓以石。
> 无锡　大市桥：嘉定中，令郑之悌，易以石渠。
> 宜兴　福德桥：嘉定间，里人以石易木。
> 　　　新溪桥：高〔嘉〕定间，以石易木桥。

说明在嘉定年间（1208—1224），常州各县多有将木桥或砖桥改修为石桥之举。至于湖州，据《同治湖州府志》卷二三记载，州人也于

1.《大正新脩大蔵経》第16卷，第777页。

2. 参看常磐大定：《仏教の福田思想》，《続中国仏教の研究》，春秋社松柏馆，1941年；道端良秀：《唐代仏教史の研究》第4章第4节“唐代仏教の土木救済事業”。

3. 今堀誠二曾在《社会団体の紐帯としての宗教》(《中国文化叢書6 宗教》，大修馆，1967年）中引用《大微仙君纯阳吕祖功过格》，指出其中“修葺桥梁险道”行为能够计入功格（正分）100。此外，关于佛教徒的造桥工程，可参看方豪《宋代僧徒对造桥的贡献》(《宋史研究集》第13辑，台湾编译馆，1981年，原载《东方杂志》复刊第3卷第4期，1969年10月），其中列举了很多史料。

建炎末（1130）将州治的甘棠长桥由木桥改修为石桥，并在淳熙年间（1174—1189）将德清县的阜安桥改修为石桥。上文所引史料E《桥道记》中的东兴桥也是将旧桥“以石易之”。而这一时期，道民们修建的桥梁或道路也都是石造。例如F中提到“道民所创石桥”云云，E中出现的包角堰桥乃是“裒金辇石”而成，且从东兴桥到沙渚的道路路面以石铺装，所需石材多达4 550丈。至于A仪凤桥、B骆驼桥、C德胜桥的材质，《吴兴金石记》中虽然没有明文记载，但各桥的题字都是刻在石柱上的，显然它们都是石桥无疑。

与木桥相比，架设石桥时所需石材的筹措、资材搬运、施工等各个环节，都需要更多的费用和劳力，桥梁的设计也必须甄选优秀技工。元代袁桷曾在《吴江重建长桥记》里记道，泰定元年（1324）冬，州判官张显祖为重建长桥，与广济寺僧崇敬商议后，听从他的意见，以石易木，并通过他的介绍，将设计施工交给善士姚某，最终完成了长1 300尺有奇的长桥，而这一工程从头到尾都是僧崇敬召集人夫、筹措资材，并由姚某负责施工的。[1]从这个例子就能看出，遇到建设大型石桥的时候，必须从其他地方招揽技工，担任设计、工程指挥等工作。姚某与E《桥道记》中的道民一样是嘉禾（元代嘉兴路）人，既称“善士”，说明他很有可能也是道民。

嘉泰奏状曾感叹，道民创建私庵，包庇罪犯，而受他们嘱托的寄居（官户）或形势之家将这些私庵归入自己的私产，为其提供保护，令官府无从下手整治。这当然说明了道民在浙西地区创置私庵，与权势之家相互勾结，然而道民所创私庵既是不受国家承认的非法机构，便很难通过当时的文献了解其分布情况。不过，通过当时浙西地区寺

1.《清容居士集》卷一九《吴江重建长桥记》。“泰定元年冬，州判官张君显祖始莅事，曰：‘兹实首政，稽工程财，莫知攸出，当谋于民，民有调役，维浮屠善计度，长衢广殿，瞬息以具。吾语诸，其有获。’广济僧崇敬寔来，敬言：‘伐木为梁，弗克支远，易以石，其迄有济。’参知政事马思忽公以督运至吴，乃采其议，周询以筹，首捐赀以劝。敬复曰：‘作事谋始，不可不慎，有善士姚□，嘉禾人，能任大工役，必屈以委。’绘图相攸，经画毕具，咸服姚议。……明年二月，桥成。长一千三百尺有奇。……是役也，敬师鸠徒，输财实三之二，赢财十万，复以为宝带桥助。姚揔其纲。”这篇记文也见于《洪武苏州府志》卷四七，其中善士姚的名字作“行浊”。

院创建的趋势变化，我们可以对私庵分布情况做出一定的推测。

浙西地区很早便是佛教发展繁荣之地，寺院的创建可以追溯到三国孙吴时期。表9是根据《嘉泰吴兴志》卷一三的记载对各寺院创建时间所做的统计。从该表可以看出，湖州一地在五代吴越国时期（包括钱氏纳土以前的宋初）创建的寺院数量最多，接着分别是南朝、唐代，至于创建于宋代的寺院，两宋相加也不及唐代。而且需要注意，表中括号里的数字代表坟寺数量，南宋创建寺院总数为27所，其中坟寺就多达17所，特别是武康县7寺中，6寺皆为坟寺。对于这种创建坟寺成风的现象，该志将其原因归结为“郡为行都辅郡，而本邑山川特秀，士大夫多择葬地于此而然耶”[1]。

表9　湖州寺院兴建时期统计表（据《嘉泰吴兴志》卷一三）

县	吴	南朝	唐	五代	北宋	南宋
州治	0	5	5	8	4	0
乌程	0	7	11	8	4（1）	8（6）
归安	1	7	8	8	1	2
长兴	0	13	5	9	1（1）	2（1）
武康	0	11	4	8	1	7（6）
德清	0	7	10	4	3	8（4）
安吉	0	2	2	19	1	0
合计	1	52	45	64	15（2）	27（17）

※括号中数字为坟寺数量。

本书第三章“宋代坟寺考”中已经提到，坟寺即皇族或高官于墓旁所建的菩提寺，唐末已经出现，而到宋代，建置坟寺之风尤其盛行。之

1.《嘉泰吴兴志》卷一三《寺院·武康县》。

所以如此，也是因为宋代坟寺享有田产免税、所属僧尼免役等特权，因此士大夫官僚竞相建置坟寺，将自己的田产归于其下，以求减轻赋税负担；同时已经存在的大寺院为了获得免除税役的特权，也会主动向士大夫们提出将自己的寺院充作其坟寺。从朝廷的角度来说，坟寺增加必然导致税收减少，因此朝廷一直致力于控制坟寺数量的增加，采取限制申请坟寺资格、停止役钱免除、禁止既存有额寺院改作坟寺等各种措施，但即便如此，无论是对士大夫而言，还是对寺院、僧尼而言，坟寺都是一种有利的制度，在这一点上两者利害一致，因此南宋时期坟寺终究还是不断增加。这种情况在各地方志中都有体现，而其中以行在临安为首，浙西地区尤其明显。如上文所述，这的确是因为浙西临近都城，山川秀美，想要埋骨于此的人自然很多，然而更有一个不可忽视的重要原因——无论是士大夫还是寺院，都在浙西地区拥有大面积田产。

浙西地区士大夫坟墓集中，坟寺众多，自然就会呈现出士大夫与寺院乃至宗教活动密切相关的地域特征。这种现象在道民身上也有同样体现。道民能够在石桥题记中将自己的名字与宗室、韩侂胄等权贵并列刻石，能够在士大夫官僚的荫庇之下逃脱法网的规束，也大多得益于浙西地区的这种宗教背景。值得一提的是，上节中提及的A仪凤桥石柱题名中出现的秀王墓位于湖州乌程县，其坟庵于淳熙五年（1178）六月二十四日受诏，赐额为普明禅院。[1]

南宋时期兴建的寺院少于其他朝代，这种趋势不仅限于湖州，常州也同样可见。根据《咸淳毗陵志》卷二五的记载，常州一地兴建寺院最多的时期是南朝和唐代，数量占绝对优势。[2]然而，如果说这就意

1.《宋会要》道释二之一三。

2.《咸淳毗陵志》卷二五《寺院》中的晋陵县部分一叶有缺。除晋陵县外，其他各县寺院建置情况如下表所示。

表　常州各县寺院建置情况

县	南朝	隋唐	五代	北宋	南宋
州治	4	6	3	1	—

味着南宋时期兴建寺院的数量很少，则恐怕并非如此。宋代地方志中记录的寺院基本上都曾获赐敕额，也即是官方承认的有额寺院，至于那些无额的小规模庵院，一般是不会被记录其中的。然而以后各朝的地方志则大多记录了宋代兴建的庵院。例如据《咸淳毗陵志》卷二五所记，宜兴县兴建于宋代的寺院只有北宋2寺、南宋2寺而已，但到了《万历宜兴县志》卷十中，便如表10所示，兴建于南宋和元代的庵院明显不少。这些小规模庵院大多数在明初被整顿并合并入大寺院[1]，但很可能在此之前，不少庵院已被停废，考虑到这种可能性，便可知兴建于南宋的庵院必定数量惊人。而关于湖州的情况，也可以从《成化湖州府志》卷一二列举的大量庵院名单中窥见一斑，只可惜其中没有记录下这些庵院兴建的时间，无法像宜兴县那样做具体比较。不过，《嘉靖昆山县志》卷四有曰：

老佛之宫莫盛于宋，莫滥于元。逮我国朝，殊为落寞。

这一说法可以说大致表明了整个浙西地区寺院建置的总体趋势。

表10　宜兴县寺院兴建时期统计表（据《万历宜兴县志》卷十）

数量	南朝	隋唐	五代	北宋	南宋	元	明
寺	11	10	0	2	7	2	2
庵	2	5	0	3	20	29	5

续　表

县	南朝	隋唐	五代	北宋	南宋
武进	3	2	—	1	—
无锡	12	4	—	—	4
宜兴	12	9	—	1	3

1. 参看龍池清：《明初の寺院》，《中国仏教史学》2-4，1938年。

续　表

数量	南朝	隋唐	五代	北宋	南宋	元	明
院	1	4	0	0	4	4	1
合计	14	19	0	5	31	35	8

宋代强化对寺院的统制，除了向拥有屋宇30间以上的寺院赐予敕额，将它们置于国家管辖之下以外，对小规模庵院则以“聚奸盗，骚扰乡间”为由予以废毁。[1]北宋末期以后，民间宗教活动愈发活跃，对此，朝廷在强化取缔措施的同时，也频频下令禁止建置私庵，以及废毁庵舍并没收其田产。嘉泰奏状中就提到：

> 近臣又论：非给降度牒僧道创置私庵，不耕不蚕，蠹民惑众，皆抵于罪。陛下申严命令，遍牒诸路州军监司，限一月条奏，诚为严戒。[2]

然而这样的命令需要反复“申严”，恰恰反映出私庵停废之令的贯彻并没有想象中那样顺利。而且嘉泰奏状中的主角白云庵就是因为有“先朝御书塔铭”，多年来屋宇得以保留不废，交由邻僧打理，可见想要免除庵舍被拆毁的命运，其实有不少途径。而且，正因浙西的道民在庆元禁令之后依旧能够存在，并与宗室等权贵关系密切，他们的庵舍应该也得以无恙地保留下来。由此可知，南宋以后的地方志所记录的兴建于南宋的庵院之中，当然也包括了由这些道民所建的庵院。

如上所述，从桥梁架设、私庵建置等方面也能看出，对于作为信仰群体，同时也是土木工程建设群体而存在的道民，浙西地区的社会表现出一种包涵接受的态度。此处限于篇幅无法展开详述，简而言之，宋代的浙西实为佛教最为兴盛的地区。这里是天台宗与华严宗教义学

1.《长编》卷九一，天禧二年四月庚寅条。

2.《释门正统》卷四《斥伪志》。

说的中心，诵经结社等庶民佛教也方兴未艾，宋代主要的诵经结社大部分都集中在此地区。不唯如此，当地的繁盛经济使依赖信徒施舍的大范围筹资成为可能，得益于此，大藏经在南宋时期相继刊刻出版，这一点下文还会详述。浙西地区本是这样一个“佛国”，且庶民笃信佛教，这些要素正是支持、促进道民活动的最重要背景。

第四节　由称呼所见的道民性质

关于道民的性质，庆元上言的描述是“既非僧道，又非童行，辄于编户之外别为一族”，即他们不属于僧侣、道士、童行的任何一个群体，同时也是有别于普通平民的信仰群体。但即便如此，具体而言，他们身在哪一个阶层？对这个疑问，本节将从道民这一称呼入手，略做探讨。

庆元上言中“不得自称道民”的叙述说明，所谓道民者，是这个群体的自称，并非固有的称谓。上文史料A中被称为“道民”的汤彦宗到了B中称谓变成了“道人”；嘉泰奏状开头提到的“南山白云庵道民”，在下文中作“余杭南山白云道人”，以及“道人私庵”，明显是将“道民”置换为“道人”。H中出现了“道人、道民、行童”的三者并列，但这里显然是因三者性质相同，所以一并列举。

不过，道民虽不是一个常见的称呼，但将信奉佛教之人称为道人的情况却并不少见。首先，自佛教传入中国之初迄南北朝时期，常将僧侣称为道人，以区别于道教的道士，这一点钱大昕等早已指出。[1]后世的诗文之中，也有很多将僧侣尊称为道人的例子。另外，日本僧人無著道忠《禅林象器箋》[2]中也列举了宋代的史料，指出宋代“称尼为道人”。而与此同时，那些并非僧尼的佛教徒也常常被称为道人。例如张孝祥就曾记载，南京钟山寺在重建建炎年间毁于兵燹的佛殿时，工程

1. 钱大昕：《十驾斋养新录》卷一九《道人道士之别》。另据福井文雅考证，“道人”指僧侣，“道士”指道教徒的用法，是4世纪末以后逐渐固定下来的。详见福井文雅：《道士と道人—その語義史—》，《東洋文化》57，1977年。
2. 贝叶书院，1909年。

“悉出于道人杨善才者，寺之僧无与也”[1]。这里所说的道人显然不是僧侣。此外，于南宋绍熙四年（1193）至淳祐年间（1241—1252）在平江府碛砂延圣禅院开版的大藏经，因雕刻地点而得名《碛砂藏经》[2]，其中的《大乘伽耶山顶经》题记中有这样的记录：

1. 平江府城东碛砂延圣院僧　可涓

2. 谨发孝心，同施长财伍拾叁贯玖佰文，入　经局，刊

3. 伽耶山顶经壹卷　功德，上荐

4. 先考陈念乙道人、先妣孙氏四娘子、亡义母薛氏七十六娘子众魂，同仗比〔此〕缘

5. 俱生

6. 佛国，成就菩提。

7. 淳祐元年五月 日僧　可涓谨题[3]

可知僧可涓的亡父陈念乙被称为道人，但却过着有妻有子的俗世生活。

上例也是非僧侣的道人的例子。不过在宋代，比“道人”一词更常见的称呼是“道者”或“道公”，女性则是“道姑”。仍以《碛砂藏经》中的题记为例，《摩诃般若波罗蜜大明咒经》有记载曰：

1. 本院道者王可暹，因大藏局回施长财，刊造

2. 大明神咒经一卷，所集　胜因，上答四恩，下滋三宥，法界众

1.《于湖居士文集》卷一三《隐静修造记》。“平时江东法席之盛，建康曰钟山，当涂曰隐静，宛陵曰敬亭。敬亭，黄蘗之所居，而钟山、隐静，则又志公杯渡托化之地，山川形势略相甲乙。建炎之兵，敬亭独存，钟山、隐静则瓦砾之场也。自余往来建康，住钟山者既更十余辈，未尝不欲建立，而卒不能有所就。数年来，仅能复有佛殿矣。问其事力，悉出于道人杨善才者，寺之僧无与也。”

2.《碛砂藏经》发现于西安卧龙寺与开元寺的藏经中，1934—1936年，上海影印宋版藏经会出版其影印本《影印宋碛砂藏经》。以此影印本为基础，的屋勝《影印宋碛砂蔵経尾跋集》（《日華仏教研究会年報》第1年，1936年）收录各经题记，为研究提供了诸多便利。

3.《大乘伽耶山顶经》，《碛砂藏经》毁六，景印本第159册。

> 3. 生，俱出苦轮，齐成　佛道。嘉熙三年六月　日　题[1]

这里提到的“本院”，自然是大藏经出版局所在的延圣院，而王可暹则是从属于该院的道者。同样的例子还可见于《大方等大集经》：

> 当院道者李道怀，发心施财，命工刊造大集经一卷。[2]

此外，《俗像功德经》的施主衔名中也有：

> （华亭县新江乡）同邑四十愿庵道者陶普觉，舍钱伍拾贯文。[3]

除了上述各例以外，还有题记表明，道者有时会与僧人一同参与佛经刊刻。例如《金刚般若波罗蜜经》题记中就有落款：

> 嘉熙三年八月　日募缘僧志圆等题，干缘道者张可暹[4]

可见这部佛经的刊刻工作中有道者参与，因而为“干缘者”。“募缘”指的是筹措刊刻所需资金的人，但上述题记里出现的僧志圆等人，也曾作为“干缘”在别的题记里出现，可见募缘与干缘应属于同类角色，在上述题记中，道者张可暹应该是协助僧志圆等筹措资金的人。而其他经书中还列举出了道者王可暹、张善暹等干缘者。显然，张可暹与王可暹一样，都是从属于延圣院的道者无疑。南宋末，《碛砂藏经》的刊刻一度因大火而中断，元代大德初年得以继续，甚至还先后得到过朱文清一族、张文虎，以及管主八等的大力襄助。这部分藏经被称为《后碛砂藏经》。其中有一篇题记中出现了一个名字：

1.《摩诃般若波罗蜜大明咒经》，《碛砂藏经》翔□，景印本第72册。
2.《大方等大集经》卷一二，《碛砂藏经》让五，景印本第91册。
3.《俗像功德经》，《碛砂藏经》女八，景印本第161册。
4.《金刚般若波罗蜜经》，《碛砂藏经》翔五，景印本第72册。

碛砂延圣寺道者奉佛弟子茅道益[1]

表明“道者”这一称呼在元代仍被沿用。而这位道者茅道益，显然也是从属于前身为延圣院的延圣寺的奉佛之人。

除了“道者”以外，题记中还有一种情况，就是在姓名之后加上“道”字以作为敬称。例如：

1. 安吉州归安县琅耶乡屠村西田居住奉〔佛〕弟子陆道源，舍财一伯千

2. 募到　姚宣公、曹七公、沈十一公各四十千，葛超公、王廿四道各三十五千，潘智行三十千，

3. 吴十九庵主、徐聪公、姚十四道、立大师各二十千，归百八道、郭百八道、沈四、徐三姑、

4. 费道贵各一十五千，戴三道、蒋三道、沈智慧、姚六公、潘十七公、谢四道、沈百四庵主、

5. 孙道然、金八公、沈三二公、施善明、茹七八姑、沈六娘、杨廿五娘各一十千，赵八道、

6. 李十公、周廿六公、沈四五公、陈善愍姑、陆善圆、沈五婆各人五千，由是共施净财，

7. 刊经功德，续佛慧灯，流通大教，各愿现世安隐，后生善处，以道受乐，亦得闻法，

8. 然后各报四恩，饶益三有，咸承无上菩提，共证法华三昧者。

9. 景定二年三月日弟子陆道源　题[2]

1.《释迦谱》卷八,《碛砂藏经》仙二，景印本第459册。

2.《妙法莲华经》卷四,《碛砂藏经》凤□，景印本第130册。《碛砂藏经》发现时部分缺失，《影印宋碛砂藏经》以《思溪藏》及宋元版、明《永乐藏经》配补，影印出版。详见影印本卷首第二《影印宋碛砂藏经补页表》。本文所引《妙法莲华经》全7卷，也并非碛砂藏中原有，从其题记便可知，本是景定二年（1261）陆道源刊本。其中各卷卷首都有《说相图》，经文中还可见“建安范生刊”等刻记。该版本开版地点不明，但从题记中出现的施主的居住地点来看，应该也是于浙西地区刊刻。其原本为毛氏汲古阁旧藏番禺叶氏（恭绰）藏本。

上述题记中列举的施主中，有带“公”字的，有作“庵主”的，也有带“道”字的，以及仅有姓名的，称呼各不相同，但至少可以明确的是，“公”指的是俗家人士，与之相对，称呼中带“道”字的则是指道人、道者一类。从上文中的“妣姚十四道”可以看出，文中并没有对男女进行分别记录，但在其他材料中，有时也有将其明确分为“道公”“道姑”的情况。

接下来值得一提的是刊刻于元朝统一江南之初的白云宗《普宁寺版藏经》[1]中的一篇题记：

> 1. 大藏经局伏承　平江路吴江县箅墟南长浜妙明庵钱三九道姑舍财助刊造
> 2. 尊经壹卷，所集良因，端为祝延
> 3. 圣寿万安，仍回　胜利，助悼　考钱六道公　妣方氏五娘子　先兄钱本公庵主
> 4. 兄钱十四庵主　姊钱廿七道姑，俱获
> 5. 胜利超升。至元十七年七月　日杭州路南山普宁寺住山释道安题[2]

文中提到的施主钱三九道姑是妙明庵庵主，其亡父钱六既称“道公”，可知身为道者，而且亡姊钱廿七也称“道姑”，可见钱氏一家皆信佛。由此可知，上一条引用题记中“妣姚十四道”的道字正是“道姑”的省略。小川貫弌氏曾对宋元藏经做过调查，并搜集整理了元刊大藏经的题记，根据他的报告，《普宁寺版藏经》题记中出现的施主名

1. 关于《普宁寺藏经》，可参看小川貫弌《白雲宗大蔵経局の機構》（《龍谷史壇》62，1969年）等一系列论文（详见下章）。这部藏经多传至日本，浅草寺、东福寺等都有所藏，但目前针对这些所藏尚无正式的调查整理。小川氏的论文中提到，他的《元版大蔵経刊記集》（未定稿）正在写作之中，期待该文早日面世。此外，此经也被用于《影印宋碛砂藏经》缺失部分的配补。本文所引用的是其中一经。据蒋维乔《影印宋碛砂藏经始末记》，该部分参照了南海庚氏所藏的《普宁藏》207册、山西晋城青莲寺《普宁藏》131卷，以及云南昆华图书馆藏本。
2.《大方广佛华严经》卷五三，《碛砂藏经》黎三，景印本第115册。

共有近600人，其中僧26人，尼4人，优婆塞104人，优婆夷11人，道人28人，道姑8人，小道庵主27人。[1]这份报告中提到的"道人"，应该也包括了道公的人数。

"道公"或"道"的称呼，也见于宋元石刻中。如陆心源《吴兴金石记》中的《报国寺布施记》碑阴的檀越施财置田名衔中就有：

当寺华沈三四道公，施己财，置田壹拾亩叁角令壹拾叁步，入常住收租，每岁三月初五日，遇　华道公生辰，斋僧一堂，百年报终之后，移作忌日修崇，植福无尽。[2]

报国寺位于安吉州乌程县南林，即后来的南浔镇，此碑立于嘉熙元年(1237)。这篇《布施记》中的内容对于了解宋代长生库的运作方法、寺院经济的实际情况等问题十分重要。[3]而关于其中的华道公，陆心源认为，碑阴中出现的其他施主，其称呼都有里居、称檀越，如"浔溪檀越""当邑檀越""船居檀越"等，只有称呼华道公时没有提到里居，而说"当寺"，且不称檀越，可见他本来就是寺中之人，但若是僧人，则不该有姓，因此他必然是将为僧而尚未落发者。[4]另外，单用"道"字作为称呼的，常见于元代的石刻中，例如同书所收录的《湖州路报恩光孝禅寺置田记》中"常住买到田"一项下有：

霅水乡十八都上伍保

阡字五围田陆段计壹拾亩，元买龚官人、叶八二官人、沈小一道等田

……

兵字□围田贰段计叁亩叁角，元买□（沈）小一道、杨

1. 小川貫弌：《元代白雲宗門の活動狀態》，第22页。

2.《吴兴金石记》卷一一《报国寺布施记》碑阴，第十二叶背面。

3. 关于宋代的长生库，日野開三郎《宋代長生庫の発展に就いて》(《佐賀龍谷学会紀要》4，1956年）一文探讨最为详细，不过文中并未提及《吴兴金石记》中的材料。

4.《吴兴金石记》卷一四，第三叶背面。

□等田

兵字叁围田柒段计九亩壹角，元买□道、蒋道、龚官人等田

高字贰围田壹亩贰角，元买沈小一道田[1]

这份记录中的沈小一道等人正是围田的所有者。此外，同书卷一四《长生讲院碑》(延祐二年，1315)的檀越名衔中，也出现了冯宣[2]二道、周千二道之名。陆心源认为此“道”与上述“道公”含义相同，还进一步指出“今俗，于寺院雇工，谓之道菩萨，疑即道公之滥觞”[3]。除此以外，这份名衔中还出现了屠千四居士、沈十八居士等称呼，可见“道”与俗家信徒“居士”明显是有所区别的，正如陆心源所说，应该是“道公”的略称。如果这种观点成立，那么同时代的沈小一道等人也就等同于道公，而道公是对男性的称呼，女性则称道姑，两者都与上文中的道者一样，是从属于寺院但并非僧尼的奉佛之人。这也就是说，称呼带“道”字的奉佛之人有着共通的性质，而道民、道人等也为其同类。

对那些住在寺院中、准备成为僧侣而尚未剃发的人，中国的佛教教团一般称之为童行或行者。根据《禅林象器箋》中的解释，行者指的是“凡求剃度，而未得买度牒，有发而依止僧寺者”，童行“即少年行者也”[4]，也称童侍或僧童。同书“道者”一项中还指出，“童行又称道者”，并在文末提及，旧说称“渡唐人说，中华丛林称僧道者，其得度牒、披剃，此谓僧；未得度牒、有发而与僧同诵经者，此谓道，即行者也”，而作者道忠对此说予以驳斥，认为所谓僧道，指的是僧与道士。[5]不过道忠同时表示，这是来自《敕修百丈清规》卷一《圣节》中对僧道的描述，他在《敕修百丈清规左觿》中则指出，“余谓不言此

1.《吴兴金石记》卷一三《湖州路报恩光孝禅寺置田记》(至元二十一年，1284)，第二叶背面至第三叶背面。

2. 译者注：原文作“宜”，从清光绪刻潜园总集本改。

3.《吴兴金石记》卷一四，第三页背面。

4.《禅林象器箋》第七类《職位門》，第295—296页。

5.《禅林象器箋》，第296页。

义（道即行者）无也。若别处曰僧道而不可以道士解者，则可用之”[1]，承认僧道一词有两种解释。尽管就称呼本身来说，不能完全排除用于指称道教徒的可能性，但上述石刻或大藏经题记中出现的“道”“道者”“道公”“道姑”等，指的显然都是佛教徒，尤其是童行、行者。本书第一章“宋代卖牒考”中曾分析过，王之道的劄子中言及禁止度牒售卖造成“虽不披剃披带，例以参头、道者为名，所至云集”的结果，而上文中史料H里列举“道人、道民、行童”正可为前者佐证。

在宋代，得度出家有着种种限制，就年龄方面而言，按照规定，男子19岁（有时为20岁）、女子14岁以下者禁止出家。因此所谓“童行”，实际上应该已是成年人，只是《庆元条法事类·道释门》中的诸法规将相关术语统一为童行。正如第一章所述，这样的童行要正式成为僧侣，亦即沙弥，必须得到祠部颁发的度牒。宋代有两种方法，一是通过考试，即所谓试经度僧；二是有皇帝的特别恩旨，免于考试，即特恩度僧，简称恩度。不过从神宗朝起，作为缓解财政困难的一种对策，中央政府开始售卖空名度牒，试经度僧的制度逐渐沦为一纸空文，到了南宋时期，购买度牒几乎已成为得度为僧的唯一方法。不唯如此，为了增加国库收入，政府不断提高度牒价格，神宗朝每道售价130贯的度牒，在南宋价格高达700贯～800贯，有时甚至超过1 000贯。在这种现实情况下，即便是入寺多年、潜心修行的行者，也难免出于经济上的原因而无法得度为僧。为此，一些寺院中置有度僧局，通过金融业与不动产收入积累财富，以此为寺中行者购买度牒。

关于童行的人数，我们可以从以下例子略知大概。天禧三年（1019）八月三日，朝廷曾下达赦书，允许对当时系帐童行进行普度，借这次机会得度正式成为僧尼的共有245 770人。[2]两年后的天禧五年（1021）对天下僧尼人数进行统计，结果为458 850人[3]，此为有宋一代僧尼人数的巅峰。这个数字里当然包括了两年前普度的童行24万余人，因此可知天禧三年普度实行之前的僧尼人数为天禧五年总数与两年前童

1. 道忠：《敕修百丈清规左觿》，中文出版社景印本，1977年，第186页下。
2.《宋会要》道释一之二二、二三。
3.《宋会要》道释一之一三。

行人数的差值，即21万余人。这一计算对这两年间的各种人数增减一概予以忽略，不过是一种机械的算法，但即便如此，也足以反映出当时童行人数甚至多于僧尼人数。天禧三年之后，恩度虽仍不时举行，但多设有严格的人数限制，如童行10人中可予度1人，僧每100人可予度1人等，僧尼之路俨然已如千军万马过独木桥。在这种情况下，寺院中年岁渐长而始终无法成为僧尼的行者自然越来越多。元丰二年（1079）十月十七日朝廷曾下发特旨，在京宫观、寺院的童行中40岁以上、长发（女性）童行30岁以上者许以得度，授予度牒[1]，可见北宋时期行者老龄化的现象已十分明显。更遑论南宋时期度牒售卖曾一度停止，即便后来重新恢复，空名度牒的价格也高得令普通行者只能望洋兴叹，不难想象，大多数行者无法“晋升”为僧，只能一辈子在寺中从事杂役。

行者住在寺中，一边修行，一边从事杂役，其中固然有些人如上文所引材料所述，或拥有土地田产，或资产丰厚，足以向大藏经局施舍高额，但一般来说，行者普遍身份低微。《禅林宝训》中就记载了一则库子行者袒护盗取常住谷的地客的故事，并记录了妙喜（大慧宗杲）对此事的评论“乌乎，小人狡猾犹如此”[2]。此外还有行者与地客互殴，住持仅处罚行者的例子。[3]从这些也可以看出，在当时，行者与佃户几乎没有区别，都同样被视为“小人”。陆心源说行者是“寺院雇工，谓之道菩萨”，《现代汉语词典》中对“道人”一词的解释也有“方言称佛寺中打杂的人”之意。[4]这类称谓中带有“道”字的寺院杂役之人，

1.《宋会要》道释一之二九。

2.《禅林宝训》卷三，《大正新脩大藏経》第48卷第1031页C。“妙喜曰：祖超然住仰山。地客盗常住财，超然素嫌地客，意欲遣之，令库子行者为彼供状。行者欲保全地客，察超然意抑令供起离状，仍返使叫唤，不肯供责。超然怒行者擅权，二人皆决竹篦而已。盖超然不知阴为行者所谋。乌乎，小人狡猾犹如此。”

3.《禅林宝训》卷三。“妙喜曰：佛性住大沩。行者与地客相殴，佛性欲治行者。祖超然因言：‘若纵地客，摧辱行者，非惟有失上下名分，切恐小人乘时侮慢，事不行矣。’佛性不听。未几，果有庄客弑知事者。”金井徳幸《宋代の村社と仏教》（《仏教史学研究》18-2，1976年）第51页也引用了部分文字，以论证行者与地客两者有明显区别，不过这也正说明行者与地客本应处于对等地位。

4. 试用本，商务印书馆，1973年。[译者注：亦可参看最新版本《现代汉语词典（第7版）》（商务印书馆，2021年）第270页。]

正如陆心源所指出的，来源于宋元时期的道人、道者、道公等词，指的都是行者。他们当然也有成为僧人的可能性，但实际上，就像敦煌的寺户[1]身上体现出的，他们与隶属于寺院的庶民几乎没有差别。

童行通过出家、入寺，登记在童行籍册中，成为所谓系帐童行，正式拥有童行身份。从这一刻开始，他们便脱离了普通户籍，出为“编户之外”，但这一过程是通过怎样的手续完成的，细节尚不明确。此外，宋代的童行并不能享受免除差役的待遇，但具体到出家入寺的童行如何服役，同样尚存疑问[2]。

当然，与国家承认的童行、行者相对，也存在未受承认的不系帐童行或行者。后者一般被称为白衣道者或女道，屡屡成为政府取缔的对象。例如嘉泰二年（1202）六月十三日就有臣僚上言：

> 比年以来，有所谓白衣道者，聋瞽愚俗，看经念佛，杂混男女，夜聚晓散，相率成风，呼吸之间，千百响应。江浙于今为盛，闽又次之。[3]

极言应该警戒白衣道者纠集民众图谋不轨，禁止建立可供他们居住的私庵，并令各地监司严查严防。后来的嘉定二年（1209）七月四日，权知漳州薛扬祖的上言中有曰：

> 漳郡之民，不假度牒，以奉佛为名，私置庵寮者，其弊抑甚。男子则称为白衣道者，女子则号曰女道……[4]

---

1. 详见本书后编第十章“敦煌的寺户”。
2. 笔者曾在本文旧稿中指出，不空《代宗朝赠司空大辨正广智三藏和上表制集》卷二（《大正新脩大蔵経》第52卷）中的《请降诞日度僧五人制》《请度扫洒先师龙门塔所僧制》中列举的行者、童子，在记录中都是“无州贯”或“身无籍”的，这说明他们都已从普通户籍中被除籍，但这一观点实为谬误。如池田温氏所指出的，这种现象应属于漏口。参看池田温：《中国古代籍帐研究》，东京大学出版会，1979年，第126页，注34。此点幸得池田氏不吝赐教，谨致谢。
3.《宋会要》刑法二之一三二。
4.《宋会要》刑法二之一三六。

同样上言要求对此予以禁绝。其实在此之前，绍熙元年（1190）任知漳州的朱熹也曾在该年八月张榜告示，劝诫女道还俗。[1]在整个福建地区，漳州女道人数尤多，这个问题一直困扰着地方官。朱熹在榜文中指出“民间多有违法私创庵舍，又多女道住持”，所谓女道，正与前引史料中出现的妙明庵钱三九道姑情况相似。而所谓白衣道者，意为身穿白衣，亦即俗家的道者，具体而言就是没有证明僧人身份的度牒，以及不系童行之籍的非法行者，从为政者的立场来看，就是违法的佛教信徒。

综上所述，我们通过分析庆元上言中出现的道民，明确了这一“既非僧道，又非童行，辄于编户之外别为一族”的群体的含义。被称为道民者，固然与购得度牒的僧人和系帐童行不同，但与普通的俗世之人也不同，正是所谓的白衣道者。正因如此，道民也被打上了“吃菜事魔”的烙印，受到来自官府的弹压。换言之，道民这一称呼是他们的自称，特指活动于浙西地区的佛教信徒群体，不过，在那个时代，与道民同样的佛教信徒除了江浙，也大量活跃于佛教同样兴盛的福建地区。另外，上述各种史料中所见的被称为道人、道公、道姑、道的人，虽然无法断言是否违法，但也是基本与道民性质相同的佛教信徒，从佛教教团的阶层来说，相当于童行、行者。

第五节　道民与白云宗

本章前言中已经说明，虽然嘉泰奏状将白云宗徒众称为道民或道人，但实际上将两者联系起来的仅有这一份记录而已，庆元上言也并未提到白云宗。那么，关于自称道民的信仰群体究竟是不是白云宗徒众的问题，就必须在此略做探讨。关于白云宗，得益于重松俊章、小笠原宣秀、小川貫弌等学者的研究[2]，各方面虽已相当清楚明晰，但仍有不少问题尚须进一步厘清。本节就将参考先行研究，重点考察白云宗

1.《朱文公文集》卷一〇〇，《劝女道还俗榜》。

2. 关于白云宗的研究，详见第八章前言注1。

与道民的关系。

白云宗开山鼻祖孔清觉（1043—1121），洛京登封县人，据说为孔子第52代孙。元祐七年（1093）南下江南，翌年在杭州白云庵立宗，因庵名而号为白云宗。除了杭州，他还于大观元年（1107）在湖州归安县千金市兴建十地庵，后来又在乌程县菁山建了出尘庵。此外，据说嘉兴府崇德县的甑山、松林、善住等地也都是他的行道之所。他死后，灵骨舍利除了杭州余杭县南山以外，还分葬于湖州德清县龙山、超山、方山、乾元山，以及归安县严山等地。[1]由此可见，白云宗自立宗之初起，就在浙西的湖州、嘉兴府一带有着一定的影响力。尤其是湖州，与杭州同为白云宗的据点，元朝统一江南后的首任白云宗主道安原为湖州妙严院住持，而30年后另有一位宗主沈明仁也曾是湖州归安县大慈隐寺的住持，可见历任宗主中不少人都是湖州出身。且如本章前几节所述，这一地区也是道民活动频繁的区域，首先在活动地区这一点上，白云宗与道民就有重合。

除了嘉泰奏状以外，没有较为系统的史料能够说明南宋时期白云宗的动向，因而相关细节并不明确。但江南归入元朝统治下以后，白云宗率先成为受政府承认的宗派，得以交结权贵，势头更盛，因此也留下了一些记录其活动情况的史料。[2]本章第二节中提及的道民相关史料D就是其中之一，乃是前白云宗僧正明奉率宗门20余寺重修长兴州东岳行宫的记录。除此以外，黄溍《济南高氏先茔碑》中也提到：

> （高仁）授嘉兴路总管府治中。时列郡方作祠奉帝师，凡庀材用、召匠佣，一出于民力。公独谕浮屠氏之籍于白云宗者，俾任其役，官无一粟之耗，民无半饷之劳，而祠事以备，部使者复以最闻。[3]

说明白云宗承担了修建帝师殿的工程。这表明在被道民视为功德之一

1.《释氏稽古略》卷四，《大正新脩大蔵経》第49卷。

2. 关于白云宗在元代的兴衰，将在下一章中详细考察。

3.《金华黄先生文集》卷二八《济南高氏先茔碑》。

的祠庙修建方面，也不乏白云宗教团参与的身影，而在外界看来，他们也同样是从事土木建设工程的群体。不过，目前尚无明确记录显示他们也参与了桥梁、道路的架设。

综上所述，虽然只是从极其有限的史料中进行爬梳，但足以看出，宋元时期的白云宗属于与南宋道民性质相同的信仰群体，正如嘉泰奏状中所记，可以认为白云宗教团即道民。然而，若要说白云宗僧侣即道民，则事实未必如此。例如史料D中道民张师净的名字，与白云宗诸寺院就不在同列，且被置于施主名单的最末尾。详细论述将在下章中进行，这里仅简要提示苏天爵为高昉所作神道碑铭中的如下叙述：

> 浙西豪民，即所居为佛庐，举家度为僧尼，号其教曰白云宗。[1]

此记录虽说明元代白云宗之僧多为浙西豪民富户，但即便是元代的道民，也只是以俗姓为称的半僧半俗的佛教徒，属于受教团统率、从事各种土木工程的下层信众。而从为政者的角度来看，他们无疑正是“诸僧寺私蔽”的“猾民”（史料H）。

第六节　小结

本章以历来未受学界关注的《吴兴金石记》中的道民相关史料记录为线索，针对南宋至元代活跃于浙西地区、被称为“道民”的群体，通过对其社会基础、阶层身份等方面的考察做出推论，指出这是一个包括白云宗徒在内的群体。不仅如此，在宋代，各地都存在着类似道民的佛教信徒，其称呼包括道人、道者、道公、道姑、女道、道等。这些以“道”字为称的佛教徒社会地位高低参差，其中不乏从属于寺院、从事杂役，被视为与佃户或雇工等同类的“小人”，即身处社会底

1.《滋溪文稿》卷一一《元故赠推诚效节秉义佐理功臣光禄大夫河南行省平章政事追封魏国公谥文贞高公神道碑铭》。

层的人；也有如白衣道者那样不受国家承认、身为官方取缔对象的非法佛教徒。后者被为政者视为扰乱社会治安的邪恶宗教团体，其行为自然也是邪道，事实上史料中也多有这样的叙述，但实际上他们的宗教活动本质上与身为合法佛教徒的前者并无区别。而且，尽管在中央政府层面被视为违法者，这些道民仍能在所建石刻上刻上自己的姓名，他们更是地方社会上受欢迎的存在，就地方社会层面而言，绝没有把他们当作违法之人。毋宁说，在这个时代，怀着真正的信仰而生、为社会做出贡献的，其实并非那些以天价购得度牒、跻身僧尼之列，身着炫目法衣的合法教团“高僧”，而是这些不管合法与否、以“道”字为称的半僧半俗的佛教徒。元末以后长期困扰为政者的所谓白莲教徒，从社会角度来说，应该也是与道民相似的奉佛之人。

（旧稿原题《宋代浙西の道民について》，载《東洋史研究》36–3，1977年12月。本章为旧稿增补而成。）

第八章

元朝的江南统治与白云宗

第一节　前言

关于活动于宋元时期的佛教异端教团——白云宗，已有重松俊章、小笠原宣秀、小川貫弌、孙克宽等氏的研究[1]，其形态已经相当明确。尤其是其中小川氏的一系列论文，以白云宗开版的普宁寺版藏经的题记为主要史料，阐明了白云宗教团的组织、布教范围、活动情况等，为元代宗教史研究开拓了新局面。不过，小川氏的研究重点在于明确白云宗教团本身的活动情况，而没有触及承载这些活动的政治、社会背景，因此对教团性质的界定也就局限于断定他们"获得了农民的鼎力支持"，"是盛行于浙西地区的庶民佛教教团"，而没有充分考虑到当时江南处在异族元朝的统治之下，忽视了这一政治形势与教团活动的关系。不过，孙氏的论文虽只是一篇介绍元人文集中白云宗相关史料的简短札记，算不上是建立在先学成果基础上的真正的研究论文，但他对于该教团的性质做出的论断却极富启发性。

通过上一章的考察，我们对南宋时期活跃于浙西地区的道民有了更多的认识，了解到他们在受到朝廷弹压的同时，在地方上却与权贵关系密切，当地的土木建设工程中多有他们的参与，并且明确了白云宗即是道民的事实，此外还涉及了对元代道民的探讨。本章作为上一章的续篇，在小川氏、孙氏研究的基础上，进一步探讨元代白云宗教团的政治、社会背景，以期对其性质做出更清晰的勾勒。

---

1. 重松俊章：《宋元時代の白雲宗門》，《史淵》2，1930年12月；小笠原宣秀：《中国近世浄土教史の研究》，百华苑，1963年；小川貫弌：《元代白雲宗教団の活躍》，《仏教史学》3-1，1952年6月（以下简称"论文一"）；同氏：《元代白雲宗門の活動狀態》（以下简称"论文二"）；同氏：《白雲宗大蔵経局の機構》，《龍谷史壇》62，1969年12月（以下简称"论文三"）；孙克宽：《白云宗——读蒙小记》，《大陆杂志》第35卷第6期，1967年。

第二节　元朝的江南统一及其宗教政策

元朝实现江南统一之时，白云宗的宗主是古山道安。据小川氏的考察，南宋末宝祐五年（1257），湖州妙严寺的是庵信上人迁化，道安继任为住持[1]，后又兼任作为白云宗本山的杭州南山普宁寺住持。元朝统一江南后，他向江淮诸路释教都总摄所积极争取，使白云宗的存续得到承认，并获准设立白云宗僧录及僧录司，以及出版大藏经。不仅如此，都总摄所还将他介绍给大都的担巴（胆巴）上师，由此获准进京谒见世祖忽必烈，并得世祖赐下护持白云宗、支持大藏经出版事业的圣旨。[2]都总摄所的设置在至元十四年（1277）二月，此点详见下文；而大藏经的出版也于该年着手，因此他进京的时间也在该年无疑。不过，后来他曾再次进京，最终于至元十八年（1281）没于大都的大延寿寺，其未竟的出版事业则由弟子们继承，到至元二十七年（1290）基本宣告完成。[3]

元朝统一江南之初，白云宗的这些积极活动，对江南佛教界来说意味着什么？关于这一点，我们可以通过元朝的江南宗教政策略窥一二。

挥师江南之际，元朝为收买人心，对佛教、道教都予以了优待。早在临安还未陷落的至元十二年（1275）七月，元朝就派遣使者至江南，搜访儒、医、僧、道、阴阳人等。[4]而翌年攻陷临安之后，又立即诏谕临安新附府州司县官吏、士民、军卒人等：

> 前代圣贤之后，高尚儒、医、僧、道、卜筮，通晓天文

1. 此据牟巘《湖州妙严寺记》（赵孟頫书）。赵孟頫真迹现藏于美国普林斯顿大学美术博物馆，相关研究有姜一函：《赵孟頫书湖州妙严寺记》，《故宫季刊》10-3，1976年，文中载有全卷图版。笔者得知这篇论文的存在，乃蒙曾布川寛氏不吝赐教。
2. 参见小川氏论文三第3—5页所引《大方广佛华严经》卷四〇至元十六年十二月道安题记。不过文中并未移录题记原文。
3. 小川氏论文三第5—7页所引至元二十七年十月如志识语。
4. 《元史》卷八《世祖本纪五》，至元十二年七月癸未条。

历数，并山林隐逸名士，仰所在官司，具以名闻。名山大川，寺观庙宇，并前代名人遗迹，不许拆毁。[1]

明令对寺观、庙宇加以保护。此外，至元十三年（1276）四月壬午，道教传统派系正一教的第37代天师张宗演被忽必烈召至宫廷，翌年正月，赐予他“演道灵应冲和真人”之号，命他统率江南诸路的道教教团，这才将他遣还江西龙虎山。[2]据《汉天师世家》所记，元朝赐予张宗演二品官之银印，令他统江南道教，许之以发放度牒的权力，并于路、州设道录司，县设威仪，皆交由他统属。[3]世祖赋予张宗演的可以说是作为江南道教最高领导者的莫大权力。此后的至元十七年（1280）和二十四年（1287），张宗演又曾两度上京，其中至元十七年时还参加了道教经典的真伪评定，对于除《道德经》以外皆为伪经的评定结果表示了赞同。[4]鉴于这一评定结果，世祖下令将《道德经》以外的所有道经尽数焚毁，但与张宗演一同上京、并在他返回江西以后仍然留在大都的弟子张留孙等人尽力斡旋，最终使这一禁令有所缓和。不过，该禁令在地方上其实也没有得到严格执行。[5]

世祖对华北的全真教态度严苛，而对江南的正一教，却将之全权交由张宗演统率，并赐予莫大恩典，这种截然相反的态度不得不引起我们的注意。这些措施是为了使元朝在江南的统治更加顺利，这一点自不必赘述。而元朝对正一教的优待在世祖身后也没有改变。

除了张宗演以外，还有其他在元朝统一江南以后被忽必烈召至京师的道士，且人数不少。至元十三年，杭州宗阳宫的尊师杜道坚受召

1.《元史》卷九《世祖本纪六》，至元十三年二月丁未条。

2.《元史》卷九《世祖本纪六》。

3. 参看孙克宽：《元代道教之发展》，私立东海大学，1968年，第51页。此外，关于元代的正一教，可参看滋賀高義：《元の世祖と道教》，《大谷学報》46-3，1966年；藤島建樹：《元の集賢院と正一教》，《東方宗教》38，1971年。

4.《元史》卷九《世祖本纪六》。另可参看野上俊静：《元代道、佛二教の確執》，载氏著：《元史釈老伝の研究》，野上俊静博士颂寿纪念刊行会，1978年，原载《大谷大学研究年報》2，1943年。

5. 陈国符：《道藏源流考（上）》，中华书局，1963年，第166—169页。

至京[1]；至元十四年，庆元路的观妙葆真先生陈与真也受到召见[2]；至元十五年，董德时受召为消弭旱灾祝祷，且因有所灵验而获得赐号“修真通元体妙法师”[3]。此外，至元十七年，三茅山上清派第43代宗师许道杞为世祖祝祷，世祖因此臂疾得愈，且祈雪、止风皆有灵验，茅山宗因此获得护持圣旨。[4]茅山宗第38代宗师蒋宗瑛也曾在至元十八年受召。[5]

如上所述，对于江南道教，世祖在统一之初便频频将有名望的道士召至宫廷觐见，赐予他们护持圣旨、官秩印玺，委之统率江南道教教团。与之相对的是对佛教的处遇，至元十年—二十年之间，朝廷从未召见过佛教高僧，更没有让他们统率教团的举措。不仅如此，至元十四年二月，也就是临安陷落的翌年，元朝任命僧亢吉祥、怜真加加瓦为江南总摄，由他们统率江南的佛教教团。[6]尤其是这一时期统管江南佛教行政的，正是以发掘宋室帝陵而臭名昭著的杨琏真加[7]，他也被授予了江南总统或江淮总摄的官衔，因此被呼为“杨总统”。史书中没有记录他被任命的具体时间，但林景熙《梦中作四首》的题注中曾记道：

> 元兵破宋，河西僧杨胜吉祥行军有功，因得于杭置江淮诸路释教都总统所，以管辖诸路僧人，时号杨总统。尽发越

1. 任士林：《松乡集》卷一《大护持杭州路宗阳宫碑》。“至元十三年，太傅淮安王首举杭之宗阳宫尊师杜道坚应聘入觐，师恭持瓣香，稽首上前，为江南民命。”
2. 《松乡集》卷三《庆元路道录陈君墓志铭》。“观妙葆真先生陈君与真……至元十有四年，世祖皇帝遣使召见。”
3. 何梦桂：《潜斋集》卷八《璇玑观记》。“（董德时）至元戊寅（十五年）被征北觐，承旨祷旱而甘雨澍，祷雪而瑞霙霏，晋号修真通元体妙法师，宣授今官开元宫都监住持。”何梦桂其人为咸淳元年（1265）进士，官至大理寺大卿，宋亡后隐居不仕，至元年间，元朝曾多次召见，皆不肯应命。
4. 《元史》卷一一，至元十七年十二月条。“以三茅山上清四十三代宗师许道杞祈祷有验，命别主道教。”另据刘大彬：《茅山志》卷一二之一二，《正统道藏·洞真部纪传类》。
5. 《茅山志》卷四之一五《世祖皇帝召蒋宗师诏》。“上天眷命，皇帝圣旨，谕建康路三茅山三十八代宗师蒋宗瑛：闻汝年高德劭，法箓精严，思接道论。今遣使驰驿，召赴阙廷。仍敕有司，如法津遣，便安就道，毋致艰虞。故兹诏示，想宜知悉。至元十八年二月□日。”
6. 《元史》卷九《世祖本纪六》，至元十四年二月丁亥条。
7. 关于杨琏真加，可参看野上俊静：《桑哥と楊璉真加》，载氏著：《元史釈老伝の研究》。

土宋诸帝山陵……[1]

可知元朝统一江南之初，便在杭州设置了都总统所，而杨胜吉祥正是杨琏真加，即初代总统。此外，吴澄所作董文炳神道碑中也提到：

先是，杨僧立司于杭，总摄僧教，贪淫骄横，莫敢谁何。[2]

不过这就需要考虑另一个问题，即《元史》中所记的初代总摄亢吉祥、怜真加加瓦与杨琏真加的关系。对此，小川氏曾引用普宁藏《华严经》卷四〇中所录道安（至元十六年）与如志（至元二十七年）的识语，其中有为以下各人的祈愿：

大元帝师、大元国师担八上师，江淮诸路都总摄扶宗弘教大师行吉祥，江淮诸路释教都总摄（后者为都总统）永福大师杨琏真佳

而《佛本行集经》卷六〇中也记录了江淮诸路释教都总摄永福大师杨琏真加施入宝钞的题记（至元十六年）。[3]此外，如志的识语还表明，大藏经出版时，总摄加瓦八等人曾为劝缘，总摄扶宗弘教大师行吉祥、总统永福大师扬（杨）琏真加为都劝缘。这就说明成立之初的都总摄所，有总摄亢（行）吉祥和怜真加加瓦（或即加瓦八？），以及总统杨琏真加，而且杨琏真加的地位更在怜真加加瓦之上。不过，这三人分别所任的职务，以及总摄和总统两称号的区别——小川氏对杨琏真加官衔的记录也是两者兼而有之——等问题，目前尚无法明确。不过至少可以肯定的是，都总摄所的实权从一开始就掌握在杨琏真加手中。

元朝设立都总摄所，施行免除僧侣租赋、禁止骚扰寺宇等保护政

1.《霁山文集》卷三《梦中作四首》。

2.《吴文正集》卷六四《元荣禄大夫平章政事赵国董忠宣公神道碑》。

3. 参看小川貫弌：《光明禅師施入経典とその扉絵—元白雲宗版大蔵経の一考察》，《龍谷史壇》30，1948年，第78—79页及卷首图片。

策。尤其是这位杨总统，先是重建了为修建南宋宁宗攒宫而废毁的浙东诸寺[1]；又收回被强占的废寺田土，以充寺院修建费用[2]；还将宋廷宫室改建为一塔五寺[3]；以良民50余万入为诸寺佃户[4]，对佛教的优待政策可谓极端。从这些政策的实施也可以看出他作为征服者的强权立场。在这样的情况下，甚至有僧侣恃其权势，强行将道观改为佛寺。[5]

不过，杨琏真加的这种高压式佛教优待政策，对江南佛教界来说却未必是一件值得庆幸的事，对于在南宋时期占主要地位的禅宗来说尤其如此。曾在杨琏真加的安排下展开的教禅廷辩，就充分证明了这一点。

至元二十五年正月十九日，杨琏真加召集的江南教、禅、律三宗诸僧齐聚燕京，在世祖御前说法。据《佛祖统纪》记载，当时禅宗举出了“云门公案”，引得世祖不悦，而教宗的云梦允泽法师的说法甚合上意，由此教宗地位被置于禅宗之上。[6]《续佛祖统纪》卷一《允泽传》中的叙述也基本与此相同。此外，刘仁本《送大璞玘上人序》中也有记载：

> 至我朝世皇，因总统杨琏真入觐希旨，陞教居禅之右，别赐茜衣以旌异之。[7]

也可作为上述事实的旁证。不过，《佛祖历代通载》卷二二中详细记载了禅宗的径山云峰与世祖之间的问答，叙述云峰与讲《百法论》的仙林廷辩，成功驳倒对方，因而“皇情大悦……奉御领，归寝殿赐食”[8]。

1.《元史》卷一三《世祖本纪十》，至元二十二年正月庚辰条。

2.《元史》卷一四《世祖本纪十一》，至元二十三年正月甲戌条。

3.《元史》卷一五《世祖本纪十二》，至元二十五年二月丙寅条。

4.《元史》卷二〇《成宗本纪三》，大德三年七月庚辰条。

5. 李存：《俟菴集》卷一三《天台静居观记》。“国初，僧总统杨某宠贵，有僧某者诬献之，强改为寺。”

6.《佛祖统纪》卷四八，《大正新脩大藏経》第49卷，第435页A（续补部分）。

7.《羽庭集》卷五。

8.《佛祖历代通载》卷二二，《大正新脩大藏経》第49卷，第720页A—721页B。

而接下来的云峰妙高的传记也对当时之事做了如下记载：

> 戊子春，魔事忽作，教徒谮毁禅宗。师（妙高）闻之叹曰："此宗门大事，吾当忍死以争之。"遂拉一二同列趋京。有旨大集教禅廷辨。上问："禅以何为宗？"师奏……又宣进榻前，与仙林诸教徒返复论难。……林辞屈。上大说，众喙乃熄，禅宗按堵如初。陛辞南归。[1]

表明妙高在禅宗面临大事之际，急领一两名同僚赶赴京城，在御前廷辩中驳倒教宗的仙林等人，让禅宗得回了往日的安宁平静。这份记录没有提及杨琏真加的发起人角色，更没有提及教宗和禅宗的地位排序，完全是站在拥护禅宗的立场上写就的，显然不可尽信。而且即便此记录皆为事实，妙高的努力所换来的也只是禅宗"按堵如初"，并未实现教、禅两宗地位的逆转。不过，从妙高传记足以看出，教宗"谮毁"所导致的禅宗的地位变化，对禅宗来说无疑是一个相当大的打击。

就在这场廷辩举行的同年，世祖在江淮设置了36处御讲所，意在弘扬北方的慈恩宗。对此，大䜣《金陵天禧讲寺佛光大师德公塔铭》中有如下记载：

> 国朝以仁慈为政，笃尚佛教，又益信慈恩之学。先是，其学盛于北方，而传江南者无几。至元廿五年，诏江淮诸路立御讲三十六，求其宗之经明行修者分主之，使广训徒。时东昌德公首被选，世祖召见，赐食与衣，奉旨来建康，住天禧、旌忠二寺，日讲法华、楞严、金刚、华严、大藏等经。[2]

可见北方的慈恩宗僧人曾奉世祖之命前往江南，在各地所设的御讲所传讲法相教义。此外，《释鉴稽古略续集》中也提到：

1.《佛祖历代通载》卷二二，《大正新脩大藏経》第49卷，第721页C—722页A。

2.《蒲室集》卷一二。

> 镇江普照寺沙门普喜，号吉祥，山东人，精究慈恩相宗，研习唯什（识）、师地、因明等论。是年，世祖创立江淮御讲之所，普照居一，诏师主之。[1]

可知镇江的普照寺所设御讲所，由山东出身的僧人普喜主其讲席。另外，《佛祖历代通载》卷二二所载“世祖弘教玉音”百段之一提到：

> 帝平宋已。彼境教不流通，天下拣选教僧三十员，往彼说法利生。由是直南教道大兴。[2]

表明此举带来了慈恩宗在江南地区的兴盛。这里记录教僧为30人，与上文所述御讲所共36处数字不符，应该是因为其中几人都和东昌德公一样身兼两处御讲。

由唐玄奘弟子窥基始创的慈恩宗，宋代主要流行于华北，后来为金所继承，因此金版大藏经中也有与之相关的章疏入藏，对此塚本善隆已有过详细论述。[3]上述《金陵天禧讲寺佛光大师德公塔铭》中的主角德公，即志德（1235—1322），山东东昌人，真定龙兴寺法照禧公之嗣法弟子。而普喜也是山东人，可见当时山东、河北地区盛行慈恩宗。与之相对，江南则自五代而至两宋，禅宗和天台宗始终为佛教之主流，正如上述引用史料中所记录的，法相等宗的说法对江南佛教徒来说十分陌生。《佛祖统纪》《佛祖历代通载》等宋元佛教史籍都出自江南僧人之手，因此其中对华北佛教情况的记载很少，我们也很难从中了解到慈恩宗的动向，但从世祖的这些措施来看，直到元代，慈恩宗仍在华北占据主导地位，这一点毋庸置疑。

世祖设立御讲所的举措，意在改变江南禅宗、天台宗占据主导地位的现状，用敕命强行促进华北主流佛教教义的弘扬。对于江南的既存教团来说，此举无疑让他们倍感屈辱，但征服者的命令毫无

1.《释鉴稽古略续集》卷一《吉祥禅师》。

2.《佛祖历代通载》卷二二，《大正新脩大藏経》第49卷，第723页B。

3. 塚本善隆：《仏教史料としての金刻大蔵経》，《塚本善隆著作集》五，大东出版社，1975年。

转圜余地，他们也只能怀着复杂的心情，眼睁睁看着华北教僧们登坛讲法。不难想象，尤其是对于与教宗针锋相对的禅宗来说，这份屈辱无以复加。

世祖信奉佛教，为了让僧徒能够安心修行，实施了许多优待政策，连两税也予以免除，这些政策虽然同样惠及江南，但与此同时，通过江淮诸路释教都总摄所的设立、教禅廷辩、36处御讲所的开设等措施，世祖牢牢控制了号称隆盛的江南佛教，并试图改变其教风，而禅宗便成为其首当其冲的目标。我们应该认识到，在宋代，禅宗势力与士大夫阶级联系紧密，在整个佛教界都占据着特殊地位，对这样的禅宗势力的压制，正是元朝实现江南统治的必要措施。至元年间，江南的道士频频受召觐见，却不见僧侣受召，这种对照也是世祖宗教政策的一种体现。

世祖的江南佛教政策的最后一步，是至元二十八年（1291）在建康设立行宣政院，并在至元三十年将之移至杭州。[1]曾经的总统杨琏真加已殁于至元二十九年年初，将行宣政院从建康移至杭州的举措，或许与他的死不无关系。行宣政院的长官不同于都总摄所，后者基本都是中央派遣而来的僧人，而行宣政院则通常任用僧、俗各一人，最高长官由江浙行省的丞相或是平章兼任。[2]如此一来，形式上行宣政院便位于行政官僚统属之下，这显示出元朝的教团统辖方式终于告别了战时体制。不过，此时已是世祖朝末年。行宣政院移至杭州的第二年正月，世祖崩逝，成宗即位。翌元贞元年（1295），禅宗僧人悦堂祖訚受召觐见。此事可以视为世祖所采取的压制禅宗势力方针的终结，同时也是江南佛教政策的转折点。此后，江南的禅宗僧人逐渐活跃起来。虽然无法确知御讲所的存在持续到何时，但“教道大兴”的现象似乎只是昙花一现，教宗最终仍是屈居在了禅宗之下。

1.《至正金陵新志》卷五。据《元史》卷一六记载，至元二十八年杭州置行宣政院，但西尾賢隆在《元朝の江南統治における仏教》(《仏教史学》15-2，1971年）一文中引《至正金陵新志》卷五的记录指出，设立于至元二十八年的乃是建康行宣政院，三十年才移至杭州。今从西尾氏之说。另外，关于宣政院的详细情况，可参看野上俊静：《宣政院について》，载氏著：《元史釈老伝の研究》。

2. 西尾賢隆：《元朝の江南統治における仏教》，第95页。

从上述世祖在江南地区推行的宗教政策来看，白云宗从创设之初便得到都总摄所的认可，得以上京觐见，获得世祖的护持圣旨，并获准开版刊刻大藏经，这在整个江南佛教界可以算是例外中的例外。白云宗在元朝所受的待遇，其实更类似于道教的正一教。在南宋被视为异端邪伪教团、备受弹压的白云宗，通过率先与不谙江南世情的异民族统治者建立联系，成功获得其青眼，一跃成为受朝廷承认的教团。随后既有教团的势力受到遏制，而白云宗却在此时获得杨总统等人的支持，实现了本宗教法的弘扬。不过在当时，外界虽普遍将白云宗视为佛教的一派，但白云宗信徒却如下文将要详述的，一直有一种“与释氏别”的自我认识。至于元朝政府，从《元典章》等将白云宗、头陀宗与“和尚”区别对待这一点，就可知至少没有将其与正统佛教教团等同视之。也正因为如此，在既有教团受到压制之时，白云宗才得以后来居上，大范围扩张自己的势力。

不过，白云宗与既有教团之间也并非毫无联系。尤其是大藏经开版之际，杭州一带的教、禅僧人都曾参与协助策划。其中包括上文提到的云峰妙高，而慈恩宗的僧人也参与了校勘工作。[1]获得多方参与支持的大藏经出版，中心却在于新兴的白云宗，此点可视为这一时期的特殊情况。

第三节　元朝政府对白云宗的弹压

借着征服者的东风，白云宗公然扩张势力，成长为一个坐拥土地数万顷、教徒多达数万至十万的江南大教团。根据小川氏通过普宁寺藏经的题记所归纳的结果，白云宗的传播地区主要在浙西，特别是湖州路、嘉兴路[2]，这与其在南宋时期的传播地区并无太大变化。相较于同

1. 小川氏论文三第12页中指出，此次大藏经雕印过程中，径山兴圣万寿禅寺住持沙门妙高便是劝缘者之一，他还撰有《余杭南山普宁禅寺刊大藏经版记》一文。此外，该文第10页还提到，六和塔开化教寺住持传慈恩宗教讲经论沙门妙用等人都曾是论藏校勘者。

2. 小川氏论文一第17—20页、论文二第15—17页。另外，地方志中清楚记录为白云宗寺庙的，还有《正德松江府志》卷一八提到的华亭丛林中的妙严寺，其文中记道：“僧智建，本三乘菴，改妙严院，寺仍院名，宗白云教。元至正间重建，国朝景泰间重修。”

样被视为异端的白莲宗，可谓对比鲜明，后者仅史料中有明确记载的传播地区就包括了庐山、丹阳、建阳、江西都昌县、平江路，以及江南一带[1]。毋庸置疑，当时的浙西乃是中国的粮仓地区，大土地所有制发展显著，同时也是海上贸易繁盛的发达地区。根植于此的白云宗，与居住在这片土地上的权贵、富豪建立了紧密的联系。上章曾引用过表明南宋道民与赵氏宗室之间联系的石刻史料，而同样有史料表明，白云宗宗主古山道安也曾受到赵氏宗室的支持，即上文提及的牟巘《湖州妙严寺记》中的记录：

> （道）安素受知赵忠惠公，维持翊助，给部符，为甲乙流传。

赵忠惠公是太祖十世孙赵与篡（1179—1260），《宋史》本传中说他“所至急于财利，几于聚敛之臣矣”[2]，似乎是一个满心贪念的敛财者，历史评价很差；但相对的，他曾主持增修平江府儒学[3]，为大藏经的出版提供支持[4]，是一个尽力促进地方文化的人，苏州甚至还有为他所建的生祠[5]。

白云宗教团一方面受到来自权贵的支持，另一方面，如上章所述，他们同时也拥有工匠役徒，可以视为一个从事土木建设的群体，元代长兴州东岳庙、嘉兴路帝师殿等建设工程中也有他们活跃的身影。

白云宗教团在浙西地区势力日渐强盛，元朝政府对此自然不能放任，于是开始频频采取措施，试图进行规制。尤其是大德年间和延祐

---

1. 关于元代白莲宗的传播地区，可参看小笠原宣秀《中国近世浄土教史の研究》第二编《白蓮宗の研究》，特别是第六章“元代普度当時の教勢”（第122—150页）。不过，刘壎《水云村稿》卷三《莲社万缘堂记》中有云：“南北混一，盛亦加焉。历都过邑，无不有所谓白莲堂者，聚徒多至千百，少不下百人，更少犹数十。”可见当时无论都市、农村，四处都建有白莲堂，结有白莲社。关于元代的白莲宗、白莲社，尚有很多问题有待厘清。
2. 《宋史》卷四二三《赵与篡传》。
3. 《吴都文粹续集》卷三，杨载《平江路重修儒学记》[至治元年（1321）撰]。“宝祐间，赵侯与筹盛有所增饬。”
4. 小川貫弌：《大蔵経——成立と変遷》，百华苑，1954年，第52页。
5. 《吴都文粹续集》卷三，陈仁玉《赵公生祠记》[开庆元年（1259）撰]。

年间，都曾有过大规模的告发和政府弹压行动。其中，大德年间的事情经过尤其值得注意，但因《元史》中并无相关确切记载，此事历来受到忽视。最先关注此次弹压行动的是孙克宽氏的研究，所依据的史料是元人文集中的诸记录。关于当时的白云宗，这些记录中分别有如下描述：

> （1）浙西豪民即所居为佛庐，举（家）度为僧尼，号其教曰白云宗，日诱恶少，肆为不法，夺民田宅，奴人子女，郡县不胜其扰。[1]
>
> （2）浙西大猾聚愚民，服僧衣，复自号白云宗，以别于释氏，众至数万。依权贵，冒名爵，州县莫敢谁何。[2]
>
> （3）浙西白云宗强梁富人，相率出厚货，要权贵，稍依傍释教，立官府，部署其人，煽诱劫持，合其徒数万，凌轹州县，为奸利不法者……[3]
>
> （4）浙西豪民以佛为标榜，相煽为奸，众至数万，号白云宗，握印章以总其属，公私病之。[4]

从这些叙述来看，所谓白云宗者，与其说教团受到浙西豪民的支持，倒不如说本身就是由豪民所组成的教团。上文提到，世祖朝的僧人享受着连两税都予以免除的最高优待，而这自然造成浙西大地主为逃避税役而加入白云宗。统率白云宗的总摄所极有可能与道教的正一教一样，被授予了发放度牒的权力，无须上报国家，便可随心所欲地度僧。不过，即便身披僧衣，其中大部分也只不过是有名无实的带发僧人。小川氏认为白云宗的性质只是受农民支持的教团，但这些所谓“农民”，其实主要是以逃避税役为目的的浙西大地主。不过，隶属教团的

1.《滋溪文稿》卷一一《元故赠推诚效节秉义佐理功臣光禄大夫河南行省平章政事追封魏国公谥文贞高公神道碑铭》。

2.《金华黄先生文集》卷一四《苏学士画像记》。

3.《道园学古录》卷一五《岭北等处行中书省左右司郎中苏公墓碑》。

4.《至正集》卷四七《敕赐故中宪大夫岭北等处行中书省左右司郎中赠集贤直学士亚中大夫轻车都尉追封真定郡侯苏公神道碑铭》。

民众中当然也有大量佃户，为教团从事寺田耕作，负责寺中杂役。

上述各史料引用部分的下文都提及，为了惩治白云宗的恣意妄为，朝廷派遣礼部侍郎高昉，并选户部令史苏志道为其副，前后费时两年，兴起了一场“白云宗之狱”。其结果是白云宗强夺的大片田庐、大笔资产皆被没收，众多良家子女都被释放。关于这场按狱发生的时间，孙氏根据史料（1）下文中的“时顺德忠献王（哈剌哈孙）当国，选公为左司郎中”，指出应是哈剌哈孙任大丞相的成宗大德三年（1299）。更具体而言，哈剌哈孙于大德三年至六年之间任左丞相，又于大德七年至十一年之间任右丞相[1]，这期间《元史》本纪中有两条记录：

> （七年七月丁丑，）罢江南白云宗摄所，其田令依例输租。[2]
>
> （十年正月）戊午，罢江南白云宗都僧录司。[3]

此外，《两浙金石志》所收《嘉兴路儒学归复田租碑》中也记道：

> 大德辛丑（五年），前建学教、古杭沈公天祐再调秀泮（学）……又嘉兴大彭管田五十五亩，为白云宗僧顾明净所据，转售耳阿九等。移文有司，究诘明白。[4]

此碑立于大德八年（1304），因此文中提到的僧顾明净的处置在大德五年至八年之间。从上述一系列针对白云宗的措施来看，高昉按狱应当也发生在大德七八年左右。而史料（1）说此事花了两年时间，如此看来，大德十年白云宗都僧录司的罢废正是这场按狱结束的标志。

这种针对白云宗的压制措施在大德年间多有出现，其背景有二，第一点上节中略有提及，即伴随着世祖到成宗的皇位更迭而出现的江南佛教政策的转变。杨琏真加曾是白云宗强有力的外护，但他于世祖

1.《元史》卷一一二《宰相年表一·成宗皇帝》。

2.《元史》卷二一《成宗本纪四》。另可见同书卷一七〇《尚文传》。

3.《元史》卷二一《成宗本纪四》。

4.《两浙金石志》卷一四。

朝末年死去之后，曾被他强夺并冒入江南诸寺的50余万佃户在大德三年即被释放。[1]既有教团，尤其是其中的禅宗，在成宗朝成功与宫廷建立了密切关系。不难想象，随着这种形势的变化，既有教团对白云宗的批判也日渐激烈。

第二点是这些措施也与同时期发生的朱清、张瑄清算事件有关。关于此事，愛宕松男、藤野彪、植松正等氏已做过详细探讨[2]，无须赘述，此处仅对事件经过略做梳理。出身崇明岛的朱清和出身平江嘉定的张瑄本为海贼，投降元军后，在元朝水军中建立起稳固地位，更垄断了连接江南与大都之间的海运，一时权势熏天，富比王侯。大德六年（1302）正月，两人被江南僧人石祖进告发“不法十事”，下御史台狱，张瑄死于狱中，朱清也悲愤而死，张瑄次子文虎被判处斩刑，其他家庭成员尽数远谪，朱、张两家财产皆被没收充公。不过，他二人的罪名并非叛逆，被处以极刑的更重要原因是“盈满”[3]，即敛财过厚。所以据说当时“识者冤之”[4]，嘉禾士人金方所还曾作《朱张行》以示哀悼[5]。除此以外，还有不少颂扬他们功绩和善行的文章。或许正是因此，武宗朝至大三年（1310）十一月戊子，朱清次子虎、张瑄长子文龙受命重掌海运，朝廷还返还了他们被籍没的宅一区、田百顷。[6]

一方面，朱、张两氏族人曾出部分私财兴建儒学[7]、城隍庙[8]、天妃

1.《元史》卷二〇《成宗本纪三》。

2. 参看愛宕松男：《天妃考》，《滿蒙史論叢》4，1943年；藤野彪：《朱清・張瑄について》，《愛媛大学歴史学紀要》3，1954年；植松正：《元代江南の豪民朱清・張瑄について—その誅殺と財産官没をめぐって—》，《東洋史研究》27-3，1968年。

3.《至正崑山郡志》卷五《茅氏传》。“大德癸卯（七年），虎父左丞清以盈满得罪，官籍其家。”

4. 王逢：《梧溪集》卷四《题元故参政张公画像序》。“（大德）七年家覆。（张文虎）临刑色不变，有白气上干。识者冤之。”

5.《洪武苏州府志》卷四四。“当时，嘉禾士人金方所作《朱张行》悲之。”

6.《元史》卷二三《武宗本纪二》。

7.《吴都文粹续集》卷三，杨载《平江路重修儒学记》。“有元大德二年，治中王都中以殿宇废久，谋诸前两浙都转盐运使朱侯虎，慨然用其私财撤而新之，则又前此所未有也。”另见同卷燕公楠《平江路儒学大成殿记》。“越五年，是为大德二年戊戌秋八月，平江郡大成殿成，前浙都转盐运使朱虎所造也。”

8.《弘治太仓州志》卷四《祠庙》。“城隍庙……元至元辛卯（二十八年），左丞朱清所建。”

宫[1]等，有着为当地文化事业做出贡献的一面。对于佛教，他们也曾出资修建寺院[2]，但更值得注意的是，他们还是在平江路碛砂延圣寺雕刻的大藏经（碛砂藏）开版的施主之一。碛砂藏的刊刻始于南宋绍定三年（1231）左右[3]，在南宋末曾因大火一度中断，大德初年重新开始。这部分藏经中刊刻于大德三年十一月的《大乘大方等日藏经》[4]卷四的题记末尾有落款：

大檀越前湖广安南等处行中书省参知政事张文虎[5]

另外《大方等大集贤护经》[6]的题记中也有：

1. 中奉大夫江浙等处行中书省参知政事张文虎，发心施财，恭入

2. 平江路碛砂延圣寺，雕刊　大藏经板，永远流通，所集殊因，祝延

3. 　圣寿万安，　岁次壬寅大德六年二月　日，提调刊经僧昙瑞谨题

都表明张瑄次子文虎是碛砂藏开版的大檀越。尤其是后者所题时间大德六年二月，正是因石祖进的告发，御史台开始着手调查之时，这恐

1.《弘治太仓州志》卷十下，舍利性古《灵慈宫原庙记》（延祐二年四月望日撰）。“庙经始于至元壬辰（二十九年），郡人朱旭捐周泾之私地五十二亩，以基构焉。阅三年而栋宇以完。”

2.《正德松江府志》卷一九《华亭寺院》。“庆寿院在凤凰山，张瑄建。”另外，《吴都文粹续集》卷三四，曾桀《普济教寺重修记略》中记道：“朱左丞（清）捐资改额。”

3. 关于《碛砂藏经》，可参看前章第四节。

4.《碛砂藏经》虞四，景印本第94册。

5. 另还可见《大乘大集地藏十轮经》卷七，《碛砂藏经》唐七，景印本第96册。

6.《大方等大集贤护经》卷三，《碛砂藏经》罪七，景印本第100册；另还可见《信力入印法门经》卷二，《碛砂藏经》伏二，景印本第118册；《称扬诸佛功德经》下，《碛砂藏经》改二，景印本第172册；《十住断结经》卷七，《碛砂藏经》能一，景印本第174册；《妙法莲华经优婆提舍》上，《碛砂藏经》堂三，景印本222册；《大宋高僧传》卷三〇，《碛砂藏经》营十，景印本第544册等。而且考虑到景印本藏经为残缺本，实际上无疑应有更多。

怕是张文虎留下的最后记录。当时祈愿“圣寿万安”的张文虎仅一年后便被处刑，简直可谓命运的一个玩笑。另一方面，关于朱清的题记也见于《一字佛顶轮王经》等之中[1]，时间都在大德五年九月：

> 1.　大元国淮东道杨州路崇明州崇明沙道安乡道安里黄家符上段
>
> 2.　元居，今寓浙西道平江路崑山州惠安乡二十七保太仓住坐，奉
>
> 3.　佛资德太夫、大司农、河南江北等处行中书省左丞朱文清、同男显祖，
>
> 4.　虎、旭、明、国珎家眷等
>
> 5.　所伸情旨，谨发诚心，命工刊造
>
> 6.　大藏经板一千卷，舍入平江路陈湖碛沙延圣寺，永远流通，所集
>
> 7.　福利，端为祝延
>
> 8.　皇帝圣寿万安，雨顺风调，时和岁稔，次冀文清府门昌盛，庶事吉祥，
>
> 9.　四恩等报，三有均资，法界劳生，齐成　佛道，
>
> 10.　大德五年辛丑九月　日　　谨题

从这篇题记可知朱清即朱文清，还能看到他的原居所、现居所的详细地名，以及他有显祖、虎、旭、明、国珎五个儿子，这些都是其他史料中没有的信息，可见此题记实是关于朱清的重要史料之一。

无论如何，朱清、张瑄清算事件与白云宗之狱几乎同时发生，不得不让人怀疑两者之间是否有联系。白云宗教团的支持者乃是浙西豪

1.《碛砂藏经》丝七，景印本第195册。另外还有18部经文题记中都有朱清之名，此处省略经名。

民，而身为浙西大富豪的朱清、张瑄也是虔诚的佛教信徒，且白云宗的传播范围也包括了平江路，即便只是平江路的一小部分。[1]不过，并没有明确的记录表明两人与白云宗确有关联，且延圣寺也与白云宗无关，开创延圣寺的寂堂师元禅师是“大阐莲宗”[2]的白莲宗僧人。因此，恐怕并不能把对朱清、张瑄的清算与白云宗之狱视为同一事件，不过两者至少在浙西大富豪群体这一点上是共通的。两者的告发几乎发生在同一时间，说明此次元朝政府的目标在于遏制这些富豪群体。而对于白云宗的弹压，也并非出于对所谓邪教的取缔，归根结底仍是因为财货“盈满”。

另一方面，关于碛砂藏的情况，自张文虎在大德六年二月施舍之后，直到作于大德十年（1306）正月一日的关于行宣政院（使）张闾的记录出现，其间再无其他题记。这段空白很明显是因为朱张事件和白云宗之狱的影响导致了刊刻的中断。而且重新恢复之后，行宣政院使张闾作为劝缘都功德主，前松江路僧录管主八作为提调雕大藏经板（总负责人），负责推进刊刻，这意味着碛砂藏的刊刻自此转由官方全权负责。还有一点值得注意，大德十年正月这一时间，同时也是白云宗都僧录司被废止之时。由此也可以看出白云宗之狱结束与元朝宗教行政方针转变的动向。

武宗即位之后，白云宗比朱、张两氏更先一步复兴，至大元年（1308），白云宗摄所重新设立，长官授秩二品，许置属官三员。至于翌年杭州白云宗摄所的罢废，则正如小川氏所指出的，标志着宗摄所的职能从杭州大普宁寺移至了湖州路归安县大慈隐寺。[3]至大四年（1311），白云宗总摄所统的江南地区有发僧人被勒令还俗。[4]

尽管白云宗受到上述种种限制，仁宗朝延祐二年（1315），当时的总摄，即白云宗主沈明仁仍被授予荣禄大夫、司空之衔[5]，白云宗教团迎

1. 小川氏论文一，第19—20页。
2. 道衍：《诸上善人咏》第六十四《寂堂师元禅师》。
3. 小川氏论文一，第7页。
4. 以上详见《元史》卷二二至二四。
5.《元史》卷二五《仁宗本纪二》，延祐二年十月乙未条。

来了鼎盛期。然而马祖常却对此表示反对，指出向沈宗摄这样的“杂人”授予司空，必会成为后世笑柄。[1]或许是因为这样的反对意见太多，延祐四年（1317），仁宗下令禁沈明仁所佩司空印，毋得移文有司[2]，最终连同他的爵位一并褫夺。同六年十月，因中书省臣上言，除了对曾被沈明仁强夺的民田2万顷予以没收，被他诳诱的愚民10万人勒令还俗以外，仁宗还命对沈明仁加以鞫讯，其违法行为接连被揭露[3]，翌年，本人坐罪伏法[4]。这一过程中，沈明仁曾悄悄派遣弟子沈崇胜前往京师，试图贿赂要员以求援救，最终未果，连同沈崇胜也一起被治罪。[5]

关于沈明仁的违法行为，《元史》没有列出具体事件，但刘基为曾任江淮都转运盐使的宋文瓒所作的政绩记中有如下叙述：

> 公为浙西经历时，尝出，遇卒牵一囚，见公至，伏地呼枉。公驻马问囚，囚曰：“我湖州农民，姓名为杨信，方家居力农，忽有卒云自浙东来，以强贼见捕，逐受执，不知其由。”公呼卒出所持牒察之，疑有诈，召有司付之讯，果得诈状案上。公曰：“此必有故。”命再谳，乃得豪僧沈明仁与杨信争田，故构诈擒信，转致死地使死状。流其僧于海南。[6]

这段史料里出现的“豪僧沈明仁”，争田的对象是湖州农民杨信，可知确为湖州归安县大慈隐寺住持的白云宗主沈明仁无疑。除此以外，黄溍所作的徐泰亨墓志铭中也提到：

> 行中书省署君归安县典史。白云宗僧沈某，冒名爵、凌

1. 马祖常：《石田文集》卷七《建白一十五事》。“一，司徒、司空皆古三公之流，人臣名爵无与此位比者。圣上践祚之初，沙汰冗滥，尤慎此官，近岁屡有杂人等，如沈总摄、汪元昌辈亦受司空、司徒，窃虑天下后世传为口实，非便。”
2.《元史》卷二六《仁宗本纪三》，延祐四年六月癸亥条。
3.《元史》卷二六《仁宗本纪三》，延祐六年十月乙卯条。
4.《元史》卷二七《英宗本纪一》，延祐七年二月丁卯条。
5.《元史》卷二六《仁宗本纪三》，延祐七年正月辛卯条。
6. 刘基：《诚意伯文集》卷六《前江淮都转运盐使宋公（文瓒）政绩记》。

> 官府，有悟其意者两人，将置之死地。两人之怨家私邻女不得，杀以灭口，弃尸桑林中。事觉，阴使以他辞引两人，传致其罪。君将直其冤，吏持不可，曰："此沈公意，孰敢拒也。"君尽立群吏于前，语之曰："吾能死，不能滥杀以求媚于人。"会使者行部，君卒白出之。[1]

其中的"沈某"也正是沈明仁。这两段史料所叙述的事件都表明，沈明仁指使地方官吏罗织罪名，必欲将对己不利的人置于死地。《元史》中提到的违法之举也大致都是这一类俗世中的恶事，而非出于宣扬"邪说"等宗教方面的理由。比起大德年间，此次弹压显得更加彻底，但弹压的理由与之前并无太大变化。也就是说，白云宗几次受到元朝政府的弹压，都是出于同样的理由。

第四节　白云宗的后续动向

由于延祐年间的这次政府弹压，白云宗主沈明仁被判处流放，教团的财产也被没收。对此，小川氏指出"此次事件中，白云宗徒被遣散殆尽，僧尼全部还籍为民，宗门几乎分崩离析。此次禁令施行之后，元代的白云宗社会地位尽失，此后即便仍广泛存在，却已成为被禁止的邪教宗门，不得不潜伏于地下，直至元末明初"[2]。然而这一结论却值得商榷。

首先，所谓当时僧尼全部还籍为民这一点，其依据应当是《元史》以下记载：

> 诏籍江南冒为白云僧者为民。[3]

1.《金华黄先生文集》卷三四《青阳县尹徐君墓志铭》。除了引用部分之外，墓志铭下文中还提到一个案件，沈明仁之徒某僧与民妇通奸，遭其夫殴打以后怀恨在心，恰逢发生劫杀案件，便诬告其夫为该案罪犯。此案同样经徐泰亨调查，明确为冤案。

2. 小川氏论文一，第9页。

3.《元史》卷二七《英宗本纪一》，延祐七年二月丁卯条。

然而根据这条记录，被强令还俗的只是“冒为白云僧者”，而非所有白云宗僧。而且，这次还籍措施实行的10年之后，即至顺元年（1330）九月，又发生了一件相关的事：

> 至治初，以白云宗田给寿安山寺为永业，至是，其僧沈明琦以为言。有旨，令中书省改正之。[1]

也就是说，至治初（1321）没收的田土，此时朝廷又将之返还给了白云宗。如果白云宗真的分崩离析，成为受禁邪教宗门，朝廷显然不会有这样的举动。关于没田的时间，《元史》中有这样的记录：

> 至治二年，（曹鉴）授江浙行省左右司员外郎。明年，奉旨括释氏白云宗田，稽检有方，不数月而事集，纤豪无扰。[2]

由此可知没田的施行在至治三年。

不仅如此，曾是白云宗本山的杭州南山大普宁寺于泰定元年（1324）刊刻了《景德传灯录》[3]，古山道安出身的湖州路吴兴的妙严寺也于泰定二年（1325）至至顺三年（1332）之间先后校勘、刊刻了《大般若经》《华严经》《大宝积经》等佛典[4]。而且这两寺的住持和耆旧僧人明月、明实、明洲、明秀等，名号都有“明”字。正如小川氏曾指出的，白云宗僧人之中，道安的弟子皆带“如”字，孙辈弟子皆带“明”字。由此可见，白云宗僧人、同时也是道安的孙辈弟子们依然居住在

1.《元史》卷三四《文宗本纪三》，至顺元年九月丁未条。

2.《元史》卷一八六《曹鉴传》。

3.《景德传灯录》卷三〇，《碛砂藏经》世十，景印本第513册。“杭州路南山大普宁寺，伏承当寺比丘明月发心施财，入大藏经局，刊《传灯录》第九卷至十卷，所集殊利，专为祝扶父亲施忠信、母亲潘氏二娘子，辛亥癸卯各位本命星天，资陪福筭，所冀现生之内福寿康宁，他报之中解脱自在者。泰定元年八月□日，当山住持明实谨题。”

4.《影印宋碛砂藏经》第1册天一、天十，第8册荒十，第9册日二，第73册龙十。此外，可参看小川氏对此藏经的介绍。小川貫弌：《呉興妙巌寺版蔵経雑記》，《中国仏教史学》5-1，1941年。

大普宁寺、妙严寺中，并且公开从事着佛典的刊刻。

此外，前章曾引用过的黄溍《济南高氏先茔碑》提到：

> （高仁）授嘉兴路总管府治中。时列郡方作祠奉帝师，凡庀材用、召匠佣，一出于民力。公独谕浮屠氏之籍于白云宗者，俾任其役。[1]

表明高仁曾将帝师殿营建的任务交给白云宗徒。需要注意的是，各路兴建帝师殿的举动肇始于至和元年（1321），即沈明仁等人获罪的次年。[2]这些迹象都表明，延祐年间的弹压并未使白云宗教团解体，他们的社会活动仍在继续。由此可见，以至顺元年的记录为依据，认为白云宗直至元末始终存在的孙克宽氏的观点更为准确。

元末的浙西地区处于东吴张士诚的割据之下，直到1367年割据政权为吴王朱元璋所灭。东吴统治下的白云宗情况不甚明确，但归入明朝统治之后，白云宗与白莲社、明尊教（摩尼教）等同样被视为邪教之一。《明太祖实录》中就记道：

> 中书省臣等奏：……亦不许塑画天神地祇，及白莲社、明尊教、白云宗、巫觋、扶鸾、祷圣、书符、咒水诸术，并加禁止，庶几左道不兴，民无惑志。诏从之。[3]

这一邪教禁令后来被写入《大明律》卷一一《礼制》，作为律法通行。但自此之后，史书中所记录的邪教都是弥勒教、白莲教等，再不见叙述白云宗活动的记录。由此我们只能判断，进入明代以后，白云宗已然消亡。

元朝几度受到政府弹压亦不曾被撼动的白云宗教团，为何在明初

1.《金华黄先生文集》卷二八《济南高氏先茔碑》。

2. 幻轮《释鉴稽古略续集》卷一，至治元年条有云："诏各路立帝师殿。"此外，刘鹗《惟实集》卷三《重修帝师殿记》中也有："至治间，诏天下立庙以祀之。"

3.《明太祖实录》卷五三，洪武三年六月甲子条。

以后消失踪迹？这个问题尚须今后的进一步探讨，但其中一个重要原因，便是洪武帝针对浙西富民的压制政策的影响，尤其是向其故乡凤阳（安徽）等地的强制人口迁徙。由于这些压制政策，江浙地区“豪民巨族，刬削殆尽”[1]。上文已经明确，元代白云宗正是浙西富民的教团。失去了社会基础，教团当然也只能走向解体消亡。或许可以说，甚至无须任何取缔邪教的举措，白云宗自与浙西豪民命运与共。

关于白云宗的教义、教团组织等问题，先学研究已经硕果累累，无须赘言，因此本章主要集中探讨白云宗的政治、社会背景，尤其是其与元朝的江南统治政策相关的若干问题。要而言之，终元朝之世，白云宗一直是受国家承认的教团，其实质乃是浙西豪民所组成的群体。也正因如此，白云宗在整个元代的势力消长，始终与元朝政府的江南宗教政策，以及对浙西豪民的处遇密切相关。元代的白云宗曾先后几次受到来自政府的弹压，但其原因在于世俗中的财富与权势问题，而非宣扬邪说、秘密结社等所谓的邪教活动。就这一点而言，白云宗与白莲宗、白莲社等教团，性质实是大相径庭。

（旧稿原题《元代白雲宗の一考察》，载《仏教史学会三十周年記念論集》，1980年。本章为旧稿增补而成。）

1.《鲍翁家藏集》卷五八《莫处士传》。此外，关于这个问题，可参看清水泰次：《明初に於ける臨濠地方の徙民について》，《史学雜誌》53-12，1942年；同氏《明太祖の対権豪策》，《史観》38，1952年；吴晗：《朱元璋传》，生活·读书·新知三联书店，1965年，第180—183页。

前编结语

本书前编由八章构成，前四章主要论述宋朝各种宗教政策的内容及其影响，后四章考察这一时期勃兴的异端宗教存在的政治和社会背景。

第一章“宋代卖牒考”关注肇始于北宋后期，并被金、元、明代承袭的空名度牒售卖政策，重点考察卖牒现象的经过、政策实施的初衷，以及卖牒对佛教教团和一般社会产生的影响。首先，关于卖牒政策的由来，对于认为其滥觞于唐朝的旧说，本章论证唐代实行的并非空名度牒售卖，而是进纳度僧，至于卖牒则直接起源于宋初出现的度牒私售，在此基础上分析卖牒初始期的种种背景，明确了卖牒正是以救济民生为第一位的王安石等新法派所推行的措施。接下来考察南宋初期度牒住卖措施的目的及其效果，阐明高宗坚决贯彻这一措施的背景在于吸取前代灭佛政策的教训，避免骤然实施强硬政策招致社会混乱，其目的在于实现僧尼人数的渐进式减少。住卖措施的结果，正如福建佛教教团的情况所表现出的，这一措施对于削减教团势力产生了明显的效果。然而，虽不得度却寄食于寺院，或是没有度牒、不从属于教团而单独行动的半僧半俗的宗教信徒，却也因此举而有所增加。20年后，卖牒制度重新恢复，但价格却不断高涨，僧尼“预备军”想要获得度牒绝非易事，为了筹措购买度牒的资金，不得不采取各种方法。因此即使在卖牒恢复之后，与既有教团势力逐渐衰落的趋势相反，不遵僧侣之制的带发宗教信徒的活动仍有愈演愈烈之势，而这些或许正是促使后来的白云宗等异端宗教发展的源头所在。

第二章“寺观的赐额”所关注的赐额制度，由中央政府向寺观赐予敕额以示对其存在的承认，对无额寺观则强制毁弃，是宋朝政府约束、控制教团的一种手段。本章通过梳理赐额制度在宋代的变化轨迹，试图明确宋朝宗教政策性质的某些侧面。从石刻史料和地方志中可以看到，北宋神宗朝初期以前，政府曾大量赐额，由此而处在政府掌控之下的寺观数量远超唐代，而认为这种现象体现了政府滥发敕额、寺观管理政策混乱不堪的旧有观点，实则大有值得商榷之处，因为通过赐额掌握寺观的存废，毋宁说正是国家管理有效渗透到各个方面的证明。

第三章“宋代坟寺考”以仅实行于宋代的独特寺院制度——坟寺制为考察对象，探讨了催生出这种制度的社会背景，以及与之相关的士大夫官僚群体的性质。在坟茔近旁修建寺院，让寺院僧侣负责看守先祖坟茔的风气在唐代已经出现，但宰相级别的高官才能获准建立坟寺的做法正式成为一种制度，则始于北宋中期，自此之后，几乎所有有资格奏请的高官都会建立坟寺。不过，高官中也不乏像欧阳修一样因厌恶佛寺而以道观守坟的人；且到了南宋时期，没有资格奏请建立坟寺的中下级官僚或远离庙堂的士大夫之中，私建坟寺也蔚然成风。坟寺制度盛行的背景，除了现有研究已经指出的权贵兼并寺院、觊觎免役特权等经济上的原因以外，更有宋代士大夫的徙居风潮，以及地位无法世袭的士大夫阶级在社会地位方面的不安定因素。换言之，坟寺制与士大夫阶级的兴起有着密不可分的关系。这种制度兴于宋、终于宋，没有被后来的王朝所沿袭，但建立坟寺之风在元代也曾十分盛行。不过，进入明代以后，随着《文公家礼》的普及，这种趋势逐渐消失，守护先祖坟茔的任务转而交由耕作墓庄的佃户负责。本章强调，坟寺制从一个侧面体现出宋代新兴士大夫阶级的社会性质，同时也反映了他们与佛教的密切关系。

第四章“福建的寺院与社会”以福建为例，关注佛教教团与地方行政的关系，以及教团在地方社会中所起的作用。因五代时期闽国王室崇佛的渊源，福建在宋代也是有着佛国之称的一大佛教中心。寺院占有广袤的田地，是当地最富裕的存在，根据地方志的记载，福州所有田地之中，仅寺田就占了五分之一，漳州的寺田比例更是高达七分之六。因此当时该地的寺院代替民户缴纳两税以外的赋课，同时还负担着地方官府的各种经费，被视为“民之保障”，与此同时，寺僧还须承担很多土木工程，维系社会福利事业，可以说，寺院在福建行政中扮演了不可或缺的重要角色。承认佛教教团存在的合理性，并将其力量运用于财政、社会政策之中，福建地方政府的这种现实对策，与第一章探讨的卖牒政策有着共通之处，两者都体现出的宋朝宗教政策的特点非常值得关注。到了南宋后期，过重的负担导致福建寺院势力逐渐衰落，但直到明代，与民户相比，寺院财产仍然十分丰厚，因此将寺产运用于社会财政的措施仍然得以继续。本章分析的佛教教团与地方行政、地方社会的关系，虽是以福建地区为例，但这种关系同样存在于宋代的其他地区。

第五章“关于‘吃菜事魔’”首先通过对相关史料的探讨，指出北宋末以来被视为最邪恶宗教而屡次严令禁止的“吃菜事魔”，其实并非如现有学说所认为的那样仅指摩尼教徒，其次明确了宋朝取缔邪教政策的变化过程。摩尼教传入中国，音译为摩尼，或基于教义称其为明教。根据以这两者之一为称、且可以断定确指摩尼教的史料，探寻其在宋代及以后的传播轨迹，可知摩尼教在北宋时期从福建传至浙东沿海地区，并且在这些地区一直存续至元、明代。其中尤以福建泉州为传播中心，当地至今仍留存有元代摩尼教寺院的遗迹。同时，通过分析与“吃菜事魔”相关的史料可知，“吃菜事魔”这一名词最早出现在北宋末尚书省要求加强对其进行取缔的上奏之中，基于这一上奏，朝廷最终制订出被称为“吃菜事魔条法”的禁令。自该条法制订之后，关于魔贼叛乱的记录便频频出现在史料叙述中。这也就是说，所谓“吃菜事魔”，是官方在取缔邪教之际用于指代的一个称呼，未必仅用于特指某个秘密宗教。因此，凡是在为政者看来属于反社会的一切结社、活动，无论佛教、道教或儒教，都难逃“吃菜事魔”的嫌疑，目的正是以此为口实，对所谓邪教进行取缔或弹压。

第六章“方腊之乱与‘吃菜事魔’”否定了北宋末发动叛乱的方腊是“吃菜事魔”，即摩尼教徒这一定论，并探讨了方腊之乱的宗教、社会背景。近年来，学界多将传入中国的摩尼教作为一种带有革命性的宗教，给予颇高的评价，这种观点源于认为方腊之乱由“吃菜事魔”信徒发起，其首领方腊本人也是摩尼教徒的看法。然而，虽然方腊的确是利用了宗教名义纠集民众，但他所利用的宗教却与所谓的“吃菜事魔”并无直接关系，而是一种杂糅了佛教业镜显灵和宝志谶记等要素的民俗信仰。不过，响应方腊之乱而起事的人中，似是不乏此前由福建流传至浙东地区的摩尼教的教徒。若进一步对方腊之乱的社会背景进行探讨，则会发现叛乱策源地青溪县是一个总户数中六成无产业、贫富差距极大的地区，正是这些无产业者成了这场叛乱的主力军，而参加叛乱的民众之间并没有已经结成的宗教性秘密组织。

第七章“关于浙西的道民”探讨对象为南宋时期活跃于浙西地区，自称“道民”的宗教团体，针对这个被视为“吃菜事魔之流”而曾被勒令解散的群体，本章明确了其活动情况，并对所谓道民者的性质做了考察。道民曾被政府视为奸民，并勒令解散，但实则在浙西地区受到当地权贵的庇护，并积极从事架设桥梁、道路或营建祠庙的工程，作为一种土木建设事业团体在地方上颇受欢迎，而且至元代仍继续着同样的活动。当时的浙西地区是佛教的一大中心，建置坟寺、私庵的风气十分盛行，有着容纳道民这样的宗教团体的社会土壤。道民是一群“既非僧道，又非童行，亦非编户”的介于半僧半俗之间的宗教信徒，不过，在南宋时期的江南，除了他们以外，另外还有很多人被称为道者、道人，包括居住在寺院之中从事杂役的人。他们盼望着出家为僧尼，却因没有得到度牒的机会，只能带发奉佛，从在教团中的身份而言，应归入行者一类。虽然有合法与非法的区别，但道民实际上是与行者性质相同的阶层，我们有理由认为，南宋卖牒政策的变化正是促进这些群体发展的要因之一。至于白云宗与道民关系的问题，从白云宗教团的布教地区及其活动情况来看，白云宗应是包括在道民之中的一个群体。

第八章“元朝的江南统治与白云宗”上承前章内容，将白云宗在元代的盛衰置于元朝的江南统治这一背景下进行了考察。元朝统一江南之初，白云宗获得世祖的承认，一跃成为受官方认可的教团，在禅宗等既有教团受到种种限制的情况下，唯有白云宗一家实现了长足发展，还负责了大藏经的出版。然而，成宗朝以后，白云宗开始屡屡受到弹压，原因在于白云宗向来受浙西地区富豪支持，所敛财富堆山积海，而非其教义学说或布教方法的问题。也正是因此，即使屡受弹压，也每每能够很快卷土重来，白云宗教团本身的存续至少持续到元末。不过，到了明初，白云宗也被视为邪教之一，为官方所禁止，其后便彻底消失了踪影。白云宗衰亡的原因之一，就是浙西地区的豪民在明初被强制迁徙。

后编　敦煌佛教教团研究

第九章

敦煌的僧官制度

第一节　前言

敦煌文献中除典籍以外的文书，绝大多数都与佛寺有关。要准确理解这些文书，首先就必须了解作成这些文书的敦煌佛教教团，探究它们的结构和变迁。正如先学已经指出的，大部分敦煌文书成于唐末至宋初的9、10世纪，可补该时期中国史史料之缺，因而历来很受重视。的确，敦煌虽地处边陲，但属于汉人社会，以中原文化为基调，因此对中国史研究而言，敦煌文书具有重要的史料价值，这一点毋庸置疑。不过，敦煌本为边境地区的绿洲城市，生态环境特殊，更兼该时期先后有吐蕃占领、归义军独立等重大事件，历史背景亦是非比寻常。这也是敦煌虽是汉人居住、以中原文化为基调的城市，敦煌文书却无法直接作为中国史史料加以利用的原因。尤其是吐蕃时期的敦煌，无论是否出于自愿，敦煌文化中必然会融入藏地要素，这一点更是不言自明。因此对敦煌文书的利用，必须以理解敦煌的相关特殊条件为前提。也正因如此，大多数佛寺相关文书反映出的情况都不可能直接套用到唐末五代的中国佛教教团身上，首先必须将其放在敦煌本地教团的框架之中进行考察。从这个意义上说，对敦煌佛教教团的研究，应是所有研究的首要前提。出于这种考量，本章内容首先探讨统辖教团的僧官制度，以此为出发点，对敦煌教团的结构做一考察。

中国的僧官制度很早就受到许多研究者的关注，因为僧官不单是教团的统辖机构，也是与国家权力等世俗事务正式接触的窗口，代表着教团的社会地位。现有的诸多研究几乎已经涵盖了与唐宋时期僧官制度相关的所有史料。[1]唐代僧官制度先于敦煌，应对敦煌僧官制度有

---

1. 与本章相关的唐宋时期僧官研究如下。服部俊崖：《中国僧官の沿革》，《仏教史学》2-7，1912年，第54—56页；山崎宏：《唐代の僧官》，载氏著：《中国中世仏教の展開》，清水书店，1942年，第598—674页；塚本善隆：《唐中期以来の長安の功徳使》，《東方学報（京都）》4，1934年，第368—406页；道端良秀：《唐代仏教史の研究》，第104—112页；高雄義堅：《宋代に於ける僧官の研究》，收入《中国仏教史論》，平乐寺书店，1952年，第116—135页；贺光中：《历代僧官制度考（二）》，《东方学报（马来亚）》1-2，1958年，第187—236页。

很大影响，然而史料的限制却让我们无法充分了解。目前所知的仅是唐初未置僧官，大约从元和年间起，中央才设立了左右街僧录制，以及僧录出现之前似乎曾有过僧统。至于地方僧官，我们大致可以确知僧统或僧正等的存在，但统辖机构等相关细节仍隐藏在一片迷雾之中。基于这种现状，敦煌文书中频繁出现的僧官史料便成为了解唐末五代教团组织的重要依据，历来也多为先行研究所引用。然而，现有研究都只将其视作中国僧官研究中的一个地方性个案，其结果是只有中原地区的僧官——僧统、僧录、僧正等常被引用，而敦煌独有的僧官却被排除在讨论范围之外，因此从这些研究中无法复原敦煌当地的僧官制度。要了解敦煌的教团组织，我们需要暂且放下中原制度，通过文书中的记载来还原敦煌的制度，然后从还原的敦煌僧官制度中辨别出来自中原的要素与敦煌独有的特征，如此才有可能全面把握当时中国僧官制度的整体。

僧官制度是教团组织建立的基础，因而僧官制度的变化也就能够反映出作为其母体的教团自身的变迁。进一步来说，这些变化不可能与它们所处社会的变革相互割裂，更遑论在佛教占据社会中心的敦煌，两者的联系无疑更加紧密。可以说，考察敦煌200年间的僧官制度，其实也就能够一窥佛教教团变迁，乃至社会变迁的过程。因此，为了追寻僧官制度变迁的痕迹，首先必须对文书的写作年代等进行细致的技术性分析。幸运的是，近年来东洋文库引进了斯坦因文书（以下简称S），以及部分伯希和文书（以下简称P）、北图本的缩微胶卷，通过冲印照片可以获知原文书的形态，加之藤枝晃教授的僧尼籍研究可供借鉴[1]，使我们能够对敦煌文书进行相当细致的分析探讨。得益于这样的条件，纵然恐有繁杂之嫌，本章对文书的探讨也会尽可能涉及细微之处，包括对高僧的个人经历进行仔细梳理，这是出于上述必要性，也因为这些探讨将成为今后敦煌研究的基础工作之一。本章接下来的论述展开，首先会按照位阶高低依次考察各级僧官，最后将在还原僧官制度的同时，通过制度探讨敦煌佛教的性质。

---

1. 藤枝晃：《敦煌の僧尼籍》，《東方学報（京都）》29，1959年。

第二节 僧统

都僧统乃是敦煌佛教教团的最高位僧官，这一点可以说早已成为定论。都僧统是始创于北魏的北朝系僧官，在唐代，中央的左右街僧录制成立之前，也有过都僧统存在的迹象。作为地方僧官的僧统，有越州的先例，律学大家昙一曾在天宝年间至大历六年（771）任越州僧统[1]，后由神邕继任[2]。不用说，敦煌的都僧统自是从唐代的地方僧官制度脱胎而来的。山崎宏氏在其研究《唐代の僧官》第三节“僧统”部分中，用大半篇幅详细论述了敦煌的僧官，不过他所用的史料都是从其他研究中转引的文书。但即便如此，也足见敦煌文书中与都僧统相关的文书数量之多，更遑论其实还有更多文书尚未受到过关注。不唯如此，其中很多文书首尾完整，保留了文书的格式，可以说是公文书中的珍品。这不仅对佛教教团史而言意义重大，更关系到敦煌史等其他方方面面。总而言之，都僧统相关文书质、量皆为上乘，使得都僧统的实际形态与历史沿革成为整个僧官制度研究中最为清晰详细的部分。不过，这些基本都是归义军时期的文书，更早的吐蕃占领时期的文书则寥寥无几。这一点虽可以说是所有文书的普遍现象，但关于都僧统则是出于其他原因的影响，这一点下文还将详述。因此，虽然在时间上前后颠倒，但为了论述方便，本节将先考察归义军时期的都僧统，在下一节再对吐蕃占领时期进行回溯和考察。关于归义军时期的都僧统，文书的大量存在使我们能够重建其谱系，本节就将以历代都僧统的承袭为主线，自初代洪䛒以下，按照承袭顺序排列，尽可能详细地记录他们就任、隐退的背景，以及时间、重要事项等，最后基于对他们经历的总结，试论都僧统的性质。

洪䛒（辩）[3] 敦煌文书的绝大部分都成于8世纪以后[4]，而其中

1.《宋高僧传》卷一四《唐会稽开元寺昙一传》。

2.《宋高僧传》卷一七《唐越州焦山大历寺神邕传》。

3. 敦煌文书中“辩”常作“䛒”。

4. Lionel Giles, “Descriptive catalogue of the Chinese manuscripts from Tunhuang in the British Museum” , *The Journal of Asian Studies*, 1958.4, p.XLI.

有明确事迹记载的最早的都僧统便是洪䛒。洪䛒之名，因大中五年（851）的告身而为人所知。关于这份告身，前有以罗振玉氏为代表的诸多研究，近年亦有大庭脩氏的大作《唐告身の古文書学的研究》[1]，梳理了先行研究脉络，并进行了细致考证，足供参考。这份告身授予河西都僧统摄沙州僧政法律三学教主洪䛒京城内外临坛供奉大德，并授予入朝使沙州释门义学都法师悟真京城内外临坛大德，落款日期为大中五年五月廿一日。大中二年（848），张议潮乘吐蕃内乱之机，举兵收复河西，接连占领沙州、瓜州，同时向长安派遣使节，欲归附唐朝。考虑到路途中可能出现的危险，使节共分十组，各取不同路径，其中一组率先到达天德军，大中五年二月，天德军的报告抵达长安。悟真所加入的入朝使应就是这十组使节队伍之一。根据大庭氏的研究，这份告身授予对象是洪䛒，由尚书省礼部下发，而且由此告身可以推断，关于僧官的任命，有唐一代一直是由礼部尚书下辖的祠部的职责。另外，这份告身的主要内容是授予大德号，洪䛒本身还拥有河西都僧统摄沙州僧政法律三学教主的称号，但这是大中五年以前由张议潮所授的僧官，告身内容表明此身份也得到了唐朝的承认，这一点也正如大庭氏所论。由此可知，洪䛒在大中二三年已经身任河西都僧统，他无疑正是归义军时期的首任都僧统。

明确记载“都僧统洪䛒”的史料，目前仅有上述告身一例，但时期相同的还有其他文书，例如：

S.1947v《敦煌管内寺窟算会》

1. 大唐咸通四年岁次癸未，河西释门都　僧统，缘敦煌

2. 管内一十六所寺及三所禅窟，自　司空吴僧统酉

3. 年算会后，至丑年分都司已来，从酉至未，一十一年

（以下中断）

1.《(西域文化研究第三）敦煌吐鲁番社会経済資料（下）》，法藏馆，1960年，第279—368页。关于此告身的考察在第339—343页。

文书内容至此中断，下文语焉不详，不过咸通四年为863年，因此可知文中的酉年即大中七年（853）。根据现有内容可以推测，大中七年司空张议潮与吴僧统对敦煌管内16所寺院、3所禅窟的所有财产进行了调查统计，并在后来的丑年（大中十一年，857）对都司（都僧统司）进行机构改革，至此时的未年（咸通四年），已过去了11年。这3行文书中出现了“河西释门都僧统”和“吴僧统”两名僧统，而后者以俗姓为称，或可说明两者应不是同一人。

不过，考虑到吴僧统进行算会的大中七年正是洪䛒告身下发的两年之后，也有可能吴僧统就是洪䛒本人。而且接下来将要介绍的时期相近的都僧统有翟法荣、唐悟真等，其中并没有吴姓僧统。然而《沙州文录》等文献中所收的窦良骥撰《吴僧统碑》记载，吴僧统在吐蕃占领时期自释门都法律兼摄引教授受任为释门都教授，发愿并进行了佛窟开凿。碑文中还有“将期永日，何遽早亡”，提及了他的死，却没有提及张议潮收复河西的事件。由此《沙州文录》的编者蒋斧推断，此碑文的写作时间应为开成三年（838）[1]彝泰赞普（可黎可足，Khri gtsug lde btsan）卒年以前。

此外，戴密微（Paul Demiéville）在其名著《吐蕃僧诤记》的注释中也提到了吴僧统，并引用他认为是同一人的《吴和尚赞》，指出吴僧统的卒年在张议潮登场以后，即848年以后。[2]此推论的依据是P.4660《大唐沙州译经三藏大德吴和尚邈真赞》二十五，文中记道：

圣神赞普　虔奉真如　诏临和尚　愿为国师
黄金百溢　驲使亲驰　空王至理　浩然卓奇
自通唐化　荐福明时　司空奉国　固请我师
愿谈维识　助化旌麾　星霜不换　已至无衣

1.《资治通鉴》卷二四六将彝泰赞普的卒年作开成三年（838），而吐蕃史料则作开成元年，似乎应当以后者为准。因此即便从蒋斧之说，关于此碑文的撰述时间，也应在开成元年（836）以前。详见佐藤長：《古代チベット史研究（上）》，东洋史研究会，1958年，第31—34页。

2. Paul Demiéville, *Le Concile de Lhasa,* Presses Universitaires der France, 1952, pp.34–37.

表明吴和尚受赞普亲自任命为国师，归于唐化之后，司空张议潮曾固请吴和尚教化，而后者却终入无依涅槃。由此可知，正如戴密微氏所论，吴僧统的卒年确应在敦煌进入归义军时期以后，而且是在其初期。进一步而言，可以断定此处的吴僧统与上文提及的大中七年出现的吴僧统也为同一人。

大中五年的都僧统是洪䛒，这一点既是毋庸置疑的事实，且正如上文所述，该时期没有其他吴姓僧统，由此应该能够断定，这位吴僧统正是洪䛒。能为这一推论佐证的，是洪䛒在吐蕃占领时期的活动。相关细节将在下文“教授”一节中详述，在此先简单提及结论，即《吴僧统碑》中所记的僧官升迁过程，与洪䛒在吐蕃占领时期的迁转轨迹完全一致。此外，归义军时期完全没有与洪䛒有关的文书，吐蕃占领时期却大量出现，足以证明他主要活跃在吐蕃占领时期。综上所述，我们可以断定洪䛒即是吴僧统，也就是说吴是洪䛒的俗姓，他直到大中七年仍然健在，并在此后不久即逝世。这说明他在获赐告身的时候，已是相当高龄。正因如此，在派遣作为僧侣界代表的入朝使时，他才会让弟子悟真作为自己的代理前去。[1]

法荣　大中八年左右，洪䛒去世，接替他继任河西都僧统的人是翟法荣。

P.3720文书里集中的主要是与后文将要介绍的悟真有关的文牒，但其中有一份咸通十年（869）中书门下牒的录文，因与法荣有关，先于此处引用：

> P.3720《中书门下牒》
> 1. 河西副僧统京城内外临坛大德都僧录三学传教大法
> 2. 师赐紫僧悟真
> 3. 右河西道沙州诸军事兼沙州刺使御史中丞张淮深
> 4. 奏白：当道先有　敕授河西管内都统赐紫僧法
> 5. 荣。前件僧去八月拾肆日染疾身死，悟真见在

1. 与告身一同赐给洪䛒的慰问之敕中有“敕洪䛒所遣弟子僧悟真上表事”。

6. 当州。切以河西风俗，人皆臻敬空王，僧徒累阡，大
7. 行经教。悟真深开阐谕，动迹徽言，劝导
8. 戎域，寔凭海辨。今请替亡僧法荣，便充河
9. 西都僧统，裨匡弊政。谨具如前。
10. 中书门下　牒沙州。
11. 牒奉　敕，宜依。牒至准　敕。故牒。
12. 　　　　　　　　　　咸通十年十二月廿五日牒

河西管内都（僧）统法荣在八月十四日病没以后，沙州归义军第二代节度使、河西道沙州诸军事兼沙州刺史张淮深向唐朝奏请，欲以河西副僧统悟真为继任都僧统，对此中书门下奉敕“宜依”，以牒到之日依敕施行。由这份牒文可知，都僧统的任命是由节度使向朝廷推荐候选人，获朝廷允准之后奉敕施行的。中书门下在将此敕命下发给节度使的同时，应当还附有下发给新任都僧统的告身，但后者没有保留下来。不过不管怎样，可以肯定的是，悟真在咸通十年由河西副僧统升任为都僧统，其前任都僧统正是该年八月十四日[1]病逝的法荣。

值得一提的是，法荣死后，立即有人为他画了真影，作了邈真赞。他的邈真赞收录在P.4660《邈真赞集》卷十九、二十中，共有两篇，其中一篇为悟真所撰。

P.4660《邈真赞集》卷十九、二十
1. 唐故河西管内都僧统邈真赞并序
（序、赞略）
2. 　　时咸通十年八月蓂凋一十三叶题于真堂
…………………………………………………………………[2]

1. 前河西都僧统京城内外临坛大德三学教授兼毗尼藏主赐紫故翟和尚邈真赞

1. 译者注：原文为“八月二十五日”。按本段开头提到法荣卒于八月十四日，与P.3720原文相符，疑此处“二十五日”为“十四日”之误。
2. 译者注：引文“…………”部分表示文书另一页。以下不赘。

2.　　河西后都僧统京城内外临坛供奉大德都僧录兼教谕归化大法师赐紫沙门悟真撰

（赞文略）

13.　　沙州释门法师恒安题

这篇邈真赞清楚地说明，悟真的前任都僧统法荣俗姓翟。悟真所撰赞文第11行有云“灵山镌窟，纯以金庄，龙兴塔庙，再缉行廊”，记录了翟法荣在鸣沙山开凿洞窟，以及修复龙兴寺等事迹。与这篇翟和尚赞有关的，还有唐僧统述《翟家碑》[1]，碑文叙事以吴僧统的事迹为主。《沙州文录》中有编者蒋斧关于此碑的按语：

> 同时出土之真赞卷中有前河西都僧统京城内外临坛大德三学教授兼毗尼藏主赐紫故翟和尚邈真赞，与此碑文内所云三学枢机敕赐紫衣语合，可据以补此碑结衔之缺。[2]

真赞即指上述邈真赞。据《翟家碑》碑文，翟僧统以“四弘之誓，寒松之操”，自敦牂之年（午）兴建佛窟，至大渊之年（亥）竣工，也就是说这个佛窟实际上是“翟家窟”，经过金维诺氏的考察，此窟位置已经明确。金氏《敦煌窟龛名数考》[3]一文对吴曼公所藏《敦煌石窟腊八燃灯分配窟龛名数（拟题）》文书进行考证，尤其是比对了文书中出现的窟名与现有石窟的对应关系，从各洞窟的创修年代考证了文书的书写年代，是一篇极具美术史家特色的重要论文。翟家窟也出现在了该文书中。金氏推定敦编第85窟[4]即为翟家窟，依据是翟家碑中叙述的壁画内容与窟内情景一致，且窟外甬道北壁的供养人题名与碑文中的人名相同。其第一身供养人题记上有：

1.《沙州文录》第13叶右—14叶左，另见《敦煌石室真迹录》第10叶—12叶左。

2.《沙州文录》第14叶左。

3.《文物》1959年第5期，第50—54、61页。

4. 伯希和编号第92窟，谢稚柳《敦煌艺术叙录》第60窟（古典文学出版社，1957年，第117—119页）。不过《敦煌艺术叙录》中并未移录法荣的题记。

> □（都）僧统兼京城内……大法□（律）沙门□荣俗姓翟敬造

括号内文字是金氏的推定，但大法□处作“律”则有误，应为“师”字。文中的“（都）僧统……沙门□荣俗姓翟”，阙字若为“法”，那么这里提到的都僧统就是翟法荣，可以确定与P.3720悟真的前任都僧统法荣、P.4660翟和尚以及《翟家碑》中的翟僧统为同一人。

这即说明法荣俗姓翟，咸通十年（869）八月十四日卒于河西都僧统任上。根据《翟家碑》所述：

> 僧统先任沙州法律僧政，四轮宝（□），三学枢机。定慧将水镜具青〔清〕，戒月以金乌争晶。……名驰帝阙，誉播秦京。敕赐紫衣，陛阶出众。[1]

所谓“先任沙州法律僧政”，与大中五年告身中洪䛒所任的“摄沙州僧政法律”略有不同，但应属于吐蕃占领时期所授的同种官衔，且“名驰帝阙”、赐紫衣等经历也与洪䛒事迹一致。因此可以说，法荣与洪䛒有着相同经历，其活动自吐蕃占领时期就已经开始。大中八年左右洪䛒去世，法荣继任为河西都僧统，此后直至咸通十年的大约15年间，一直是敦煌教团的最高领导，上文引用的S.1947v文书中出现的“河西释门都僧统”亦即是法荣。

悟真　继法荣之后，咸通十年继任河西都僧统的悟真，是敦煌文书中出现频率最高的高僧，可见当时其名声或许更在洪䛒之上，而且即便是在现在的敦煌学界，他也是佛教史乃至史学、文学领域的知名高僧。在此首先对他作为僧侣的经历略做梳理。[2]

1.《沙州文录》第13叶左。

2. 关于悟真的传记和作品，笔者旧稿刊发以后，有Tsu-Lung Chen（陈祚龙），*La vie et les ouvres de Wou-tchen（816–895）*，*Contribution à l'histoire culturelle de Touen-houang*，École française d'Extrême-Orient, 1966出版问世。书中充分利用了旧稿执笔时日本国内尚未进行充分调查的伯希和所收文书，并分别进行移录，有助于旧稿的补充完善。

关于他的传记资料，首先值得关注的就是上文介绍法荣时曾引用过的P.3720文书。这份文书的前半部分中有朝廷授予悟真的四件告身和一件黄牒的录文，以及长安的两街大德、诸朝官所赠诗文。其间还有可算是这卷文书序文的文章：

1. 河西都僧统京城内外临坛供奉大德兼僧录阐扬
2. 三教大法师赐紫沙门悟真，自十五出家，二十进具，
3. 依师学业，专竞寸阴。年登九夏，便讲经论，闲孔
4. 无余。将蒙前河西节度　故太保随军驱使，长为耳
5. 目，修表题书。大中五年入京奏事，面对
6. 玉阶。将　赐章服，前后重受官告四通，兼诸节
7. 度使所赐文牒，两街大德及诸朝官各有诗上，累
8. 在军营，所立功勋，题之于后。

由此大致可知悟真的经历。他15岁出家，20岁受具足戒成为比丘，历经九夏，即30岁开始讲经论。后来进入前河西节度使张议潮军营，为书记，大中五年（851）入京上奏，得以面谒当时的皇帝宣宗，受赐章服。记录他功勋的官告等便收录在这件文书中，文书编者应是他的弟子。

转录在这件文书中的第一件告身，即是上文所述授予洪䛒京城内外临坛供奉大德，同时授予悟真京城内外临坛大德的大中五年告身，这件告身还承认了他在此前就已经拥有的沙州释门义学都法师的称号。义学都法师的称号只为悟真所有，无法确知是张议潮所授，还是从吐蕃占领时期就已经拥有的；也无法考证其仅是一个称号，还是有明确规定的僧官官阶。第二件告身落款日期为大中十年（856）四月廿二日，内容是给京城临坛大德兼沙州释门义学都法师赐紫僧某乙（悟真）的大德称号上加“供奉”两字，并充沙州都僧录。因此大中十二年（858）撰写《故沙州释门赐紫梁僧政邈真赞》[1]时，他的衔名变成了“京城内外临坛供奉大德兼沙州释门义学都法师都僧录赐紫”。

1. P.4660《邈真赞集》一九。

四件官告中的第三件，是以下副僧统告身。文中（　）为衍文。

第三件副僧统告身

1. 敕京城内外临坛供奉大德沙州释门义学（教主）都法师

2. 兼僧录赐紫沙门悟真：复故地必由雄杰之才，诱迪群迷

3. 亦赖慈悲之力。闻尔天资颖拔，性禀精严，深移觉

4. 悟之门，更洁修时之操。慧灯一照，疑网洞开。云屯

5. 不俟于指麾，风靡岂劳于谭笑。塑河源之东

6. 注，素是朝宗，睹像教之西来，本为向化。（之）师臣

7. 上列，慈济攸多。持示鸿私，以光绀宇。可河西副

8. 僧统，余如故。　　咸通三年六月廿八日

这件副僧统告身作为现在所知唯一的僧官告身，历来很受关注，只可惜因是誊录在文书中的，所以末尾的衔名、礼部符等都被略去了。不过不难推测，此告身与大中五年告身格式应该相同。而这也是敦煌的副僧统首次出现。咸通三年（862）是都僧统法荣去世7年前，此时都僧统应该年事已高，或许正是因此，才在此时创设副僧统作为其辅佐。当然，实权也就因此移到了悟真手中，随着咸通十年法荣的去世，悟真升任为都僧统，也不过是顺理成章。接下来的第四件官告便是前文所引P.3720中书门下牒。

关于悟真成为都僧统以后在教团的活动情况，那波利貞博士在《梁戸攷（上）》中引用的P.3207《上座比丘尼体圆等牒》是重要的材料。

（前略）

103.　　右通前件所得斛斗破除及见

104.　　在具实如前。伏请　处分。

105. 牒件状如前，谨牒

106.　　　　　　中和四年正月　日上座比丘尼体圆等牒

107.　勘算既同，连附案

108.　记。正月十九日

109.　　　　　　　　　　都僧统悟真

据那波氏所述，这件文书应该是安国寺的出现破除历，即会计决算书。根据文末的判辞可知，破除历提交僧统司以后，由僧统司进行勘算，亦即会计监察，再由僧统悟真批下判辞，以示认可。担任监察的应是都司的低级僧官，也就是下文将要论及的判官等，而上述文书内容反映了僧统以及都司的职责，具有重要意义。同样附有悟真判辞的文书，还有P.3100《某寺徒众供英等状》[1]，这是一份申请允准以律师善才为寺主的文书，悟真批以“准状补充，便令勾当”。该状日期在景福二年（893）十月廿七日，自咸通十年（869）悟真升任都僧统已经过去了24年，距离他作为入朝使到达长安的大中五年（851）已经过去了42年，表明悟真身任教团要职，实际上活跃了将近半个世纪。

如上所述，悟真有着身为僧人的辉煌经历，但与此同时，他身为学僧的累累硕果也不可不提。有名的北图本《姓氏录》[2]文末有记录：

大蕃岁次丙辰后三月庚午朔十六日乙酉鲁国唐氏苾刍悟真记

如向达氏所述[3]，丙辰年指的是开成元年（836）。这条记录表明，悟真俗姓为唐，由此可知上文提及的《翟家碑》撰文者“唐僧统”也是悟真。另外，S.2064《八波罗夷篇》文末也有：

岁次乙卯四月廿日　蒭苾〔苾蒭〕悟真写记

---

1. Tsu-Lung Chen, *La vie et les ouvres de Wou-tchen（816～895), Contribution à l'histoire culturelle de Touen-houang*, pp.90–92, fig.5.
2. 关于包括此《姓氏录》在内的敦煌写本中的郡望表，可参看池田温：《唐代の郡望表—9·10世紀の敦煌写本を中心として（上）（下）》,《東洋学報》42-3、42-4，1960年。
3. 向达：《敦煌丛抄》,《北平图书馆馆刊》第6卷第6期，1932年，第60—62页。

乙卯年或为誊录《姓氏录》的前一年，即太和九年（835），可见此文书应是关于悟真的最早的文献。

《八波罗夷篇》是《大正新脩大藏経》第85卷都未收录的古佚律典，土橋秀高氏认为其内容是从法砺《四分律疏》20卷[1]、慧述《四分律戒本疏》[2]等的主要部分抄录而来，是为说明受布萨戒的仪轨而作的简易律典注释，为敦煌特有。这类律典无论在成为比丘前的准备阶段，还是成为比丘之后都必不可少，一般在受具足戒前后由本人亲自抄写，用以受持读诵。当时悟真已经被称为“苾蒭”，即比丘，联想到上文叙述悟真经历时提到他20岁进具，这很可能是他刚刚成为比丘的时候所写。

不仅如此，这一时期的悟真还抄写了《姓氏录》等，修学内容不仅限于佛教教义，也广泛涵盖了一般通识。

大中五年，悟真作为业师的代表前往长安，在佛教界的舞台上崭露头角。当时的情景被赞宁记录在《大宋僧史略》中[3]，悟真其名不再囿于敦煌，更留名于中原史籍之中。他在长安时，获敕于两街诸寺巡礼，不时与长安的高僧们对谈佛法，并相互赠答诗文。[4]与他以诗唱和的有辩章[5]、宗茝[6]、彦楚[7]等，无一不是名垂青史的高僧。对于此时方过而立之年的少壮僧人悟真来说，从偏远之地敦煌跨越千山来到帝都长安，不但获赐谒见皇帝，还能与高僧论法、交酬，他心中必定充满了难以忘怀的感动。晚年的他在缀诗追忆的《百岁书》中挥笔写下：

1.《大日本続蔵経》第1编第65套第3—5册。

2.《大正新脩大藏経》第85卷，第567—616页。

3.《大宋僧史略》下《赐僧紫衣》。“次有沙州巡礼僧悟真至京，及大德玄畅勾当经藏，各赐紫。”（《大正新脩大藏経》第54卷，第249页上）

4. 见敦煌文书P.3720。

5. 辩章在P.3720中有“右街千福寺三教首座入内讲论赐紫大德”的称号，后来在大中八年（854）左右至咸通十二年（871）左右任右街僧录。参见山崎宏：《唐代の僧官》第4节“僧录”，第648—649页。

6. 宗茝于大中四年六月二十二日获赐紫衣（《大宋僧史略》下《僧赐紫衣》），P.3720记录他获“右街千福寺内道场表白兼应制赐紫大德”称号。

7. 彦楚的称号在P.3720中作“右街崇先寺内讲论兼应制大德”，其后在咸通十二年左右，很可能是作为辩章的继任，出任右街僧录。参见山崎宏《唐代の僧官》。

男儿发愤建功勋，万里崎岖远赴秦。对策圣明天子喜，承恩特立一生身。

字里行间满溢着对意气风发的过往岁月的怀念。

从长安一回到敦煌，他立即向张议潮献上了歌曲，其中有如下题记：

P.3554《悟真献上歌曲集序》

谨　上河西道节度公德政及祥瑞五更转兼十二时共一十七首并序

敕授沙州释门义学都法师兼摄京城临坛供奉大德赐紫悟真　谨[1]

接下来是长达34行的序文，内容主要是对张议潮收复敦煌之功勋的赞颂，但遗憾的是题记中所说的五更转及十二时曲原文已经不存。序文中提到：

（皇帝）加官给告，赞叹多勋，迁任尚书节度使。拣择专使，讨日星奔，令向沙州，殷勤宣赐者，则我尚书之德政也。

张议潮被任命为检校吏部尚书兼金吾大将军归义军节度使兼十一州营田处置观察等使，事在大中五年十一月[2]，上述序文中所说的便是敕使来到沙州的情景。题记中悟真的称号已有大德两字，且不带都僧录，可知这些歌曲应该是张议潮被任命为节度使后不久所上的庆祝献歌，最迟应不超过大中十二年。

此后，悟真一边身任副僧统、都僧统等要职，一边如P.4660《邈真

1. 关于这个问题，向达氏已有过探讨，见向达：《唐代俗讲考》，载氏著：《唐代长安与西域文明》，生活·读书·新知三联书店，1957年，第296页。

2. 藤枝晃：《沙州帰義軍節度使始末（一）》，《東方学報（京都）》12-3，1941年，第400页。

赞集》中所说，撰写了许多赞文、碑文[1]，不仅是佛教界的最高领袖，也是敦煌文化界的第一人。不过，即便是活跃在众多领域的悟真，终究也仍敌不过肉体的衰老。

> P.2748，S.0930v（S本无标题）
>
> 国师唐和尚百岁书
>
> 敕授河西都僧统赐紫沙门悟真，年逾七十，风疾相兼。动静往来，半身不遂。思忆一生所作，有为事实，难竞寸阴；无为理中，功行阙少。犹被习气，系在轮回。自责身心，裁诗十首。虽非佳妙，狂简斐然，散虑摅怀，暂时解闷。鉴识君子，矜勿诮焉。

这篇百岁书，字里行间都透出悟真作为一位功成名就的老僧之感慨。写在序文之后的十首诗，在伯希和本中都有完整保留，而斯坦因本则只存开头两首。十首诗皆为七言绝句，结句皆以“一生身”作结，其中第一首记幼时，第二首忆出家，第三首咏修行，分别记录他人生的各个阶段。伯希和本所留存标题中的“百岁”，是后人以每首十年为计添入的，并不是说明悟真活到了100岁。序文中所说“年逾七十”之时，才应是更准确的时间。若真如他所说，已是“动静往来，半身不遂”的状态，那么撰文之时恐怕他确然已是日薄西山。从作于景福二年（893）十月的P.2856文书中可以看到上自副僧统，下至法律、判官等所有僧官的身影，却唯独不见都僧统[2]，或许正是因为如序文中所说，当时悟真已是半身不遂、卧病不起，实际事务已经移交给了副僧统。

最后关于悟真的卒年，笔者旧稿推测他卒于景福二年十月之后不

1. P.4660中仅明确记载为悟真所撰的邈真赞就有12篇，年代自大中十二年（858）至文德二年（889），时间跨度很大。
2. Jacques Gernet, *Les aspects économiques du Bouddhisme: dans la société chinoise du Ve au Xe siècle,* Ecole française d'Extrême-Orient, 1956, p.107. 该文书为景福二年癸丑（893）十月十一日，副僧统、都僧政、僧政、僧录、法律、判官于草院分配草课的记录，但著作中没有移录文书原文。

久[1]，但后来又发现了本书后编第十一章中所引用的P.2856v《营葬榜》，据其可知悟真卒于乾宁二年（895），葬仪于该年三月十四日举行。如上文所述，他在835年抄写的《八波罗夷篇》中已经是“苾蒭”，如果假定这年便是他的进具之年，则他的生年在816年，去世时正好80岁，亦有可能比之再多一两年。此外，在他生前，前河西节度掌书记、试太常寺协律郎苏翚曾于广明元年（880）为他作了邈真赞并序。[2]

贤照　悟真之后继任的都僧统是贤照。上文所述《营葬榜》文末的僧官名单中有“都僧录贤照”的字样，可见悟真在世时，他身居都僧录之职。关于他就任都僧统以后的活动，有以下文书中记录：

S.1604《归义军节度使都僧统帖》

1. 使　　帖都僧统等
2. 　　右奉处分。盖缘城煌或有数疾，不□
3. 　　五根，所以时起祸患，皆是僧徒不持定心，不
4. 　　虔经力，不爱贰行。若不兴佛教，何戏乎
5. 　　哉。从今已往，每月朔日前夜、十五日夜，大僧
6. 　　寺及尼僧寺燃一盏灯，当寺僧众不得
7. 　　欠少一人，仍须念一卷佛名经，与灭狡猾，
8. 　　嘉延人轮，岂不于是然乎。仍其僧统
9. 　　一一钤辖，他皆放此者。四月廿八日帖。
10. 　　　　　　　　　　　　使［署名］

……………………………………………………

1. 都僧统　　帖诸僧尼寺纲管徒众等
2. 　　奉
3. 　　尚书处分，令诸寺礼忏不绝，每
4. 　　夜礼大佛名经壹卷。僧尼夏中，则
5. 　　合勤加事业，懈怠慢烂，故令

1.《東方学報（京都）》31，1961年。
2. P.4660《邈真赞集》六。

6. 使主嗔责，僧徒尽皆受耻。大家
7. 总为心识，从今已后，不得取次。
8. 若为故违，先罚所由纲管，后科
9. 本身，一一点检。每夜燃灯壹盏
10. 准式，僧尼每夜不得欠少一人，
11. 仰判官等每夜巡检。判官若怠
12. 慢　公事，亦招科罚，其外仰诸寺
13. 画时分付，不得违时者。天复
14. 二年四月廿八日帖
15. 都僧统贤照

根据翟林奈（Lionel Giles）氏的解说（G.7380），前者《节度使帖》文末有“沙州节度使印”，后者《都僧统帖》文末有“河西都僧统印”[1]，都具备完整的公文书格式，在敦煌文书中亦属少见，而且其内容对于了解当时世俗权力与教团之间的关系而言更是十分重要。节度使认为敦煌发生灾患的原因在于僧侣的懈怠，因此命令他们每月举行两次燃灯法会，让他们祈求家国安稳、五谷丰饶，实现僧侣的社会价值。很明显，节度使曾为教团的怠惰而斥责都僧统，而接到此帖的都僧统贤照则训诫僧侣要对“僧徒尽皆受耻”之事铭记在心，并在接到每月初一、十五举行燃灯法会的命令后，通告诸寺除此之外更要做到“每夜礼忏”。贤照在节度使的斥责面前小心翼翼的态度，充分表明了节度使在教团中的话语权，以及教团对世俗权力的从属程度。此外，从这份文书还可以看出，在都僧统司内部，有判官等低级僧官，负责对下辖诸寺的巡查检阅。关于判官，下文还会详述。

推测年代在悟真卒年895年左右的《僧尼籍》（S.2614v）中“大云寺”条下，出现过一位“康僧统”，结合上述内容可知，这位康僧统就是贤照，也就是说贤照的俗姓为康。另外，悟真晚年的草课文书P.2856

1. Lionel Giles, *Descriptive Catalogue of the Chinese Manuscripts from Tunhuang in the British Museum*. 照片中“沙州节度使印”清晰可辨，而“河西都僧统印”则仅存若干捺印痕迹，文字难以辨认。

中出现的副僧统，也可推测指的是贤照。

福高　贤照任都僧统的时间持续了多少年，尚无法明确，不过前引《都僧统帖》落款时间天复二年（902），正是张承奉自立为“白衣天子”的三年前。[1]笔者旧稿认为西汉金山国时期的都僧统不明，但后来所见的P.3556《邈真赞等集》二中有《大唐敕授归义军应管内外都僧统充佛法主京城内外临坛供奉大德兼阐扬三教大法师赐紫沙门氾〔泛〕和尚邈真赞》，从序文中可知氾和尚即金山国时期的都僧统。序文提到这位和尚俗姓氾，香号福高，敦煌人，还记道：

> 洎金山白帝，国举贤良。念和尚以众不群，宠锡恩荣之秩。遂封内外都僧统之□，兼加河西佛法主之名。五郡称大使再生，七州阐法王重见。至吏部尚书秉政燉煌，大扇玄风。和尚清座花台，倍敬国师之礼。承恩任位，仅经十五（有）余年。天花未现于黄萎，宝树无闻而变鹤。和尚忽思双林示疾，降十梦于中天。分骨荼毗，散七花于异域。……

氾福高由金山白帝授命为都僧统，并加“河西佛法主”称号。在吏部尚书，即下文将要介绍的曹仁贵执掌政权之后，他恩宠更盛。遗憾的是，邈真赞中没有日期，无法确知福高卒于何年。不过，继任的法严在918年已经是都僧统，福高显然在此之前已经去世或退位，时间很可能就在归义军进入曹氏时代后不久。另外，推测年代在895年左右的《僧尼籍》（S.2614v）“大云寺”条中的氾僧录无疑正是福高，可知贤照为都僧统的时期，福高曾任僧录。

法严　继福高之任，在曹氏归义军时代初期成为都僧统的是法严。

> S.0474v《都僧统等算会》
>
> 1. 戊寅年三月十三日，都僧统、法律、徒众就中院算

---

1. 译者注：关于金山国建立的年代，目前学界仍有争议，荣新江氏认为可能在天复十年（910），竺沙氏显然采用的是天复五年（905）之说。详见荣新江：《归义军史研究：唐宋时代敦煌历史考索》第六章“金山国的建立与灭亡”，上海古籍出版社，2015年，第214—219页。

2. 会。赵老宿、孟老宿二人，行像司丁丑斛㪷本利，
3. 准先例，一一声数如后。
（中略）
8. 其上件斛㪷，
9. 分付二老宿、绍建、愿会、绍净等五人执帐。逐年于先
10. 例加柒生利，年支算会，不得欠折。若有欠折，一仰
11. 伍人还纳者。
12. 法律绍进
13. 法律洪忍
14. 管内都僧统法严

这件文书为行像司的会计文书，是都僧统和法律、徒众们一起进行前一年的会计决算，并就现存斛㪷向本年度的五名会计负责人交接时的记录。“行像”指的是在佛诞日将佛像肩舆车载，在城中缓缓巡行的佛教仪式，中原地区早已有之。[1]关于释迦生诞，有二月初八之说和四月初八之说，因此二月和四月举行行像会的地区皆有之。不过，据《大宋僧史略》卷上《行像》条所说：

> 今夏台灵武，每年二月八日，僧戴夹苎佛像，侍从围绕，幡盖歌乐引导，谓之巡城。以城市行市为限。百姓赖其消灾也。

可见灵武地区的行像会于二月八日举行。与灵武相距不远的敦煌，行像会很可能也在二月，那么这份会计决算就应是在该年的行像会结束之后对前年度收支的总结。行像会上一般会得到信众的大量施舍，从上述材料可以看出，这些施舍的斛㪷由行像司管理，并用于生利。行像司由管理信众施舍的财物、负责行像会日常运作的僧侣构成，受都

1. 塚本善隆：《敦煌本・シナ仏教々団制規—特に「行像」の祭典について—》，《東洋学論叢：石浜先生古稀記念》，石滨先生古稀纪念会，1958年，第301—324页。

僧统管辖，但似乎并没有正式形成都僧统司下级机构的官署。[1]这件文书中出现了绍建、愿会、绍净、绍进、洪忍等僧名，其中除了洪忍以外的四人也出现在S.2614《僧尼籍》的第三行到第四行里，包括排列顺序都与此处一致。S.2614中的名簿上部有残缺，导致这几名寺僧的所属寺院不明，但从下文出现的其他寺名来推测，此处应为灵图寺或金光明寺。据藤枝晃氏推测，这份名簿的写作时间应在895年左右，其时上述四名寺僧都还是新沙弥。而在这份会计文书中，他们都已身为法律，可见此文书的作成时间晚于名簿，所以文书中的“戊寅年”必为918年，即后梁贞明四年。

现在我们知道了918年法严已任都僧统，至于他的经历，同样出现在P.3556《邈真赞并序》之中。

> P.3556《邈真赞集》
>
> 和尚俗姓陈氏，香号法严……洎金山白帝，国举贤良。念和尚雅望超群，宠锡恩荣之秩。爰至吏部尚书，秉政莲府，大扇玄风。封赐内外都僧统之班，兼加河西佛法主之号。……承恩住位，近经十有余年。忽乃鹤变林间，花萎宝树，化周已毕，永灭同凡。

据此可知法严俗姓为陈，因得金山白帝张承奉的宠遇，获赐恩荣之秩。后来吏部尚书掌握归义军大权，大举振兴佛教，赐法严为内外都僧统，并加河西佛法主称号。法荣在任十余年后亡故。与上文所引的福高邈真赞相比，这份文书笔迹完全不同，但文体却十分相近，两篇邈真赞显然出自同一人之手。法严是福高之后继任的都僧统，更是毋庸赘言。值得注意的是，以往的研究中，敦煌地区的统治自金山国移至曹氏的时间一直未能得到明确，藤枝晃氏曾在旧文中认为应在914—920年之间[2]。且一

1. 除了都司（都僧统司）以外，文书中还提到了仓司、修造司、招提司、功德司、功司、傈司、方等道场司，以及本节出现的行像司等，很可能是指负责各种事宜的僧侣群体。
2. 藤枝晃：《沙州帰義軍節度使始末（三）》下篇“曹氏の世系”，《東方学報（京都）》13-1，1942年。

般都认为，曹氏政权的第一代节度使是曹议金。然而藤枝氏在近年的研究中修正了以往观点，认为曹氏政权在914年已经成立，且根据移录在《沙州文录》中的《曹仁贵仲秋状》和《曹仁贵献物状》，认为首任节度使正是这位曹仁贵。[1]这两份书状中有题名：

> 权知归义军节度兵马留后守沙州长史银青光禄大夫检校吏部尚书兼御使大夫上柱国曹仁贵

可知上文所引福高和法严的两篇邈真赞序中出现的“吏部尚书”正是曹仁贵。法严从福高手中接过都僧统之位的具体时间尚不明确，根据序文记载，两人在任时间都为“十有余年”，但法严之后的海晏在926年三月已经身任都僧统，而福高继任若确在905年，那么其间就只有21年。因此，福高和法严在任时间应大约都在10年左右，都僧统的交接可能在914年或915年进行。另外，自福高以后，也就是金山国、曹氏政权时期，都僧统官衔之前都加“应管内外”四字，并加河西佛法主称号，这一点值得注意。这一变化与节度使称号的变化同步，是推定文书年代的一个重要依据。

海晏 有海晏署名的文书只有斯坦因文书中的四件，其中两件在S.2575中。根据翟林奈目录（G.6751），这卷S.2575写本长14英尺有余，由七件文书杂乱连贴而成，纸背也写满了文书草稿。以下引用部分是两件中的后者，其后半部分一度被撕碎，又经修复，粘贴于下一件文书（《灵图寺徒众上座义深等状》）之后。

> S.2575《都僧统海晏帖》
> 1. 有常例，七月十五日应
> 2. 官巡寺，必须并借幢伞，庄严道
> 3. 场。金光明寺　故小娘子新见要伞

1. 关于此点，笔者于1960年夏季参加京都大学人文科学研究所的敦煌研究会举行的《沙州文录》等读书会时获得赐教。听说藤枝氏将在近期正式发表包括新材料在内的研究成果，可供参照。

（中略）

21. 右上件所配幡伞，便须准此支付，不

22. 得妄有交手者。天成三年七月十二日帖

23. 　　　　　　　　应管内外都僧统海晏

天成三年即928年，文书前后捺有“河西都僧统印”，因七月十五日盂兰盆会素来有所有官员巡拜寺院的惯例，命令各寺必须（从都僧统司）借来幢幡、伞等，庄严道场，并列举了各寺（共14寺）所需的庄严供具的种类和数量，强调分配给各寺的幡伞必须依照此规定，不得妄借。从内容来看，这份文书应是都僧统下发给保管庄严供具的都司仓的。

与海晏有关的另一件文书同在S.2575中，是曾张贴于普光寺方等道场中的《应管内外都僧统榜》，落款日期为天成四年（929）二月六日。所谓方等道场，是唐代盛行的大乘戒坛，这件文书长达8英尺，列举了四条给受戒者的训诫，也被作为反映当时戒坛情况的材料而受到关注。榜文序言中提到：“若不值国泰民安，戒场无期制作。今遇令公（曹议金）鸿化，八方无爟火之危……奉格置于道场，今乃正当时矣。”[1] 训诫文中也反复强调，此道场之设，乃是“为国资君”。此外，剃发之时须向官员报告商议，恃势之徒必在官员面前陈言之后再接受严惩，这些训诫内容都表明世俗权力的规程在戒坛中得到严格执行，这一点与当时中原的戒坛并无不同。[2] 榜文的末尾有署名：

应管内外僧统龙䛒

应管内外都僧统海晏

1.《应管内外都僧统榜》。“应管内外都僧统榜。普光寺方等道场司。右奉处分，令置方等戒坛。窃闻龙沙境城，凭佛法以为基，玉塞遐关，仗王条而为本。况且香坛净法，自古历代难逢，若不值国泰民安，戒场无期制作。今遇令公鸿化，八方无爟火之危，每阐福门，四部有康宁之庆。斯乃青春告谢，朱夏才迎。奉格置于道场，今乃正当时矣。准依律式，不可改移。圣教按然，凭文施设。”

2. 关于戒坛，可参看横超慧日：《戒壇について（上）（中）（下）》，《中国仏教史学》5–1、5–2、5–3·4，1941年6月—1942年3月。

这是相关文书中唯一一个由两位僧统同时署名的例子，不过此处龙䛒的所谓僧统，地位应相当于副僧统。

与海晏有关的余下两件文书在S.6417之中，都是任命寺职的牒文。牒文内容一为金光明寺徒众庆寂、神威等向都僧统报请以僧法真为寺主，时间在同光四年（926）三月；一为普光寺尼徒众圆证等请求补派法律、都维（那）、寺主、典座、直岁，时间在长兴二年（931）五月，两件都有海晏批准的判辞。这两件文书的时间分别代表了海晏文书的时间上限与下限，尤其是前者，应是上文所述的法严去世（925年左右）、海晏接任都僧统不久之后所作的。

关于海晏就任都僧统以前的经历，目前尚不见有明确记载，但一些文书中出现的人物可以推测或为海晏，这些便是敦煌文书中大量存在的祈愿文。祈愿文可分为布萨文、行城文、转经文、置伞文等，是分别于不同法会上诵读的宣疏，行文有一定的格式。尤其是官设的法会上，都需要“庄严”官人僧侣的“贵位”[1]，按照职位从高至低的顺序祈愿，因此从文中列举的官职或人名可以一窥当时行政组织的形态。贞明六年（920）金光明寺僧戒荣所书的S.0641《祈愿文草稿》就是其中之一，文中以“皇帝、河西节度使太保、管内释门二都统副和尚、曹常及张衙推、都僧录诸僧政法律等、董别驾已下诸官寮等”的顺序先后祈愿。此顺序即当时的官职序列，显示了都僧统以下诸僧官在官僚中的地位。其中的“二都统副和尚”意为都僧统、副僧统二和尚，在贞明六年前后，都僧统还是法严。另外，这篇祈愿文还表明，下文中将要叙述的继海晏之后就任都僧统的龙䛒当时为都僧录。由此可见，当时的副僧统除了海晏再无别的可能。也就是说，法严在世时，他以副僧统的身份辅佐都僧统。

敦煌文书P.3554中有海晏的墓志铭，题为《敕授河西应管内（外）都僧统京城内外临坛供奉大德兼阐扬三教毗尼藏主赐紫沙门和尚墓志铭》，撰文者为释门僧政阐扬三教大法师（赐）紫沙门灵俊。据此墓志所

1. 例如S.6417中有“又持胜福，复用庄严我河西节度使太保贵位”，可在“我……贵位”之中添入各种官名。当然，各官人的祈愿内容不同。

述，海晏俗姓阴，为安西都护后裔，父为凉州都御使上柱国阴季丰，孙陈子昇为府主托西大王曹公（曹元德？）女婿。海晏享年72岁，而墓志文末有清泰六年（939）纪年，若此年为海晏卒年，考虑到下文所述的龙䛒在清泰二年（935）已作为都僧统登场，则海晏在生前已经辞去了都僧统之职。此前的诸位都僧统都是终身任职，海晏应该算是特例。如果上述情况属实，他就是在60岁左右就任都僧统，在位时间8—9年。[1]

龙䛒（辩） 龙䛒首次作为僧官出现，是在S.6781《丁丑年梁课决算文书》[2]之中，当时他任都僧录。丁丑年为917年，即法严任都僧统的时期。后来海晏继任都僧统，龙䛒为副僧统，并继海晏之后任都僧统。与他有关的最早的文书是S.6417中清泰二年（935）的《金光明寺徒众上座神威等众请善力为上座状》，文书中有他的判辞。其后还有P.4638中的《僧龙䛒等上司空牒》《僧龙䛒等谢司空赐物牒》《同献酒牒》[3]，都是清泰四年（937）应管内外释门都僧统赐紫沙门龙䛒、都僧录惠云、都僧政绍宗等向司空曹元德所上的牒文。这件文书反映出了都僧统—都僧录—都僧政这一僧官组织结构，因而频繁为先行研究所引用。但另有一点值得注意，即《献酒牒》中龙䛒的官衔为“应管内外都僧统兼佛法主赐紫”，说明了福高任都僧统时期的称号至此犹存。

关于龙䛒其人，他从都僧录升任都僧统的过程基本明确，但升任都僧统之后的经历，却只有935—937年这段时期较为清晰。不过，S.6526《四分律比丘戒本》的末尾有记：

> 中和元年（881）弟子龙弁写经诲流[4]

1. 海晏之名在S.2614v《僧尼籍》中“乾元寺”下第十人（藤枝《敦煌の僧尼籍》第297页）。这份《僧尼籍》推定年代在895年左右，若此海晏即彼海晏，则他此时年龄在40岁左右。虽说僧名是按照年齿排序的，但40岁的僧人排在第十位也并不奇怪。若两处海晏为同一人，就说明他出身乾元寺，可见都僧统并非只来自龙兴寺、大云寺等官寺。
2. S.6781为两件《梁课破除历》连贴，其中第一件缺开头部分。两件末尾都有僧政两人和都僧录的署名栏，其中第一件都僧录之处署名为龙䛒。
3. 移录见《沙州文录》第20叶左—22叶右；《敦煌石室真迹录》戊，第3叶右—第5叶左。
4. 末尾两字据翟林奈氏判释（G.4137），可能未必为“诲流”。而且正文与跋文字迹不同，并非龙弁亲书。笔者所在的研究会中也有观点认为，末尾两字或可读作人名“海□”，为实际负责书写的书写生。不过此观点颇为牵强，难以苟同。此点俟考。

比丘戒本是成为比丘后必须随时受持的戒律，一般在受具足戒成为比丘前后抄写，用以随身携带。上文曾提到悟真在20岁左右时抄写《八波罗夷篇》，也与此有相同背景。此处的龙弁或许也在20岁左右，不过更重要的是，他或许正是年轻时的都僧统龙䛒。如果按照881年时龙䛒20岁计算，那么他在都僧统任上的935—937年便是74—76岁，正是都僧统的适当年龄。仅从文书来看，他任都僧统的时间非常短，这或许也是因为高位无虚席，他在都僧录、副僧统的职位上度过了漫长的光阴，最终升至都僧统的时候已经年过70了。很可能他在位不过短短数年，便与世长辞。

某 龙䛒之后继任的都僧统名号不明。S.3879中有一件由（河西）应管内外都僧统下达给诸僧尼寺纲管所由等的牒文，落款日期在乾祐四年（951）四月四日，内容是一份告示，因四月八日释迦生诞会前要举行三日的转经仪式，特通知诸僧尼于五日早晨在报恩寺集合。牒文中有三处“河西都僧统印”朱印，文末有都僧统署名，但文字难以辨认。[1]不过可以确认的是，这一署名既非其前任都僧统龙䛒，也非继任者法嵩。

法嵩 上述名号不明的都僧统之后继任的是法嵩。

S.4654v中有：

> 敕授河西应管内外释门都僧录京城内外临坛供奉大德兼阐扬三教大法师赐紫沙门充佛法主
>
> 敕授河西应管内外释门都僧统充佛法主京城内外临坛供奉大德兼阐扬三教大法师赐紫沙门法嵩一心供养

这件看上去更像是习字的文书似乎没有实质性内容，但下一纸叶的文书纪年为大周广顺四年（954），因而可以确信该时期有过这样一位都僧统。由此可知，法嵩继上述名号不明的都僧统之后，在951—954年之间就任都僧统。

1. 似乎也可视为省略符号，翟林奈氏亦未做解读（G.7354）。

钢慧　这是那波博士介绍的一份断片[1]中出现的僧人。

P.2879《僧尼籍》
1.(沙州)应管壹拾柒寺僧尼籍
2.　　龙兴寺
3.　　　　河西应管内外都僧录普济大师海藏
4.　　　　河西应管内外都僧统辩正大师纲慧
(下缺)

这件文书没有纪年，但僧官名中有“应管内外”四字，可知属于法严以后的曹氏政权时期。而且正如上文所述，自法严任都僧统起，都僧统的继承顺序为法严—海晏—龙譬，其间并无其他人插足的余地。从文书的时期来看，龙譬与某和尚之间有着14年的时间间隔，但须得注意，龙譬的文书成于他就任都僧统的三四年后，而某和尚则相反，文书成于辞任的两三年前，实际上龙譬辞任与某和尚就任的时期更为接近，都僧统之位极有可能是从前者传到后者手上的。因此，钢慧任都僧统的时期，比起龙譬和某和尚之间的可能性，倒似放在法嵩之后才更为妥当。至于其任职时期的下限，考虑到10世纪80年代已经出现了都僧录道真，则上引文书中的海藏应在980年之前；而根据谢稚柳《敦煌艺术叙录》[2]，莫高窟第60窟（敦编第85窟，伯希和编号第92窟）东壁有宋代供养人像，其中第一身有题名曰：

故□□□释□僧统沙门□俊……

这或许也是970年至10世纪80年代之间的题名。据上述两点可以推测，钢慧任都僧统的时期应大约在10世纪60年代。

---

1. 那波利貞：《唐代の社邑に就きて（下）》，《史林》23-4，1938年，第753页。
2. 古典文学出版社，1957年，第118页。

以上对归义军时期任都僧统的僧人的情况做了梳理，大致勾勒出了从初代至960年左右各代都僧统任职的轨迹。遗憾的是，关于960年以后直至文书被封藏进石室为止的时期，虽然有充分证据显示都僧统之职依然存在，但史料的不足使其无法像960年以前那样有明确的轨迹可循。

从以上考察来看，敦煌都僧统的性质可以总结为以下几点。首先，都僧统之下设有作为其辅佐的副僧统，而且从法荣在任时的悟真、悟真在任时的贤照、法严在任时的海晏，以及海晏在任时的龙辩来看，他们都是都僧统晚年才出现在文书中，由此可见副僧统应是一种临时的僧官职位，只有在都僧统年事已高、影响到职责履行的时候才会设置。历代都僧统多为终身任职，除了壮年继任且得享长寿的悟真在任26年以外，其他都僧统的在任时间也长达10年左右。此外，副僧统之下还有都僧录，高位上若无人事变动，则从都僧录晋升至都僧统的过程可能会如龙辩一样，要花上将近20年的时间。这意味着教团的最高机构长期掌握在都、副僧统，以及都僧录这两三位实权僧人手中。不过也可以说，教团的日常正是这样波澜不惊、平淡安稳的。他们是教团所有行政事务中地位最高的领导者和统率者，这一点毋庸置疑，但我们从文书中同样可以看到，他们还须负责各种法令的公示与监督、寺职任命、教团财政管理等具体事务。

都僧统、副僧统的任命，通常由节度使向朝廷推荐候选人，朝廷承认后向节度使下发许可，并赐予本人告身，但实质上任命权由节度使把持，这一点自不待言。而自金山国至曹氏政权时期以后，僧官官职加上了“应管内外”四字，并新设了“佛法主”的法号。这一点不仅反映出了曹氏政权与金山国一样的独立性，而且从文书时期判定的角度来说，也可以作为一种判定标准，其意义十分重要。都僧统同时被授予上述法号，在整个敦煌社会中身处仅次于节度使的地位，并受到自节度使等官人以下的所有敦煌士庶的尊崇。不过，他们在节度使面前自称“释吏”[1]，唯恐受到使主斥责，且将维护国家安宁作为佛教的第一要义，这种都僧统形象折射出的是他们所代表的敦煌佛教教团的地位。镇乱护国

---

1. P.4638《僧龙辩等谢司空赐物牒》。“右龙辩等忝为释吏，一无助君之功。”

不仅是当时长安佛教的宗教性质，敦煌佛教也并非例外。

附：

表 11　归义军历代都、副僧统表

在任年代	都僧统	副僧统
851（大中五年） 853（大中七年）	（吴）洪䛒	—
863（咸通四年） —869（咸通十年）—	（翟）法荣	悟真
—895（乾宁二年）—	（唐）悟真	（贤照）
902（天复二年） —905（天祐二年）—	（康？）贤照	—
—914（？）（乾化四年）—	（氾）福高	—
—925（？）（同光四年）—	（陈）法严	（海晏）
931（长兴元年）	（阴）海晏	龙䛒
935（清泰二年） 937（清泰四年）	龙䛒	—
951（乾祐四年）	某	—
954（广顺四年）	法嵩	—
（约）960	钢慧	—

* 年代表示其在任中文书的上限与下限。

** 中原年号从原文书中的记载。

第三节　教授

上一节考察了归义军时期的敦煌教团领袖——都僧统，但没有提及归义军以前敦煌处在吐蕃占领下的时期。这是因为吐蕃时期的情况与归义军时期大不相同，不过吐蕃时期也并非没有都僧统的存在。首先，在S.2729文书《牌子历》[1]第二行的“龙兴寺”中，首位便是“都统石惠捷”，第七行“大云寺”中第五位也有“都统康智诠”之名。这份《牌子历》是辰年（788年）僧尼部落朱净罾向官府提交的正式僧尼籍，其中所记载的都统两人（或分别为都僧统与副僧统）确系吐蕃占领敦煌之初便存在的僧官。上文曾提到，僧统本是唐朝的地方僧官，天宝年间曾在越州等地存在。此都统既是中原体系中的僧官，则从其出现在吐蕃占领敦煌之初的史料中可以推测，其应从唐朝制度而来，都僧统一职在吐蕃占领敦煌之前便已经存在。也就是说，吐蕃占领敦煌以后，在僧官制度方面沿袭了唐制。这里的两都统都是汉人僧侣，不过P.2807《祈愿文》[2]中有瓜、沙两州都番（蕃）僧统大德，可见有吐蕃人曾任统领瓜州和沙州教团的都僧统，只是目前无法确知此为吐蕃占领时期中的哪一时段。另外，当时对于吐蕃本部的高僧，有时也会称其为僧统。例如P.4646《顿悟大乘正理决·叙》中就提到：

> 又有僧统大德宝真，俗本姓鵖。

正如戴密微氏的考证[3]，他本是吐蕃僧人，所谓僧统，是敦煌地区的汉人按照当地惯有的认识，加给与中原僧官系统中地位相当的吐蕃教团高僧的称号。《正理决》中记载的印度僧人与中国僧人的法论时间可推定为792—794年之间，由此可知这一时期敦煌地区确实存在着僧统制度。时期稍晚的文书中，有称法成为“大蕃国都统三藏法师”的例子[4]，但这种称呼仅此一例，大多数都称“大蕃国大德三藏法师”，法成的孤例或

---

1. 藤枝晃：《敦煌の僧尼籍》，第293—295页。
2. Paul Demiéville, *Le Concile de Lhasa*, p.34. 其中顺序为圣神赞普、皇太子十一郎等、节儿、部落史、□国夫人荆氏诸娘子等、都督公、部落使判官等诸寮、瓜沙两州都番（蕃）僧统大德。
3. Paul Demiéville, *Le Concile de Lhasa*, pp.33-34.
4. P.2038《瑜伽论分门记》第二十四初。详见諏訪義譲：《敦煌本瑜伽論分門記に就いて》，《大谷学報》11-3，1930年，第117—133页。

许是誊录者误将“大德”写作了“都统”，也可能是故意改称。

如上所述，吐蕃占领敦煌之后，当地仍沿袭唐制，继续实行僧统制，然而就目前的情况而言，我们仅能通过名簿或祈愿文一类文书确认其称号的存在，却找不到如后来的都僧统文书那样的写本。另外，相关文书中常有别的称号代替都僧统出现，例如“都教授”或“教授”等。P.4660《邈真赞集》中近末尾处就列举了三篇赞文：

（1）前任沙州释门都教授毗尼大德炫阇黎赞并序

（2）故李教授和尚赞

（3）燉煌都教授兼摄三学法主陇西李教授阇黎写真赞

如前所述，这份卷子中的真赞几乎都是按照年代先后排序的，而上述三篇赞文的位置都在大中十二年以前。而且大中十二年以前并没有都僧统的赞文，该年以后则再无都教授的赞文。由此可以推测，这里的都教授或为大中十二年以前，可以说仅在吐蕃占领时期出现的称号。不过，从（1）（3）中冠以沙州或敦煌之地名，兼之（1）中还有“前任”字样，可知其并不单单是一个称号，而应是确有任免之实的职位。

同时，吐蕃占领时期也留下了不少祈愿文，但祈愿的官人却与归义军时期完全不同。例如S.2146《置伞文》中祈愿人的顺序依次为圣神赞普、节儿、都督、明朝部落使、二教授阇梨；S.6172《行城文》中则为圣神赞普、皇太子、太夫人、留后、都督、部落官寮、教授、诸大德；而P.2613《转经文》中，顺序则变成了圣神赞普、都督、东军国相、教授和尚。这几处的僧侣都不称都僧统而称教授。即使是出现僧统两字，也是释门教授和尚、僧统和尚（S.6101），只出现都僧统之称的吐蕃占领时期祈愿文仅有上文提及的P.2807一件。由此可见，在当时的各种法会上，作为僧侣界代表出现的并非都僧统，而是教授和尚。不仅如此，祈愿的顺序也与归义军时期不同，僧侣几乎都被置于最后，这一点昭示了不同时期的教团政治地位的差异。

S.1686《愿文》

大番岁次辛丑，五月丙申朔二日丁未，沙州释门都　教授和尚道〔导〕引群迷，敬画释迦牟尼一代行化……

吐蕃占领时期的辛丑年即821年（长庆元年），这是沙州都教授在制作《释迦一代记》的壁画时，用于其落成法会上的宣疏文。若是在归义军时期，类似场合的主办人当然是河西都僧统。而从上述各例应该可以判断，在吐蕃占领时期，“导引群迷”、弘扬佛法的布教领导人物并非僧统，而是教授。S.2146《布萨文》中的语句正是这一点的表现：“夫窃见流沙一方，缁徒累百，其能秉惠炬、建法幢，弘志教于即时，竖津梁于来世者，岂非大教授之谓欤。”[1]

此外，在当时的经济方面文书中，也能够见到教授的身影。

《僧明哲牒》(《沙州文录补》第25叶右)

1. 金光明寺　　状上

2. 　　贷便麦拾伍驮、粟伍驮

3. 　　右缘当寺虚无，家客贫弊，寺舍破坏，敢不修营。今现施工，

4. 　　未得成辨。粮食罄尽，工直未填。只欲休废，恐木石难存，只

5. 　　欲就修，方圆不遂。旨意成立，力不遂心。伏望教授，都

6. 　　头仓贷便前件斛㪷，自至秋八月填纳。一则寺舍成立，二

7. 　　乃斛㪷不亏。二图事仪，似有稳便。伏望　　教授商量请

8. 　　处分。

1. S.2146内容收入《大正新脩大藏経》第85卷第1301页中—1303页中，《布萨文》在1301页下。

9. 牒件状如前。谨牒。
10. 丑年五月　日直岁明哲谨牒
11. 都维那惠徽
12. 寺主金粟

这是金光明寺向教授所呈的请愿牒文，因对损坏的寺舍实施修缮的工程受到经费不足的影响，无法顺利进行，所以请求都头仓（都司仓）贷与麦十五驮、粟五驮，承诺将于八月返还。从文书的几点特征来看，此文书应是吐蕃占领时期的牒文。此外还可知教授即都司仓的负责人。而与此相同的请求借贷麦粟的牒文也可见于北图本北咸59v。[1]

《报恩寺上都司仓借麦种牒》（北咸59v）
1. 报恩寺人户　　状上
2. 　　都司仓请便麦贰拾伍驮
3. 　右缘当寺人户阙乏种子年粮，今请
4. 　前件麦。限至秋八月末填纳。伏望
5. 　商量，请垂处分。
6. 牒件状如前。谨牒。
7. 　　　丑年二月　日　头刘沙沙牒
8. 　依计料支给　至秋征收。十七
9. 　日　正勤
10. 依教授处分，任支给即日
11. □□

为了利用纸背，除以上报恩寺牒文外，还有龙兴寺、开元寺、安国寺、灵修寺、金光明寺的各寺户所上申请牒文，共计六件被连贴在一起，

1.《敦煌杂录》第一一九—一二五叶也有收录，但对比东洋文库所藏的北京图书馆藏敦煌写本微缩胶卷，可知《杂录》中所收文字省略了正勤的判辞部分。池田温氏据此对该写本中的六份申请文书进行了细致的移录，详见池田温：（书评与介绍）《（西域文化研究第二）敦煌吐鲁番社会経済資料（上）》，《史学雑誌》69-8，1960年，第84—85页。

格式都与上件无异。上件文书内容为报恩寺人户头（团头）刘沙沙上呈教授正勤，请求借用都司仓麦种，文末有教授正勤表示许可的判辞，另有应是由都司仓管理僧下发的给（都司）仓所由[1]（仓库负责人）的指示。报恩寺的文书中只出现了寺户团头刘沙沙一人之名，但其他寺院文书中多有申请寺户数人联名的情况，这些名字很多都与下一章中将要详细介绍的S.0542v《戌年诸寺丁壮身牛役簿》中的寺户，包括其各自所属寺院完全一致。[2]后者中有吐蕃人名以及部落使或蕃卿等的记载，表明其确为吐蕃占领时期的文书，而前者的时期也相同。不唯如此，龙兴寺寺户所上牒文有辛丑年之纪年，可知这一系列借贷文书都作于821年。鉴于时间点一致，或可推测这些文书中出现的教授正勤就是上引S.1686《祈愿文》中的沙州释门都教授。此外，S.2729《牌子历》[3]中“灵图寺”条下第12人名为宋正勤，而这个名字还出现在了S.2920v中。另有S.3920v文书，虽内容并非直接相关，乃是乙未年（815）五月十二日法诠、正勤等人为康上座举行丧仪时所用的祭文[4]，但其中的法诠在《牌子历》中同样在“灵图寺”条之下，为其中第3人，至于康上座其人，或为该寺第11人康志定。从《牌子历》中僧侣出现的顺序来看，志定和正勤基本属于同辈，在总数17人中分别处于第11和第12位，可知在788年时已属于僧侣中的中坚层。上述祭文作于距此27年之后，彼时志定身在寺职最高位——积累“年德”[5]之僧所任的上座，不难想象，他应已是相当高龄，即便假设他788年时30岁，辞世之年也已57岁。上引借贷文书的时间更是在他辞世6年之后，若文书中的教授正勤便是灵图寺的正勤，其年齿也在63岁左右。归义军时期的都僧统年龄都在60岁到70岁，而教授若也如都僧统一样是代表敦煌佛教界的高僧，63岁应正是适当的年纪。由此可以推断，教授正勤俗姓宋氏，为灵图寺僧人。如果此推断可以成立，我们便有理由认为上述文书中

1. 龙兴寺寺户申请文书的判辞中，继正勤的判辞之后有“依上处分，付仓所由，付”。
2. 详见次章“敦煌的寺户”。
3. 藤枝晃：《敦煌の僧尼籍》，第293页，但文中误作“正勤”。见同页图片。
4. S.3920v《法诠正勤等祭康上座文》。“维岁次乙未五月辛未朔十二日丙午当寺徒法诠、正勤等谨以香乳之奠，敬祭□□康上座阇梨之灵。（以下略）”
5.《大宋僧史略·杂任职员》。“（上座）皆取其年德干局者充之。”

的都司置于灵图寺，都司仓即是灵图寺仓。S.1475中共有多达15份作于吐蕃占领时期的借贷文书[1]，每份的出借方都是灵图寺及其管理僧海清，可见灵图寺仓在当时是大寺仓，将其用作保管教团共同财产的仓库——都司仓也就不足为怪了。总而言之，教授乃是都司仓的负责人，这一点充分表明教授与后来的都僧统一样，在教团经济运作方面也掌握着实权。

根据S.0542v《戌年诸寺丁壮车牛役簿》的记载，龙兴寺寺户曹进玉与大云寺寺户刘孝仙曾在丑年送刘教授至廓州，灵图寺寺户朱奴子为翟教授手力，龙兴寺寺户曹奏进也为蕃教授手力。这就意味着同一时期中有汉人教授两名和吐蕃教授一名。教授共有两名这一点从上文所引S.2146《祈愿文》中也可知，即都教授和副教授，而所谓蕃教授或许是吐蕃本部派遣而来。

都教授之中，像后来的都僧统一样经历明确的只有也在归义军时期做过都僧统的洪䛒。接下来我们可以尝试探寻一下他在吐蕃占领时期的经历。

S.0779v末尾有两行记录：

> 大蕃沙州释门教授和尚洪䛒修功德
> 大蕃国子监博士窦良骥[2]

此外，上文提到，P.4660《邈真赞集》中有敦煌都教授兼摄三学教主陇西李教授阇黎写真赞，其撰文者为释门都法律兼副教授苾蒭洪䛒。

1. 那波利貞：《梁戸攷（二）》，第41—42页；同《敦煌発見文書に據る中晚唐時代の仏教寺院の金穀布帛類貸附営利事業運営の実況》，《中国学》10-13，1941年，第120—132页；仁井田陞：《唐末五代の敦煌寺院佃戸関係文書—人格的不自由規定について—》，《（西域文化研究第二）敦煌吐魯番社会経済資料（上）》，1959年，第78—80页；同《中国法制史研究—土地法·取引法—》，东京大学出版会，1960年，第700—713页等所引。文书以地支纪年，文中出现"部落""汉斗、蕃升"等记载，明显是吐蕃占领时期的文书。

2.《大正新脩大蔵経》第85卷（第1322页下—1323页上）将这两行文字之前的《毗沙门天功德记（拟题）》也一并移录，并认为此两行是功德记的跋文，误将功德记题作《大蕃沙州释门教法和尚洪辩修功德记》。详见矢吹慶輝：《鳴沙餘韻解說》第一部，岩波书店，1933年，第221—223页。

对比两份写本中的衔名，前者的“教授和尚”应为省略“都教授”之“都”字的结果，此时洪䛒已由都法律兼副教授晋升为都教授。不过，这就不得不再次提及上节中提到过的《吴僧统碑》。上述碑文的作者也是窦良骥，即吴和尚的赞文皆由他所撰，由此可见两人关系之密切。此外，碑文中提到：

遂使知释门都法律兼摄引教授十数年矣。则圣神赞普万里化均，四邻庆附……又承诏命，遣知释门都校〔教〕授。以四摄一僧，六和三聚。（下文略）[1]

由此可知，吴僧统在吐蕃占领时期由赞普任命为释门都法律兼摄引教授，接着升任都教授。所谓摄引教授，应该正是处理教授事务的人，亦即副教授，这番经历与洪䛒完全一致。而且两者在归义军时期都是都僧统。从上述种种迹象来看，上一节中提出的吴僧统即为洪䛒的推论，在此能够得到确证。进一步而言，通过洪䛒的晋升过程，可以明确僧官组织中都教授—副教授—都法律的上下关系。

P.3730[2]《沙弥尼法相状》

1. 牒。沙弥尼法相，自以多生阙善，福报不圆。今世余殃，处

2. 覆障。身无枷锁，囚系不殊。常愿适散，随众参承，不惜

3. 身命。缘障深厚，不遂中心。每阙礼敬三尊，利他之行，思

4. 心不足，无处申陈，岂敢悁受重信。然在贫病之徒，少

5. 之不济。又去子、丑二年傺状无名，不沾毫发。伏望

6. 教授和尚高明，广布慈云，厚荫甘泽，荣枯普润，则贫

1.《沙州文录》第5叶左。

2. 此据那波博士讲义资料。其中部分在《敦煌発見文書に據る中晚唐時代の仏教寺院の金穀布帛類貸附営利事業運営の実況》中有介绍。

7. 病下众尼庶得存生。请乞处分。

8. 牒件状如前。谨牒。

9. 　　　寅年八月　日沙弥尼法相谨牒

10. 　业报缠身，据众咸委。慈心振

11. 　济，雅合律宗。请倸司依例

12. 　支给。廿七日　洪辩

这是沙弥尼法相向教授和尚洪䛒所上的牒文，申诉在过去的子年和丑年的倸状（布施分配名单）中漏掉了她的名字，以致她未能分配到应得份额。据那波博士研究，P.3730由《僧道苑牒》等12份牒文连缀而成，纸背另有《书仪》《某甲等谨立社条文书》《△乡百姓某专甲放妻书》等，纪年都在未年、申年或寅年。[1]其中一份牒文《未年四月三日百姓吴琼岳便粟契文》中有"纥骨萨部落"或"汉升"等文字，表明这一系列牒文都是吐蕃占领时期的文书。带有洪䛒判辞的牒文除了上引文书以外，还有《大乘寺式叉尼真济沙弥尼普真等状》（寅年九月牒文，申诉自己名列僧尼籍，在倸状中却被遗漏）、《尼惠性状》（寅年五月牒文，关于亡僧贺阇梨遗物的处理事宜）等。另外，在《金光明寺维那怀英等状》（酉年正月牒文，奏请补僧准济为上座，僧某为寺主）中也有其判辞。以上都是洪䛒任教授（准确而言应该是都教授）时期的文书，其格式、内容都与后来的都僧统时期无甚区别，表明吐蕃占领时期的洪䛒作为教授处理着和后来的都僧统一样的事务。文书中的寅年当为834年或846年，酉年则当为829年或841年。此外，P.3730中除了上述各件文书以外，还有《检习博士奉仙等状》（酉年正月牒文，询问赐给乐人奉仙等人的赏赐物品于何处领取，附有荣昭[2]的判辞），以及《报恩寺僧崇圣状》（申年十月牒文，请求辞去寺职。上呈对象为教授和尚，但无判辞）等。荣

1. 那波利貞：《敦煌発見文書に據る中晩唐時代の仏教寺院の金穀布帛類貸附営利事業運営の実況》，第114—115页。

2. P.2837v《施入疏》中，文书受理人的署名为"荣照"，应为同一人。Jacques Gernet, *Les aspects économiques du Bouddhisme: dans la société chinoise du Ve au Xe siècle*, p.1. IX.

昭显然也是教授，而这些文书无疑都反映出了教授的职责内容，具有重要意义。

与洪䛒相关的不仅有汉文文书，还有大量藏文文书存在。根据拉露（Marcelle Lalou，1890—1969）所编《巴黎国家图书馆所藏伯希和敦煌藏文写本目录》[1]，伯希和所获P.0999写本中有一件关于无量寿经蕃汉写经[2]的公文书，其中有一处可读作Hon-ben的印，文书中提到此人

---

1. M. Lalou, *Inventaire des manuscrits tibétains de Touen-houang conservés à la Bibliothèque Nationale*, Adrien-Maisonneuve, 1939, vol.II.
2. S.6028共收集了写经生及校勘者共同署名的小纸片11张：

    1. 范椿（a、b）义泉（a）勘了
    2. 王文宗（a）写
    3. 李涓（a、b）写　勘了
    4. 王昌（a、b）像海勘两遍了
    5. 索滔（b）惠炬勘了
    6. 道正（b）洪䛒一遍了惠炬第二遍了
    7. 超岸（a、b）写勘了　崇恩（a）像幽（a）第二勘
    8. 离名（b）
    9. 张善（b）惠炬勘了洪䛒了
    10. 超岸（a、b）慈勘了　贤贤（a、b）
    11. 慈勘了

    这些小纸片很可能是附在写经校勘完成后的经卷上的。以上各写经生的名字都出现在S.4831《大般若写经记录》（a）或S.2711《金光明寺写经人名簿》（b）中，而校勘者中的离名（灵图寺）、像海（金光明寺）、像幽（乾元寺）之名出现在《牌子历》中。由此可知，这些纸笺是吐蕃占领时期（800年前后）推行的写经事业的产物。6、9中还出现了洪䛒之名，不过应该是他就任教授以前所参与。

    观察敦煌写经末尾所附写经生、校勘者之名，不少都与S.4831和S.2711中人名一致，尤其是《大般若经》《无量寿经》的大部分都书写于吐蕃时期。不仅如此，与当时的写经相关的文书中，汉文、藏文都有相当数量留存下来。

    如S.5824《应经坊合请菜蕃汉判官等牒》："应经坊合请菜蕃汉判官等。先子年已前蕃僧五人长对写经廿五人。僧五人一年合准方印得菜一十七驮，行人部落供。写经廿五人一年准方印得菜八十五驮，丝绵部落供。昨奉处分，当头供者具名如后。行人大卿。小卿。乞结歹。遁论磨。判罗悉鸡。张荣奴。张奂子。索广弈。索文奴。阴兴定。宋六六、尹齐兴。蔡发发。康进达。冯宰荣。宋再集。安国子。田用用。王专。（已上人每日得卅三束）丝绵苏南。触蜡。翟荣胡。常弁。常闰。杨谦让。赵什德。王郎子。薛卿子。娑悉力。勃浪君君。王飃颭。屈罗悉鸡。陈奴子。摩悉猎。尚热磨。苏儿。安和子。张再再。（已上人每日得卅三束）右件人准官汤料，合请得菜，请处分。牒件状如前。谨牒。"

    文书记录表明，在经坊负责写经、校勘的吐蕃僧人5人以及写经生25人所需费用，以方印（有赞普之印的命令文书）交由行人部落和丝绵部落共同负担。这就说明吐（转下页）

官衔为gnas-brtan ban-de。不仅如此，从P.1199到P.1204共六件文书都是呈给Hon-ben（或作Hon-pen）的书简或牒文，其中P.1203为借粟文书。除P.1199以外的五件中官衔都记作堪布（mkhan-po）。此处的Hon-ben（或Hon-pen）只可能是洪晉的音译。他的衔名之中，gnas-brtan ban-de中的gnas-brtan可译为尊宿、上座，用于称呼长老僧侣，ban-de则是对僧侣的普遍称呼，因此该衔名可以作“尊宿大德”，只是一个敬称而已。而后者的堪布（mkhan-po）本意为“智者”，相当于梵语中的Upādhyāya，中国一般译为近诵、亲教师，也作和上、和尚[1]，在印度则多指吠陀的助教。即便是中国所说的和尚，严格来说也是指称授戒的戒和尚。后世的喇嘛教团中，堪布被广泛用作对高僧的尊称，而喇嘛学校的校长或下设学院院长有时也称作堪布[2]，因此雅思克（H. A. Jäschke）将之译为教授（Professor）。

另外，以上述文书的书写年代为叙事背景的《布顿佛教史》中，也出现了堪布的称号：

> 未年，请来说一切有部的比丘十二人，为考验藏地之人能否为僧，以七人出家，以作试验。……有人说，这些人的堪布是达那尸罗。而堪布实是菩提萨埵，首先剃度加赤色出家，成为通达五明的大德。……堪布的传承中有舍利弗、罗睺罗、龙树、清辨、吉护、智藏、堪布菩提萨埵，都见于桑

（接上页）蕃时期的写经事业是在赞普的命令之下进行的官营事业，费用由治下人民负担。

以上只是写经相关文书中的一个例子，但从中足以看出，吐蕃时期的写经事业是吐蕃对佛教都市敦煌实行的统治政策中的重要环节。因此，这是了解当时敦煌情况的关键，令人深感深入探讨汉藏双语文书、明确写经事业全貌的必要性。期待今后藏文文书研究的进一步深化。

1. 安慧造，寺本婉雅译注：《梵蔵漢和四訳対照　翻訳名義大集》，圣典语学社，1933年；望月信亨：《仏教大辞典》，佛教大辞典发行所，1931—1937年；H. A. Jäschke, *A Tibetan-English Dictionary,* 1881; W. E. Soothill (comp.), *A Dictionary of Chinese Buddhist Terms*, 1937.
2. 关于喇嘛教寺院的堪布，参看多田等観：《チベット》，岩波书店，1942年，第15页；長尾雅人：《蒙古学問寺》，全国书房，1947年，第78、93页；L. A. Waddell, *The Buddhism of Tibet, or Lamaism,* 1894, pp. 172-173.

耶的壁画之中。[1]

由此可见，堪布这一称号在藏地乃是古今通用，而在上述布顿的记录中，堪布则指的是出家时的授戒僧，芳村修基氏将之译为阿阇梨[2]。而且舍利弗之下的诸位堪布都被绘于寺壁，充分表明他们地位很高。敦煌藏文文书中提及堪布的除了洪䛒以外，只有P.1142中的phab jan（法荣），以及P.1143和P.1150中僧名不明的两件，可见他们乃是硕果仅存的高僧。不仅如此，在敦煌文书中，P.1150里出现了mkhan-po chen-po即大堪布的记录，可见在堪布之上还有大堪布的存在。正如我们在《布顿佛教史》中看到的，堪布这一称号在当时的吐蕃本部也通用，且并非如后世那样广泛用作尊称，而是只加给极少数高僧的称号。敦煌藏文文书在记录洪䛒等人时所用的堪布也不同于ban-de这样的普遍称呼，而是身为敦煌地位最高的教化者、由吐蕃王授予的高贵称号。

综上所述，可以明确一个事实，即吐蕃占领时期也有一个相当于归义军时期之僧统的教授，作为统率佛教教团的人物。而教授也分都教授与副教授，从各种文书来看，其执掌事务的内容与僧统完全相同。唯一的区别仅在于都僧统统辖整个河西道一带，即便只是形式上；而都教授则仅限于沙州敦煌。此教授若确系僧官，这个僧官名可谓极其特殊，不过教授一词在中国佛教中并非全无先例。根据佛教律典，教授为五种阿阇梨之一，也称教授师，与戒师（戒和尚）、羯磨师俱为受戒三师，是教授受戒者威仪做法的师僧。[3]这个意义上的教授在归义军

1. 此据佐藤長教授所译。详见佐藤長：《古代チベット史研究（下）》，东洋史研究会，1959年，第857—858页。[译者注：引文为原文所引佐藤氏日语译文的中译。《布顿佛教史》另有蒲文成中译本（甘肃民族出版社，2007年），该部分译文为："羊年，请来十二位说一切有部比丘，为考验藏地能否建立僧伽制度，以七人应试出家……有人说，当时主持出家仪式的亲教师是达那尸罗。实际上，由菩提萨埵为亲教师，首先剃度加赤色出家，后成具足五通的大德……至于阿阇黎的传承，桑耶寺壁画中绘有：舍利佛—罗睺罗—龙树—清辨—祥隐—智藏—亲教师菩提萨埵。"]

2. 芳村修基：《ブトンのチベット仏教史》，《仏教学研究》6，1951年，第35—36页。

3. 道宣：《四分律削繁补阙行事抄》卷上三《师资相摄篇第九》（《大正新脩大藏経》第40卷，第32页）。"一、出家阇梨，所依得出家者。二、受戒阇梨，受戒时作羯磨者。三、教授阇梨，教授威仪者。四、受经阇梨，所从受经若说义乃至四句偈也。五、依止阇梨。"

时期的戒牒中也偶有出现[1]，是僧侣受戒时的必要角色之一[2]，在后来的中国、日本都通用。不过，唐代的教授通常指代范围更广[3]，尤其是和尚辩才的事例一直颇受关注，即《宋高僧传》中描述的“至德初（756），肃宗即位是邦也，宰臣杜鸿渐奏（辩）才住龙兴寺。诏加朔方管内教授大德，俾其训励，革狁狁之风，循毘尼之道。复命为国建法华道场”[4]。从上下文来看，他被赐予的这个“朔方管内教授大德”称号与所谓的教授师不同，应是类似于临坛大德的法位。辩才的这个称号与敦煌所说的教授性质相似，且时期、地点都与敦煌相近，可见敦煌教授称号的滥觞可以由此探求。不过，中原地区并不存在敦煌的都教授、副教授，僧官中也没有教授一职。不过，教授洪䛒在藏文文书中有着堪布的官衔，这个称号是梵语Upādhyāya的译语，中国译作亲教师，在英语中则相当于professor，可见翻译此藏文称号的应是敦煌的教授。尤其是大堪布与堪布在汉文中分别对应都教授与教授，而堪布相关文书也多是谷物借贷文书，这些都是两者的一致之处。但即便堪布的译语就是教授，堪布也并非僧官名。这是因为虽然当时吐蕃政僧十分活跃[5]，但吐蕃却并没有建立中原风格的僧官制度。综上所述，教授称号的起源可以从中原和吐蕃两方追溯。目前尚还无法断定究竟来自哪一方，

1. 戒牒的其中一例为S.0532《沙州三界寺授八关斋戒牒》。“南赡部州娑诃世界沙州三界寺授八关斋戒牒。授戒弟子李憨儿。牒得前件弟子久慕良缘，夙怀善意，求出尘之捷径，祈入圣之广途。遂乃离火宅之苦空，向无涯之觉路。吾今睹斯真意，方施戒条。仍牒知者。故牒。乾德二年五月十四日。奉请阿弥陀佛为坛头和尚。奉请释迦牟尼佛为教授阿阇梨。奉请弥勒菩萨为羯磨阿阇梨。奉请十方诸佛为证戒师。奉请诸大菩萨摩诃萨为同学伴侣。授戒师主释门（僧政赐紫）道真。”

2. 德煇重编《敕修百丈清规》中称教授师为引请阇梨。道忠对此所做的说明为“得度沙弥未谙进退，故此阇梨引导之，指挥行礼，而请戒师受戒焉”（《禅林象器箋》第七类《職位門》）。据土橋秀告氏赐教，日本僧人受戒时也有戒师、羯磨师、教授师三师。

3. 山崎宏《中国仏教盛時の講席に於ける講師、聴衆、対論》（《中国中世仏教の展開》，第694—731页）中提到了作为讲席之师的教授，而这也并非与受戒全不相干的称号，和作者认为性质相类似的儒学教授有着本质上的不同。

4. 赞宁：《宋高僧传》卷一六《辩才传》。见山崎宏：《唐の朔方管内教授大徳辯才》，载氏著：《中国中世仏教の展開》，第896—913页。

5. 具有代表性的例子是《唐蕃会盟碑》中出现的钵掣逋（Dpal ched po）身为宰相，当时僧侣出入宫廷，在政治事务上也拥有相当的发言权。

但笔者认为，姑且可以推测是敦煌将中原所用的教授一词用作了吐蕃王所授藏语称号堪布的译语。

然而，无论从中原一方还是吐蕃一方溯源，从中都看不出僧官所具有的特质，可以说敦煌的教授乃是一个十分独特的称号。如果认定它是一种僧官之职，那么就须得考虑其与上文所述的都僧统之间的关系。关于这一点，值得注意的是记载都僧统的文书与教授文书的时期问题。关于都僧统的记载，年次明确的有《牌子历》和《正理决》，两者都在8世纪初，时值吐蕃占领的前期；而教授文书的时期都晚于820年，属于吐蕃占领的后期。这种情况或可从以下背景来考虑：吐蕃占领汉人居住地敦煌，极有可能是在既有的社会体制的基础上，逐步将自己的统治渗透其中，何况教团统辖组织等与统治机构并无直接关系，更有可能承袭已有的唐制，那么前期的都僧统便与越州都僧统相同，是吐蕃占领以前就存在于当地的制度，只是在吐蕃统治下被加以继承。然而，等到吐蕃的敦煌统治政策开始逐渐囊括佛教政策，例如大规模推进写经事业等，此后教团所受来自吐蕃要素的影响自然渐深，教授便是这种影响的体现。原本有此称号的是身为僧律之权威的高僧，待他们开始扮演佛教教团统辖者的角色，都僧统也就逐渐成为没有实质的虚衔。最终表现出的便是吐蕃占领后期的都教授、副教授等极为特殊的僧官的出现。吐蕃占领时期的僧官从都僧统向都教授的转变，可以视作上述吐蕃行政变迁过程的反映，但这一变革却并非由某个时期颁布的法令来完成的。或许更贴切的说法是，从吐蕃官僚机构的角度看来，无论中央还是地方，这些僧官都是一种类似于“有其职位，却不一定常有任职者，仅为临时管辖”的存在。[1]当时敦煌的僧官制度也不例外。

吐蕃占领时期的都教授、副教授不像后来的都僧统那样可以梳理出明确的在位时间表，但大略可知从820年左右迄末期，先后有正勤、荣昭（亦作照）、刘、翟、李，以及洪𧮪等数人。其中之一的都教授洪𧮪进入归义军时期以后，立即被张议潮召为河西都僧统，而翟教授

---

1. 佐藤長：《古代チベット史研究（下）》，第733页。

若是法荣，那么他就是从曾经的教授（或应为副教授）成为第二代都僧统。从他们在吐蕃占领时期的经历来看，官衔的变化对他们而言并非意味着地位提升，而是始终身在教团的最高地位，仅名称发生了变化。换言之，由于敦煌重新回到汉人的统治下，带有吐蕃性质的都教授称号被废止，自吐蕃中期以后存在感逐渐薄弱的中原僧官都僧统至此又重新登场。由此看来，敦煌的最高位僧官至少从吐蕃占领以前到归义军政权末期，其核心始终都是都僧统，但其中在吐蕃占领后期的三四十年间，置有敦煌独有的最高位僧官——都教授。都教授的存在时间很短，前后不过数十年，却是异族统治这一特殊条件下的产物，作为吐蕃占领时期的僧官[1]，应当给予相当的关注。

第四节　僧录

关于僧录的材料，上文探讨僧统时已多次引用，从中可知，都僧录位在副僧统之下，先后担任都僧统的悟真、贤照、福高、龙晉等人都曾担任过都僧录（其中福高为僧录）。然而，敦煌文书中关于僧录的记载并不多，即便出现僧录，我们能了解的也大多仅限于僧名而已。任职时期明确的都僧录和僧录只有以下数人。

1. 悟真（都）　856（大中十年）—870（咸通十一年）
2. 李僧录　889（文德二年）以前，据P.4640《李僧录赞》
3. 某僧录　893（景福二年），据P.2856《草课文书》
4. 贤照（都）　895（乾宁二年），据P.2856v《营葬榜》

1. 诚然，归义军时期也能见到“教授”这一称号。例如S.6350中的“安教授”（大中十年）、P.2638中的“倸司教授福集”（清泰三年）、S.3156中的“净土寺李教授”（乙卯年）等，只要进行检索，能找到不少例子。不过，从文书内容来看，倸司教授、李教授都与法律无异，相比吐蕃占领时期的都教授、副教授而言地位极低。目前虽然未能明确归义军时期的教授是不是吐蕃占领时期的遗制，但这两个时期的教授显然不可同日而语。换言之，仅凭文书中出现教授称号便断定其为吐蕃占领时期的文书，是一种相当危险的判断标准，实则更应该考虑其中的教授处于何种地位，以此确定文书年代。能够肯定的是，出现“都教授”“副教授”的必为吐蕃占领时期的文书。

5. 氾僧录　895年左右，据S.2614v《僧尼籍》

6. 龙辯（都）　917（贞明五年），据S.6781《梁课会计文书》

7. 惠云（都）　937（清泰四年），据P.4638《僧龙辯等牒》

8. 某都僧录　954（广顺四年），据S.4654v《习字》

9. 海藏（都）　960年左右，据P.2879《僧尼籍》

10. 道真（都）　987（雍熙四年），据S.4915《戒牒》

由此可见，敦煌的僧录自归义军政权初期的悟真开始，一直存续至政权末期。不过，悟真所带的都僧录与李僧录以下诸僧性质并不相同。如上所述，悟真于大中十年敕授为沙州都僧录，但P.4660《邈真赞集》中其衔名的都僧录却做如下记录：

1. 京城内外临坛供奉大德兼沙州释门义学都法师都僧录（大中十二年）

2. 京城内外临坛供奉大德释门都僧录兼河西道副僧统（咸通五年）

3. 河西都僧统京城内外临坛供奉大德都僧录兼教谕归化大法师（咸通十年）

4. 河西都僧统京城内外临坛供奉大德都僧录兼阐扬三教大法师（咸通十一年）

也就是说，大中十二年至咸通十一年这段时期，悟真从沙州义学都法师累迁至河西副僧统、河西都僧统，但所带都僧录位始终没有变化。

在中原王朝的僧官制度中，僧统和僧录原则上不可能同时存在，因为两者都是僧官的最高职位。唐代似乎大致也是在中央置左右街僧录，地方置都僧统。若基于这一原则，则不得不说敦煌的两者并置实是僧官的滥设，但就悟真的情况而言，敕授的都僧录明显只是一个名号，与同时兼任的河西都僧统等并不矛盾。不过，继悟真之后的僧录开始成为统率河西道佛教教团的实权僧官，这一点从贤照、福高、龙辯等人身上就能看出。由此可见，都僧录原本只是朝廷所授的一种虚衔，并无实际职事内容，后来逐渐成为手握实权的河西僧官，亦是僧统次官，形成了一种中原王朝的僧官制度中没有的组织关系。而这也表明敦煌的都僧录自大中十年悟真任职而始，此前的吐蕃占领时期并不存在。唐朝的左右僧录制大约始置于元和二年（807），此时的敦煌尚在吐蕃占领下，显然唐制并不是在这一时期引入的。另外，P.2856v《营葬榜》中记录的都僧录除了贤照以外还有一人，虽未记载僧名，但足以表明都僧录有时并不仅置一人。

就任僧录的僧侣之中事迹明确可考的，除了悟真和龙辩以外，只有最后的道真。关于他的最早的文书是《三界寺见一切入藏经目录》[1]。

> 长兴伍年岁次甲午六月十五日，弟子三界寺道真乃见当寺藏内经论，部秩不全，遂乃启颡虔诚，誓发弘愿，谨于诸家函藏寻访古坏经文，收入寺中，修补头尾，流传于世，光饬玄门，万代千秋，永充供养。愿使龙天八部护卫神沙，梵释四王，永安莲塞，城隍泰乐，社稷延昌。府主大王，常臻宝位。先亡姻眷，超腾会，遇龙花；见在宗枝，宠禄长沾于亲族。应见有所得经论，见为目录，具数于后。（以下略）

长兴五年（934），道真着手修补三界寺藏经中有缺失的部分，并制作了见在藏经目录。翌乙未年，他向三界寺经藏中施入《大般若经》1部、诸经13部[2]，只不知是否此次增补经论的一部分。不过，已经发现的出土佛典中有不少附有他所作跋文的经论，也有很多卷尾有“三界寺藏经”墨印的写经，表明他确实曾主导过大规模的藏经整理工作。

---

1. 引自塚本善隆：《敦煌仏教史概説》，《西域文化研究》1，1958年，第73页。据塚本博士所述，此文书誊录自旅顺博物馆藏大谷探险队带来的写本，而金维诺氏也在《敦煌窟龛名数考》（第54页）中言及了敦煌任氏藏《三界寺藏内经论目录》1卷，其中有“长兴伍年岁次甲午六月十五日，弟子三界寺比丘道真”的发愿文，两者或为同一目录。
2. S.5663《中论卷第二题记》。“己亥年七月十五日写毕，三界寺律大德沙门惠海诵集。乙未年正月十五日，三界寺修大般若经兼内道场课念沙门道真兼修诸经十一部，兼写报恩经一部，兼写大佛名经一部。（中略）道真修大般若壹部，修诸经十三部、番二七口、铜令香庐壹、香兼壹、经案壹、经藏一口、经巾一条、花毡壹，已上施入经藏供养。”

此时的道真还只是一介普通比丘，身无任何官衔。

此外，与道真相关的文书还有吴曼公所藏《敦煌石窟腊八燃灯分配窟龛名数》[1]，内容是释门僧政道真在辛亥年十二月七日为翌日将要举办的腊八会所做的安排，其中就莫高窟各窟需要点燃的灯盏数向各负责的社人下达了详细的指示。金维诺氏曾对文书中所记录的窟名进行考证，通过比对各窟修建年代，推定辛亥年为大中祥符四年（1011），但这一推定实为舛误。发出这份文书的道真在980年左右已经由僧政升任为都僧录，因此文书中的辛亥年必定在此之前，也就是951年。另据金氏所述，敦编第108窟（伯希和编号第51窟，《敦煌艺术叙录》编号第39窟）外南壁有题记[2]：

> □因从台驾随侍，僧政道舍、□道真等七人，就三危圣寺安下南□道场记。维天福十五年五月八日游记之耳。

此题记中的天福十五年即950年，正是上述文书的前一年。最重要的道真官衔处字迹漫漶，无法断定他该年是否已经身为僧政，但游僧七人中只有僧政道舍与道真留下衔名，由此或可认为道真也是僧政。即便此点难以妄断，也可以肯定道真在951年的确已是僧政。

关于他的文书，数量最多的是戒牒，仅目前笔者可见的就多达25件，年代起自乾德二年（964），讫雍熙四年（987），时间跨度长达24

1.《文物》1959年第5期，第49页。收藏者吴曼公以《敦煌石窟腊八燃灯分配窟龛名数》为题发表了这件文书的内容移录和解说，但据文末所附图片，吴氏的移录谬误颇多。细字部分仅凭图片难以判读，然文末四行文字内容如下："右件社人，依其所配，好生精心注灸，不得懈怠触秽。如有阙然，及秽不尽者，匠人罚布一尺，充为工廨，匠下之人，痛决尻杖十五，的无容免。辛亥年十二月七日释门僧政道真。"

另外，《文物》同期第50—54、61页还刊登了金维诺氏《敦煌窟龛名数考》一文，通过各窟的题记或壁画以及所在位置等，考证了文书中记载的窟名与莫高窟各窟的对应关系。作为敦煌美术大家，确有许多真知灼见，但正如本章所指出的，其结论中在重要的文书年代推定问题上出现了谬误。其原因就在于将"太保窟"和"文殊堂"推定为宋窟。金氏认为"太保"指的是曹延恭，但实际上所谓太保更多时候指的是张议潮（藤枝晃：《沙州帰義軍節度使始末（一）》，第384页等）。而"文殊堂"也只是一个普遍性称呼，断定其确为宋窟的依据略显薄弱。此问题俟考。

2.《敦煌艺术叙录》（第79—82页）中未曾收录该题记。

年。[1]这些戒牒的末尾都有授戒师主道真的署名，有些还同时记录了官衔。例如S.4844乾德四年（966）的戒牒中就留有署名：

授戒师主释门僧政赐紫沙门道真

出现“僧政”官衔的仅有乾德二年至乾德四年的文书，而与道真相关的最后一件戒牒，即雍熙四年（987）的S.4915文书中，他的署名则为：

传戒师主都僧录大师赐紫沙门道真

表明道真此时已是都僧录。自乾德四年至雍熙四年的20年间，另有13份关于他的戒牒，但都没有记录官衔，无法准确梳理出他的升迁过程。

S.5855《雍熙三年阴存礼延僧为亡父追念疏》

1. 三界寺请　都僧录　周僧正　刘僧正　张僧正　法华大师　张大帅　刘大师

2. 松大师　大张法律　小张法律　罗法律　王法律　成子阇梨　曹家新戒

3. 　　　　右今月二十日奉为故慈父　都知，就弊

---

1. 由道真所授的戒牒（含推定）：

乾德二年（964）　S.0532②（僧政）　P.3320　P.3392

乾德三年（965）　S.0547（僧政）　S.0532（僧政）　S.5313（僧政）　P.3143　P.3238　P.3455

乾德四年（966）　S.4844（僧政）

乾德年间　P.3482

太平兴国七年（982）　S.0330⑤　P.3203

太平兴国八年（983）　P.3207

太平兴国九年（984）　S.1183　S.2448

太平兴国年间　P.3206

雍熙二年（985）　S.0330　S.4115　P.3483

雍熙四年（987）　S.4915（都僧录）

※伯希和本据陆翔译《巴黎图书馆敦煌写本书目》。

※P.3207为刘复辑《敦煌掇琐》（1934年）所收。

※②⑤数字表示同一文书中的戒牒数，（　）内为道真当时所任僧官。

居七七追念设供，幸望

4. 法慈依时降 驾并巾钵，谨疏。

5. 雍熙三年岁丙戌六月 日哀子

弟子节度都头阴存礼疏

这件文书是阴存礼为亡父的七七追念而延请三界寺诸僧驾临的疏文，而其中开头部分提到的都僧录极有可能就是道真。上文提到过，道真在934年着手经藏整理时已是比丘，显然已年过20岁，若雍熙三年（986）时确为都僧录，此时他已是年逾古稀了，很可能都僧录便是他人生中所任的最高僧官。如上所述，道真的青、壮、老年三个阶段皆有文书留存，见证了他50年来在敦煌佛教教团中的人生轨迹，表明他不但是活跃程度堪比唐末悟真的高僧，同时也是归义军时期最后的名士之一。

综上所述，敦煌的僧录为归义军时期所置，作为僧统之下的次官，是中原僧官体系所无的特殊存在。因是次官，在文书中很少出现，我们无法像都僧统那样对其职历及职务内容等做详细梳理。此外，记录中只有都僧录，而从未出现过副僧录，而且也没有一件文书中同时出现两名僧录的情况，因此或可认为只记作“僧录”的指的也是都僧录，且都僧录只置一人。都僧录与都僧统一样，也称“河西应管内外”，但S.4642V《沿寺破除历》中有“瓜州白僧录吃用”之语，可见瓜州或许也与沙州一样置有僧录。又或许在形式上归义军下辖各州分别设有都僧录作为一州统率，而河西都僧统则是位居他们之上的总统率。

都僧录是敦煌诸僧官中唯一的设置由来明确的例子。敕授散官成为实职，且在都僧统之外，又设相当于中央最高僧官的都僧录，叠床架屋，招致了僧官的冗滥，但这同时也是反映冗官形成过程的一个案例。唐末藩镇中的各佛教教团大约也是经历了同样的过程，最终导致了僧官滥设的结果。由此可见，归义军的两种最高僧官并列的矛盾制度，才真正反映了唐末五代地方僧官制度的实际形态。

第五节　僧政与法律

僧官官衔中出现最频繁的是僧政与法律，可以说但凡有僧尼名列其中的文书，就必然会有僧政、法律出现。然而即便如此，我们对这两种僧官的认识仍多有模糊不明之处。僧政的“政”字，在敦煌文书中时常与“正”字通用，而提及僧正，此乃僧官制度创设以来，南朝历代都首屈一指的僧官，唐代也作为地方僧官的官名不时出现，到宋代则“天下每州置一员，择德行才能者充之，不则阙矣”[1]。中原地区的僧正无疑便是僧官，因此历来研究多将敦煌的僧政作为地方僧官中的一例加以引用。不过，因其地位与中原相比可谓悬殊，且人数也更多，因此在历来的认识中，僧政因唐末藩镇的僧官滥授而地位低下，几与寺职无异。同时，法律是敦煌独有的称号，为中原僧官体系所无，因此现有研究未对其进行过引用和考察。惟有戴密微曾在注记中提及，法律这一称号或许来源于“法定律大德”[2]。若果真如此，法律就不是僧官，而更应视为一种法位。然而，僧政和法律频频作为同类官衔在文书中出现，两者的职责也完全相同，这让我们不得不正视，无论称号由何处而来，现实中不可能存在僧政为僧官、法律为法位的明确区别，两者应属性质相同的称号。也正是因此，本章将它们放在同一节中讨论，在相互比较中对两者进行考察。

与僧政相关最早的史料是出自《大唐陇西李府君修功德碑记》[3]的记载：

> 有若僧政沙门释灵悟法师，即咨议之爱弟也。[4]

1.《大宋僧史略》卷中《立僧正》。

2. Paul Demiéville, *Le Concile de Lhasa*, p.238.

3. 原碑在第418窟入口左侧。徐松《西域水道记》三、罗振玉《西陲石刻录》、蒋斧《沙州文录》（卷子本）、王仁俊《敦煌石室真迹录》乙以及M. Ed. Chavannes, *Dix Inscriptions Chinoises de L'asie Centrale D'apres les Estampages de M. Ch. - E. Bonin*（Imprimerie Nationale, 1902）等都有移录。参看谢稚柳：《敦煌艺术叙录》，第52页；岡崎敬：《大谷探検隊と敦煌千仏洞》，《（西域文化研究第一）敦煌仏教資料》，法藏馆，1958年，第34页。

4. 见罗振玉《西陲石刻录》。

此碑立于大历十一年（776），即敦煌被吐蕃占领前不久。敦煌文书中时期在吐蕃占领以前的本就极少，再将范围缩小到与僧官相关的史料，目前仅存的便只有上述文书了。鉴于当时推行的是唐朝制度，此处的僧政即是唐朝地方僧官的僧正[1]，相当于后来的都僧统。虽说如果承认吐蕃占领初期的都僧统是对唐制的沿袭，便意味着当时还存在唐制以外的其他都僧统，这一点令人费解，但与僧政相关的碑记作为史料有着很强的不确定性，且没有其他史料可以相互印证，这个问题也只能暂时存疑。

接下来的归义军政权初期，则有都监察僧正慧菀。在《樊川文集》卷二〇《敦煌郡僧正慧菀除临坛大德制》中，他当时的官衔为“敕燉煌管内释门都监察僧正兼州学博士”。山崎氏曾指出，该制文作者杜牧卒于大中六年（752）十一月，因此制文下发的时间应在大中五年正月至六年十一月之间，或与洪䛒大中五年告身几乎同时赐下，这一推论应该正确。这里的都监察僧正与后来的都僧政是否确为同一僧官官职，仓促之间难以论断，但至少可以肯定的是，灵悟与慧菀之间的吐蕃占领时期里没有与僧政相关的材料。至于此后的文书中，僧政则频频出现，不胜枚举。S.2146v《僧尼籍》（898年左右）中就列举了开元寺、乾元寺、龙兴寺、报恩寺、净土寺等寺的僧政各一人，可见该时期较大的僧寺至少有一名僧政。P.2250v《僧尼籍》（925年左右）的记录中，龙兴寺出现了僧政两人；S.5855《雍熙三年（987）阴存礼延僧为亡父追念疏》（本书第311页所引）中，三界寺有僧正三人；而在S.5941《淳化四年（993）曹长千延僧追荐疏》中，仅显德寺就有僧正四人。由此可知，每寺的僧政人数并不仅限于一人，稍晚的时代，每寺僧政可能多达三四人，同时存在的多名僧政之上另有都僧政。

P.4660《邈真赞集》四

1. 入京进论大德兼管内都僧政赐紫沙门故曹僧政邈真赞

---

1. 圆仁《入唐求法巡礼行記》卷一有“凡此唐国，有僧录、僧正、监寺三种色。僧录统领天下诸寺，整理佛法。僧正唯在一都督内。监寺限在一寺”。实际上，当时颇有关于身为地方僧官的僧正的材料。

2. 河西都僧统京城内外临坛供奉大德兼阐扬三教大法师赐紫沙门悟真撰

（赞文略）

14. 中和三年岁次癸卯五月廿一日听法门徒燉煌释门法师恒安

这篇赞文表明，中和三年（883）以前都僧政就已经存在。此外，被认为是晚唐时期的莫高窟第217窟东壁的供养人像中，有一幅画像上有题书[1]：

应管内释门都僧政京城内外临坛供奉大德毗尼藏主阐扬三教大法师赐紫沙门洪认一心供养

这一冗长的官衔与上引都僧统完全相同，或可证明都僧政在地位上相当于都僧统的次官。不仅如此，清泰四年（937）的P.4638《僧龙砮等上司空牒》等文书中，都僧政绍宗之名出现在都僧统、都僧录之下，而且在上文曾提及过的祈愿文一类的写本中，都僧政也被与都僧录置于同一类别，可见都僧政不同于僧政、法律，为其上级僧官。由于都僧政在地位上相当于次官，所以很少成为牒文的发出者或受领者，在斯坦因文书中，仅有S.6307中有一份某年九月一日管内都僧正的转帖而已。

法律自吐蕃占领时期到归义军时期都存在，且人数始终多于僧政。S.2614v《僧尼籍》中提到了开元寺法律四人、龙兴寺一人、大云寺一人、报恩寺两人，而大约30年后的P2250v《僧尼籍》中，龙兴寺的法律增加到四人，945年金光明寺则增至七人（S.5718），993年显德寺为八人（S.5941），979年莲台寺的法律甚至多达十人（S.6178），与上述僧政同样表现出了年代愈晚人数愈多的趋势。此外，比丘尼也可以身

1. 谢稚柳：《敦煌艺术叙录》第268窟，第351页；敦煌文物研究所编：《敦煌壁画：晚唐（821—906）》，中国古典艺术出版社，1958年。

任法律[1]，例如吐蕃占领时期就有《大番故燉煌郡莫高窟阴处士公修功德记》中的尼法律智惠[2]，P.3600《普光寺寺卿索岫牒》[3]中也出现了法律法喜等。至于归义军时期，则有《敦煌灵修寺尼戒净画观音菩萨象记》中的：

> 灵修寺法律尼临坛禀义大德香号戒净侣（俗）姓李氏敬绘观音菩萨幢供养
>
> 灵修寺法律尼临坛大德香号明戒侣（俗）姓李氏一心供养[4]

此外，S.6417《普光寺尼徒众圆证等牒》中向都僧统申请许可的寺职中，也有一项是请求以尼妙意充法律。由此可知，归义军政权后期，法律的任职程序与寺职一样，都是由寺院推荐人选，报请都僧统许可。

法律之上也同样有都法律一职。本章中多次出现过的洪辯在任都教授之前，就曾是释门都法律兼副教授，而《阴处士公修功德记》中也出现过沙州释门三学都法律大德离缠，另外，P.4660《邈真赞集》三三中还有：

> 沙州释门都法律大德记〔氾〕和尚写真赞
>
> 宰相判官兼太学博士陇西李颛撰

以上皆是吐蕃占领时期的材料，而从洪辯等的经历也不难看出，都

1. 关于比丘尼所任僧官，赞宁《大宋僧史略》中“立僧正”有如下记载：“北朝立制，多是附僧。南土新规，别行尼正。宋太始二年敕尼宝贤为尼僧正。又以法净为京邑尼都维那。此则承乏之渐。梁、陈、隋、唐，少闻其事。偏霸之国，往往闻有尼统、尼正之名焉。”
2.《沙州文录》第9叶左。
3. 那波利貞：《唐代の社邑に就きて（下）》，第788—789页。
4.《沙州文录补》第21叶左。

法律之职在教授之下。另据《沙州释门索法律窟铭》[1]记载，咸通十年（869）以76岁高龄而卒的索义辩也是前任沙州释门都法律。这是关于都法律的最后一条材料，由此可见都法律的存在至少延续至归义军政权初期。不过需要注意，这应该是吐蕃占领时期的余绪，大体而言，吐蕃占领时期置都法律，归义军时期则置都僧政。

上文曾提及过，吐蕃占领时期没有僧政，但该时期却有僧政法律或法律僧政一职。翟家碑中就提到：

僧统先任沙州法律僧政，四轮□宝，三学枢机……

表明翟僧统（即法荣）在任都僧统以前，曾任沙州法律僧政。另外，洪辩的官衔在大中五年告身中作"敕释门河西都僧统摄沙州僧政法律三学教主"，而告身碑中段所刻敕文中则为"知沙州僧政法律"。此处的僧政法律并非僧政与法律之意，而是一个官职，反过来的法律僧政也相同。而且"摄"或"知"也表明其确为官职。洪辩在吐蕃占领时期由都法律兼副教授升仕为都教授，而僧政法律是吐蕃时期的僧官，因此洪辩的沙州僧政法律是在任都教授期间兼任，而任副教授时所兼的都法律或许就是僧政法律的别称。总之，僧政法律或法律僧政都是有别于归义军时期的僧政的官职，可以认为更近似于都法律。

接下来探讨一下僧政和法律的职责内容。

P.3100[2]《夏安居帖》

1. 释门　　帖诸寺纲管

2. 　　奉　　都僧统帖，令僧政法律告报：应

3. 　　管僧尼沙弥及沙弥尼，并令安居住寺，依

1. 该铭文有P.2021（《沙州文录》《敦煌石室真迹录》所收）和S.0530两个版本，矢吹慶輝《鳴沙餘韻解説》（第一部，第241—248页）中对两个版本进行了对比校勘。该窟为敦编第12窟，东壁的供养人处有题记曰"窟主沙州释门都法律和尚金光明寺僧索义□"（《敦煌艺术叙录》第151窟，第196页）。另有P.4660中文德二年（889）悟真撰《金光明寺故索法律邈真赞并序》（收入《敦煌石室真迹录》），赞文主角也是同一人。

2. 据那波博士手抄。其中第5条在《唐代の社邑に就きて（下）》（第753—754页）中引用。

4. 止从师，进业修习，三时礼忏。恐众难齐，仍
5. 勒上座寺主亲自押署，齐整僧徒，具件如后。
6. 诸寺僧尼自安居后，若无房舍，现无居住空房
7. 舍，仰当寺纲管即日支给。若身在外，空闭
8. 房舍，任依官申状，当日支与。
9. 诸寺僧尼数内沙弥或未有请依止，及后入名僧
10. 尼，并令请依止，无使宽闲。如不请师者，仰纲
11. 管于官通名，重有科罚。
12. 诸寺僧尼夏中各须进业，三时礼忏，不得间断。
13. 如有故违，重招科罚。纲管仍须钳辖众，如
14. 慢公者，纲管罚五十人一席。
15. 诸寺界墙及后门，或有破坏，仍须修治。及安关钥
16. 于家小门，切令禁断。其修饰及扫洒，仰团
17. 头堂子所使，仍仰纲管及寺卿勾当。如不存
18. 公务者，同上告罚。诸寺不令异色杂人居住。
19. 应管僧尼寺一十六所，夏中礼忏，修饰房舍等事，
20. 寺中有僧政法律者，逐便钳辖。其五尼寺缘
21. 是尼人，本以性弱，各请僧官一人检教。若以人多事
22. 即频繁，勒二张法律检教。其僧寺，仰本寺
23. 禅律及上座勾当。若有睢慢，必不容恕。
24. 右前件条流，通　　　　　奉
25. 指挥。仰诸寺纲管等，存心勾当，
26. 钳辖僧徒，修习学业，缉治寺舍。
27. 建福攘灾，礼忏福事。上为
28. 司空万福，次为城皇报安。故勒
29. 斯帖，用凭公验。　　十四日
30. 法律　威则
31. 法律　辩政
32. 法律
33. 僧政　一真

34.　　　　　　　　　　　　　　　　　　　　　　僧政　威觉

这是接到都僧统通知的僧政、法律向敦煌管内16寺的寺职——纲管发出的帖文，文中说明了关于夏安居实施的注意事项。夏安居一般于四月十五日开始，因此这份帖文发出的时间在四月十四日，亦即安居开始的前一日。此帖与上文所引S.1604（本书第261页）属于同类文书，帖文中的用语一致之处也不少。S.1604是都僧统直接发给诸寺纲管的帖文，而此帖则反映出了“都僧统—僧政、法律—诸寺纲管”的指挥体系。很可能前者是由于受到节度使诘责，都僧统不得不亲自对僧尼施以训诫，属于破例的措施，而后者才是常规程序。此帖中包含了诸多能够反映教团组织关系的重要信息，其中按条列举的部分主要内容有如下几项：

1. 诸寺僧尼进入夏安居之后，如缺少房舍，则由该寺纲管调配无人居住的空房，即日分配支给。因居住者外游而暂时空置的房舍，即向所司（都僧统司）[1]申报缘由之后予以支给。

2. 诸寺在籍僧尼之中，已为沙弥而尚未请依止（指导僧）的，以及后来入籍的僧尼，都须延请依止，不得安闲无事。不请依止师的，由纲管向所司通报，重加处罚。

3. 诸寺僧尼在夏安居期间，须各自勤谨修学，三时礼忏，不得间断。如有人故意违反，即重加惩罚。纲管负责徒众的监督管理，若怠慢公务，则罚五十人一席。

4. 诸寺界墙或后门如有损坏之处，须加以修缮，并于小门置锁，严格管理（进出）。寺舍的修缮、清扫，由团头堂子负责安排，寺职、寺卿对其进行监督。（其中）若有人懈怠，与上述违规者同样施以惩戒。诸寺不得收留可疑人等居住。

5. 敦煌管内共16寺僧尼，夏安居期间的礼忏及寺舍修缮等皆由各寺僧政和法律监督管理，其中五尼寺（灵修、圣光、安国、大众、普光）因比丘尼处理寺务多有困难之处，各请僧官一人负责事务，人多

1. 据藤枝教授赐教，所谓“官”者不一定指“官宪”，很多时候是广泛代指管辖机构。而此处若作“官宪”之解，也确实难以理解，作管辖僧侣的都僧统司更为妥当。

事繁之时，则更请二张法律负责。僧寺则由各寺禅师、律师等（中的老宿）、上座负责处理。若有懈怠者，严惩不贷。

各寺僧尼的管理、寺舍的修缮清扫等寺务，皆由纲管（亦即上座）、寺主等寺职负责，并须承担相应责任。若对寺务有懈怠之处，纲管会受到惩戒，但纲管对其下辖的僧尼却没有惩戒之权，僧尼违规者须由纲管向都僧统司上报，由后者决定处分。这份文书中的僧政、法律作为发帖人，扮演了将都僧统的指令传达至各寺的角色，但与此同时，我们在文书中可以看到，他们还负责管内寺院寺务的监督和指导。而且上述第5条中，他们明明白白地被称为“僧官”，足见僧政、法律是从属于都僧统司的低级僧官。

此外，遇到整个教团举行法会之际，他们似乎还负责法会的筹办运作。上文所引S.2575《普光寺方等道场榜》纸背有《普光寺道场司僧政惠云法律乐寂等状》，文中有曰：

> 检校虽居绳佐，全亏匠训之能。

作为戒坛的事务局，方等道场司由僧政和法律构成，他们负责道场相关事务，监督受戒人，有时也自称检校僧政、检校法律。另据S.0474v（见本书第283页）的记录，行像司似乎也由他们负责运作。除此以外，需要教团全体出席的大型活动，如祈愿法要，以及《沿寺破除历》一类记账的负责人，应同样是这些僧政、法律。

不过，体现僧政、法律职责范围的文书，绝大多数仍是与寺务处理相关的。例如S.4664是命令各寺在白露道场开场之际谨慎勤行的指示牒文[1]，很可能为都僧统所下，其中一一列举了第一至第六团头僧之名。这些团头僧应是统率各团僧侣举办法会的负责人，而所有团头都

1. S.4664《团僧等为白露道场课念牒》。“第一团头，大索僧正。第二团头，小索僧正。第三团头，徐僧正、安阇梨、沈师清子、孟家愿兴、都师愿兴、住兴胜鸡。第四团头，程法律。第五团头，大阴法律、赵阇梨、道通、善清、富顺、愿□、长千。第六团头，小阴法律。上件团僧等，今缘白露道场，各须一日一夜课念精专，不得怠慢，二时巡绕而莫停，朝夕经行而谨慎，若有不凭条式，随意施行，上座各罚麦柒斗，的无免容，新戒决仗〔杖〕十一，莫言不告。更若官巡□祈之时，一仰当团僧□（勾）当者。”

由僧正或法律担任。该写本没有明确记载寺名，但现存写本中另有两件同一寺院且时期相同的会计文书，一为P.3290[1]，纪年在己亥年；一为S.4701庚子纪年，可推测应分别为939、940年。前者是关于黄麻的决算文书，先后有“先执（仓）黄麻人法律惠兴、寺主定昌、都师戒宁”，以及“后执仓黄麻人徐僧正、寺主李定昌、都师善清”；后者是“执仓常住仓司法律法进、法律惠文”等八人所作的麦、粟、豆、黄麻等物一年的决算报告，文末有执物僧七人（因写本破损，独缺法进）的署名和花押，惠文为“执物团头”。相同情况还见于S.6217中的“法律智允法政等仓家柒人”，可知寺仓的管理一般由僧侣七八人负责，总负责人则由僧政或法律充任。除此以外，S.2142《经藏调查文书》还记录了经司僧政惠宴、法律会慈等对藏经缺本进行调查之事，这些无不说明僧政、法律时常负责寺务处理，就职责内容而言，与寺职并无差别。

关于僧政与法律的从属关系，正如山崎氏的考证[2]，一般是由法律晋升为僧政。正如我们在文书中可以看到的，净土寺僧绍宗在895年左右尚是身无官衔的一介比丘[3]，同光三年（925）跻身释门法律[4]，长兴二年（931）出现时则位居释门赐紫僧政[5],清泰四年（937）已晋升至都僧政[6]，每隔几年，他便经历一次升迁，从法律到僧政，终至都僧政。另外，P.2846《甲寅年正月二十一日都僧政愿清等奉官处分书》中出现的愿清，若就是清泰三年（936）的P.2638《傔司教授福集法律金光定法律愿清等状》[7]中的愿清，前者的甲寅年为954年（显德元年），可知他从法律升至都僧政用了大约20年。上述各例反映出“法律—僧政—都

---

1. 引自那波利貞：《梁戸攷（下）》，第63—64页。断定三件文书为同一寺院、同一时期的会计文书，是因为三件文书中都出现了徐僧正、阴法律、寺主定昌、寺主戒福、都师善清、都师戒宁、住兴、愿兴、道通等人名。
2. 山崎宏：《唐代の僧官》，第663页。
3. 见S.2614v《僧尼籍》。
4. 见P.2049《净土寺直岁保护手下出现破除历》。
5. 见P.2049《净土寺直岁愿达等手下出现破除历》。
6. 见P.4638《僧龙砮等上司空牒》等。
7. P.2846引自那波利貞：《梁戸攷（中）》，第66页；P.2638引自同氏：《梁戸攷（下）》，第80—81页。

僧政”的晋身途径，而自都僧政以上，还可升为都僧录、副僧统，终至都僧统，此即僧官体系的升迁过程。从这个过程可以清楚地看出，即便僧政和法律在实际职责范围方面与寺职并无差异，但就制度方面而言，僧政、法律都是低级僧官。

不过，正如上文所述，僧政和法律有时会多达每寺十人以上，则整个教团会多至数十人。我们须得认识到，人数多至如此，僧政和法律的性质自然与历来研究中的所谓僧官有所不同。统辖敦煌17寺的都僧统司显然不需要几十名僧官。10世纪的文书S.5139v中“都司法律”“应节内外都司法律”等记载显示出，尤其是身在都司的法律，多被称为都司法律。除此以外，不在都司供职的僧政、法律则从属于各自所在的寺院，负责指导寺众，指挥寺院运营，若遇到方等道场、行像会等教团大型活动，便如上文所述的那样，站在一线负责筹备运作。前引P.3100《夏安居帖》第5条提到，各寺僧政、法律除了负责监督礼忏和寺舍修缮以外，还要向各尼寺分别派遣一人，代理尼寺寺务，这些都反映了僧政、法律的上述职位性质。

总结本节所考察的内容，敦煌僧官史料中最早的、吐蕃占领时期以前的碑记中就出现了僧政的记载，其来源为唐制中的僧正，是相当于后来的都僧统的僧官。吐蕃占领时期未置僧政，只有被称为法律、都法律的敦煌独有的僧官，位在教授之下，负责教团的统辖。法律这一名称，或如戴密微考证，是由“法定律大德”演变而来，本不过是尊称而已，后来则与教授一样，经历了一定的演变过程，最终成为僧官。因此，其初设也应是在吐蕃占领后期。归义军时期再置僧政，并设都僧政。不过，此时的都僧政、僧政都是位在都僧统之下的次官，从属于都僧统，与唐制的僧正相比，地位显然很低。同时都法律职位被取消，仅有法律作为最低级僧官继续存在。时代越晚，僧政和法律越表现出人数增加的趋势，除了都司的职务以外，这些僧政、法律还负责各自所属寺院的统辖，但在制度上仍属僧官，且从法律逐步升迁至都僧统的过程也可通过具体事例循迹。

这种制度似乎一直存续至归义军政权末期，而被认为是敦煌文书时代下限的至道元年（995）以后，中原地区的史料中也出现了关于敦煌僧正的记录。

> ［景德四年（1107）］闰五月，沙州僧正会请诣阙，以延禄表，乞赐金字经一藏。诏益州写金银字经一藏赐之。[1]

宋朝的僧官制度与晚唐一样，中央置左右街僧录，地方置僧正，因此会请的“沙州僧正”或即敦煌文书中所见的僧政，抑或指的是统辖当地教团的僧正，但若他是曹延禄所派使者，极有可能是足以与从前的悟真比肩的高僧，则后者的僧正似应是更为稳妥的解释。如此则会请在敦煌当地应身在都僧统或都僧录之高位。总而言之，记载有僧政（或僧正）的史料在时期上贯穿了本章所探讨史料的首尾，可以推测都是相当于中原王朝地方僧官的僧正。

第六节　判官

除了僧政和法律，判官也属于低级僧官。判官本为各官府属官，初设于唐代[2]，敦煌文书中也不时出现。僧官体系中的判官无疑是借用了俗世官职之名，但因不见于唐、五代时期中原地区的史料，所以历来考察敦煌文书的僧官研究对其基本未曾言及。以下列举几例判官相关材料。

P.4660《邈真赞集》中有《沙州释门勾当福判官辞弁邈真赞》，撰文者为上文提及过的悟真，因此可知辞弁生活在归义军政权初期。另外，S.4654《唐故归义军节度衙前都押衙充内外排□使银青光禄大夫检校左散骑常侍兼御史大夫上柱国豫章罗公邈真赞并序》的撰文者为：

> 管内释门法律通三学大法师知都判官沙门福祐（？）□

1.《宋会要》蕃夷五之三。

2. 马端临：《文献通考》卷六二《推判官》。“唐天宝后有判官之名。后唐长兴二年，诏有两使判官、防团推官、军事判官等。是时，判官多本州自辟举。清泰中，始择朝士为之。”

邈真赞中的罗公讳通达，与《沙州文录》(第20叶右—左)所收《陈彦□献物牒》中出现的罗□□为同一人，且据后者可知其生活年代在清泰四年(937)左右。[1]此处出现了“都判官”，可知判官之上设有都判官。另上溯至吐蕃占领时期，则有莫高窟第144窟供养人像中的比丘像所带题记：

> 管内释门都判官任龙兴寺上座龙藏□修先代功德永为供养[2]

可知该时期也有都判官，但判官、都判官都不见于当时的文书。题记中的龙藏为都判官，兼任龙兴寺上座，不过更普遍的情况，还是如上文的福祐一样，以都判官兼任法律。另外，莫高窟第98窟南壁供养人第21身、第22身题名[3]分别为：

> 释门法律知福田判官临坛大德沙门惠净供养
> 释门法律知五福田判官□临坛大德……

此题名中的福田判官，同样不见于文书中。总之，当时的判官分为判

1.《陈彦□献物牒》,《沙州文录》第20叶右—左。“右马步都押衙银青光禄大夫检校右散骑常侍兼御史大夫。上柱国陈彦□左马步都押衙银青光禄大夫检校左散骑常侍兼御史大夫上柱国罗□□等。香枣花两盘、苜蓿香两盘、菁苜香根两盘、艾两盘、酒贰瓮，右伏以蕤宾戒节，端午良晨，率境称欢，溥天献上，礼当输寿之祥，共贺延龄之庆。前件馨香及酒等，贵府所出，愿献鸿慈，诚非珍异，用表野芹，尘黩威严，伏增颤惧。伏乞仁恩，时赐□□容纳。谨录状上。牒件状如前。谨牒。清泰四年丁酉岁五月□日。左马步都押衙银青光禄大夫检校左散骑常侍兼御史大夫上柱国罗□□牒。右马步都押衙银青光禄大夫检校右散骑常侍兼御史大夫上柱国陈彦□。”

罗□□的官衔与S.4654中的罗通达相对照，除了后者多出“充内外排□使”以外，其他完全一致。因此两者应可视为同一人，而邈真赞标题中的“唐”指的应是五代后唐。实际上后唐于清泰三年十一月便已灭亡，后晋取而代之，改年号为天福，但此事并未及时传到与中原地区相互隔绝的敦煌，因此文书中才会出现清泰六年。至于罗通达的卒年，应该在敦煌还认为后唐政权仍在延续的时期，也就是938年或939年(清泰五、六年)。

2.《敦煌艺术叙录》第10窟，第46页。

3.《敦煌艺术叙录》第42窟，第91页。

官和都判官两种，此为吐蕃占领时期、归义军政权时期共通。

接下来探讨判官的职责内容。

S.1776《某寺交割常住什物历》

1.（显）德伍年戊午岁十一月十三日，判官与当寺徒众就库交

2. 割所由法律尼戒性、都维永明、典座慈保、直岁

3. 等一伴点检常住什物，见分付后所由法律尼明照、都维

4. □心、都维菩提性、典座善戒、直岁善性等一伴执掌常

5. 住物色，谨具分析如后。

（以下略）

这件文书是某尼寺物品管理处进行交接之际对常住财物实施清点的记录，此处的判官或许是都僧统司所派，在清点中充当监察人的角色。类似情况还可见于P.3207《（安国寺）上座比丘尼体圆等牒》（见本书第276页），其中悟真的判辞提到“勘算既同，连附案记”，此时进行勘算的应该正是判官。从中我们可以看出，会计决算之际的通常手续首先是诸寺向都僧统司提交会计报告，在判官对会计进行监察之后，由都僧统下达判辞，表示认可。另外，P.2250v《僧尼给布簿》[1]中除了龙兴寺张僧政、郭僧政、张法律、慈净法律、吴僧政，普光寺实济等之外，还有龙兴寺索判官的朱书，他们一同作为傒司职员，负责将布施所得物分给管内僧尼。除此以外，上文引用过的S.1604《都僧统帖》（本书第281页）中有：

仰判官等每夜巡检，判官若怠慢公事，亦招科罚。

可见诸寺的巡检也属于判官之职责。

1. 引自那波利貞：《梁戸攷（三）》，第65—67页。藤枝晃《敦煌の僧尼籍》（第314—315页）中也做了引用，并推定文书年代在925年左右。

如上所述，判官与僧政、法律等一样，都属于负责教团财政事务、诸寺巡检监督等工作的低级僧官，但从以上史料来看，僧政、法律还负责各自所属寺院的寺务，而判官则只负责整个教团中都僧统司的相关工作。不仅如此，比起僧政、法律，判官的人数很少，例如S.2614v《僧尼籍》中就只出现了龙兴寺索判官、报恩寺宋判官两人，文书中也极少有判官的记载，纵观整个敦煌教团，似乎不过两三名而已。从文书列举僧官时的顺序来看，判官的地位应在法律之下，然而判官人数之少与法律全然无法同日而语，且还有法律兼任判官的情况，或许判官更有可能游离于从法律晋升至都僧统的僧官体系之外，属于都僧统司直辖的低级僧官。从法律、上座也可兼任判官这一点来看，亦或许判官并非正式的僧官，仅是对负责都司事务之人的称呼而已。

以上便是敦煌的判官作为僧官的性质，不过中原王朝的僧官制度中并非全然没有判官的存在。例如宋代就有置僧判官以作地方僧官的例子。

> （温州）郡倅唐都毂举师（灵玩）为僧判，次迁副僧正。郡守张公济，性严少交游，待师独厚，又迁都僧正。……自僧判至都正，掌握教门二十余年，略无遗缺。[1]

这段材料说明灵玩在温州由僧判（僧判官）累迁至副僧正、都僧政，其间20余年执掌教团行政事务，从未有过疏漏错失。除此以外，宋代还有台州、扬州、明州有过僧判官，元代也同样有作为地方僧官的判官的存在。[2]由此可见，从吐蕃占领时期起就存在的敦煌判官应是宋代僧判官的源头。不过，就敦煌的情况而言，作为属官，比起判官，僧政、法律才是主流，而以上材料里提到，灵玩从僧判官迁至都僧正用

---

1. 元照：《芝园集》上《温州都僧正持正大师行业记》。文中省去了灵玩的经历，但从其他史料可知，宋代副僧正之上设有僧正，而在佛教盛行地区，僧正之上还有都僧正。详见高雄義堅：《中国仏教史論》，平乐寺书店，1952年，第128—133页。
2. 高雄義堅：《元代に於ける僧尼管屬僧官並に度牒の研究》，《仏教学論纂（龍谷大学紀要）》1，1944年，第311页。

了20余年，与上文提到的由法律迁至都僧政所用时间基本相同，这一点非常值得关注。尽管判官的地位在敦煌尚不算正式确立，但其存在本身就表明唐代也置有作为僚属的判官。仅仅是因为中原地区史料叙述间或提及地方僧官，也只停留在最高位者而已，不会言及其僚属，所以唐代见不到关于判官的史料，但我们却必须注意到，敦煌的判官确是来自中原王朝的制度。而且从吐蕃占领时期判官就已经存在这一点来看，其出现最早可上溯至787年以前。

第七节　寺职

以上各节都在探讨敦煌文书中出现的僧官，但既然考察了负责整个教团的统辖与运作的僧官，便不能不对具体负责各寺管理的寺职关注一二。所谓寺职，正如僧赞宁在《大宋僧史略》卷中《杂任职员》中所述，有上座、寺主、都维那、典座、直岁等，总称为寺之三纲。敦煌也同样各寺皆置有以上寺职，与中原制度并无差异。而关于各寺职的职务内容，根据各寺向都僧统司提交的牒文可以看出，上座或寺主作为寺中徒众的代表，直岁则负责寺院的会计决算，并向徒众报告，实际职务基本都遵照各自职责内容。关于寺职的任命，《旧唐书》卷四四《职官志·鸿胪寺》条有曰：

> 凡天下寺观三纲，及京都大德，皆取其道德高妙、为众所推者补充，申尚书祠部。

表明应由徒众推选道德高妙之僧，报请尚书祠部许可，但实际上正如上文所述，敦煌寺院的寺职是由都僧统或都教授进行任命及罢免的。这个事实正可补中原地区史料关于中唐以后寺职任命手续之缺。值得注意的是，迟至唐末五代，敦煌也全然看不到禅宗丛林制度《百丈清规》的影响，而是始终保持唐代律寺制度未变。由此看来，已无须重新对敦煌的寺职追根究底地进行探讨，唯一必须提及的便是敦煌独有的寺卿一职。

P.3100《夏安居帖》（本书第317页）第4条规定：

其修饰及扫洒，仰团头堂子所使，仍仰纲管及寺卿勾当。如不存公务者，同上告罚。

“堂子”这一名称颇有些陌生，或许也可以视为等同于“堂守”，指负责修缮清扫的寺户，而统率、指挥数人的寺户组长，便是所谓的团头堂子。敦煌的寺户由团头统率，这一点从前引S.0542v《戌年诸寺丁壮车牛役簿》、北咸59v《诸寺借麦申请文书》中也可得到印证，从史料叙述来看，数户组成一团。而从上述帖文中的规定可以看出，团头所率的寺户虽是直接受团头指挥，但同时也通过团头而受寺职或寺卿的管辖。由此可见，寺卿与寺职一样，都负责统率寺户，并监督寺舍修缮。不过，所谓寺卿者，究竟由哪些人担任？

S.0542v中有莲台寺、金光明寺、普光寺、灵修寺、大乘寺在丑年十二月分别统计各寺所有羊数的报告，共五件连贴[1]，其牒文的报告人分别为：

普光寺：寺卿索岫

灵修寺：寺卿薛惟苏

大乘寺：寺卿唐千进、寺主善来

其他两寺不明。以上三寺都为尼寺，且都由寺卿报告。其中普光寺的索岫与大乘寺的唐千进还出现在P.3600《戌年僧尼籍》中，虽然僧尼籍里唐千进的牒文前半部分内容缺失，不知寺名，但由上述文书可以肯定其为大乘寺。不唯如此，普光寺僧尼籍中的尼僧名很多都与S.2729《辰年牌子历》中该寺尼僧名相同。藤枝晃氏推定牌子历的年代在688年，而比较两处僧尼籍中出现的僧名地位，会发现《牌子历》居于中

---

1. 此处仅举五件中最完整的大乘寺文书，即S.0542v《大乘寺点算见在欠羊数牒》。原文如下：“大乘寺状上。丑年十二月于报恩寺众堂点算见在欠羊总九十五口，一十七口欠合寅年点羊所纳，见在羊总七十八口，大白羯陆口、大羯陆口、羖羯叱般叁口、羖羯羔贰口、大羖母拾陆口、羖母四齿肆口、羖母羔贰口、羖羯肆齿肆口。丑年七月官施羊大白羯壹口、大母白羊叁拾玖口。右通羊数具件如前。请处分。牒件状如前。谨牒。丑年十二月□日，寺卿唐千进牒、寺主善来。”

间位置的尼僧在P.3600中位置更为靠前，因此P.3600中的戌年应晚于788年，为806年或816年[1]，而出现同名寺卿的S.0542v羊数报告文书的年代则在809年或821年的丑年。

上述三名寺卿都从属于尼寺，不过僧寺中同样也有寺卿的存在。例如S.0381《龙兴寺毗沙门天王灵验记》[2]中就提到：

> 大蕃岁次辛巳润二月二十五日，因寒食，在城官寮百姓就龙兴寺设乐。寺卿张闰子家人圆满，至其日暮间，至寺署设乐……

可知龙兴寺有寺卿张闰子，他甚至还有“家人”，即家仆佣人。吐蕃占领时期的辛巳年便是801年无疑，因此可知张闰子与上文中的几名寺卿属于同时代人。寺卿中姓名可考的还有一人，名为索再荣，为《沙州文录补》中所收录的某寺牒文的发出人[3]，牒文纪年在午年。张闰子和索再荣都出现在列举人名的残缺文书S.5824v中，其中索再荣还另见于S.2228文书。后者是亥年六月十一日至十五日进行的沙州城修缮工程中的夫丁使役簿，将夫丁按部落分组，记录了使役之日及各组夫丁姓名。名簿开头为丝绵部落，以五人为一组，共分十组，其中第一组中有宋日晟、王不□、杨谦谨、郭意奴、索再荣。其中的杨谦谨在同类使役

1. P.3600《戌年僧尼籍》引自那波利貞：《唐代の社邑に就きて（下）》，第756—758页；藤枝晃：《敦煌の僧尼籍》，第303—304页。藤枝氏起初认为此戌年为926年或938年，但论文发表后不久，即更正为吐蕃统治时期的806年。

2. 这篇《龙兴寺毗沙门天王灵验记》为龙兴寺大德僧□进于咸通十四年（873）四月十六日对某人口述所做的笔录，首尾完整，是了解当时毗沙门信仰的绝好材料。

3.《沙州文录补》第24叶右《索再荣等残牒》，原文如下：“（前缺）件状如前。谨牒。/午年正月□日，寺卿索再荣等牒。/矜诸卿东行辛苦容半至秋余半速纳仍附案记承恩。（此批语占两行，字较大）/董法通义通、郭发通法原、张法藏清俊、董法藏义藏、/安法藏祕藏、苏海清海澄、金海弁义□、莲法光法曜、/慰法清法谭、王法进法航、史□秀灵秀（以下缺）。”

藤枝氏在《敦煌の僧尼籍》（第336页）中引用该牒，推测其或与P.3218、S.3156等属于同类，都为诸寺转帖。然而该牒文实与转帖类文书时代不同、格式各异，从附有判辞这一点来看，更可能是某寺的报告书或申请书。末尾三行的僧名（不必如藤枝氏一样将姓解读为寺名略称）有何意义，在没有见到原文书的情况下难以判断，但似乎与牒文本身没有关系，只是后来出于其他目的在牒文空白处添入的名单。

簿S.5824v[1]中也和索再荣、张闰子一同出现。此外，另有一名名叫杨谦让的人，很可能是杨谦谨的兄弟，先后在S.5816、S.5823（杨谦让所发《社司转帖》）、S.5824（他也在丝绵部落）、S.5831等诸多文书中出现。这一系列文书都属于吐蕃占领时期，是反映当时汉人生活处境的重要材料。由此可知，寺卿索再荣与杨谦谨一样，都是从属于丝绵部落的俗家人。这也就是说，寺卿是彻头彻尾的俗世中人，与杨谦谨、谦让等一样，都在吐蕃统治之下以汉人身份肩负起官府的劳役，并负担官营写经所的费用，甚至组团结社。担任寺卿的人是如何选出的，我们无从得知，但如果寺卿都是张闰子这样拥有奴仆的人，那就意味着他们来自那些社会上层的俗人群体。僧寺中也置有寺卿，但牒文中出现的却只有尼寺寺卿。例如与P.3600属于同类文书的S.0545v《永安寺僧数报告书》为僧惠照[2]所提交，说明这类寺务本来应由寺中的僧侣负责。正如P.3100《夏安居帖》第4条记载，寺卿的工作本是寺职之辅佐，但正如第5条所说，尼僧不适合处理寺务，因此尼寺寺务全权交由寺卿代理。此外，关于寺卿的文书都属于吐蕃占领时期，归义军时期则仅有《夏安居帖》的记载，而当时的尼寺牒文中并不见寺卿的存在，似乎这一时期尼寺寺务一般由僧政、法律或判官处理。由此可见，寺卿很可能仅置于吐蕃占领时期，而《夏安居帖》中的寺卿只是其仅存的遗风。若果真如此，《夏安居帖》的时代便应在归义军政权初期。帖文文末有司空之语“应管僧尼寺一十六寺”，这与S.1947v“缘敦煌管内一十六所寺，及三所禅窟，自司空、吴僧统酉年算会后”的记载一致。称张议潮为“司空”的时期若可限定在咸通二年（861）至十三年（872）[3]，

---

1. S.5824v《名簿》有：“（以下括号外字较大，占两行，括号内两人名上下排，居大字右侧）头孟达子（宋晟子、宋良兴），头张颜子（宋荣胡、张善奴），头宋憨憨（郭再兴、罗光俊），头张掌典（张进晟、张晟晟），/头赵□□（宋常□、宋昌昌），头宋元晖（令狐满满、□□□），头庆（？）休（高天德、周兴国），头进（？）兴（索怀珎、赵永明），/头张鸾鸾（索再荣、索绾），头史太清（宋日兴、曹善），头王惟清（宋承仙、宋善子），头杨谦谨（宋晟、宋君子）（以下四行略）。”

2. 见藤枝晃：《敦煌の僧尼籍》，第302—303页。同时出现在名簿与《牌子历》中的有三人（利宽、法照、昙隐），可知两件文书的时代同为806年或818年。

3. 藤枝晃：《敦煌の僧尼籍》，第336页。

则《夏安居帖》也在这段时期之内。

通过以上考察可知，寺卿一般为辅佐寺职、参与筹划寺院运营的俗人职位，当可断定为吐蕃占领时期独有。若寺院为尼寺，寺卿则代理寺职，但通常情况下寺卿负责的主要是修缮、清扫等劳役的管理，以及监督寺户。关于当时的寺户，下章将进行详细论述，简而言之，下属于各寺的寺户以数人为单位，组织起寺户团，其团长即所谓团头。团头又受寺卿管辖，因此寺卿便位于数十人的寺户团体之顶点。若说上述僧官制度主要是统辖僧侣的教团上层组织，那么寺卿与团头管辖的便是支撑教团的下层组织，对我们了解敦煌教团结构而言具有重要意义。而且，寺卿在归义军政权时期不再出现，这种变化意味着寺户组织也发生了某些变革。

第八节　从僧官制度看敦煌佛教

以上考察的诸僧官构成了敦煌佛教教团的统辖机构，在文书中被称为“都司”。都司中的僧官上至都僧统（或都教授），下至法律，另有作为僚属的判官，负责管内寺院的统辖和整个教团的运作。再具体到管下各寺，则由选出的寺职（三纲）负责僧尼徒众和寺户的统辖。至于都司与各寺之间的关系，一般是都僧统下达命令，经由僧政、法律传达至寺职，寺职以此作为标准，负有监督徒众、处理寺务的义务，但并无惩罚徒众的权力。而且，包括会计报告在内的所有寺院运作相关事宜都在都司监督（会计监察、判官巡检等）之下进行，寺职的任免权也由都司掌握。由此可见，都司对其下辖寺院的统管力度极强。而都司中也有下述僧官组织，其顶点为都僧统（都教授）。拥有如此高度整合的组织，并统辖千百僧尼的佛教教团，受到上至节度使，下至普通民众的各个阶层的敬奉，更有众多寺户支持，无论是社会方面还是经济方面，都在敦煌有着无可撼动的地位。归义军政权时期，都僧统的在位年数大多长达10年至20余年而未有波折，很大程度上应是得益于这种教团组织的稳固。不过，这样稳固的教团组织同样会随着敦煌的政治、社会变动而经历变迁。

从本章各节分别探讨的各种僧官的情况便足以看出，其制度始终随着时代不停改变。其中最显著的变化发生在吐蕃统治向归义军政权过渡的时期，但即便在同一时期内，变化同样也在发生。例如吐蕃统治前期的都僧统，到后期为都教授所取代；归义军时期也有金山国政权以后的僧官称号冠以“应管内外”四字的变化。因此，8世纪末期至10世纪末期的200年间的敦煌僧官制度基本可以分为四个时期（吐蕃统治前期、后期，以及张氏归义军时期、曹氏归义军时期）。值得一提的是，若说僧官制度反映了佛教教团的变迁，那么这四个时期又意味着敦煌佛教怎样的变化？进一步而言，这些分期及变化与敦煌的社会变迁有着怎样的关系？要探究这些问题，便涉及敦煌佛教史，本章实难充分展开。不过，塚本博士已有言简意赅的概说著作阐明了这一时期佛教界的主要动向。对此已无赘言的必要，在此仅就其与僧官制度变迁之间的关联为主，参考塚本博士的研究，对敦煌200年佛教动向做一概述。

一、吐蕃统治前期（781—800年左右）：都僧统—都判官—判官

这一时期都僧统的存在确为事实，至于判官，从其名称的由来来看，当时应也已设置。不过，都僧统与都判官之间，或许还另有位同次官的僧官存在。两者都是来自中原的官名，其中僧统有天宝年间越州之例，而俗世官职的判官天宝以后也已设置。敦煌被吐蕃占领以前所行的唐制，因僧官相关材料不足而多有不明之处，但从种种迹象来看，上述制度更可能是先出现在唐朝统治下的敦煌，而吐蕃只是对之加以沿袭。这一点从侧面表明，当时吐蕃占领敦煌时日尚浅，其统治还未能渗透进宗教政策之中。因此，在教义方面，这一时期仍是中国佛教方兴未艾之时，这一事实可以从两位高僧的事迹得到证实。

在长安西明寺学法的乘恩，天宝末年为避战乱逃至姑臧，在边境地区教化僧俗，并著述《百法论疏》和《百法论钞》，阐扬法相宗慈恩大师窥基的宗旨。这些疏钞在他死后由其弟子继承并发扬，进入归义军政权时期以后，咸通四年（863）三月，受张议潮之命，西凉僧法信

将乘恩疏钞献于唐朝。法信因此受敕赐紫衣、充河西道大德。[1]

与乘恩同时代且有着相似经历的昙旷，为建康军（甘州张掖郡）人，初于乡里学唯识、俱舍，后游学长安，于西明寺修起信论、《金刚经》。不同的是，乘恩属于慈恩一系，而昙旷的唯识学则属于与慈恩对立的圆测一系。昙旷同样避乱至边，一面教化在战乱中惶惶不安的世人，一面勤于著述。他留在朔方期间撰有《金刚旨赞》，后来又在凉城撰《大乘起信论略述》，入敦煌后于大历九年（774）撰《大乘百法明门论开宗义决》。这些都是昙旷本人在《义决》序文中的自述，但敦煌文献中有很多他关于《百法明门论》《起信论》的注释书、讲义录之类，可以说这两论的所有论疏基本都与他的撰述或讲义有关。由此可知，昙旷在8世纪后期的河西地区十分活跃，而他的自序暗示了他一路躲避兵燹而至敦煌的足迹，也显得颇为意味深长。[2]

如上所述，乘恩与昙旷都是在敦煌与中原隔绝之前，一路传扬长安佛教直至河西，并在当地致力于讲学与著述。两人卒年都不明确，但即使他们逝世于吐蕃占领敦煌之后，想必其所创佛学之风也仍能长盛不衰。乘恩的著述由弟子继承，在归义军政权初期仍弘扬四方，便是最好的证明。不过，现在的写本大多作成于8世纪，因此其极盛期应当在吐蕃统治前期。

就这样，尽管经历了吐蕃占领前后的动荡，开元、天宝年间的长安佛教仍在敦煌得以保存和研究，并占据了敦煌佛教的主流。不过，中国佛教一枝独秀的时期并没能长久持续，很快敦煌佛教中便融入了来自吐蕃的新元素。其结果便是僧官制度也发生了变化，进入了敦煌僧官制度的第二期。

1.《宋高僧传》卷六《乘恩传》。

2. 关于昙旷，可参看結城令聞：《曇曠の唯識思想と唐代の唯識諸派との関係—敦煌出土『大乘百法明門論開宗義記』に現はれたる—》，《宗教研究（新）》8-1，1931年，第94—116页；久野芳隆：《曇曠述、大乘二十二問》，《仏教研究》2-2，1937年，第113—115页；芳村修基：《河西僧曇曠の伝歴》，《印度学仏教学研究》7-1，1958年，第23—28页等。尤其重要的是上山大峻：《曇曠と敦煌の仏教学》，《東方学報（京都）》35，1964年。另外，近年来有王尧：《藏族翻译家管·法成对民族文化交流的贡献》，《文物》1980年第7期，对上山氏主张的法成为汉人一说提出商榷，认为法成是吐蕃贵族出身。

二、吐蕃统治后期（800年以后—848年）

都教授—副教授—都法律—法律
|
都判官—判官

图1　吐蕃统治后期的僧官制度

与前期相比较而言，这一时期都僧统为都教授、副教授所取代，且增加了都法律和法律。目前并无确切证据表明判官在后期已不存在，但相反也没有证据能够证明法律代替了判官，因此笔者示以图1形式。另外，应属于俗人寺职的寺卿也设置于该时期，这一点不可不提。尤其值得注意的是，这一时期的教授、法律及寺卿都为中原地区所无，乃敦煌独有的名称，与前期形成鲜明对照。正是这一点标志着敦煌佛教的蜕变。

正如戴密微氏所指出的，吐蕃统治敦煌所采取的政策，是利用其他民族居民和吐蕃人都信奉的佛教，以作为民族出身不同的统治者和被统治者之间的纽带。为此，吐蕃政权以囊括世俗之人在内的官营写经事业为主，推行了种种崇佛政策。关于写经所的设立时间，根据各种文书的记载可以推测，其开设约在800年以后。作为写经前提的汉藏文经书互译在当时也十分盛行，其中就有著名译经僧法成（Chos grub）[1]的活跃。他将《般若波罗蜜多心经》《诸星母陀罗尼经》译为汉文，还将汉译《入楞伽经》译为藏文。从现存汉译经典的跋文来看，他在833年（太和七年）至858年（大中十二年）左右居住于河西地区，曾于沙州永康寺、甘州修多寺等从事译经事业，并讲说《瑜伽论》《稻芊经》等。若说昙旷是能够代表第一期的佛学僧，法成便可谓代表敦煌佛教第二期的高僧。经他们之手译出的佛教经典与《大般若经》等一起，

1. 关于法成，参看石浜純太郎：《法成について》羽田亨执笔《書後》，《中国学》3-5，1923年；河口慧海：《矢吹博士撮影将来の入楞伽経研究》，《鳴沙余韻解説》第二部，原载《大正大学学報》13，1932年。尤其重要的是上山大峻：《大蕃国大徳三蔵法師沙門法成の研究（上）（下）》，《東方学報（京都）》38、39，1967、1968年。

经过官营写经所的大量传抄，由赞普下令颁布诸州。[1]这一时期可以说是以法成为代表的藏传佛教进入河西的时期，而且这种进入与吐蕃统治政策紧密相连，这一点尤为重要。

要而言之，在官方权力的推动下，敦煌佛教迅速吐蕃化，而这种背景正是促使僧官制度变迁的动力。教授在藏文中被称为堪布，本是对具备学德的师僧的称号。或可认为有着这种称号的高僧在中央和地方官制都不甚明确的吐蕃统治之下，接过了本属于都僧统职责的教团统辖的任务，最终代替都僧统成为名实兼具的最高僧官。两者之间的过渡期尚不明确，但S.6101《祈愿文》中同时记录了教授和僧统，应当可以推定其时代处在两者交替的过渡期。不难推测，吐蕃积极的佛教政策开始于800年左右，开始后几年之内前期的制度尚存，接着便迎来了过渡期。现存的关于都教授的材料上限在821年，但两者的交替期应可推定为9世纪初至10年代。被认为是“法定律大德”之略称的法律则经历了与教授同样的过程，逐步成为僧官官职，此点也不难推测。

主要负责统管寺户的寺卿几乎仅在此时期存在，这一点也很重要。关于敦煌教团中寺户的具体情况，将在下一章进行详述，此处简而言之，即“寺户”以及与之相关的“团头”之语大致都只在这一时期的文书中出现，而记载梁户、硙户等的文书年代却晚至归义军时期。从这几点足以得出推论，吐蕃统治后期曾存在过较为特殊的寺户组织，与其前后时期都不相同。

如上所述，僧官制度从第一期到第二期的变迁，是敦煌佛教吐蕃化的产物，其官名便极具吐蕃特色。也正因如此，进入接下来的归义军时期以后，这种制度才会被废除，再次复之以中原僧官制度。

---

1. S.3966《大乘经纂要义》跋文中有：“壬寅年六月，大蕃国有赞普印信，并此十善经本，传流诸州，流行读诵。后八月十六日写毕记。”据此可推测，当时应是由赞普下令将《十善经》（抑或为《经纂要义》与《十善经》两者）广颁诸州。可参看藤枝晃：《敦煌写経の字すがた》，《墨美》97，1960年，第29页。

三、张氏归义军时期（848—914年左右）

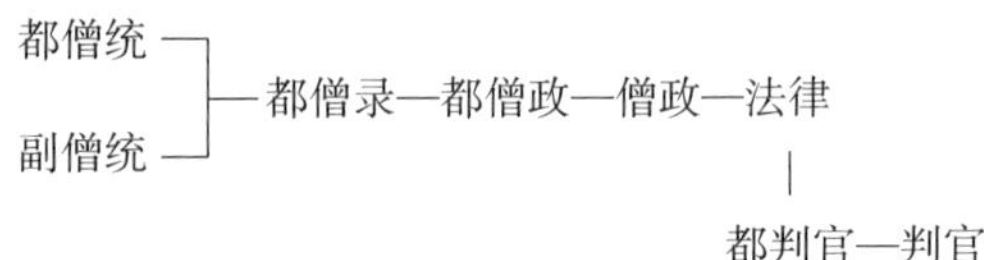

图2　归义军时期的僧官制度

归义军时期发生的首要变化便是最高僧官之位从都教授回归为都僧统，其次是都僧政、僧政的设立。大中十年（856）赐予悟真的散官——都僧录在咸通十一年（870）以后成为实职，而前代的都法律名称以咸通十年为界，此后便从文书中消失不见。经过这一系列变化而定型的结果就是上图所示制度。其完成时间在870年左右，此前的20余年可以说是逐步废除吐蕃制度、恢复中原制度的过渡期。不过，法律一直存续至归义军末期，意味着吐蕃占领时期的余绪仍留存了很长时间，这一点值得注意。

大中二年（848），张议潮将吐蕃驱逐出敦煌，随即向唐朝派出使者，并将兄长张议潭等人送往长安居住，他本人晚年也来到长安，最终客死于此。由此可见，这一时期河西与长安之间的交流恢复了繁荣景象，以悟真、法信为代表的许多僧侣赶赴首都长安。最终，一度吐蕃化的佛教界再度迎来中原佛教繁盛的景象，与中原隔绝百年的文物（佛教经典等）也在此时大量传入敦煌。

S.2140《乞求中国檀越遗失经论状》（稿）

1. 沙州先得

2. 帝王恩赐

3. 藏教，即今遗失旧本，无可寻觅，欠数却于

4. 上都乞求者。

（经目略）

17. 上件所欠经律论本，盖为边方邑众　佛法难闻，而又遗失于教言，

18. 何以得安于人物。切望　中国檀越慈济乞心，使　中外之藏教俱

19. 全遣来，今之凡夫转读，便是受　佛付嘱，传授教敕，得（令）法久住世间矣。

※S.3607中仅有后文，字句几乎完全一致。

所谓帝王恩赐，指的应是武周时期或玄宗朝所赐藏经。这件文书是归义军政权成立不久后沙州所寄书信的写本，在信中，沙州向长安檀越求取因两地交流一度中断而未能补充的经论。长久以来，敦煌佛教界殷切盼望着与中原恢复交流，这件写本字里行间都流露出此愿得以实现后敦煌佛教界的欢欣愉悦。不难推测，在补全缺本的同时，天宝以后译出、撰述的经论，尤其是密教经典定然也在此时大量传入敦煌，而这一过程也可以从敦煌写经中部数最多的后秦鸠摩罗什译《金刚般若经》中看出。原本鸠摩罗什译《金刚经》中并未加入冥思偈62字[1]，据传这部分内容是长庆二年（822）灵幽法师根据菩提流支译本添入的。实际上在敦煌写经中，从南北朝到归义军初期的本经（约占全体的8成～9成）都未加冥思偈，高宗、武则天时期的长安写经[2]也一样。而敦煌写经的灵幽增补本非但加入了62字，连经文格式也迥然不同：对经文进行三十二分（法界因由分第一至应化非真分第三十二），且首尾添加“金刚经启请文”“真言”等。从形式上来说，几乎都是包括《观音经》《般若心经》等通俗经典在内、堪称“日常诵持要典”的册子本。不仅如此，用作书写底本的主要是西川过家真印本，即西川（四川省）过姓之家印刷本。这种敦煌写经始于天祐二年（905），其中有以下跋文：

天祐二年岁次乙丑四月廿三日，八十二老人手写此经，

1. “尔时慧命须菩提……是名众生。”《大正新脩大藏經》第8卷，第751页下第16—19行。
2. 藤枝晃：《敦煌出土の長安宮廷写経》，《塚本博士頌寿記念仏教史学論集》，1961年，第647—667页。

流传信士。[1]

这位82岁的老人得到从四川流入的新刊经典，抱着弘扬之志，坚持写经，直至天祐四年三月[2]完成。他的愿望得以实现，自此敦煌一地流传的几乎都是西川本《金刚经》。

上述《金刚经》所体现出的佛教经典流传的经过，普遍反映了当时中国佛教流入敦煌的轨迹，同时也与上文所述僧官制度的变化趋势相符合。不过，当时长安的佛教教义学问已经失去了往日的活力，以伪经、俗讲为代表的通俗佛教风靡一时。本就具备通俗化基调的敦煌佛教在这样的长安佛教传入之后，表现出了更强的通俗化倾向，所谓“变文”等的出现也可以归于这一时期。要而言之，第三期是中国佛教再次传入的时期，但进入敦煌的佛教性质已与第一期大不相同。

将这一时期的制度与第二期做一比较便会发现，僧官的种类有所增加，组织也变得复杂。这固然是僧官滥设的结果，但同时也是伴随着教团组织的膨胀而产生的现象。敦煌的寺院数量在第一期为12寺，第二期增至14—15寺，再到这一时期，初期为16寺，后来更增加到17—18寺，随着寺院数量的增加，相关事务必然也会愈加繁杂。本章第二节所引S.1947v中就曾提到过“至丑年分都司已来”云云。目前尚无材料能够还原“分都司”的事实，但无论如何，这条记载表明教团组织不断膨胀之后，的确进行了某种形式的机构改革。不仅如此，上文论及第二期时已经提到过，教团的下层组织在吐蕃统治时期和归义军时期相互之间也有不同。所以我们必须认识到，第三期的僧官制度不仅是名称上有所改变，组织本身也在发生变化，而这些正是顺应教团结构变化的结果。

890年张淮深之死前后，归义军政权内部不断上演权力争夺的内斗，对河西地区的统治力减弱，与东面的交流也不再畅通无碍，敦煌与唐朝之间的关系变得名不副实。后来的天祐二年（905），随着张承奉西汉金山国政权的建立，这仅剩的一点“名”也荡然无存。就这样，直到宋初，

1. 见S.5444。
2. 敦煌文书北有9号。

敦煌再次陷入与中原隔绝的状态，最终政权也从张氏移至曹氏手中。

四、曹氏归义军时期（914—1030年左右）

这一时期是对第三期的沿袭，制度本身几乎没有任何变化。不过，依照金山国之制，各僧官名之前都冠以“应管内外”四字，另设“佛法主”称号，授予年资最高的僧官，这一点体现出与前期的差别。俗官官名的变化也与僧官共通，节度使开始称“应管内外敦煌王”“托西大王”等。毋庸赘言，这些都表现出曹氏政权的独立性。

第三期受晚唐佛教影响而表现出的佛教通俗化趋势，因敦煌与外界的隔绝而愈发明显，因此第三期后半至第四期可以说是通俗佛教的全盛期。不难想象，不受其他外来影响的第四期里，此前传入敦煌的吐蕃元素、中国元素在原有的佛教土壤中相互结合，呈现出敦煌独有的发展。相反，自第一、二期持续至第三期前期的佛学则愈见衰颓，再未出现如昙旷、悟真这样的学僧，更是全然不见教义学说上的新发展。即使后来北宋实现领土统一，敦煌门户再开，敦煌的佛学仍未能有新的发展，仅是维持曹氏政权前期的趋势而已。从年代上相当于宋代的曹氏政权后期仅存的少量僧官文书来看，僧官制度也未出现可称得上划时代的大变化，基本可以说是曹氏前期体制的延续。

以上将吐蕃统治时期、归义军政权时期的僧官制度分为四期进行了考察，其结果可以概括为：盛唐长安佛教维持期（第一期）、吐蕃佛教影响期（第二期）、晚唐佛教影响期（第三期）、守成期（第四期）。而这种分期同时也与敦煌佛教史的发展阶段相一致。这一变迁不仅代表了佛教经典的流传、教义及教化活动的发展，更反映出作为其基础的教团结构的变化。当然，以上述一二事例为据便对整体性质下定论，未免为时过早，今后还须从不同角度进一步进行探讨。

第九节　小结

正如本章开头所述，敦煌文书中的大部分都与佛寺有关，上述各僧官在这些文书中频繁出现自然不足为奇。不仅是文书，佛典及一般典籍中也多为带僧官官衔的高僧所书。历来研究对这些僧官的认识多流于表面，视之为恣意滥设、有名无实的虚衔，或是与寺职无异的低位。的确，与相同名称的长安中央僧官相比，无论是人数还是职责范围，敦煌僧官地位都较低，但正如本章所探讨的，这些官衔显然与法阶、寺职不同，实实在在地构成了敦煌教团的统辖机构。僧官之间存在地位高低之分，即便程度不如世俗官僚体系那样分明，其各自的职责也都较为明确。由这些僧官所构成的僧官组织亦随着教团的变革而不断变迁，而且其长达四期的变迁过程与敦煌的政治变革互为表里，更可广泛反映敦煌社会、文化等各方面的演变。此外，关于作为教团之代表的都僧统，整个归义军政权时期，其承袭关系基本都有迹可循。

本章的考察所阐明的僧官制度的具体形态和变迁轨迹，正如前言所述，是探讨和理解敦煌文书必不可少的基础条件之一。文书中记录的僧官地位和职责内容在很大程度上能够作为了解文书性质的要素，通过判断僧官在上述四个分期中所属的时段——尤其是第二及第三、四期——我们可以对文书的作成年代做大致判断。若为归义军时期带有都僧统署名的文书，还可以进一步缩小其年代的范围，通过他们的经历及其在教团内外的地位等条件，能够详细阐明文书的背景。这些看上去微不足道的细节实是对文书进行考察时的先决条件，尤其是考虑到敦煌文书中僧官所占的比例，其重要性更是毋庸赘言。从这个意义上来说，本章的结论尽在历代都僧统承袭关系表，以及上节的四期僧官体制示意图之中。

【补记】

本章为原载《東方学報（京都）》31（1961年）的同名论文修订而成。这篇文章的目标在于通过僧官制度考察敦煌佛教史，因此被任命为僧官的僧侣们的人物经历同样是探讨的重点。其中现存材料较多的是洪䛒（辩）、悟真、道真，旧稿主要将目光放在了从吐蕃占领时期至归义军政权初期一直身处敦煌佛教教团最高位的洪䛒。而学界对旧稿的批判也主要集中在他的传记材料上。藤枝氏《敦煌千佛洞の中興——

張氏諸窟を中心とした9世紀の仏窟造営》[1]首先对拙稿中的洪䛒传进行了补正，以P.4660《吴和尚邈真赞》中的“星霜不换，已至无依”一句为据，指出洪䛒在被任命为都僧统当年（大中五年，851）就已逝世（第102页）。紧接着上山大峻氏《大蕃国大徳三蔵法師沙門法成の研究（上）》[2]第139页以降论证了法成身为汉人，俗姓为吴，由此指出上述邈真赞的主人公并非洪䛒而是吴法成。而后又有苏莹辉《论敦煌资料中的三位河西都僧统》[3]全面驳斥了旧稿中洪䛒相关考证，认为《吴僧统碑》的洪䛒、告身中的洪䛒，以及《吴和尚邈真赞》中的吴和尚分别是三位不同的都僧统。然而其论证中不单出现诸如洪䛒俗姓洪，名僧䛒的奇说，且多有穿凿附会之论，难以令人信服。

旧稿的最大缺陷便是未能论及与千佛洞的关联，至少应该提及洪䛒告身碑原本嵌于第17窟，即著名的藏经洞壁龛这一细节。而这些缺陷已经因藤枝博士的论文得到补充。另外，根据近年来敦煌研究院的调查，一些关于洪䛒的新事实也得到阐明。首先，第365窟壁画中的愿文中发现了洪䛒之名，明确此窟正如《吴僧统碑》所记，为洪䛒开凿的七佛堂。此外，第17窟为洪䛒的影窟（影堂），原本安放于此的洪䛒塑像后被放置在第365窟北邻的第362窟；其塑像中发现了用习字纸包裹的紫色骨灰袋，由此得知这是他的真像。[4]另据黄文焕《跋敦煌365窟藏文题记》[5]，第365窟新发现的壁画题记中用藏文记载了洪䛒（hong pen）修窟之事。总之，近年来洪䛒颇受多方关注。洪䛒其人不仅在敦煌佛教史研究中，在所有敦煌研究中都是身处核心地位的重要高僧，想必今后关于他的研究还会进一步深化。不过，身为敦煌第一高僧的洪䛒的影窟，究竟在何时、出于何种原因，会有那样数量浩繁的经卷和文书被封藏其中？关于敦煌，还有诸多未解之谜。

1.《東方学報（京都）》35，1964年。

2.《東方学報（京都）》38，1967年。

3.《敦煌论集》，台湾学生书局，1969年，第415—426页，原载《幼狮学志》第5卷第1期，1966年。

4. 马世良：《关于敦煌藏经洞的几个问题》，《文物》1978年第12期。

5.《文物》1980年第7期。

第十章

敦煌的寺户

第一节　前言

敦煌文书的作成年代正值唐末至北宋初期，文书对所谓唐宋变革期的研究而言具有重要意义，这一点已不必赘言。不过，作为地理条件和历史条件都与中原地区迥异的边境之地的产物，且大部分都与佛教寺院相关，敦煌文书的特殊性也不可忽视。因此，将文书中的记载直接用作中国史史料难免会伴随着诸多疑问。反过来说，为了对敦煌文书进行有效利用，首先就必须明确产生这些文书的敦煌寺院的形态，以及敦煌的社会结构。立足于此，笔者在前章“敦煌的僧官制度”中考察了敦煌教团上部组织的实际形态及其变迁，并由此明确，敦煌设有与长安的中央僧官名称相同却性质迥异的僧官，且其组织经历了与敦煌的政治变革步调相同的变迁过程。此外还通过一二例证，简单阐述了敦煌的教团以及佛教文化也有着同样的变迁过程和特质。本章将以此背景为基础，尝试探讨构成教团下部组织的寺户制度。

敦煌的佛寺不仅从事土地经营，还从事畜牧生产，经营制油、制粉业，并实施谷类借贷，参与各种经济活动，而具体负责这些劳务的人便被称为寺户、常住百姓、牧羊人、梁户、硙户，等等。对此那波利貞博士已有相关研究[1]，表明他们不仅在中国佛教史中，在唐代社会经济史中也发挥了重要作用。尤其值得注意的是，正如仁井田陞博士所论，对于探究唐宋变革期的直接生产者——佃户等的性质而言，上述寺户等相关记载的史料价值十分重要。[2]然而，直至目前，除了梁户以外，其他参与劳务者的形态、性质都尚不明确。不仅如此，虽然寺户被认为是包括梁户在内的寺院隶属民的总称，但翻检文书便会

1. 那波利貞：《梁戸攷（一—三）》，《中国仏教史学》2-1、2-2、2-4，1938年；同《敦煌発見文書に據る中晩唐時代の仏教寺院の金穀布帛類貸附営利事業運営の実況》；同《中晩唐時代に於ける燉煌地方仏教寺院の碾硙経営に就きて（一—三）》，《東亜経済論叢》1-3、1-4、2-2，1941—1942年。

2. 仁井田陞：《唐末五代の敦煌寺院佃戸関係文書—人格的不自由規定について—》，《（西域文化研究第二）敦煌吐魯番社会経済資料（上）》，法藏馆，1959年，第69—90页。

发现，两者无论是时期还是性质上都有不少差异，严格来说很难将之归为同类，若不将寺户与梁户分离开来另做考察，难免招致混淆，其理由将在下一节中详述。因此本章首先将集中考察寺户，而其中对S.0542v寺户文书的介绍和分析就将占去大半篇幅。这是因为此文书既是尚未被介绍利用的寺户资料[1]，也是考察寺户之际最基本的文书。接下来将与其他已经受到关注的寺户文书一起，利用藤枝晃博士所提倡[2]、笔者也在前章中利用过的文书年代识别法，在判别寺户文书年代的基础上，追寻敦煌寺户制度的变迁轨迹，最终明确其在中国史中的定位。

第二节　寺户文书的所在

敦煌出土社会经济文书中，上述各类中除去常住百姓的严格意义上的寺户相关文书——以寺户为发出人，或内容包括与寺户相关的记载的文书——其实并不多。那波博士介绍的主要寺户文书仅有以下四件。不过，这些文书皆首尾完整，内容也包括了许多重要事项。因此，虽然现有研究已对其频繁进行移录和引用，但本章既以寺户为探讨对象，则首先不得不对这些文书一一进行探讨。为避免繁芜，以下只引用必要部分，省略部分可参照原收录论著。

资料一A　S.1475v（8）《沙州寺户严君便麦契》

1. □年四月十五日，沙州寺户严君为要斛斗驱使，
2.（遂）于灵图佛帐所便麦叁硕并汉斗。其麦请
3.（限）至秋八月末还足，如违限不还，其麦请
4.（陪），仍任将此契为令六，掣夺家资杂物，

1. 中国科学院历史研究所第一、二所第二组《“敦煌资料”第一辑内容介绍》(《历史研究》1958年第11期，第59—63页）一文对S.0542v《诸寺丁壮车牛役簿》概略也做了介绍。补记:《敦煌资料》第一辑出版于1961年9月。
2. 藤枝晃:《吐蕃支配期の敦煌》,《東方学報（京都)》31，1961年。第一章附《吐蕃期漢文文書の辨別法》，第205—207页。

5.（用）充麦直。如身东西不在，一仰保人等代还。
6.（恐）人无信，故立此契，书纸为凭。
7. 便麦人严君年卅
8. 保人刘归写年廿
9. 保人
10. 见人僧法英
11. 见人唐寺主
见人志贞

S.1475为麦、豆、糜等的借贷文书，以及卖地、买牛文书等共五件贴合而成，并利用纸背抄录了法成撰《大乘稻芊经随听疏》。谷物类借贷文书的贷方都是灵图寺仓，借方包括良民、僧侣和寺户。良民冠以部落名，且契约文中出现“汉斗”等字样，可知这是吐蕃统治敦煌时期的文书。五件文书中出现了寅、卯、未、酉等纪年，藤枝氏推测其在822—829年之间[1]，但从其与资料五的关联性来看，或应上溯至815（未）—823（卯）年更为妥当。其中借方为寺户的借贷文书，除了上引第8件以外还有两件：

资料一B 第10件《当寺人户索满奴便麦契》
资料一C 第13件《当州人使奉仙便麦契》

其中“当寺”指灵图寺，“当州”指沙州。使奉仙的“使”字通“史”，而史奉仙也出现在资料五（第124行）中，同为灵图寺寺户。由此可见“当州人”中应脱落了“户”字，指的是“沙州人户”。关于这一系列借贷文书在法制史脉络中的解读，可参看仁井田氏论文。[2]

1. 藤枝晃：《吐蕃支配期の敦煌》，第255页。
2. 收录文献有那波利貞：《梁戸攷（三）》，《中国仏教史学》2-4，1924年，第41页等；仁井田陞：《中国法制史研究 土地法·取引法》第3部第2章“敦煌発見の唐宋取引法関係文書（その二）”，东京大学出版会，1960年，第702—712页等。

资料二　P.2686《普光寺人户李私私便麦粟契》

1. □年二月六日普光寺人户李私私，为种子及粮用，遂于灵

2. 图寺常住处便麦肆汉硕，粟捌汉硕，典贰升铛壹口，其

3. 麦粟并限至秋八月内送纳足。如违限不还，其麦粟（请）

4.（陪），仍任掣夺家资等物，用充麦粟直。如身不在，一仰

5.（保）人等代还。恐人无信，故立此契，用为后验。

6.　　　　　　　　便麦粟人李私私

7.　　　　　　　　保人男屯屯

这件借贷文书的格式、内容都与资料一相同，作成应是在吐蕃占领时期，但很难判断准确年代。另外，其字迹也是用吐蕃时期特有的硬笔书写而成。[1]

资料三　北咸59v（6）《开元寺寺户张僧奴等借麦牒》

1. 开元寺　　状上

2.　　人户请便都司麦肆拾驮

3.　　　右僧奴等户，今为无种子年粮，请便上

4.　　　件斛斗，自限至秋，依时输纳。如违限请陪。

5.　　　伏望商量，请乞处分。

6. 牒件状如前。谨牒。

7.　　　　　丑年二月　日　寺户张僧奴等谨状

8.　　　　　　　　户　石奴子

9.　　付所由晟奴已上五户，各便　　户　石胜奴

10.　伍驮，已下三户，各与壹驮　　户　石什一

1. 收录该文书的文献有那波利貞：《梁戸攷（三）》，第40页等；仁井田陞：《唐宋法律文書の研究》，东方文化学院东京研究所，1937年，第366—367页；同书图版二；同氏《唐末五代の敦煌寺院佃戸関係文書—人格的不自由規定について—》，《（西域文化研究第二）敦煌吐魯番社会経済資料（上）》，1959年等。

11.	半。至秋收纳。十四日	户	张晟奴
12.	正勤	户	张弟弟
13.		户	石再再
14.		户	石曲落

这件北京图书馆藏文书收录于《敦煌杂录》下辑，因此历来研究多从中引用。后来池田温氏根据东洋文库所藏敦煌写本缩微胶卷，对这件文书进行了详尽细致的移录，发表在《史学雜誌》上[1]，学界才认识到《敦煌杂录》不但移录有误，且略去了对于文书而言极其重要的教授正勤的裁决判辞，而这份判辞恰恰是让我们能够更详细地了解当时的寺仓借贷机构以及借贷手续的关键。北咸59v文书由上引借麦文书等六件与其他文书连缀，纸背还抄有佛经。六件借麦文书的内容都是各寺寺户因缺少种子和年粮而向都司仓，亦即灵图寺仓借麦的契约。文书形式表明其为吐蕃占领时期文书，且《龙兴寺寺户借麦牒》中有辛丑年之纪年，从这两点可以判断，文书作成时间在821年。关于都司仓负责人——教授正勤，前章已有过考察。鉴于各文书中出现的寺户姓名在下文的讨论中十分重要，在此将六件牒状中请求借麦的寺户名列举如下。

资料三A ［北咸59v（4）］报恩寺—（团）头刘沙沙

资料三B ［北咸59v（5）］龙兴寺—团头李庭秀、团头段君子、团头曹昌晟、团头张金刚

资料三C ［北咸59v（6）］开元寺—张僧奴、石奴子、石胜奴、石什一、张晟奴、张弟弟、石再再、石曲落

资料三D ［北咸59v（7）］安国寺—氾奉世、氾担奴、氾弟弟、康娇奴、赵小君、张胜朝、孙太平

资料三E ［北咸59v（8）］灵修寺—团头刘进国、王君子、鞠海朝、贺再晟

1.《史学雜誌》59-8，1958年，第83—85页。

资料三F ［北咸59v（9）］金光明寺—团头史太平、安胡胡、安进汉、安达子、僧奴[1]

资料四 P.2187《敦煌寺院常住维护宣言》[2]

……应诸管内寺宇，盖是先帝敕置，或是贤哲修成。内外舍宅庄田，因乃信心施入，用为僧饭资粮。应是户口人家，檀越将持奉献，永充寺舍居业。世人共荐光扬，不合侵陵，就加添助，资益崇修，不陷不倾，号曰常住。事件一依旧例，如山更不改移。除先故太保诸使等世上给状放出外，余者人口、在寺所管资庄、水硙、油梁，便同往日，执掌任持。自今已后，凡是常住之物，上至一针，下至一草，兼及人户，老至已小，不许倚形恃势之人妄生侵夺，及知典卖。或有不依此式，仍仰所由具状申官，其人重加形责；常住之物，却入寺中；所出价直，任主自折。其常住百姓亲伍礼，则便任当部落结媾为婚，不许共乡司百姓相合。若也有违此格，常住丈夫私情共乡司女人通流，所生男女收入常住，永为人户，驱驰世代，出容出限。其余男儿丁口，各要随寺料役。自守旧例，不许……（以下缺）

此文书初为那波博士在《梁戸攷》一文中介绍，藤枝、仁井田两氏也曾在研究中引用，是考察寺户地位、性质时不可或缺的重要资料。遗憾的是宣言文末部分缺失，不过对整体内容影响不大。宣言篇幅较长，且文中多有难解之字句，幸而有藤枝氏的优质译文。[3]以上为与本章探讨内容相关部分引用。

正如藤枝氏所推定，此文书的作成年代应在张议潮殁后的张氏归

1. 收录以上文书的文献有池田温：（书评与介绍）《（西域文化研究第二）敦煌吐鲁番社会経済資料（上）》，《史学雑誌》69-8，1960年，第83—85页。
2. 译者注：邓文宽氏曾将该文书题为“河西都僧统悟真处分常住榜”，见邓文宽：《敦煌文献〈河西都僧统悟真处分常住榜〉管窥》，载《周一良先生八十生日纪念论文集》，中国社会科学出版社，1993年，第217—232页。
3. 译者注：原书引用部分为藤枝氏所作现代日语译文的转引，此处略去译文，仅引用史料原文。

义军时期（872—894年）。不过，关于其作成目的，那波氏、藤枝氏、仁井田氏却有不同见解。那波氏认为，寺院势力足以与节度使官衙分庭抗礼，因而此文书实质上乃是寺院强调自身所有财产及营利事业拥有“治外法权”的“寺院特殊权利保护宣言”。而藤枝氏与那波氏相反，认为这是一份“寺院常住安抚告示”，意味着官府对寺院常住财产的承认。仁井田氏虽然对藤枝氏的“安抚”之语表示疑问，但方向上却与之更为接近，认为此文书并非意在排除政治权力，而是以政治权力为后盾，借以保护寺院利益，因而这应该属于“敦煌寺院常住保护宣言”。笔者也认为，在三人的观点之中，唯仁井田氏之说最为妥当。然而，三人都没有考虑到此文书作成的历史背景，因此也就没有说明为何要在该时期作成这样的文书，更没有关注其历史意义。对此，笔者认为可以有新的解释，具体细节将在下节详述。另外，这份文书中虽然没有直接提到寺户，但其中的“户口”“常住百姓”等指的正是寺户，关于婚姻的规定也是针对寺户的。将这份文书归为寺户相关文书的原因，在下文中还将进一步明确。[1]

以上四份资料为先行研究已经介绍并研究过的主要寺户相关文书。当然，除此以外还有一些含有“寺户”一词的文书，但其中与寺户有关的信息并不多，难以称之为真正意义上的寺户文书。通过以上四份资料，研究者们对寺户的性质做过种种探讨，但这些实际上都是从侧面反映寺户情况的资料，而要把握其实际形态，则无论如何都需要类似于梁户研究中使用的，能够反映寺院与寺户的关系、寺户劳务内容等的具体资料。能补上述资料之缺的，正是接下来要介绍的S.0542v（8）《诸寺丁壮车牛役簿》。这件文书内容长达200行，但作为敦煌社会经济研究文书中最基本的资料之一，同时也是频繁利用的文书，即便略显冗长繁芜，亦做全文引用如下。

---

1. 收录此文书的文献有那波利貞：《梁戸攷（三）》，第35—40页；藤枝晃：《沙州帰義軍節度使始末（四）》，《東方学報（京都）》13-2，1943年，第96—98页；仁井田陞：《唐末五代の敦煌寺院佃戸関係文書》，第85—86页。

资料五　S.0542v（8）[1]［文中（　）为朱笔］

1. 戌年六月十八日诸寺丁壮车牛役部（簿）

2. 龙兴王仙　泥匠，

3. 　仙王　看硙，

4. 　张进国　守囚五日，四月廿四日差，（回造粳米三日）壹（稻）驮半，寅年死，回造稻谷两驮，

5. 　张善德　团头，丑年九月七日死，

6. 　曹进玉　六月（修仓两日）修仓五日，子年正月守囚五日，子年送瓜州节度粳米，丑年送刘教授廓州，

7. 　张进卿　逃走，

8. 　史朝朝　修仓五日，园（放）梨五日，回造稻两驮，

9. 　朱进兴　差入（西同）山廿日取羊，亥年役，子年十二月差舂稻两驮，

10. 　张光子　（六月修仓两日车头），回造米粟一驮半，

11. 　张买德　车头，守普光囚五日，

12. 　张光进　修仓五日，丑年阿利川算人户（卌五日），子年十二月差舂稻两驮，

13. 　薛咜奴　守囚五日，子年十二月差舂稻两驮，

14. 　张小汉　车（头），子年六月死，

15. 　尹莽塞　守囚五（日），修仓两日，

16. 　张进朝　放羊，守普光囚五日，

……………………………………………………………

17. 　史英俊　木匠，修安国五日，造革桉凡两日，

18. 　李王子　修仓五日，亥年瓜州送节度使粳米，

19. 　成意奴　修仓五日，子年十二月差舂稻两驮，

20. 　孙承太　三月守囚十日，修安国佛五日，

21. 　曹进兴　放驼，

22. 　曹奉进　蓄教授手力，

1. 这份名簿曾被移录在与笔者旧稿同月出版的《敦煌资料》第一辑（第261—274页）中，最近另收录在池田温《中国古代籍帐研究》（东京大学出版会，1979年，第523—535页）中。笔者于1976年5月访闻斯坦因文书馆藏所在的大英图书馆，用文书原件对录文进行了校勘。本章中移录的是经过此次校勘的内容，同时也参照了池田氏的录文。此外，池田氏将标题中的“丁壮”作“丁仕”，但实难断言哪个更为准确，本章姑且仍旧作“丁壮”。

23. 申太太 扫地，修造梌两日，
24. 张像法 蓄卿手力，
25. 张清清 帖看硙，
26. 索再晟 打钟，守普光囚五日，贴驼群五日，
27. 张园子 与王仙五日，子年十二月差舂稻两驮，
28. 史昇朝 放羊，贴驰群五日，

…………………………………………………………………

29. 曹小奴 守囚五日，修仓五日，子年三月差挫草十日，
30. 张观奴 守仓 张像尼 子年十二月差舂稻两驮，
31. 李庭秀 团头，回造粳粟一驮半，
32. 李君君 丑年五月萨请傺羊，又九月阿利川请羊，
33. 段周德 丑年常乐过瓜州节度，又阿利川请羊，

…………………………………………………………………

34. 曹进进 送瓜州节度粳米，又阿利川请羊，卯年历梨请羊，
35. 张荣荣 送西州人户往瓜州，阿梨川请羊，
36. 张仙进 死 兴国 持韦皮匠，贴马群五日，
37. 赵卿卿 报恩 加进 守囚五日，贴马群五日，
38. 薛归奴 看园，守永安囚五日，
39. 曹莫分 判官驱使，
40. 朱宝昌 团头，卯年二月死，
41. 阎先章 放羊，
42. 大云寺李日兴 （回造粳米）壹驮半稻，洛回纥，
43. 樊鸾鸾 死，修仓五日
44. 安保德 煮酒一日，回造粟一驮半，
45. 成孝义 死，车头，修梌两日，修仓五日，
46. 史加进 团头，看硙，
47. 王进兴 修仓，送节度粳米，
48. 刘孝仙 团头，造革梌凡两日，回造米粟一驮半，送刘教授廓州，
49. 李加兴 （六月修仓两日），南波厅子四日，送节度粳米，子年十二月差舂稻两驮，洛回纥，
50. 安俗德 子年十二月差舂稻两驮，

………………………………………………………………

51.　安满奴　子年十二月差春稻两驮，修仓五日，
52.　李顺顺　死，
53.　安买德　持韦，洛回纥，
54.　史兴进　守囚五日，回造稻两驮，
55.　安苟苟　回造粟一驮半，
56.　赵孝谦　死，　刘孝顺　回造粟一驮半，
57.　刘孝忠　看硙，送西州寺户往瓜州，子年十月六日，
58.　李　嶬　子年正月守囚五日，
59.　李　岘　看园，
60.　成善友　南波厅子四日，子年十二月差春稻两驮，
61.　成善信　贴羊，守囚五日，
62.　成善德　放羊，
63.　目明俊
64. 莲台寺尹善奴　团头，
65.　杨滔滔　五日守囚，修仓五日，子年正月守囚四日，
66.　朱憨憨　两日修桉，修仓五日，

………………………………………………………………

67.　杨进朝　五日守囚，吴营田夫五日，
68.　赵进兴　车头，
69.　杨仙章　修仓，车头
70.　张荣荣　守囚五日，修仓五日，
71.　骨论　持韦，西桐请倸羊一出，
72.　马典仓　金光明收，
73.　滴奴　（六月修仓六日），放羊，
74.　石温汉　老放肃州，　君君　于阿利川算人户，
75. 开元寺张进朝　安国收，看梁，
76.　任怀保
77.　张僧奴　车头，守囚五日，卯年守囚五日，
78.　阴庭珪　团头，

79.　安国张奴子　（六月修仓两日），送瓜州节度粳米，
80. 安国王日华　团头东，
81. 安国武小波　守囚五日，国修佛三日，
82. 安国武何子　修仓五日，
83.　张沙奴　死，

…………………………………………………………………

84.　曹贞顺　守囚五日，吴营田夫五日，
85.　王和国　守囚五日，艾稻三日，
86.　安国安善善　修仓五日，
87.　安没贺延　守囚五日，
88. 安国张担奴　修仓五日，回造粳米稻叁驮，
89.　成小九　修仓五日，国修佛叁（日），
90.　王乌乌
91.　李俊俊　修仓五日，回造粳米稻叁驮，
92.　王鼠子　老，
93.　康伏逝　放羊，
94. 安国王明俊　老，
95. 永安寺张君　修仓五日，守囚五日，
96.　张元嵩　团头，
97.　范庭顺　（六月修仓两日），死，三月六日死，
98.　安景朝　守囚五日四月上，子年正月守囚四日，
99.　曹怀玉　老，十一月廿八日死，
100.　张宜来　车头，

…………………………………………………………………

101.　张皎　（老）
102.　曹撰　修仓五日，
103.　张皎男日兴　守囚五日，修仓五日，
104. 乾元寺康净末　（团头）
105.　张胡子　放羊，
106.　韩荣子　（六月修仓两日），修仓五日，

107.　李仙光　贴羊，
108.　张不要　修仓五日，看梨园五日，
109.　旋进卿　窟收，
110.　阴光竧　修仓五日，
111. 灵图寺张进玉　车头，守囚五日，
112.　张奴子　修佛五日，送西州寺户向东，
113.　王海子　守囚五日，营田夫五日，子年正月守囚四日，
114.　侯定智　守囚五日，修仓五日，
115.　索满奴　车头，回造米粟一驮半，
116.　王畔子　修仓五日，
117.　朱奴子　翟教授手力，

……………………………………………………………………

118.　史伯合　贴羊，
119.　史通子　放羊，
120.　贺永兴　身死，
121.　蔡曹八　纸匠，
122.　侯喜喜　守囚五日，折回造粳米一驮半，
123.　张进光　看硙，
124.　史奉仙　送瓜州节（度）粳米一度，
125.　紧奴　（六月修仓两日），守囚五日，修仓五日，
126. 金光明寺安胡胡　放羊，子年正月守囚四日，
127.　相里汉　守囚五日，
128.　翟苟儿　守囚五日，
129.　安进汉　守囚五日，七日差，修仓五日，
130.　翟灰奴（六月修仓两日），
131.　安朝朝　看硙，
132.　典仓　团头，
133.　安朝朝弟　车头，
134. 报恩寺王金金　车头，
135.　李再初　守囚五日，修仓五日，

……………………………………………………………………

136. 刘保奇 看硙，沙州守囚五日， 安俊 挫草十日，

137. 买德 四月廿日守囚五日，修仓五日，

138. 石多德 看园，

139. 赵留子 放羊，

140. 赵卿卿

141. 兴善寺石什一 修仓五日，

142. 石奴子 修佛五日，

143. 郭和和 守囚五日，子年正月守囚四日，

144. 石胜奴 车头，

145. 灵修寺索进国 修仓五日，（回造米）壹驮半，卯年守囚五日，

146. 何伏颠 守囚五日，酒户，

147. 辛数莛 守囚五日，营田夫三日，

148. 白志清 国修佛三日，

149. 鞠荣 车头，

150. 罗光朝 团头，

151. 辛演 修仓五日，艾稻三日，

152. 滑延延 修仓五日，

153. 白天养 差西桐请羊廿，

……………………………………………………………………

154. 安仡到 修仓五日，子年二月纳佛殿佛麦夫三日，

155. 安伏稍 （六月修仓两日），三月守囚五日，修函斗五日，

156. 宜奴 厅了，

157. 安折何 洒扫，

158. 辛自宽 看园，

159. 普光寺杨葵子 车头，守囚五日，

160. 王卿朝 守囚五日，折回造米，

161. 李金刚 修仓，艾稻三日，

162. 严君君 团头，

163. 郝朝春 守囚五日，修仓，

164. 龙勃论 洒扫，
165. 阴九相 洒扫，
166. 王小卿 （六月都泊修仓两日），守囚五日，修仓五日，
167. 安天奴 修仓五日，营田夫五日，
168. 李毗沙 四月守囚五日，修仓五日，子年三月挫草十日，
169. 扬朝朝 看园，
170. 李俊俊 未收，
171. 郝朝顺 守囚五日，
172. 翟明俊 看园，
173. 大乘寺何名立 毡匠，
174. 安丰乐 车头，守囚五日，
175. 王君君 团头，
176. 石抱玉 修仓五日，回造粳米一驮半，
177. 安薛保 守囚五日，营田夫五日，
178. 曹庭保 守囚五日，四月上修仓五日，子年纳佛殿佛麦夫三日，
179. 成悉堵 修仓五日，艾稻三日，
180. 安黑奴 守囚五日，折回造粳米壹驮半，（折）
181. 韩如霜 看园，
182. 安愿德 三月守囚五日，修仓，
183. 石玉奴 放羊，
184. 石进玉 贴羊，
185. 安不那 （六月都泊修仓两日），

……………………………………………………………

186. 龙兴寺四乘车 耕桃园黎牛一具两日，（般堑并土一日车功，迎使两日），（三车）
187. 光子车差般梨两日，龙供擦笼部落使草麦两车箱，十月龙车，
188. 与悉边寿昌载杯一车三日，子年四月六日差车一乘，般淤二车两日，
189. 用安国修佛，与悉弘勃藏卿般草两日，卯耕桃园黎牛一（具）三日，
190. 大云寺车叁乘 与番种麦牛具三日，与教授般麦差车一乘两（日）。
191. 擦龙麦草壹车箱，子年四月六日差车一乘，一日修安国般土，

192. 与悉弘勃藏一车两日，

193. 开元寺车壹乘 修仓载砖一车，（迎使一日），般沙十车，安国修佛，送触竖

194. 二日，

195. 灵图寺车两乘 般稻谷入城车牛一日，载砖一车修仓用，般淤四车，

196. 卯年修安国佛，差图车一日，载淤一车，四月六日

S.0542写本由以上文书（8），以及（1）莲台寺、（2）金光明寺、（4）普光寺、（5）灵修寺、（6）大乘寺等各寺的《点算见在羊数牒》共五件，还有（3）《普光寺尼光显牒》和（7）《沙州寺户妇女名簿》等，共八件文书连贴，纸背另抄有唐玄奘撰《辩中边论颂》注释（藏外）。据翟林奈氏解说，这是一卷长达30英尺的长卷子。从以下事实可知，上述八件文书都作成于吐蕃统治时期：其中《算羊牒》纪年在丑年，而牒文中出现的作为报告者的寺卿与806年（藤枝氏推定）的P.3600《尼僧名簿》为同一人，因此《算羊牒》的丑年应是809年或821年，由此可见（3）（7）（8）的作成时间也与之相近。而且（8）名簿中关于寺户及其所属寺院的记载，与资料三一致之处很多，例如资料三B龙兴寺团头李庭秀（31），C开元寺张僧奴（77）、石奴子（142）、石胜奴（144）、石什一（141），F金光明寺安胡胡（126）、安进汉（129）等（括号中数字为该寺户名在名簿中的行数，以下同）。其中开元寺石奴子等三人在名簿中隶属于兴善寺，而这正反映了随着兴善寺被废毁，其寺户移至开元寺的变化。此外，比较资料一会发现，资料一A严君君（162）、B索满奴（115）、C史奉仙（124）也与上述名簿中的寺户一致。由此可以明确，资料五正是敦煌诸寺寺户名簿。而且资料一中的所有寺户都出现在资料五中，资料三的寺户29人中则出现了7人，足以证明这三件文书的作成时期非常接近。幸运的是，资料三B留下了明确纪年821年，所以资料五的“戌年”的可能范围也就大幅缩小了。笔者在旧稿中推定其为830年，而藤枝氏认为应为806年，后笔者经森鹿三教授赐教，重新探讨之后发现，830年的结论确实难以成立，以寺院兴废时间为据推论出的806年之观点，也与资料三所示纪年之间有整整15年的间隔，令人很

难不产生怀疑。或许仍是与之更相近的818年才最为妥当。另外，这份名簿作成于戌年六月，其中关于劳务的记录一直持续到卯年，可见作成之后的5年中，这份名簿一直作为使役簿发挥着作用。

名簿标题《诸寺丁壮车牛役簿》，意为敦煌管内诸寺的丁壮（寺户）及车牛的劳役簿，其中185行寺户名簿为丁壮役部分，末尾11行为车牛役部分。不过，寺户名簿部分共13寺——后来因安国寺的兴建[1]而增加至14寺——囊括了当时沙州管内的所有寺院，而车牛役部分则因文书尾部残缺，只有4所大寺的记录。

连缀于该文书之前的《寺户妇女名簿》（开头部分略缺）列举了寺户的妻女之名，例如（译者按：文书中着重号为作者所加，表示出现在寺户名簿中的人名）：

（灵）图佰合妻　妹妹
满奴妻　闰闰
海子妻　畔子妻
赵八娘　梁什一放毛半斤
杨相女　定智妻
曹八妻　侯喜妻
紧胡妻　何大云妻放毛半斤

其中还随手记下了"放毛半斤"等字样，或许是分配羊毛让她们编织之意。将寺户名簿与妇女名簿中记载的寺户名做比较就会发现，正如我们在灵图寺的例子中能够看到的，后者中出现了很多前者没有的名字，而"开元寺"条之下有关于"安国"的注记，表明两者之间应基本没有时间间隔，由此可知资料五的寺户名簿未必记录了当时所有的

1. 安国寺不见于789年的《牌子历》中，而到了821年的资料三D则明显已经存在，可见它兴建于788—821年之间。资料五中有数名开元寺寺户（75—94）名字之下有"安国"字样，正如本章所述，是由于开元寺寺户被移籍至安国寺。另外，不少人的劳役内容中都有"国修佛"的记录，若确如本章所指出的，此三字意为修建安国寺佛殿，就可以认为安国寺兴建于818—820年之间，并对寺户进行了移籍。不过，安国寺的兴建和寺户移籍并非一定同时进行，因此安国寺兴建于818年以前的可能性也仍然存在。

寺户。不过，既是以如此严整的形式记录下的寺户名簿，显然并非漏记，而是基于某种标准进行了选择性记录，可以说是一份寺户基本名簿。

上述五件寺户文书除了资料四以外都是吐蕃统治时期的文书，而且是相互关联的同时期文书。那么，在吐蕃统治时期，敦煌寺户的实际情况和性质究竟是怎样的？要考察这个问题，接下来就必须对资料五所提供信息的具体内容进行分析。

第三节 寺户的组织

上节介绍的资料五是818—823年的五年之间的寺户使役簿，尽管没有涵盖敦煌佛教教团的所有寺户，但算得上是一种基本名簿。此名簿中记录的寺户是以一种怎样的组织形态隶属于教团的，便是本节将要探讨的问题。

这五年之中的人员移动姑置不论，名簿中所记的寺户丁壮人数共有190人，再加上仅出现在《寺户妇女名簿》中、而寺户名簿里没有的，则多达约300人。788年敦煌的僧尼人数共有310人[1]，如果之后迅速增加，到818年左右，确有可能达到数百人。如此则寺户差不多占僧尼人数的一半，但寺户不仅是丁壮个人，更有形成家户的妻子儿女，因此包括这些家人在内的总人数必然远远超过僧尼人数。无论对敦煌的寺院，还是对绿洲城市敦煌来说，仅丁壮人数便多达300人的寺户群体无疑是一个影响极大的存在。

表12 敦煌寺户人数（单位：人）

寺名	丁壮人数	团头	车头	僧尼人数（788年）
龙兴	43	3	2	28
大云	23	2	1	16

1. 见藤枝晃《敦煌の僧尼籍》。

续　表

寺名	丁壮人数	团头	车头	僧尼人数（788年）
莲台	12	1	2	10
开元	20	2	1	13
（安国）	（7）	（1）	（0）	—
永安	9	1	1	11
乾元	7	1	0	19
灵图	15	0	2	17
金光明	8	1	1	16
报恩	8	0	1	9
兴善	4	0	1	—
灵修	14	1	1	67
普光	14	1	1	47
大乘	13	1	1	44
总计	190	14	15	297

将寺户使役簿中所记的寺户丁壮数按其所属寺院分别表示，结果如上表。从此表可以看出，寺户人数不一定与其所属寺院的僧尼人数成正比，倒是与寺产之多少关系密切。其中最上位的龙兴寺寺户最多，紧随其后的是大云寺、开元寺，而这三寺都是唐代官寺，即资料四所谓的“先帝敕置”之寺。尤其是龙兴寺，常常作为敦煌教团的代表，被视为诸寺之首，作为教团统辖机构的都司也时常置于该寺。其寺产以及从事生产的寺户数量比起其他诸寺有绝对优势，也是理所当然。三官寺之下，寺户最多的是灵台寺，且正如我们在资料一至三中所看到的，该寺寺仓在当时是都司仓，谷类借贷业务十分昌盛。不仅如此，

相当于教团统辖机构之首的教授也出自该寺，在吐蕃统治时期，其势力足以匹敌官寺，寺户数量之多正是这一事实的反映。余下诸寺中，灵修、普光、大乘等尼寺的寺户较多，这一点也值得注意。其原因之中首先应考虑的是，仅就僧尼籍来看，敦煌尼寺的居住者远多于僧寺，如此则容纳这些居住者的寺舍也必然更大，且保障众尼生计的寺产也更多。另一个原因则如前章所引P.3100《夏安居帖》中提到的：

其五尼寺缘是尼人，本以性弱，各请僧官一人检教。……

即本应由寺职负责的提交报告书一类的寺务，在尼寺是由身为俗人的寺卿负责的。[1]从种种情况不难推测，尼寺所需寺户比僧寺更多。

寺户在各寺内组成数个团，分别由团头统率。每团的规模在十人至十数人不等，各团又以寺为单位，分别以序数或东、西、南、北、中编号。[2]团头的职责内容正如P.3100《夏安居帖》第4条所说：

其修饰及扫洒，仰团头堂子所使，仍仰纲管及寺卿勾当。

即负责指挥团中寺户的劳动，并听从负责监督的寺职、寺卿的命令，对寺户的劳动承担责任。除此以外，如资料一、三中出现的谷物借贷申请等需要进行对外交涉的时候，也由团头担任寺户代表。担任团头需要何种资格、要经过哪些手续，如今我们已无从得知，但可以推测，很可能是由寺院指定有一定势力、值得信赖的寺户加以任命，未必有固定的任职期限。另外，上表中统计的14名团头中，除了大云寺的两名，其他人在名簿中都没有职务记载，可见那些分配给寺户的职务于团头而言基本上是予以免除的。

---

1. 关于寺卿，可参看本书后编第九章第七节“寺职”。

2.《敦煌杂录》下辑第136叶右，周字十四号《团头米平水领物券》中有“弟四团头康石柱等拾人”。此处所指似乎并非寺户团，但也提供了一个例证，表明一团成员在十人左右。关于团的名称，此处是以序数命名的，而名簿中的王日华（80）为“团头东”，另P.2856《草课割当文书》中也出现过“东团”“中团”等称呼。

其次是车头人数，龙兴寺、莲台寺、灵图寺各两人，其他寺院各一人，但各寺车头人数与该寺所拥有的车辆数并不一致。很可能所谓车头只是从事与车辆相关劳役，例如搬运等的劳动者，与团这一组织并无关系。

寺户团由团头（涉及搬运工作时为车头）率领，并进一步受来自所属寺院的寺职、寺卿等的监督。寺职包括上座、寺主、维那、典座、直岁等，被称为“三纲”，是负责寺院经营的役僧，一般由寺中僧众推举年德最高者，再由教团长官——敦煌教团为都教授或都僧统——任命。[1]根据《故唐律疏议》卷六中的规定，寺职与隶属于寺院的居民之间的法定关系，与世俗社会中主人和部曲奴婢之间的关系相同，可见寺职与寺户也一样。至于寺卿，则是参与寺院经营的世俗信徒，或可称为“檀家代表”，在敦煌地区，是一种仅存在于吐蕃统治时期至归义军前期的特殊职位。寺卿虽然同样置于僧寺中，但最主要的还是针对比丘尼不便处理经营事务的情况，在尼寺中代行寺职之责。由此可见，对于尼寺寺卿而言，寺户的统率和监督无疑也是重要职责之一。

寺户通常被冠以所属寺院名，称为某寺寺户，不在普通行政管辖范围之内，也被禁止与良民接触，但在教团内部，可能会随着寺院兴废而改变寺户所属寺院。例如上文就曾提到，随着安国寺的兴建，开元寺的部分寺户被移籍至安国寺；而随着兴善寺的废毁，其原有寺户又被编入了开元寺。上节所引名簿中的龙兴寺寺户赵卿卿（37）被移籍至报恩寺（140），名簿中该寺户名字上标有印记，表示他已从前者除籍。这种移籍行为应是报请都司允准之后进行的。不仅如此，下文还将详述，寺户不单要从事所属寺院的劳役，还要负责整个教团中的共同事务，所有寺户都几无例外。可以说，他们既是一寺之寺户，也是沙州佛教教团共有之寺户。统一记录敦煌管内所有寺院寺户的资料五的存在，本身就说明了这一点，更何况事实上确有寺户称“沙州寺户”（资料一A）、“当（沙）州人”（资料一C）的情况。这也就是说，寺户群体的最高统辖者亦即教团之首，在吐蕃统治时期即是都教授。综上所述，吐蕃统治时期的敦煌寺户统属关系可表示如下。

1. 详见本书后编第九章第七节“寺职”。

都教授—寺职、寺卿—团头寺户—寺户（十数户）
╲ 车头寺户 ╱

图3 吐蕃统治时期的敦煌寺户统属关系

第四节 寺户劳役及寺户性质

资料五中记载于各寺户名下的劳役内容，对于了解当时寺户的实际情况与性质极其重要，在敦煌文书中也是独一无二的重要资料。但也正因如此，我们很难为这些简略的劳役记录找到佐证，要一一明确其中所记的劳役内容无疑是一件极其困难的事。本节仅以其中能够推定的内容为主，将劳役内容大致分为几类，并尝试通过它们阐明寺户的性质。

一、运输

资料五既是寺户丁壮的劳役簿，同时也是车牛的使用记录簿。该文书第186行以下正是车牛使用记录，而使用这些车牛的人夫同样是寺户，实际上，该文书寺户劳役部分所记录的劳役内容多有与车牛记录部分相同之处。这即是说这件文书其实是一份前后关联的记录，车牛的使用也是寺户劳役内容的中心。而车牛使用记录中尤为频繁的就是谷物运输的相关记载。例如龙兴寺张进国（4）的劳役“回造粳米一驮半……回造稻谷两驮”，所谓“回造”，即运输之意，“驮”为吐蕃占领时期所使用的单位，一驮即一车之量，相当于廿蕃斗。[1]寺户负责运输的舂稻、米、粟、麦等很可能是所属寺院的谷物，例如灵图寺条（195）中就有“般稻谷入城”，既是从敦煌郊外搬运至城中，或许指的就是将城外寺田收获的谷物搬运至城中的寺仓。而且至少就文书中标明日期的记录而言，稻米的搬运都是在十二月，说明该年的收获都是在年末时节搬入寺仓的。劳役内容出现得最多的就是谷物搬运，寺田收入之多由此可见一斑。同为谷物运输，曹进玉（6）等人的“送瓜州

1. 藤枝晃：《吐蕃支配期の敦煌》，第207页。

节度粳米”应属于官府的劳役。吐蕃统治时期的节度使府置于瓜州[1],因此向官府的进纳须由沙州送至瓜州，而这些进纳的搬运必须依靠大车，这样的大车却不是民间随处可见的。或许因此才会由佛寺提供可以搬运贡米的车辆，并同时提供负责搬运的寺户，因为教团不可能负有向官府进纳的义务。根据文书中车牛役部分的记载，龙兴寺、大云寺都曾用车辆为部落使或蕃卿等吐蕃官人搬运草麦。这些例子也和运送贡米至瓜州一样，是由教团向官人提供寺中车牛来进行的。换言之，这可以视为吐蕃统治者对寺中车牛及车夫的征用。

二、农耕

文书中记载为“看园”“园收”“苅草稻”“看梨园”等的劳役内容正属于农耕，且车牛役簿部分的龙兴寺条下也有“耕桃园黎（犁）牛”，可知还使用了车和牛。资料一至三的借麦文书显示，寺户从寺仓借贷谷物种子，自力进行耕种，他们很可能是寺田的佃农。[2]这样的租地耕种自然不会记入使役簿中，而且车牛的使用在车牛役簿部分也有记载，就说明这类农耕必为寺院直营土地的耕作。与农耕相关，另有负责操作寺院的碾硙、油梁的劳役——看硙、看梁等，应也属于寺院直营。

三、畜牧（羊、群、驼）等

关于羊马的记录，有“放羊”“放驼”“贴羊”“贴马群”“贴驼群”“取羊”“请羊”等。其中放羊、放驼指的是羊、驼放牧。敦煌寺院的产业中除了农耕，畜牧也十分盛行，文书中多有关于牧羊人或算羊的记录。S.0542（1）（2）（4）—（6）的《算羊牒》就是其中典型。其中大乘寺（6）牒文记载该寺共有羊95口（其中官施羊1口），金光

1. 藤枝晃：《吐蕃支配期の敦煌》，第220页。
2. S.5898《田籍》中出现过“石胜奴地柒拾亩”“田悉的力地拾陆亩”等记录。田悉的力在S.2114中也有“地子一驮”，从敦煌文书的性质来看，应可以断定他们属于某处寺田的佃户。而且从笔迹分析，这份田籍作于吐蕃统治时期，因此可以认为，其中的石胜奴与名簿第144行，以及资料三C的兴善寺（即后来的开元寺）寺户石胜奴为同一人。

明寺史太平（2）所有羊群共计56口，可见每所寺院所有羊数在数十口到百口。而且金光明寺的牧羊人史太平在资料三F中记为团头寺户，表明正是寺户从事着寺院的羊、驼畜牧。其余的“请羊”“取羊”指的应是派人至放牧地买羊。关于放牧地，资料中出现过阿利川、历梨、西桐等记载，其中阿利川可能就是P.2005《沙州都督府图经》中所记的独利河水。[1]西桐也曾出现在《仆射变文》《尚书变文》之中，是位于沙州西南的湖泊。[2]以上两者都是傍水之地，想必最适合放牧。难以理解的是“贴羊”等词语，有观点认为贴是典贴、贴赁之意，因此应理解为羊、驼的典质[3]，但如此则“贴马群五日”等记载中的天数难以解释，因为典质手续并不需要五天时间。对此，笔者的观点虽然也只是推测，但或许可以考虑，所谓“贴”者，指的是对寺院拥有的羊、马、驼群的查点。这里的“贴”与长行马文书中的“帖”同义，指羊、马的身体部分[4]，具体指在羊、马身体上烙下类似长行马印记的工作。以上与羊、马有关的劳役中，除了请羊等为临时性工作以外，放牧、贴等都是长期持续的劳役，必须由指定寺户专门负责。因此在使役簿中，除龙兴寺外，各寺的放羊、贴羊都各有寺户一人分别负责。牧羊人在归义军时期的文书中也时常出现，据这些文书记载，他们通常每人负责30口～50口不等的羊群，寺院每年春秋向他们发放粮食或酒钱。不过，归义军时期的牧羊人与吐蕃统治时期的寺户在身份上是否性质相同，则另当别论。关于这个问题，下节将详细论述。

---

1. 独利河见于《沙州都督府图经》。“独利河水：右源出瓜州东南三百里，流至沙州燉煌县东南界。雨多即泛，无雨竭涸。”该图经收录于《敦煌石室遗书》《鸣沙石室佚书》等中。另可参看王重民：《敦煌古籍叙录》，商务印书馆，1958年，第113—115页。
2. 西桐在两篇变文中也记作“西同”“西桐海”，藤枝氏认为其“指距敦煌西南不远处的湖”（见藤枝晃：《沙州帰義軍節度使始末（二）》，第49页）。另外，此处《仆射变文》（P.2962等）、《尚书变文》（P.3451等）标题为藤枝氏所加，学界惯用名称为《张议潮变文》与《张淮深变文》。见上引藤枝氏论文，载王重民等辑：《敦煌变文集（上）》，人民文学出版社，1957年，第114—128页等。
3. 中国科学院历史研究所第一、二所第二组：《“敦煌资料”第一辑内容介绍》，《历史研究》1958年第11期，第61页。
4. 藤枝晃：《「長行馬」文書》，《墨美》60，1956年。

四、教团杂役

从寺户的性质上来说，除了农耕、放牧等生产方面的劳役，他们自然也要承担所属寺院或教团的杂役。其一便是负责洒扫，这一点正如我们在资料五157、164、165等寺户身上所见。其二是寺舍修缮，即文书中所说的“修仓”“修佛”等，前引《夏安居帖》中第4条“（寺舍）修饰及扫洒，仰团头堂子所使”，指的正是这类劳役。不过，文书中的修佛都是以“国修佛”的记载出现，指的都是安国寺的佛殿修建工程。安国寺兴建于吐蕃统治时期，资料五所记开元寺寺户中，有几人姓名之前有“安国”两字，如果这是表示他们因安国寺新建而从原来的开元寺移籍至安国寺，就可以肯定该寺的兴建是在寺户名簿作成之后，因此所谓“国修佛”便是指安国寺修建工程无疑。而且在车牛役簿中，包括龙兴寺在内的四寺都为此提供了寺车，用于搬运砂石。另外，“修仓”很可能是指都司仓的修缮。要而言之，在遇到寺院兴建等大工程时，整个敦煌教团都会齐心协力，提供车牛、寺户，确保工程进行。其他的“纳佛殿佛麦夫”“窟收”等记载也是整个教团的工作。有意思的是所谓“打钟”，不知是否指在敦煌城中敲钟报时的工作。

资料五既然列举了敦煌所有寺院的寺户劳役，所记内容显然是以整个教团的公共事务为主的。上述杂役也主要是教团的公共事务，但除此以外，各寺内部应同样有不少杂役。例如洒扫之类，无论哪个寺都是交由寺户承担，但此事在文书中却并未得到体现，这一点也是考察寺户劳役内容时必须注意的。

五、僧俗高官的侍从

可归入此项的是所谓的“驱使”“手力”等。其中一例是龙兴寺曹进玉（6）、大云寺刘孝仙（48）都曾于丑年作为随从，跟随刘教授一同去往廓州。关于教授，前章已经有过探讨，乃是吐蕃时期所设僧官，相当于归义军时期的僧统，为教团之首。另一例是灵图寺朱奴子（117）曾做过另一位教授翟和尚的手力，龙兴寺曹奉进（22）、张像法（24）也曾分别为蕃教授、蕃卿等吐蕃高官做过手力。蕃教授为僧官，蕃卿乃俗官，此人无疑正是车牛役簿中所记的悉弘勃藏卿。此外，资料五还记录了龙兴寺曹莫分（39）曾为判官驱使，但此判官究竟是僧官中的判官，还是指俗官中的幕僚，则无法判断。另有五名寺户曾为“吴营田夫”，这应该可以解释为吴姓营田官的人夫。[1]以上各例中的寺户都是或作为出行时的随从，或作为日常生活劳动中的侍者，为僧俗高官从事杂役。这可以说相当于隶属民户作为主家私属，亦即一种私人隶属关系，而寺户不仅要为其主家的僧官提供劳役，还要为俗官，尤其是吐蕃统治者服务，这一点正是该时期特殊性的体现。资料五中车牛役部分的“迎使”（186）或寺户使役部分的“送西州人户往瓜州”（35）等，也都是可以归入此项的公家职务。

六、守囚

使役簿中出现得最多的使役内容便是“守囚”，囚指囚徒，守即看守之意。记录中还有表明场所的“沙州守囚”“守普光囚”“守永安囚”等，普光指尼寺普光寺，永安即永安寺。由此可知普光寺、永安寺都置有监牢，其看守由寺户充任。这似乎是一种十分奇特的现象，但就史料字面内容而言，除此以外很难做其他解释。更何况考虑到当时的政治形势，这种现象也并非不可能。吐蕃占领河西地区以后，进一步图谋向北方和东方扩张，屡屡与唐朝、回鹘交战。就在这份使役簿作成两年前的816年，由猛将尚绮心儿率领的吐蕃军攻入回鹘，逼近回鹘牙帐城，821年又攻入青塞堡。[2]这场战争以河西地区为据点，必然在当地征用了很多汉人，而僧侣和寺户似也同样被征用，能够证明这一点的首先是下文将要提到的军队编组表，其次为使役簿中出现的“洛（落）回纥”记载，可解释为寺户在与回鹘的交战中被俘并被掳走。在这种形势下，来自回鹘方的俘虏自然也不少，作为关押这些战俘的场所，普通监牢显然是不够的，这时内部分为很多僧房的寺舍便成为收容战俘最合适的地方。所谓寺户“守囚”，应当就是因为这些临时监牢的管理任务被委派给教团，而教团则派出大半寺户充当监牢看守。吐

---

1. 营田官见于P.3613《令狐子余请地牒》（藤枝晃：《吐蕃支配期の敦煌》，第233—234页），表明此官职在吐蕃统治时期也存在。
2. 参看佐藤長：《古代チベット史研究（下）》，第673页等。

蕃军队进驻敦煌之时，首先注意到的必然就是资产丰厚，且集敦煌居民之信仰于一身的佛教教团。吐蕃统治者一方面实行收揽人心的怀柔政策，对自身也同样笃信的佛教加以保护，新建佛寺（如圣光寺等），大规模布施，并促进写经事业，命僧侣营办祝祷战事顺利及国家长治久安的法会，而从上述寺户的各种劳役中足以看出，教团同时也须得奉献其丰厚的财力及大量劳动力，以供吐蕃统治者使用。像这样将寺舍收管为临时监牢，并将寺户征用为看守，也可以认为是吐蕃的敦煌统治政策的一个侧面。[1]此外，资料五中诸如“南波厅子四日”（60）的记录应该也属于看守一类的官方劳役。

七、各类工匠

寺户中包括凭借各种专业技能为寺院服务的工匠。使役簿的记载中也能看到几种工匠：泥匠、木匠、持韦皮匠、纸匠、毡匠。整个教团之中，每种工匠都只有一人，因此他们要承担的不仅是各自所属寺院的工作，还有整个教团的工作。而且从他们的存在就可以看出，教团自给自足的程度相当高。

从事上述各种劳役的，正如文书标题所记，是寺户中的丁壮。文书中出现过“老”（92、94、101）、“老放肃州”（74）等记载，表明这些劳役似乎如徭役一样，对参与者的年龄有一定的规定，例如21岁至60岁等。因此1户若有丁男2人～3人，便会同时参与劳役，实际上文书中也能看到明显是兄弟关系的人，如成善友、善信、善德（60—62）等。另有一些后来写进名簿的情况，例如“张仙进 死 兴国”（36）就表明，戌年六月以后张仙进死，其子或弟接替了他的劳役。关于他们参与劳役的天数，若史料记载没有遗漏，则可以看出是2天～10天。当然，其中也有如充当工匠、长途运输人员，以及高官的随从等没有记录天数的情况，这些劳役花费的时间恐怕远超过平均。相反，有几

1. 监牢看守的劳役也见于藏文文书记录中，服役天数同样以五天为单位。服役者也是汉人，但无法确知是否为寺户。

条将5天改为3天的记录（81、148、151、161等），则表明某些预计需要5天的工作仅用3天便提前完成了。不过，通观整个使役簿便会发现，最频繁出现的劳役时间记录就是5天，其他常见的例子，如S.2228《夫丁修城记录》[1]中记录征用夫丁，也是每人修城壁5天，可见在当时5天或许是分配劳役的基本时间单位。

综上所述，史料中记录的寺户的各种劳务属于某种很可能规定了年龄段及劳动天数的“役”。毋庸赘言，这种役首先是寺户对各自所属教团必须履行的义务，但除此以外，劳役内容还涉及教团事务以外的官府相关工作。不过即便是官府工作，也与课于普通良民身上的官役不同，寺户所从事的或为使用寺院所有车牛的劳务，或为在官府征用的寺舍中看守囚犯等，并非完全与教团无关，毋宁说是敦煌佛教教团向官府提供寺舍、车牛的同时，也提供寺户的劳动力，是吐蕃统治时期的一种特殊现象。不过，对于寺户来说，为官府进行的劳动是否能够替代他们原本应该承担的教团劳役的一部分，使他们承担的所有劳役在总体上数量不变，还是在原有教团劳役不变的前提下，作为额外承担的劳役，这一点仅凭以上文书内容无法得到确证。但无论如何，作为必须为教团承担的义务，这每年10天左右的劳役正是寺户之所以为寺户的原因，可以说劳役之于寺户，便类似于主家赋役之于农奴。

如上文所述，寺户除了以上劳役以外，还要负责耕种寺田，不仅从都司仓借贷粮食，还借贷播种用的种子，他们不在寺院的直接经营之下，而是作为独立的户存在。而且据仁井田氏的研究，寺户的谷物借贷条件与普通民户并无区别。不仅如此，寺户还和普通人一样，有可能被征入军队。托马斯氏（F. W. Thomas）介绍并由藤枝氏译为日文的斯坦因所收古藏文文书Ch.73，xv，10《编成表》，是一份以主（dgon）从（hphoṅs）关系组合的编队名簿，其中共20组40人，编为1队。该编组成员大部分为曷骨萨部落（Rgod-sar-kyi-sde）的普通良民，但也包括部分僧人与寺户。寺户来自普光寺、灵图寺，其中的普光寺寺户杨葵子（第2行，藤枝氏省略部分）、同寺郝朝春（第39行）分别出

1. 藤枝晃：《吐蕃支配期の敦煌》，第249页。

现在资料五第159行和第163行，而且郝朝春为主，另有俗家人王青青为从，从此表中完全看不出寺户与普通民户有任何区别。不过，关于僧侣的记录中通常都会有其出身的俗籍，而寺户却只记作“某寺寺户”而不记俗籍，可见寺户的管辖与普通人和僧侣都不同，即便工作实质内容并无分别，也无法从根本上脱离寺户身份。不仅如此，正如先学已经指出的，资料四中规定“常住百姓亲伍礼，则便任当部落结媾为婚，不许共乡司百姓相合。若也有违此格，常住丈夫私情共乡司女人通流，所生男女收入常住，永为人户，驱驰世代，出容出限”，表明寺户不具有婚姻自由。再加上其上文还提到“不许倚形恃势之人妄生侵夺，及知典卖”，可知寺户同样不具有移籍自由。与之相反的是，在教团内部，则可随着寺院兴废或教团的组织变动而调整、改变寺户的所属寺院。

要而言之，寺户——尤其是吐蕃统治时期的寺户，通常以寺为单位形成组织，承担教团劳役，或是通过教团承担官府的劳役。他们各自独立成户，在某些方面似与良民并无差别，但就身份而言，则与良民有着明显的区别，不具备婚姻自由和移籍自由。由此来看，寺户的身份既非奴隶，亦非单纯的受雇劳动力，更确切地说应该是农奴。而且，他们的实际境遇必然比我们通过史料文字能够看到的更加严峻。张进卿（7）的名字下记入的“逃走”之语，尽管是仅有的一例，却是吐蕃统治时期寺户悲惨遭遇的真实写照。

第五节　寺户制度的变迁

上节以资料五为中心，考察了吐蕃统治时期的寺户制度，而本节则会通过追寻这种制度的来源，探讨其形成过程。

隶属于寺院的民户大多都是由檀越施入的，这一点已是周知之事实，无须引用连篇史料证明。至于敦煌的寺户，自然也可以从中探寻其来源。资料四中提到的“应是户口人家，檀越将持奉献，永充寺舍居业”，已明确指出寺院的户口（寺户）来自檀越奉献，而另有一份文书也足以为之佐证：

S.3873《索淇牒文》

（前缺）

1.　代水硙三所，园田家

2. □信敬心，重建造报恩寺

3. □两所水硙，园田家客施入

4.　供养三宝，不绝愿心

5.　其硙是时被殿下□

6.　日出卖与报恩寺

7.　　五十余载，师僧虔

8.　　淇自力微，无处

9.　　照察讫，赐上祖□

10. □年十一月　日索淇谨状

因纸张上下皆有破损，难以尽解其意，但从中仍能看出，索家向报恩寺施入了水硙两所、园田、家客等，且历经50余载。索淇其人在P.3410《僧崇恩遗产处分文书》[1]中曾与大将阎英达等人一同作为见证人署名。P.3410为吐蕃统治末期的文书，崇恩在遗嘱中提到，将部分遗产施入报恩寺，而作为见证人的索淇既是崇恩之侄，同时也身为都督，结合上引文书内容来看，他似乎是报恩寺的大檀越。另外，上述《索淇牒文》的作成时间应与崇恩遗嘱相去不远，约在吐蕃统治末期至归义军政权初期，牒文中所说的水硙等物的施入时间在50余年前，也就是吐蕃统治初期。这份文书可以作为证明家客也会随着土地施入寺院的实例。而与此同时，这种施入通常都是长年持续进行的，且正如资料四所记，家客永代为寺院驱使，不得典卖，显然隶属于寺院的户口会呈不断增加的趋势。就这样，寺户逐渐成为一个仅丁壮数量便多达300人的群体，最终催生了上述寺户组织。如果这种推测成立，那么寺户制度就并非仅限于吐蕃统治时期，实则更早便已存在。

---

1. 引自刘复辑：《敦煌掇琐（中）》，历史语言研究所，1938年；仁井田陞：《唐宋法律文書の研究》，第639—642页。关于阎英达，详见藤枝晃：《吐蕃支配期の敦煌》，第241—242页。

不过，关于寺户制度的形成，除了向寺院的施入以外，仍有其他需要考虑的因素。提及寺户，很容易让人联想到北魏的僧祇户、佛图户制度。[1]比起北魏的寺户——佛图户，敦煌寺户的地位似乎与僧祇户更为相近，但僧祇户主要由来自山东的徙民——平齐户，以及驻于边境的军户构成，而佛图户则多是重罪者、官奴，这种制度的创设本就包含了北魏王朝统治汉地的政治意图。对于同样处于异族统治之下的敦煌，我们也应考虑其寺户制度的成立背景中或许有着类似的政治因素。例如资料五记录石温汉（74）"老放肃州"，可以解释为允许年迈的石温汉回到故乡肃州，如此则可知石温汉并非沙州人，而是从肃州迁徙而来，这与敦煌僧尼大部分出身敦煌这一事实[2]相对照，就颇有些耐人寻味了。他们或许只是单纯的流民，但也很有可能如平齐户一样，是被吐蕃统治者从肃州强制迁徙至沙州，并分配给教团的徙民。无论如何，隶属于寺院并从事寺中各种杂务的贱民自古就已存在，这一点毋庸置疑，但本章所讨论的形成固定组织、负担固定劳役的寺户制度，究竟是吐蕃统治敦煌之后才形成的，还是早在此前便已经有迹可循，实难以论断。

那么，848年（大中二年）张议潮举兵将吐蕃势力逐出河西，恢复汉人统治后，归义军时期的寺户制度又经历了怎样的变化？要解决这个问题，首先需要对张氏在收复敦煌之初推行的各种改革政策有一个大致了解。吐蕃对敦煌的统治只持续了短短数十年，但即便如此，敦煌的社会、文化等方面仍受到了不少吐蕃元素的影响。所以张议潮收复敦煌后的首要任务，便是要去除这些吐蕃元素，恢复唐制。乡里制的恢复便是其中的举措之一。藤枝氏的研究已经明确，吐蕃统治者曾废除乡里制，在河西地区推行"部落—将"这一独有的行政组织。[3]不过当时似乎沿袭了唐朝的行政区划，而张氏恢复乡里制的进展十分顺利，早在归义军初期，文书中便已不见任何部落名称。

---

1. 关于僧祇户、佛图户，参看塚本善隆：《北魏の僧祇戶·仏図戶》，《中国仏教史研究—北魏篇》，弘文堂，1942年，第165—213页。
2. 见藤枝晃《敦煌の僧尼籍》。
3. 见藤枝晃《吐蕃支配期の敦煌》。

继乡里制之后，接下来实施的便是户口调查和土地调整。张议潮成功收复敦煌后，立即派遣使者向唐廷报告，并呈上图经和户籍。日本有邻馆所藏文书第51号《大中四年令狐进达家庭成员申报书》就是此次户口调查之际提交的申报。[1]不过，实际上此次户口统计的结果并未及时反映，大中五年（851）张议潮向唐廷呈上的，其实是天宝年间的统计数据。后来基于此次户口调查，归义军政权又实施了对土地的调整，当时的土地相关文书，或者说可以印证该事实的文书尚存一二，例如P.3394《僧张月光土地交换文书》[2]中就提到：

> 大中年壬申（六年）十月廿七日，官有处分，许回博田地，各取稳便。

其结果是僧人张月光与僧人吕智通交换了各自所有的田地。此外，S.6235《都营田李安定牒》[3]也是与大中六年（852）四月进行的土地测量相关的文书。另外还有《沙州文补录》所录《唐索咄儿牒》（上虞罗氏藏），是大顺元年（890）正月索咄儿因城西土地被人强夺，请求赐绝户地以代之的文书，牒文开头有云：

> 从太保合户已来，早经四十年余……

太保即张议潮，自大顺元年回溯至40年前，即大中四年。所谓当时的“合户”，指的应当就是户口调查及紧随其后实施的土地调整。这就表明张议潮曾在大中四年左右施行户口调查，两年后的大中六年左右，又实施了土地调整。

第三是对佛教教团进行了机构改革。如前章所述，酉年（大中七

---

1. 藤枝晃：《敦煌の僧尼籍》，第330—331页。
2. 仁井田陞：《唐宋法律文書の研究》，第194—196页。
3. S.6235《都营田李安定牒》。“壹顷叁拾伍亩（□□通东地切崖，西至官道，南至泽，北至石碛）。令责检状过者。谨依就□生荒空。的见无主，是实。伏尚书请乞处分。牒件状如前。谨牒。大中六年四月□日都营田李安定谨牒。”

年，853）张议潮与都僧统洪䛒一同对教团的财产进行了调查统计，接下来的大中十一年，对都司（都僧统司）机构进行了拆分（S.1947v）。在僧官制度方面，则废除了吐蕃时期独有的僧官——都教授，恢复唐朝的都僧统制，吐蕃时期曾任都教授的洪䛒因此成为初代都僧统。

张议潮的以上各项改革措施，意在对吐蕃统治时期的诸多偏离进行纠正，使敦煌的各种制度恢复唐制。不过，这一系列改革措施的影响在寺户制度中是如何体现的？资料四提到寺院常住财物及户口家人“一依旧例，如山更不改移”之后，又强调：

> 除先故太保（张议潮）诸使等世上给状放出外，余者人口在寺所管资庄、水硙、油梁，便同往日，执掌任持。

表明张议潮曾经放出寺院的部分户口家人，这一点尤其值得注意。所谓寺院户口即指寺户，也就是说，上节所述吐蕃统治时期的大量寺户之中，一部分人得到释放，恢复普通百姓身份。这一释放寺户的举措也是张议潮施行的一系列教团改革措施中的一环。以下文书可为此事实佐证：

P.2222《百姓张祇三牒》[1]
1. 燉煌乡百姓张祇三等
2. 　　　　僧　词荣等□富鲍壁渠上口地六十亩
3. 　　右祇三等　司空准　敕矜判入乡管。未
4. 　　请地水。其上件地主词荣口云，其地不办承科。
5. 　伏望
6. 将军仁明监照，矜赐上件地。乞垂　处分。
7. 　　　　　　　　　　　牒件状如前。谨牒。
8. 　　　　　　咸通六年正月　日　百姓张祇三　谨牒

1. 那波利貞：《中晩唐時代に於ける偽濫僧に関する一根本史料の研究》,《龍谷大学仏教学論叢》, 1939年，第19—20页。

张衹三得以“判入乡管”，表明他从非良民转为良民，指的正是前代寺户得以被释放为普通百姓的事实。而且从该牒文还能看出，成为良民的原寺户还可以分配土地，足见寺户释放与上文所述土地调整政策相互关联。由此可以推断，寺户释放政策的实施时间应该也在大中四年至六年。

张议潮收复敦煌之后，立即着手进行包括释放寺户在内的各种教团改革，这些举措值得注目。如前所述，吐蕃占领敦煌后，通过佛教对汉人施行各种怀柔策略，向寺院大量施入财物，并兴建寺院，大力推进写经事业，其结果便是造成教团势力的扩张，不但僧尼人数激增，寺院数量也由12寺增加到16寺。不仅如此，吐蕃统治者还促使社会财富向教团倾斜，将大量寺户置于教团支配之下。教团的这种势力扩张显然会造成整个敦煌社会的不均衡，而且如果隶属于教团的寺户都是不堪重负而只能逃亡的贱民，其存在本身便是一种不小的社会矛盾。对于将吐蕃统治者逐出敦煌的张氏政权来说，有必要制衡教团的财富与势力，而寺院的财产调查、机构改革，以及寺户释放等一系列措施，都是为了实现这一目标。

结合这样的背景，重新释读资料四《敦煌寺院常住维护宣言》，其目的便不言自明了。站在教团的角度来看，张氏政权的改革措施无异于削减寺产，而这些措施由官府出面施行，便很容易导致那些“倚形恃势之人”生出侵夺或典卖常住财产之心。在这种情况下，向公众发布这样一份宣言，正是为了控制寺产减少的趋势，维持教团在吐蕃统治时期保有的财产。教团的这种意图在宣言内容中随处可见。也正因如此，宣言不得不多方强调常住财物不可侵夺，力求实现寺产的维持和增殖。宣言中提到的常住百姓的境遇——例如婚姻规定等——也反映了寺户在吐蕃统治时期的状态。在部分寺户被释放，甚至寺户制度本身亦面临崩溃之时再次强调这些规定，正是出于对重现教团曾经的“辉煌时代”的期待。

吐蕃统治时期的寺户虽有部分在归义军政权初期被释放，但余下的仍然隶属于教团。例如推定年代为咸通七八年（866或867）的P.3110《夏安居帖》中就有团头堂子、寺卿等的记载，P.2856《草课割当文书》[1]（景福二年，893）中也提及了由寺院隶属民组成的团。不过，就笔者目前管见而言，归义军时期的文书中并不存在“寺户”一词的记载，寺卿也仅见于《夏安居帖》，其后则不再出现。由此可见，至少在归义军时期，“寺户”这一称谓逐渐不再使用，而与之相对，这一时期的寺院隶属民按照所从事的职业，被称为常住百姓、牧羊人、梁户、硙户等。首先，关于常住百姓，在资料四《敦煌寺院常住维护宣言》中有明确记载，他们就是自吐蕃时期的寺户系统沿袭而来，没有获得释放而继续留在寺院的“余者人口”。就像良民被称为“某乡百姓”一样，他们也被称为“某寺常住百姓”，而且正如P.3859《丙申年（876？）十月十一日报恩寺常住百姓老小孙息名目》[2]等家庭成员名单的存在所反映出的，他们与吐蕃时期的寺户同样，整个家族都隶属于教团的管辖之下，与普通百姓区别开来。不过，他们是否也有着与寺户一样的组织和劳役则尚不明确，至少就现存文书的情况而言，无法断言其存在。此外，根据归义军末期淳化二年（991）的文书P.1946[3]的记录，常住百姓朱愿昌曾买押衙韩愿定的奴婢，可见他们与良民过着几乎同样的生活。

至于梁户、硙户等，其性质则与常住百姓大不相同。关于梁户，那波利貞博士早有卓见，他所阐明的事实至今仍无须任何大的补正。[4]不过，那波氏认为是中晚唐五代时期文书而加以引用的梁户材料，都是归义军时期的文书，而他未曾引用的文书之中也没有一件可以上溯至吐蕃时期，这一点需要注意。另外，那波氏认为梁户是寺户的一部分，但事实上，梁户与上述寺户，以及常住百姓都必须加以区分。具体而言，那波氏在论文中阐述，梁户中既有寺田佃农，也有居住于寺

1. Jacques Gernet, *Les Aspects économiques du bouddhisme dans la société chinoise du Ve au Xe siècle,* Ecole française d’Extrême-Orient, 1956, p.107.
2. Jacques Gernet, *Les Aspects économiques du bouddhisme dans la société chinoise du Ve au Xe siècle*, PI.VI.
3. 仁井田陞：《唐宋法律文書の研究》，第184—185页等。这件文书中的见证人为报恩寺和龙兴寺僧人，可见朱愿昌应为隶属于两者之一——更有可能是报恩寺——的常住百姓。
4. 关于梁户，近年来姜伯勤发表了《敦煌寺院文书中“梁户”的性质》（《中国史研究》1980年第3期）一文，可见中国学界也开始出现关注寺户性质的实证性研究。

舍中的人。从这一点来看，梁户与寺户的生存环境似无差别，但与此同时，例如净土寺的梁户之中就包括了孔押衙、周宅官、水官等官人，而这恰恰说明梁户并非寺户那样被与良民严格区分开来的隶属民，而是本身就为良民。不仅如此，梁户之间也没有寺户那样的组织结构。由此可见，梁户并不受来自寺院的身份上的限制，只是负责寺院制粉业的劳役，或是类似于承包相关工作的雇佣劳动力。而硙户应该也与之相同。换言之，归义军时期的梁户、硙户并非吐蕃时期寺户的延伸，而是与之性质不同的新型教团劳务人员。而且，正如上文所述，梁户仅存在于归义军时期，吐蕃时期则是由寺户负责油梁、碾硙等工作。吐蕃时期的寺户在归义军初期被部分释放，而这一举措必然带来教团劳动力减少，而梁户、硙户等便是作为补充的新劳动力。从事油梁、碾硙等工作的劳动者从带有农奴性质的寺户变成雇佣劳动力的梁户、硙户，这一点也是吐蕃时期与归义军时期的显著差异。

第六节　小结

中国很早便存在寺户这一名称，泛指隶属于寺院的民户，而本章通过考察阐明，在敦煌文书中，尤其是吐蕃统治时期，寺户一词特指有固定组织、带有农奴性质的隶属民。这些寺户中的部分人被张议潮释放，而寺户之名称也在归义军时期消失，隶属于寺院的民户改称为常住百姓。不过名称虽改，所谓的常住百姓却是对吐蕃时期寺户系统的承袭，在身份上与原来的寺户并无不同。因此，不能认为吐蕃统治时期向归义军时期过渡的政治变革，从教团中抹去了农奴性质的隶属民的存在。从另一方面来看，进入归义军时期后，文书中开始出现如梁户、硙户等不受农奴身份限制的新型雇佣劳动力，这一点尤其值得我们注意。可以说，这种下层组织的变化与前章讨论的僧官制度的变迁过程相呼应，同时也是整个敦煌社会变迁的反映。

不过，关于归义军时期隶属于教团的劳动者，本章的探讨仅限于指出了常住百姓、梁户等的些许特征，实则有必要进行更深入的考察。尤其是本章未能论及的牧羊人等，归义军时期的文书对之多有言及，从史料角度上来说，应足以探究其实际情况。不仅如此，若不进一步明确牧羊人、常住百姓、梁户、硙户等当时隶属于教团的各种劳动者之间的关系，最终将很难充分认识教团下层组织的细节。这些都是有待今后探讨的课题。

本章所探讨的寺户制度的变迁，对敦煌佛教教团的经济机构及其活动带来了怎样的影响？要了解这个问题，就必须分析占敦煌文书经济史料之大半的教团或寺院的破除历——会计文书，并对保管常住财物的寺库机构进行探究。通过这些细节考察的积累，能使大部分敦煌经济相关文书得到整理，进而把握9、10世纪敦煌佛教教团的全貌。敦煌虽地处边陲，但这些研究结果却能为当时中国的寺院经济，乃至中国社会经济史提供一个宝贵的典型案例。本章所做的努力，正是这一目标的实现过程中的一步。

【补记】

本章原载《史林》44-5（1961年），为旧稿基础上改订而成。旧稿的目的之一在于介绍当时尚未为人所知的S.0542《戌年诸寺丁壮车牛役簿》，但彼时的录文仅能依靠一张小小的冲印照片，因此谬误不少。1976年，笔者得以前往大英图书馆阅览文书原件，这才发现照片中看起来像朱笔的“安国”字样实则为淡墨笔，而在照片中完全消失的部分其实尚有朱笔记录。笔者深深感到在使用这类文书时亲眼确认原本的必要性。正如笔者在注释中所述的，旧稿发表的同时，《敦煌資料》第1辑付梓刊行，且经过池田温氏细致考证的录文最近也收入《中国古代籍帳研究》一书。旧稿所负的史料介绍之使命，可以说至此已告完结，但出于本书总体行文需要，还是将全文修改定稿后收录书中。此外，笔者认为作成该文书的戌年是818年，而藤枝晃、土肥義和两氏认为应当提前至806年。然而若从与资料三的关联性来看，806年未免过早，因此暂且持保留意见，仍作818年。对于笔者此说，池田氏亦表示赞同。

旧稿的撰文契机是仁井田陞《唐末五代の敦煌寺院佃戸関係文書—人格的不自由規定について—》一文的发表，笔者对该文的简评以及本章内容的构想，已发表在《東洋史研究》18–4（1960年）上。正如笔者在文中所述，仁井田氏将吐蕃统治时期的寺户与归义军时期的梁户等相提并论，以此为前提探讨其性质，对此笔者难以苟同，因此才有了旧稿的诞生。但也正因如此，如今回顾，虽然文中的观点至今未变，但受仁井田氏论文影响的痕迹太重，难免有不自量力之嫌，暴露出作为学者的不成熟。很快，收录了仁井田氏上述论文的著作《中国法制史研究：奴隷農奴法·家族村落法》[1]出版，其中另收入《敦煌発見戊年六月寺戸文書について》一文，介绍了笔者拙稿，并对笔者提出的梁户等应属于雇佣劳动力的观点加以批判。不过，对于本章的主题，即吐蕃时期的寺户乃是沿袭自北魏的僧祇户系统，具有农奴性质这一点，仁井田氏却没有提出任何批评，这让笔者有些意外。至于来自其他学者的批评意见，也可以说大致相同。关于这些批评，笔者也有责任，正如结语中所述，关于归义军时期教团劳动者的实际形态，其实尚有诸多必须进一步探讨的问题，笔者却对其整体情况草草下了定论，对此有必要反省自身。本书中收录的内容，除了对若干字句略做修改以外，基本保留了旧稿的原型，只是由于引来诸多争议的推论部分以及结论部分与本文主旨多有重复累赘之处，因而删除了旧稿第69页上部第17行至第70页上部第17行的内容。不过这只是为了避免招致不必要的误解，并非对旧稿主旨本身的修改。

1. 东京大学东洋文化研究所，1962年。

第十一章

敦煌出土“社”文书研究

第一节　前言

数量庞大的敦煌文献绝大多数与佛寺相关，某些文书内容乍看似无关涉，其实也在某种意义上与佛寺或僧尼有关联。即使是社会经济文书，除了偶然混入其中的极少数例外，几乎可以说全是佛寺与佛寺之间，或佛寺与世俗社会之间交往的反映。而且，9—10世纪的敦煌社会，人口不过2万左右，僧尼便超过千人，身为教团统率者的都僧统拥有足以比肩节度使的最高权威。此外，佛寺从事的各种经济活动——如牧羊、酿酒业、制造业、高利贷等，也在整个敦煌的社会经济中处于支配地位。不唯如此，在历代统治者的支持下，敦煌崇佛之风极盛，是一个典型的佛教都市。不难想象，对于居住在此地的大多数人来说，无论是日常生活，还是经济活动，都常常与佛寺发生关联。敦煌文献中的社会经济文书，就是这样基于佛寺与敦煌社会的密切联系而产生的，即便性质上属于寺院文书，实则也反映出了敦煌社会的实际形态。应该认识到，无论是与佛寺保持往来的对象，还是文书所反映出的社会，都绝不仅限于十几所佛寺或其周边地区，而是包括了更广更远的整个敦煌地区。

在这些具有重要意义的社会经济文书中，作为反映敦煌社会状况的材料，本章将要探讨的“社”文书更是尤为重要。这类文书同样与佛寺关联很深，但作成、使用文书的主体主要是世俗人一方，而且文书所记载的也多为佛事以外的内容。不仅如此，社文书在敦煌文献中所占比例很大，伯希和、斯坦因两人所收集文书之中就多达百余件。至于文书种类更是多种多样，包括了社司转帖、社司牒状、社条、纳赠历、社斋文等，足以具体、多角度地反映敦煌人的生活。因此，对这类文书进行整理分析，不但能够了解9—10世纪——吐蕃统治时期和归义军时期——的敦煌社会，同时更能深入理解，数量如此庞大的敦煌文献的产生，不仅与佛寺和僧尼有关，更有其他背景存在。本编前两章分别从僧官制度和寺户组织的角度考察了敦煌佛教教团的结构，探讨了敦煌文献的社会背景，本章将以社文书为对象，阐释前两章未曾述及的另一个侧面。

关于中国的“社”之起源及变迁，中外学者早已有过诸多探讨，成果丰硕。[1]社原指以土地神为中心的地缘性群体，而到唐宋时期，已演变为指代基于佛教信仰而结成的团体（法社）或同业之人的集团，以及同好之士的圈子等非地缘性群体的称呼。基于这种现象，有观点倾向于认为它是社会变革的一种表现。这种观点正确与否姑且不论，事实上由于史料不足，当时的社有着怎样的组织结构、怎样发挥作用，这些问题都未能明确。仅从这个意义上来说，敦煌社文书的重要性已是不言而喻。而且，尽管对古文献的利用绝不能忽视其出土地的特殊性，但社原本就是中国传统制度，敦煌的社也基本不会与中原地区有太大差别。因此笔者相信，通过对敦煌社文书的研究，能够深入理解当时中国社会的某些侧面。

已故的那波利貞博士对社文书的重要性早有关注，并著有《唐代の社邑に就きて》[2]《仏教信仰に基きて組織せられたる中晚唐五代の社邑に就きて》[3]两篇心血之作。这两篇论文引用的文献主要来自伯希和文书，但基本囊括了与社有关的所有代表性材料，可以说，就介绍各种社文书类型而言，那波氏的考证已臻极致。然而，随着时代的推移，以斯坦因文书为代表，学者已可以通过照片一览文书的全貌，并对史料进行古文书学上的处理，研究进展至此，关于文书解读也出现了不少有待商榷的问题。因此笔者认为，有必要基于近年来的研究成果，重新对敦煌的社进行考察，这也正是本章特意关注这个问题的原因。[4]本章行论首先将重点放在明确文书的形态和作成经过上，然后以此分

---

1. 关于社的研究不胜枚举，守屋美都雄《社の研究》(《史学雑誌》59-7，1950年）曾对诸先学之说做过总结概括。另外，集中于唐宋时期的还可参看有高巌：《中国に於ける地方自治の由来》,《史潮》1-1，1931年；张雪影：《中国社团之史的考察》,《文化建设》1937年第5期。
2.《史林》23-2—4，1938年4—10月。
3.《史林》24-3、4，1939年7月、10月。
4. 那波博士在研究中使用了“社邑”一词，而笔者在此仅作“社”。文书中确实偶有“三长邑义”“社邑”等用语出现，但并不普遍，正如在本章接下来将要列举的各文书中可以看到的，文书记载一般都以“社”一字的形式出现。

析结果为基础，考察社的运作及其组织结构。为此，首先要列举的就是最具代表性的文书——社司转帖和社条。

第二节 社司转帖和牒状

由社的主事机构下发给社人的通知文件，谓之社司转帖，这也是社文书中数量最多的一种，仅斯坦因文书中就多达60件。其中作为通知文使用的实物仅有十几件，其他大多是写在废纸末尾或纸背的草稿或习字，仅写有开头两三行文字，甚至仅有标题。通知文实物大多字迹工整，与草稿、习字字迹区别十分明显；而习字则大半是学士郎（诸寺中的学习生）利用非佛教典籍的废纸所抄写的变文等，且字迹拙劣，这也是判断其为习字的依据。不过，即便是习字，也完整具备日期、人名、场所等，格式与实物几乎相同，可见是以实物为底本的，因此习字也有着相应的史料价值。

作为让我们得以了解社司转帖文书格式的范例，斯坦因文书中有一件典型代表：

资料一 S.6066《**社司转帖**》

1. 社司 转帖
2. 右缘局席造出，幸请诸公等，帖至，限今月廿四日
3. 卯时于乾明寺门取齐。捉二人后到，罚酒壹角；
4. 全不来者，罚酒半瓮。其帖立递，速分付，不得
5. 停滞。如滞帖者，准条科罚。帖周却赴本司，用凭告罚。
6. 壬辰年四月廿三日录事孔 帖咨
7. 郭阇梨 张阇梨 长卺阇梨 令狐社官 张席录 曹波星
8. 社员瑞 王押衙 薛押衙 氾愿昌 令狐押衙 氾神奴
9. 安虞候

社人名簿中有吐蕃时期官制所无的“押衙”一职，由此可知此文书应

属归义军时期。不过落款日期的壬辰年，究竟是指872年（咸通十三年）还是932年，尚未可轻易论断。

社司转帖基本都有固定格式，其他转帖也与这份转帖几乎相同。若说这份转帖有何典型特征，便是记载内容极其精简。要而言之，社司转帖就是召集社人、征收所需物品的通知文。转帖中一般都会记载集会事由、集合时间和地点，以及对违反者的处罚，而其中处罚规定大都是一些固定的套话，因此各转帖的不同之处仅在于事由和集合时间、地点两项而已。本节就以这两项为中心，试对社司转帖的类型做一介绍。由于其中吐蕃时期的转帖存在不少问题，首先仅以归义军时期的转帖为例。

社司即社的主事机构，由社司下发通知文的事由主要有三种：宴会、营葬、协商会议（即“少事商量”）。其中以上文所引资料一的宴会通知类居多，具体又有春（秋）座局席，即春（秋）时节社的宴会，常年（正月、九月等）设斋，以及建福一日，即在佛寺举行法要等。这种情况下通常以“缘年支春座局席”句式，冠以“年支”“常例”“准例”等语，以示此为社的惯例宴会。临时宴会通知的先例极少，但也并非不存，如S.5939《社司转帖》（实物）就是一例：

S.5939《社司转帖》
1. 社司　　转帖
2. 　　右缘张都头先罚局席造出，幸
3. 　　请诸公等，帖至，限今月十日午时
4. 　　于主人家齐同。捉二人后到，罚麦酒
5. 　　一角；全不来，罚席同前。其帖立递分
6. 　　付，不得停滞……（以下缺）

可见该社的做法是一旦有违反者出现，便罚开宴会。

宴会通知类型的转帖，格式还可细分为两类：一是如资料一所示，仅记载宴会举办日期、时间，以及集合地点——通常情况下地点都为佛寺门前；二是详细记载宴会负责人和举办日期、时间，以及缴纳会

费的地点，如以下例子：

资料二　P.3145《社司转帖》[1]

1. 社司　　转帖
2. 　　右缘年支春座局席，次至曹
3. 　　保奴家，人各粟壹斗、面一斤、油
4. 　　半升。幸请诸公等，帖至，限今
5. 　　月十七日卯时于主人家送纳。
6. 　　捉二人后到，罚酒一角；全不来
7. 　　者，罚酒半瓮。其帖速递相
8. 　　分付，不得停滞。如滞帖者，
9. 　　准条科罚。帖周却赴（本）司，用
10. 　凭告罚。
11. 　　　　戊子年　润五月　录事　张九

有闰（润）五月的戊子年，除了988年（端拱元年）以外别无其他可能。该社春季宴会轮到曹保奴负责主办，而社人须将会费送至曹家。帖文中没有明确记录宴会举办日程和地点，但能够判断，应是于闰五月十七日于曹家举行。由此可知，按惯例举办的宴会通常由社人轮流负责主办，主办人在转帖中被称为主人或席主人、席主。资料一的名簿部分出现的“张席录”或许也是类似角色。

资料一和资料二分别是上述两种不同转帖格式的典型代表，但除此以外，当然也有很多居于两者之间的格式，例如既记载主办人姓名或会费，同时又另指定集合地点的，抑或同为春座局席转帖，却分别用了上述两种不同格式的。由此可知，转帖格式的差异并不能反映宴会的种类。

社司转帖的另一种类型，是遇社内营葬之时征收奠仪的通知文。这种情况下，帖文多以“亲情社转帖”“兄弟社转帖”为题，或许是为

1. 转引自那波利貞：《唐代の社邑に就きて（上）》，第254—255页。

表达吊唁之意。与前一种类型相比，这种丧仪类转帖仅帖文开头部分内容不同，以“右缘某亡，准例合有赠送（吊酒），人各（赠送物品清单）”的形式出现，集合地点也为丧主之家或佛寺门前等。作为奠仪赠送的物品有粟、饼、油、柴或绫绢等，社人数量均等，收到的物品则记录在“纳赠历”，即所谓奠仪簿中（见下文资料十三）。营葬之际，社人需要做的不只是赠送奠仪，社条中还记录了种种相关规定，不过这些似乎并非通知文的告知事项，因此社司转帖中通常不会记录奠仪物品以外的内容。关于这一点，接下来要介绍的第三种类型——协商会议通知文也相同，这种帖文中通常只有“少事商量”四字，对需要协商的具体事宜则只字不提。要而言之，社司转帖只能反映社的活动的第一个阶段——通知社人集合，至于此后的经过或结果则与之无关。鉴于转帖的这种文书性质，即使遍寻数十件社司转帖，从中能够提取的关于社的实际形态的信息也仅限于此。然而，有时候只要再配合与转帖相关的其他文书，哪怕仅有一件，社的活动情况以及组织结构都会变得更加清晰。现存吐蕃统治时期的文书就符合这种情况——与归义军时期相比，吐蕃时期的转帖数量极少，但得益于与之相关联的文书的存在，社的组织结构变得相当清晰。接下来就将介绍吐蕃时期的社司转帖，以及与之相关的牒状。

作成于吐蕃统治时期的社司转帖只有四件，加上牒状也不过十件。这十件中有三件属于杨谦让所在的社（社司转帖两件、牒状一件），四件属于由赵庭璘出任社长的社（转帖一件、牒状三件）。现存文书有集中于同一社的倾向，这正是该时期社文书的特点之一。不仅如此，这一时期没有归义军时期那样的草稿习字类遗存，留下的都是形式完整的文书，这一点也值得注意。以下先介绍杨谦让所在社的社司转帖。

资料三　S.5788《社司转帖》

1. 社司　　转帖
2. 　　右咨诸公等。先已商量送物，并限
3. 　　月十三、十四日取齐，故违不送。今更
4. 　　限今月廿二日午时，于莲台（寺门）

5. 前取身并物，不到者罚半瓮，并须
6. 月直纳物，亦须知前后。如月直不存勾
7. 当，局席不如法，及不办，重科。其帖速
8. 递准条。十一月廿一日杨让帖
9. 社官李详
10. 社长杨岸
11. ⌈马灌[知] ⌈董祥[知] ⌈宋云[知] 氾温[厶] 薛[厶]屯元[知] ⌈郭善[知]
12. ⌈张九[知] ⌈张伦[知] ⌈王超[知] ⌈马刚[知] ⌈索意[知] ⌈白流[知]
13. ⌈梁明[知] ⌈梁同兴[知] ⌈王国清 张绡[知] 王[厶]虎[知]子
14. 龙屯屯 马大奴 李善奴 董憨奴，已上差副月直，属到被处，如违，罚。杨让

这份通知文中没有记载送纳物品的目的，但记有月直的职责，并提及局席，或可认为是送纳后用于开办宴会。另外，社人名簿部分的人名旁附有已阅记号“知”，可知确是实际用于传阅的转帖。不过，文书移录之时以“厶”表示的字迹，即是“知”的草书体，但如此则薛屯元、王虎子名下就有两种不同标记，这种情况背后是否另有原因目前无法确知。至于人名上的标记“⌈　　”，或许为物品已经送达的记号。

S.5825中还存有与上件文书同属一社的社司转帖[1]，是李社官承办的社斋于四月五日开办之前，命各人于当日送纳麦一斗的通知文，日期为四月一日，由社长杨岸发出。这份转帖中不但社长、社官皆与上文所引转帖相同，就连名簿部分的人名也几乎一致，分别是：“王、马瓘、王超、宋云、张□九、梁明、梁、宋晟、白流、董祥、郭善元、薛屯、马刚、□□□、索意、王国清、龙屯、杨谦让、张伯伦、氾温。”相互对照之下能够发现，在资料三中出现而此处没有的人名为张绡和王虎子两人，如果此转帖中文字无法辨识的人名是其中之一，就意味着此

---

1. S.5825《社司转帖》。“社司转帖。五日斋□李社官，右前件斋，准牒（人）各助麦（一）斗。其麦限五（日）已前纳，如违，准条科罚。其帖递相分付，帖周却送。四月一日。社长杨岸。王（知）。马瓘。王超（知）。宋云。张□九。梁明（知）。梁（知）。宋晟（知）。白流（知）。董祥（知）。郭善元（知）。薛屯（知）。马刚□□□□。索意。王国清。龙屯。杨谦让。张伯伦（知）。氾温。”

转帖中的名簿仅比资料三少了一人。由此可见，两件社司转帖来自同一社，而且于同一时期作成。资料三的发帖人“杨让”全名杨谦让，这一点也可以从此帖得到印证。说到杨谦让，这个名字多次出现在吐蕃时期的文书中，主要是作为写经生为人所知。[1]将该社称为杨谦让所在的社，也正是因为他在吐蕃时期文书中十分有名。社文书中出现的其他写经生还有资料三中的张绡（张涓子），以及S.5813《社司转帖》[2]中的“二月坐社（二月社宴负责人）氾子昇”。关于吐蕃统治时期的写经事业，正如藤枝博士在其研究中所述[3]，敦煌诸寺设有官营的写经所，由众多写经生进行大规模写经活动。不只是汉文经文，他们之中也有人负责抄写藏文经文。必须认识到，这些写经生加入社组织的事实，不但能够帮助我们了解他们的社会生活，也能从侧面反映出当时构成社的阶层。

资料三中尤其值得注意的，是归义军时期几乎见不到的关于“月直”的记录。据帖文可知，月直是一个繁重的任务，要收齐社人送来的物品，并负责宴会的准备、实施等前后相关事宜，若有违反，便会招致重罚。帖文末尾提到，由马大奴、李善奴、董憨奴三人“差副月直”，可知月直至少由两人负责，具体人选由社的三官委派。值得一提的是，以上三人的名字并不在两件社司转帖的社人名簿之中，可见他们并非正式的社人。这也就意味着，尽管“月直”从字面意思来看无疑是代表该社每月当值之意，但却未必说明一定是轮流负责主办宴会的社人。正如上文所述，以社人身份负责主办宴会的，在归义军时期文书中通常称为“席主”“席录”，吐蕃时期文书中则作“坐社”。因此或可推断，社的月直指的很可能是身份低于社人、直接从事社中杂务的非社人。

---

1. 关于杨谦让的文书有：S.5816《杨谦让契文》（转引自藤枝晃：《吐蕃支配期の敦煌》，《東方学報（京都）》31，1961年，资料7）；S.5824《应经坊请菜蕃汉判官等牒》（同《吐蕃支配期の敦煌》，资料24）。
2. S.5813《社司转帖》。“社司转帖。二月坐社氾子昇。右件人坐社。人各助麦一斗五升，粟二斗。其麦粟请限今月廿日至夜送纳。如违不送，其物陪。其帖速递，不得停留。如有停帖者，准条料〔科〕罚。二月十八日，索不采帖。社官宋（知）。社官张（知）。（知）。（以下缺）”
3. 藤枝晃：《吐蕃支配期の敦煌》，第268页以下。

除此以外，还有其他与月直有关的资料，也是杨谦让所上的牒文。

资料四　S.5823《社司月直令狐远充次牒》

1. 社司月直令狐远充次
2. 　　右件人次当充使，不依众烈，往日已前所差
3. 　　者，并当日营造，令被推延。故违众例，
4. 　　请处分。
5. 牒件状如前。谨牒。
6. 　　　　　　　寅年十一月　日杨谦让　牒

这是杨谦让向社的上司（或即社长）报告关于对社司月直令狐远进行处分的牒状，落款时间的寅年可断定为822年或834年。从这份牒状可以看出，月直隶属于社司，由各人轮流充任，负责处理社司交托的各种事宜，若有不称职之举，则会受到社的领导者处罚。资料三中提到的“月直不存勾当”时的“重科”，应当也是经过这样的手续进行的。

以上两件关于月直的资料，都是杨谦让加入的社所留存的，这似乎意味着，月直在吐蕃统治时期也只是仅限于个别社的制度。但从下文将要引用的资料十的社条中可以看出，当时的月直之制其实施行范围很广。资料十所引社条中记道：“所遭事一遍了者，便须承月直，须行文帖，晓告诸家。”这里的月直有责任在接到丧主的通知后发出文帖，告知各家。这就意味着他们承担了社的主事机构——社司负责的种种杂务，并掌管着接收物品、发出转帖等本来应由录事从事的工作。而且，吐蕃时期的文书中没有关于“录事”的记载，只记录了社的负责人社长、社官。对比归义军时期的例子来看，上述牒状的实际下发人杨谦让、赵庭琳等人应相当于录事，两人却都没有任何头衔。考虑到这一点，或许可以认为吐蕃统治时期并未正式置有录事一职，而是由月直承担着录事的大部分职责。至少从现存史料的信息来看，我们只能得出这样的结论。至于归义军时期文书中出现“月直”记载的，只有S.2242《社司转帖》名簿部分的“月直阴郎”一例。不过此处的月直乃是该社的一员，且另有关于录事的记载，因此应与吐蕃时期的

月直性质不同。这也佐证了月直是吐蕃时期独有制度的可能性。

吐蕃时期的另一类社文书是S.1475背的三件社司牒状和一件转帖。S.1475是一卷由上述几件牒状、转帖，以及其他谷类借贷文书、卖地卖牛文书等共17件废弃文书贴合而成的长卷子，纸背抄录有法成所撰《稻芉经随听疏》，从文书的种种特征来看，确为吐蕃时期所作文书无疑。

三件社司牒状中的第一件内容残缺，仅存赵庭琳于申年五月所上牒文的末尾两行，以及庭璘对此所下的廿三日“附案准条处分”的部分判辞。若把日期的廿三日换成廿一日，其文字内容便与下文所引资料五A末尾四行完全相同。仅凭现存部分文字无法判断这究竟是因何事而上的牒状。

第二纸上抄录了社司牒状和转帖两件文书。

资料五A　S.1475v（2）《社司牒状》

1. 社司　　状上

2. 　　五月李子荣斋，不到人，何社长、刘元振，并斋麦不送纳。

3. 　　　　不送麦，成千荣。行香不到，罗光进。

4. 　　　　右前件人斋及麦、行香不到，准条合

5. 　　　　罚，请处分。

6. 牒件状如前。谨牒。

7. 　　　　　　　　　　　　申年五月　日　赵庭琳牒

8. 　　　　　　　　　　　　　　　　附案准条处分。庭璘

9. 　　　　　　　　　　　　　　　　　　　　　　廿一日

资料五B　S.1475v（2）《社司牒状》

1. 五月廿三日，与武光晖起病耎〔软〕脚，人各粟贰斗，并明日辰时，于赵

2. 庭琳家纳。如违不纳，罚酒半瓮。五月廿一日，赵庭琳咨。璘

3. 社官　李四兄[知]　王奴子[知]　安庭光[知]　马荣国　杨元进　罗光进[知]　刘元振[知]

4. 张进晖[知]　常进卿[知]　王荣朝　杨怀[知]兴　成千荣[知]　张□温　李子[知]荣

以上A为赵庭琳所上牒状，报告李子荣负责主办的社斋中何社长、刘元振缺席，且后者未纳斋麦，包括其他未纳麦的成千荣、未参加行香的罗光进，请求按规定对以上几人施以处罚。后面附有庭璘的判辞，裁决“准条处分”。从牒文来看，社斋、送麦、行香分别是不同事由，针对二十一日之前进行的这三项社中活动，对各项的违反者一齐进行处罚。不过，三项活动的时间离二十一日应该都不会太远，很可能都在五月中旬。牒状开头称“社司状上”，一般来说可以理解为由社司向其上级机构提交的牒文，然而书写判辞的庭璘与申报人赵庭琳似乎是兄弟，且B社司转帖中也有庭璘署名，由此可见，他应该也是该社的一员，并且身为该社最高领导人。对比A、B两者，A中提到何社长，而无社官；B则仅有社官，未提及社长。若不是A到B期间发生了高层人事更替，那就意味着（赵）庭璘既非社长也非社官，而是比三官地位更高的人。这种情况仅此一例，可见或许背后有着特别的背景。值得一提的是，庭璘所负责的对牒文内容的裁决本应属于由社长履行的职责。

B为社司转帖，因有五月二十三日探望病中的武光晖一事，命各社人于翌日辰时赴赵庭琳家纳粟两斗，违者罚酒半瓮，“赵庭琳咨”的落款日期在五月二十一日。转帖写在因事件处置完毕而废弃的牒状A的空白处。A经庭璘五月二十一日裁决后，立刻作为转帖交由社人传阅，令社人二十二日纳粟，二十三日探病，对于该社来说，无疑是紧锣密鼓的三天。而成为其中起因的探望武光晖之事，从接下来的第三件牒文中还可进一步了解其经过。

资料六　S.1475　（3）《社司牒状》

1. 社司　　状上

2. 　　右奴子等，先无兄弟姊妹男女至亲，及远行

3.　　条件叓脚。今因李子荣斋，对社人商量，

4.　　从武光晖远行及病损致酒，社人置条件。

5.　　社内至亲兄弟姊妹男女妇远行、回及亡逝，人各

6.　　助借布壹匹吊问。远行壹千里外，去日缘公事送

7.　　酒壹瓮；回日叓脚置酒两瓮。如有私行，不在送

8.　　限。请依此状为定。如后不依此状，求受重罪，请处

9.　　分。如有重限出孝，纳酒两瓮。

10. 牒件状如前，谨牒。

11.　　　　　　　　申年五月　日社人王奴子等牒

12.　　　　　　　　　　　社人李明俊［押］

13.　　　　　　　　　　　社人王奴子［押］

14.　　　　　　　　　　　社人安庭光［押］

15.　　　　　　　　　　　社人马荣国［押］

16.　　　　　　　　　　　社人杨元进

17.　　　　　　　　社人成子荣　社人罗光进［押］

18.　　　　　　　　社人王荣朝　社人张进晖

19.　　　　　　　　　　　社人李子（荣）

20.　　　　　　　　　　　社人张温［押］

21.　　　　　　　　　　　社人杨怀兴

22.　　　　　　　　　　　社（人）常进（卿）

23.　　　　　　　　　　　（社人）□□

（末尾缺）

这件牒文内容较为复杂，与前引文书相互对照，可知其大致的作成经过。在申年五月二十一日前李子荣主办的社斋上，社人齐聚一堂，借此机会，社人们达成了以下协议：该社从前曾在武光晖远行之前为他践行并予以馈赠，且五月二十三日又要前往探病，因此可将此援引为先例，为将来类似情况制订条规。牒文第3行提到的“今”既指李子荣负责的社斋举办之际，也关系到社中条规的制订，在时间上应无太大间隔，因此可以判断牒文的作成时间应在李子荣负责的社斋刚刚结

束之际。而且牒文文意表明，探望病中的武光晖之事已经决定。条规具体内容也颇为复杂，但此时新设关于家属远行之际的种种规定，表明武光晖亦非正式的社人，而是某个社人的家属。牒状开头称“社司状上”，文末名单中却没有赵庭璘、庭琳、何社长等社中干部之名。由此可见，这应是普通社人们将商议、协定的结果上报给社的主管机构，具体而言即是负责人赵庭璘的牒文，末尾原应存有庭璘的判辞。

这样理解，我们便能发现，S.1475背的这四件文书是相互关联的。资料五A与资料六的先后关系姑置不论，但资料五B显然作于两者之后，至于内容残缺、附有二十三日判辞的第一件社司牒状作成时间应最晚。而且二十三日正是社人们探望武光晖的当日，这件牒状的残存部分与资料五A末尾内容相同，由此推测，这件牒状的内容极有可能是对二十三日缺席者，以及前日未曾按时纳粟者的处分。综上可知，S.1475中留存的四件文书是以赵庭璘为首的社在申年（828年或840年）五月二十日左右到二十三日的短短几日中所处理的一系列牒状、转帖。这几日之内，该社先后举办了由李子荣负责的社斋，以及行香、探望武光晖、处罚违反者、制订社规等一系列活动，过得十分紧凑忙碌。而通过这些，我们能够对社的事务处理手续有更具体的了解，社的机构也在相当程度上变得明确清晰。

除此以外还有类似例子，如S.5830中有记录处罚内容“准条案，合罚酒壹瓮，合决十下。留附”的判辞，可推测该文书上部本应存有类似于资料五A的牒文；S.5759中社人索庭金等请求设立“远行洗叆”规定而上的牒状，两者都可认定为吐蕃时期的文书。由此不难察知，本节所述社的管理运作不仅限于赵庭璘所在的社，而是吐蕃时期广泛推行的方法。而且，这种社司牒状仅吐蕃时期存在，这一点必须注意，因为这反映出吐蕃时期的社有着比归义军时期更成体系的机构。不过，这种情况究竟是屈服于吐蕃统治之下的短时期特殊形态，还是其原本构造便如此，仅凭现存文书尚无法断定。

综上所述，本节以社文书中数量最多的社司转帖为对象，并且涉及吐蕃时期文书，同时引用了与之相关的牒状，借此明确了社的机构运作的一个侧面。下发社司转帖的事由主要是宴会通知、丧葬奠仪、践行慰劳等，而要进一步了解社的全貌，例如这些活动在整个社的运作中所占的地位，以及仅凭转帖无法体现的社人义务、社的机构等，便须对作为社中规约的社条进行探讨。

第三节　社条

社的各种活动通常是按照结社时所设的种种规约实行的，这些规约就称为“社条”。社条规定了结社的初衷和目的，以及社的组织结构、活动内容、罚则等。上节探讨过的社司转帖、社司牒状中频频出现的“准条”中的“条”，正是此社条。敦煌文献中留存的社条，目前可见的有斯坦因文书中的六件，以及由那波博士介绍的伯希和文书中的四件。和社司转帖一样，其中也有实际使用的社条和仅用作范文的社条，对两者必须加以区别。本节首先以社条范文为例，考察其格式和内容。

现存社条范文有S.6537v中的三件，以及S.5629、P.3220v、P.3730v各一件，其中书写日期最早的是P.3730v。据那波博士的说明，这卷长卷由《僧道苑牒》等12件牒状连贴而成，纸背除该社条以外，还连写有《书仪》和《△乡百姓某专甲放妻书》。[1]其中一件牒状附有都教授洪䛒的判辞，如本编第九章已经指出的，这件牒状的作成时间可以判定为吐蕃统治末期，约在9世纪40年代。写在纸背的社条书写时间明显晚于牒状，应大约在归义军初期，即大中年间。之所以这样断定，是因为《放妻书》的标题中出现了吐蕃时期没有的行政区划“乡”。由此可推断，同一卷子中的社条书写时间也在归义军初期。

同一篇社条范文还存于S.6537v中。该卷正面写有《金刚暎》卷中（首尾内容缺失），背面连缀有离婚书、遗书等法律文书的模本，另有《太子修道赞文》《杂曲子二十首》，以及社条范文三篇，还有郑余庆撰《大唐新定吉凶书仪》。本节所探讨的第二篇社条范文末尾有“正

---

1. 那波利貞：《敦煌発見文書に拠る中晩唐時代の仏教寺院の金穀布帛類貸附営利事業運営の実況》，《中国学》，第114—115页。该卷子中包括的附有洪䛒判辞的文书，见本书后编第九章“敦煌的僧官制度”。

月廿五日净土寺僧惠信书耳”的题跋，似表明纸背文献的大半都出自惠信之笔。关于纸背部分的书写日期，从遗书范文模本中的“长报曹主恩”来看，应属曹氏归义军政权时期。此卷子中包含的三篇社条范文之中，第三篇开头部分有“上祖条”三字，表明前两篇是旧有的社条格式。本节将要重点探讨的是第二篇，其书写年代与上述伯希和本的间隔至少在50年以上，但实际上该文被作为社条范文利用的时期可以追溯至归义军前期，从这个层面而言，斯坦因本与伯希和本在时期上相差并不远。两版本中都有不少错字、漏字，即便经过校对，也仍有不少地方文意难解。据那波博士的录文，伯希和本范文的后半部分有17字脱落（大约整整一行文字），写本看起来似乎比斯坦因本更不完整。因此，此处姑以斯坦因本为底本，引用社条全文内容：

资料七　S.6537v《社条范文》A[1]

1. 某甲等谨立社条。窃以燉煌胜境，地杰人奇，每习儒风，

2. 皆存礼教。谈量幸解，言话美辞，自不能填，须凭众

3. 赖。所以共诸英流，结为壹会，先且钦崇礼典，后乃

4. 逐吉追凶。春秋二社旧规，建福三斋本分，应有条流，

5. 勒截俱件，壹（壹）别标。各取众人意怀，严切丁宁，别列事

6. 段。（1）一，凡为邑义，先须逐吉追凶。诸家若有丧亡，便须匍

7. 匐成以立[※]。要车齐心成车，要舆亦乃一般。忽若录事

8. 帖行，不拣三更夜半。若有前劫后到，罚责致重不轻。

9. 更有事段几般，一取众人停稳。（2）凡为立社，切要久居，

10. 本身若去亡，便须子孙承受，不得妄说辞理。格例

11. 合追游[※※]，直至绝嗣无人，不许遣他枝眷。（3）更有

1. 译者注：原文有录文以及作者据此所作的现代日语译文，后者对社条内容进行了分条梳理。译者根据作者的解读，将现代日语译文中的分条还原至录文中，以括号内的数字表示。

诸家

12. 横遭厄难，亦须众力助之，不得慢说异言，伏

13. 已便济接。若有立庄※※※造舍、男女婚姻，人事少多，亦

14. 乃莫绝。（4）立条已后，一取三官裁之，不许众社紊乱

15. 条流，凶□上下。有此之辈，决杖十七，醲醵壹筵。（5）人家

16. 若有葬亡，巡行各使三件。更要偏赠，便有上

17. 驮局席。（6）逐年正月印沙佛一日，香花佛食，斋主

18. 供备。上件条流，众意勒定，更无改易。谨具

19. 社人名目，用为后凭验。

校勘记：

※伯希和本作“甫匐成竖”，但两者皆意义不明。

※※伯希和本作“合追凶逐（吉）”。

※※※伯希和本缺“立庄……乃莫绝立”部分。

正如范文所示，社条由序文、条规、社人名簿三部分构成。序文部分叙述结社的意义和目的，条规则规定社的活动内容、社人继承和退社的条件以及罚则等。这篇范文中，社的例行活动有春秋二社的宴会和三长月斋（于正月、五月、九月举行的法会）、印沙佛会的奉佛集会，而关于社人的相扶互助，则以“逐吉追凶”，即吉凶庆吊为第一要义，更具体而言即是丧葬仪礼中的相互援助。其中春秋二社、三长月斋的规定另录于别文，没有记载于此条规之中，这一点可以说是此范文的特点。以上三项活动内容也分别出现在上节讨论的社司转帖中，说明这些正是社的基本活动内容。

写在S.6537v中的另一篇社条平均每行20字，长达41行，条规多达8条，各条都十分详细，但其主旨与上引社条如出一辙，8条条规分别与上引社条的别文记载内容（春秋二社、三长月斋）及第1—5条内容一致。由此可以看出，这两篇社条一为底本，一为在其基础上增润或简化而成，因此已无全文引用的必要，只将上引社条中没有记载的

事项，以及叙述更加具体、能够帮助我们理解内容的条文部分举出，作为资料七的补充。

资料八-1　S.6537v《社条范文》B摘录一

第1条 三官规定（写本第11—16行）

一，且三人或聚，亦要一人为尊。义邑之中，切籍三官钤辖，老者请为社长，须制不律之徒；次者充为社官；但是事当其理，更捡无明后德、智有先诚、切齿严凝，请为录事。凡为事理，一定至终，只取三官获裁，不许众社紊乱。

翻检各种社文书，此为对三官进行说明的唯一记录。社人名簿并不能反映出社长和社官的地位高低，但这条规定却清楚地表明，社长作为最高责任人统率全体社人，而社官的地位则相当于辅佐社长的副社长。其下还有录事，通常推举能力出众、公正严明之人担任，负责处理各种各样的事务。此外，此条末尾一行与资料七第4条前半部分相同，后者接下来的罚则内容在本篇范文中则放在了第6条。

资料八-2　S.6537v《社条范文》B摘录二

第2条 三长月斋（写本第16—18行）

一，况沙州是神乡胜境，先以崇善为基。初若不归福门，凭何得为坚久。三长之日，合意同欢。税聚头面净油，供养僧佛，后乃众社请斋。一日果中，得百年余粮。

这条内容为资料七的条规所无。所谓三长，下文还将详述，指的是在三长月——正月、五月、九月——中各一日于佛寺举行的法会，而从这条规定中可以看到，举办法会时社人须提供粮食，供于佛前并布施于僧侣，且法会结束之后，还要举办社人的宴会。

资料八-3　S.6537v《社条范文》B摘录三

第3条 春秋二社（写本第18—21行）

一，春秋二社旧规，逐根原亦须饮宴，所要食味多少，计饭料各自税之。五音八乐进行，切须不失礼度。一取录事观察，不得昏乱事非。稍有倚醉胸粗，来晨直须重罚。

这条内容也是资料七省去的关于春秋二社的规定。现存其他社条中虽也有关于社宴的规定，但细致到宴席音乐的仅此一件，确为记载最详细的社条规定。

第4条逐吉追凶（内容对应资料七第1条）强调色物赠例（即奠仪种类数量）有明确规定，社人接到转帖之后赠送奠仪，不得有所欠缺；且营凶食饭（丧仪中的餐食）须众人商议，不得私自变更，这两项规定为资料七中所无。

此外，第5条济苦救贫（对应资料七第3条）的内容与资料七相比仅增加了出使时无论远近皆去送来迎的规定。不过，关于男女婚姻，此条规定“不在三官之中，众社思寸”，限制了三官的职责范围，这一点值得注意。

第6条罚则同资料七第4条，第7条社人身份继承问题同资料七第2条。

资料八-4　S.6537v《社条范文》B摘录四

第8条 追凶格律（资料七第5条，写本第38—40行）

应有追凶格律，若立三驮名目，举名请赠；若承葬得者合行，亦勒上驮局席。

对照此条可知，资料七中文意难解的第5条，内容也是追凶格律。不过，关于规定的具体内容仍难以完全理解。

如上所述，以上社条范文条文极为详尽全面，固然足以起到范式的作用，却无疑很难直接在现实中使用。很显然，用于实际生活中的社条须得更加简洁。就这一点而言，S.6537v中所存的第三篇社条范文比前两者更为简明，而且现存社条中确有很明显是以该范文为底本而作的，即S.0527《尼功德进等女人社社条》。为了探究范文在社条实际作成的过程中是如何利用的，以下将对两者进行对比。

资料九　社条、社条范文对照

S.6537v《社条范文》C	S.0527《尼功德进等女人社社条》
	显德六年己未岁正月三日，女人社因滋新岁初来，各当好意，再立条件。
至城立社，有条有格。夫邑义者，父母生其身，朋友长其值。危则相扶，难则相久。与朋友交，言如信，结交朋友，世语相读。大者如兄，少者如弟，让语先灯。其社稷坏，乾坤至在，不许散□。立条与件，山何罚誓，中不相违。	盖闻至城立社，有条有格。夫邑仪者，父母生其身，朋友长其值，危则相扶，难则相救。与朋友交，言如信，结交朋友，世语相续。大者若姊，小者如妹，让语先登。立条件与后，山河为誓，中不相违。
一，社内有当家凶货，追胸逐吉，便事亲痛之名，传亲外喜，一于社格。人各赠例麦粟等。若本身死者，仰众社盖白耽拽便送。赠例同前壹般。其主人看侍厚薄，不谏轻重，亦无罚青。若三驮传亲外喜回壹胜，若两驮者，各出糊饼卅败，酒壹瓮，仰众社破用。	一，社内荣吊逐吉，亲痛之名，便于社格，人各油壹合、白面壹升、粟壹斗，便须驱驱，济造食饭及酒者。若本身死亡者，仰众社盖白耽拽便送。赠例同前一般。其主人看侍，不谏厚薄轻重，亦无罚责。
一，凡有七月十五日造于兰盘，兼及春秋二局，各纳油面，仰录事于时出帖纳物。若主人不于时限日出者，一切罚麦三斗，更无容免者。	一，社内正月建福一日，人各税粟壹㪷、灯油壹盏，脱塔印砂。一则报　君王恩泰，二乃以父母作福。
一，社内不谏大少、无格席上喧拳、不听上下，众社各决丈卅棒，更罚浓醎一延，众社破用，其身宾出社外，更无容始者。	或有社内不谏大小，无格在席上喧拳，不听上人言教者，便仰众社就门罚醴醎一筵，众社破用。若要出社之者，各人决杖叁棒，后罚醴局席一延，的无免者。社人名目，诣实如后。（名单略）
一，社有严条，官有政格。立此条流，如水如鱼，不得道东说西。后更不于愿者，山何为誓，日月证知，三世莫见佛面。用为后验。	右通前件条流，一一丁宁，如水如鱼，不得道说事非，更不改愿者，山河为誓，日月证知。恐人无信，故勒此条，用后记耳。

两相对比之下，右侧的女人社社条很明显是根据左侧范文所作，而且以实用为目的的社条与范文的不同之处也能清楚看出。两者最显著的差别在于，以实用为目的社条开头记有社条作成的年月，且文末附有全体社人的名簿，至于其他不同之处，不过是根据该社的实际情况略做改动而已。不过值得注意的是，该社既为女人社，原本针对男性社人而作的范文条规就难免会有不当之处，社条将范文“大者如兄，小者如弟”中的兄弟改为姊妹，丧仪相关事务中加入女性更为擅长的酒食制作，在罚责方面则将浓酒改为淡酒，决杖30棒改为3棒，都体现出针对女性而专门做的改变，这一点颇值得深思。另外还有一点值得关注，即社条删去了范文中的“其社稷坏，乾坤至在，不许散□”云云提及国家权威的语句，代之以第2条中的“一则报君王恩泰，二乃以父母作福”。带有类似报国之语的社条仅此一件，这固然是因为该社

条作成时间是所有社条中最晚的。也正因如此，此处内容对于了解敦煌的社的性质而言十分重要。

上述例子清楚地体现出了社条与范文之间的关联，但我们也不难想见，并非所有社条都是依照这种范文而作的，也有不少社条是各社的原创。而且，即便是基于范文而作的文字相同的社条，范文终归也只在格式上具有参考价值，而社条本身则与各社的实际活动直接相关，有着一定的动态性。必须认识到，这正是所谓记录和文书的根本差异，而我们对史料的利用方法也会因此有所不同。接下来将以用于实际的社条为例，观察其如何作成、如何保存，以及如何被加以利用，以此探究社条的作用。

目前可见的敦煌文献中的社条有以下四件：

a.　S.2041　吐蕃时期—大中年间（840年前后）　儒风坊西巷村邻社

b.　P.3989　景福三年（894）　翟文庆等社（图版见《史林》23–3）

c.　P.3489　戊辰年（908？）　雇坊巷女人社（同上）

d.　S.0527　显德六年（959）　尼功德进等女人社

其中b、c与d一样，全文写在一张纸上，与范文相比，条文内容极其简略，都只立了逐吉追凶和惩罚规定两项。不过，其他任何社条中都不缺这两项，可见这是关系到社的运作的最基本条规。换言之，这三件文书让我们能够确知，社所从事的最基本活动便是丧仪中的相互扶助和需要惩戒措施的宴会（春秋二社之宴）。

a与以上三件文书体裁不同，作成过程也很复杂。这篇社条在《沙州文录补》中已有部分移录，曾经被作为证明社是农村自治组织的材料而受到过关注。[1]不过，仅是探讨移录部分的字面内容，远无法充分了解这件文书的性质。正因文书本身具有复杂性，对其形式进行细致探讨才显得更为必要，只有经过这一过程，这件文书作为社条的特征

1. 志田不動麿：《唐宋時代の社会という言葉について》，《史学雜誌》48–5汇报栏，1937年。虽然该文仅是一篇演讲摘要，并没有整理为论文发表，却是唯一使用过这件文书的研究。

才会充分显现出来。

资料十　S.2041《儒风坊西巷村邻社社条》

A　1. 大中□□□日。儒风坊西巷村邻等就马

2. 兴晟家众集，再商量，一一具名如后。

3. 梁阇梨　王景翼　翟神庆

4. 僧胜惠幢　张曹二　■■■　张老老

5. 翟明明　氾坚坚　马兴晟　马曹件

6. 氾英达　王安胡　僧神璨　马苟子

7. 宋苟子　王坚坚　氾骨仑　张子温

8. 张文谊　张怀润　张像义　张云□

9. 张鞹伽　忧婆（夷）情进她（？）　索友友　索神神

10. 张履毛　李佛奴　张小兴　张友信

11. 后入社人　■■■　张安屯　■■■

12. 张善善　乐宝严　　　郭小通

13. 后入七人，若身东西不在，口承人张履毛、马苟子、

14. 郭小通

15.

16. 一，若右赠孝家，各助麻壹两。如有故违者，罚油壹胜。

17.

……………………………（纸缝）……………………………

B　18. 右上件村邻等众就翟英玉家结义相和，赈济急

19. 难，用防凶变。已后或有诟歌难尽，满说异论，不存尊卑，科

20. 税之艰，并须齐赴。巳年二月十二日为定，不许改张。

21. ……罚酒壹瓮，决十下，殡出。晟……马清、王温……翟玉……

C　22. 一，所置义聚，备凝凶祸，相共助诚，益期赈济急难。

粟壹升

23. 一，所置赠孝家，助~~酒两瓮~~、饼贰拾翻，须白净壹尺捌

24. 　　寸。如分寸不等，罚麦壹汉斗，人各贰拾翻。

25. 一，所有科税，期集所敛物，不依期限齐纳者，罚油

26. 　　壹胜，用贮社。

27. 一，或孝家营葬，临事主人须投状，众共助诚。

28. 　　各助布壹匹，不纳者罚油壹胜。

29. 一，所遭事一遍了者，便须承月直，须行文帖，晓告

30. 　　诸家。或文帖至，见当家十岁已上夫妻子弟

31. 　　等，并承文帖，如不收，罚油壹胜。

32. 一，所有急难，各助柴壹束，如不纳，罚油壹胜。

（以下为硬笔书写）

D　33. 丙寅年三月四日。上件巷社因张曹二家聚集商

34. 量，从今已后，社内十岁已上，有凶祸大丧等日，

35. 准条赠，不限付名三大。每家三赠了，须智一延酒

36. 一瓮，然后依前例，终如复始。

这件文书由四种不同笔迹书写，纸张带有线格，很可能是写经纸，其中D为吐蕃特有的硬笔所书。而且，A中出现了大中年号，B和D则分别带有巳年、丙寅年的不同纪年。考虑到大时段在吐蕃统治时期，其中的丙寅年便只可能是846年，至于巳年，从其不加天干而仅用地支的写法来看也应属于吐蕃时期。居于两者之间的C虽然没有纪年，但其前后的B、D纪年明确，很显然C同属吐蕃时期，因此可断定这件文书除了A部分，即开头14行以外，其余为吐蕃时期所写，而A则是进入大中年间以后，与写有B—D的纸张连缀在一起的。接下来还须考虑B、C、D之间的关系。D写于C之后，这一点毫无疑问，而从B文字、行距都相当紧凑的书写状态来

看，显然时间应也比C更晚。至于B和D的先后顺序，将B中的人名与大中年间的A的社人名簿相对照就会发现，D中的张曹二也出现在A中（第4行），而B的翟英玉及马清、王温（都为略记）等人名则为A中所无，这说明D的时间相较B而言应与A更为接近。而且，社人名簿不一致，即说明B和A在时间上相隔很远。由此看来，这件文书的书写顺序只可能为C→B→D→A，而且在书写时期上，C与A之间相隔数十年。

这一社条的作成过程为何会如此复杂？接下来就探讨一下相关过程。作成时间最早的C部分也是社条中的条规部分。上文已经明确，社条一般由序文、条规、社人名簿三部分构成，C在作成之初，内容中无疑也包括了序言和名簿。而这些不可能附在卷子末尾，显然本应存于该卷开头，且顺序为序文、名单、条规。然而随着时间的推移，社中成员发生变动，条规也逐渐显露出不完善之处，因此全体社人于巳年齐聚翟英玉家，商议并对社条进行了改订。改订的结果便是删去了旧的名簿和序文，贴上新的名簿和序文，B正是其中一部分。B的开头记有"上件村邻等"，可见其前面存有原来的社人名簿无疑，而末尾纸缝上的"晟"等人名，便是将C贴合之时留在骑缝处的签名。B有语句顺序错乱、难以理解之处，但可以肯定内容中有相当于序文的部分和罚则，且罚则内容是C中没有提及的，由此可知此为C内容的补充。除此以外的条规都是对C已有内容的沿用。

B作成几年之后，在吐蕃统治末期的丙寅年（846），全体社人于张曹二家聚集，再次围绕社条进行商议，最终决定对第2条和第4条进行补充改订。而此时当然也必须再次更换新的社人名单。而就在两年以后，张议潮发起军事行动，敦煌回归汉人政权统治之下，社会形势也发生了翻天覆地的变化。在这种情况下，社人的构成很可能也随之发生了变动。就在进入归义军节度使统治以后的大中某年，住在儒风坊西巷的社人们聚集在马兴晟家，制作了包括新入社人在内的新名簿，废弃丙寅年的旧名簿之后，将新名簿贴附在B之前，并借此机会利用余白，对C的第2条进行了改订。

吐蕃统治时期□年	吐蕃统治时期巳年	丙寅年（846）	大中□年
序文 名簿Ⅰ C条规	名簿Ⅱ B序文及补订	名簿Ⅲ	A名簿Ⅳ B C D
	C	B C D补记	

图4 《儒风坊西巷村邻社社条》改订流程

这件文书经过以上四次修改，最终成为我们现在看到的形态。上表即是这一变迁过程的反映。

从吐蕃统治时期到归义军初期，这份社条至少在二三十年间发挥着作用。其间社人名单经过了几次改写，有时条规的部分内容也有修改、补充，但作为社条核心内容的C部分一直被保存至后世。换言之，即使社会形势发生变化，成员构成出现变动，社的基本方针也没有受到任何影响，结社的初衷始终得以传承。这一事实表明，社条对社来说极其重要，通常都会长年郑重保管。关于社条的保存，以下文书也有充分反映。

资料十一　S.6005《社司规约》

1. 伏以社内先初合义之时，已立明条，（封）印讫。
2. 今缘或有后入社者，又乐入名，兼录三驮名
3. 目。若件了开先条流，宝〔实〕则不便。若不抄录
4. 者，伏恐陋〔漏〕失，互相泥□。遂众商量，勒
5. 此备案。应若三驮满者，再上局毕，便任
6. 各自取意入名。若三驮满，未上局者，不得
7. 请赠。余有格律，并在大条内。若社人忽
8. 有无端是非行事者，众断不得，即须
9. 开条。若小段事，不在开条之限。故立此
10. 约，烈〔列〕名如后。
11. 社长　　　　阿兄　　　　侄男
12. 社老善慈　　阿兄通侯　　通侯阿嫂

13. 文智员友身请赠　　阿兄文进　　文进阿嫂

14. 武怀侯阿姑请一赠上了

15. 录事身请一赠　　阿耶　　阿娘

16. 光善侄女一赠 阿姑一赠　　阿娘

17. 满海母请一赠　　阿娘　　阿兄

18. 灵应　　阿兄　　阿嫂

19. 宝护父请一赠 身请一赠　　阿婆三驮了　　阿耶

20. 绍法母请一赠　　阿娘　　未（？）

（以下缺）

这件文书规定了社条的保管，以及与之直接相关的“请赠”——接受赠送物品——的条件。文书作成时间难以明确，但从种种迹象来看，当在归义军时期无疑。由此文书可知，结社之时所作的社条通常会被封存起来，妥善保管，只有在发生重大事件的时候才会打开。正因为被如此郑重保存，才能在经过数次修改之后，还能长年完好留存。文书中出现的请赠、三驮等相关规定，将在下一节中结合其他资料进行考察。

本节以敦煌文献中现存的社条及社条范文为对象，明确了社条的形式，以及结社之后社条的保管。接下来将对社条内容进行探讨。正如已经阐明的，社条中记载的主要是与社的运作相关的条规。即便是关于相同活动内容的条规，在不同社条中也有不同的叙述，而社条以外的其他各种社文书也都是基于社条规定所作的。因此，若要观察社的运作，就必须概括各社条的内容，再结合其他相关文书，才能进一步进行探讨。在下一节中须引用本节探讨过的社条或范文时，将以以下缩略符号表示。

1. 社条

社条A　S.2041（资料十）

社条B　P.3989（《史林》23-3）

社条C　P.3489（《史林》23-3）

社条D　S.0527（资料九）

2. 社条范文

范文A　P.3730v、S.6537v（资料七）

范文B　S.6537v（资料八）

范文C　S.6537v（资料九）

范文D　S.5929

第四节　社的运作

按照社条的记载，社的基本活动主要有：（1）春秋二社的宴会；（2）“逐吉追凶”，即吉凶庆吊；（3）赈灾救济；（4）佛事活动。现存社条中，完整记载这四种活动的仅有范文A和范文B，其他都缺少（1）或（3），也有的没有提及（4）。而这也就说明对于所有社来说，吉凶庆吊都是不可或缺的活动，更具体而言，即主要是丧仪中赠送奠仪。不过，从社司转帖的留存状况来看，关于春秋二社宴会的通知文数量几乎与丧仪相关的通知文相当，足见春秋宴会是普遍进行的活动。可能如社条A一样，春秋宴会虽未写入社条中，其实有另文记载；也可能正因为是惯例活动，才无须专立条目。因此，即使社条中没有记载，也有理由断定，作为一社之主要活动的春秋二社宴会，确然是各社都共通的。而关于（3）的赈灾救济，范文B中曾提到，此活动不属于三官职务范畴，而是交由社人自行裁定，而且社司转帖中也没有这类通知，似乎并非正式到需要录事出具通知文。由此看来，以维持和睦关系、相互扶助为目的的三种活动，是当时各社都普遍进行的。

关于佛事活动，诚如那波博士的分类，有在社条中明确规定社人须出席法会的，例如社条D、范文A、范文B、范文C；也有不曾做此规定的，如社条A、社条B、社条C。不过，范文A并没有将三长月斋的规定记录在条规中，而是放进了别录，关于印沙佛的规定也只是如附则一样写在最后，因此也应该考虑到社条正文省略佛事活动相关规定的情况。进一步而言，仅凭社司转帖、纳赠历等反映社条内容的文书，无法区分一个社是否真的信仰佛教，单从有无佛教用语这一点来判断社的性质，实在有失偏颇。在笔者看来，文书的留存形态恰好证明，在敦煌，几乎所有社都与佛教信仰有着密切关系。这就意味着佛事与其他几种活动可以说是社的两大不同类别的活动，并非意味着不同的社在性质上有差异。

关于上述四种活动中的春秋二社与赈灾救济，没有资料能够反映其具体的运作内容。因此本节主要从社的最重要活动——丧仪中的互助，以及相关资料最多的佛事活动入手，试探究社的运作方法。

关于丧仪中的互助，社人须完成的主要事项大致如下。社人或其家人死亡，其家主须立即向该社主事机构通报，录事接到报告之后发出通知文，在社内传阅（社条A、社条C、范文A）。接到通知文的社人无论何时都须立即赶往丧主家中吊唁，协助准备丧仪相关事宜，具体例如造车（范文A、范文B）、造舆，妇人则准备酒食（社条D）。范文C中规定，只有社人死亡，才可由社众肩负或牵引灵柩，可见一般而言身为社人的户主死亡之时社众的协助方法，与其家人死亡之时是不一样的。接下来这件文书反映出了社人在丧仪中的分工：

资料十二　P.2856v《营葬榜》

1. 营葬　　榜
2. 　　僧统和尚迁化，今月十四日葬。准
3. 　　例，排合葬仪，分配如后。
4. 灵车仰悉殉潘社　慈音律师　喜庆律（师）
5. 香舆仰亲情社　　法惠律师　庆果律师
6. 邈舆仰子弟　　　庆休律师　智刚律（师）
7. 　　　　　　　　张连连　李离离　朱德德
8. 钟车仰中团　　　以速□　□□未神
9. 　　　西团　　　史兴子　张兴晟
10. 鼓车仰腰舆子　以□□
11. 九品往生舆　诸僧尼寺各一
12. 生仪舆　仰当寺
13. 纸幡　绍通

14. 纳色　喜寂律师　道济
15. 大幡两口　龙莲各一口
16. 净土、开元各幢一对
17. 右件所请诸色勾当者，缘葬
18. 日近促，不得疏慢。切须如
19. 法，不得乖恪者。乾宁二年
20. 三月十一日
21. 　　　　　　　　僧政
22. 　　　　　　　　都僧录
23. 　　　　　　都僧录　贤照
24. 　　　　　　　　僧政
25. 　　　　　　　　僧政

这是已故的重松俊章氏以文书原件亲笔抄录，目前尚未曾有研究利用。[1] 文书里提及的迁化的僧统和尚不是别人，正是归义军政权前期统领敦煌佛教教团长达40年，同时也是当地文化界第一人的悟真。笔者曾在旧稿中对他的经历做过考证，推定他的卒年在景福二年（893）到895年之间[2]，而从这件文书可以确知，他卒于乾宁二年（895）三月。作为在敦煌地位足以比肩节度使的人物，都僧统悟真的丧仪必然盛况空前，恐怕放眼整个敦煌都难有规模出其右者。不唯如此，这场丧仪更是一场教团葬，其主要负责人是下一任都僧统、当时的都僧录贤照，敦煌所有寺院的僧尼都参与其中，各有自己应尽之责。丧仪的各种分工之中出现了悉殉潘社和亲情社两社，其中负责灵车导引的悉殉潘社应与生前的悟真关系更为密切。文书中记录在各车舆之后的律师们很可能是熟悉丧仪程序，并负责指挥社人子弟的僧人。悟真的丧仪虽是一场特殊的丧仪，但从中亦足以看出，社负担着丧仪中最重要的与灵车香

1. 此录文收在已故重松氏在巴黎亲笔抄录的笔记中。研究者得以利用该录文，得益于以日野教授为代表的九州大学东洋史研究室和东洋文库的努力，在此谨致以谢意。
2. 竺沙雅章：《敦煌の僧官制度》，《東方学報（京都）》31，1961年。本书后编第九章即在此文基础上修订而成。

舆相关的职责，社条所谓的“成车舆”指的正是这样的责任。

举行丧仪之际（最有可能是在仪式进行之前），录事向社人下发通知文，通知他们缴纳奠仪。与丧仪相关的社司转帖通知事项都是此事。作为奠仪赠送的物品主要有粟、麦、油、柴、布帛等，由所有社人平均负担，录事或月直负责受领，并记录在纳赠历，即奠仪簿中。以下即为奠仪簿的一个例子：

资料十三　S.2472v（4）《辛巳年营指挥葬巷社纳赠历》

1. 龙录事粟并油、柴
2. 辛巳年十月廿八日荣指挥葬巷社纳赠历
3. 李社官　并
4. 龙社长粟并油柴紫绵绫帛绵绫帛练一丈九尺
5. 氾宅官
6. 氾愿昌粟并油□绯绵绫丈五一接两□
7. 氾团头粟并油柴生绢半匹
8. 氾富通粟并油柴孔什德绢招
9. 孔幸子粟并油柴破烂半幅碧绢生绢□□接计丈五
10. 孔押衙粟并油柴天下破破烂罗底接续无数二丈二尺
11. 孔保定粟并油柴帛绵绫一丈八尺
12. 孔什德粟并油柴生绢一匹氾富通二人招
13. 僧高继长粟并油柴生绢绯绫当处分付主人□
14. 高员郎粟并油柴半幅旧紫绫锦又半幅破碎帛练共计二丈七尺
15. 李保成粟并油高虞候绢招
16. 高留奴生粟并油柴半幅黄画陂子，通计二丈四尺
17. 李残子粟并油柴帛绫绯锦绫破烂生绢又绢帛锦绫二丈三尺
18. 高虞候粟并油柴生绢一匹李保成二人招
19. 高团头粟并油柴黄绢淡绯绢二丈四尺
20. 高段子粟并油柴故绯绵绫七尺绿绢又淡绿绢四接二丈
21. 安幸昌粟并油柴故破帛绵绫又破碎罗底接续无数三丈二尺
22. 安庆憨粟并油柴绯绵绫二丈四尺

23. 李团头粟并油|柴次丝帛绵绫共计二丈

24. 李留德粟并油|柴淡紫绫子绯绵绫半幅共计二丈四尺

25. 李留儿粟并油|柴淡红绢衫子身半帛半垢浣共计二丈二尺

26. 龙押衙粟并油|柴紫绵绫烂绵绸二丈一尺

27. 龙员遂粟并油|柴帛绵绫碧绵绫二丈二尺

28. 龙定德粟并油|柴绣裙二丈

29. 彭不藉奴粟并油柴|张佛奴绢招

30. 孔德寿粟并油柴|生绢一匹

31. 高住员粟并油柴

32. 李马路粟并油|柴黄青帔子绯绵绫共计一丈三尺

33. 张佛奴粟并油柴|碧绢一疋彭丑奴二人招

34. 高员祐粟并油　|帛绫紫绵绫内两接一丈六尺

35. 见付主人油三十一合　饼五百四十枚又二十（社长又粟曷并留奴送）粟两石柴三十一束大（署名）

36. 辛巳年十一月一日。因为送指挥，众社商量，自后三官则破油一般，

37. 虞候破粟壹㪷。其赠粟分付凶家，饼更加十枚，斋麦两硕，黄麻八斗。

38. 每有纳赠之时，须得齐纳一般，不得欠少。自后长定。

这卷卷子由《舍籍残》《面破历》《佛诞日请某法师开讲疏稿》、以上资料十三、《辛巳年十月三日州司仓公廨斛斗算会簿》几件文书连缀，纸背还手抄有一篇忏悔文。其中纳赠历与算会簿于同年同月作成，笔迹也相同，可见两文书关系密切，且算会簿中所记录的“新把仓第一队头押衙龙员昌”，与上述引用部分第26行的“龙押衙”应为同一人。而且纳赠历记录的是某指挥的丧仪，题名虽曰“巷社”，但应是一个与军队关系颇为密切的社。该社社人除了丧主以外共有33人，录事的名字出现在纳赠历标题之前，或许是因为他就是记录这份纳赠历的人。此次社人各自赠送了粟、饼、油、柴，以及绢帛等，共计油31合、饼560枚、粟2石、柴31束（第35行），此外社长还另赠粟、曷布（？）、饼，

遣（其家人？）留奴送往丧主家。名下没有物品记录的，例如氾宅官等，是没有纳赠物品的人，从总人数中减去这些人之后计算平均值，可知每人纳赠粟约6升、油1合、饼20枚（28人份）、柴1束。纳赠物品中还包括每人2丈余的布帛，但各人所赠种类、数量似乎并不一定。另外，氾富通名下有“孔什德绢招”字样，孔什德名下则有“生绢一匹，氾富通二人招”字样，互相提到对方的名字，且同样的情况也出现在李保成和高虞候、彭不藉奴和张佛奴之间，由此可见，“招”指的或许是代付、代纳之意。

将上述物品纳赠标准与其他记载相对比，可以看到社条所做规定如下。

社条A：酒二瓮→粟一斗、饼二十翻〔枚〕、须白净一尺八寸

社条D：酒一合、白面一斤、粟一斗

范文D：（社人为父母亡没者）吊酒一瓮、人各粟一斗

与资料十三相比少了很多。不过在社司转帖里，例如P.3889中规定“净绁褐色物三丈、柴、粟、并〔饼〕、油”[1]，P.5530（18）中也列出“粟一斗、饼二十、柴一束、绫绢色物二丈”[2]，与资料十三中的数目基本相当。而其他社司转帖似乎也都将“粟一斗、油一合、柴一束、饼二十枚、绫绢等二丈”作为纳赠物品的基本单位。与资料十三纳赠历相对应的转帖，最初应该也是将各种物品以整数单位通知的。但实际上却可以看到，收齐清点之后会发现，粟的数量严重不足，织物种类也参差不齐。

关于丧仪，社条中有“三驮名目”相关规定（范文A、范文B、范文C），但仅凭这些条规无法明确所谓“三驮名目”的实际形态。其他文书中也没有对这一项的明确说明，导致这部分内容难以理解。不过，上节所引资料十一的记载让我们多少可以做一些推断。资料十一

1. 那波利貞：《唐代の社邑に就きて（下）》，第737页。
2. 那波利貞：《唐代の社邑に就きて（下）》，第740页。

中提到，有入社者“乐入名，兼录三驮名目”，对此，该规约规定“若三驮满者，再上局毕”便可入名，而“若三驮满，未上局者”，则“不得请赠”，即不能收受奠仪。这就是说，要获得请赠的资格，首先必须交纳三驮（或指粟、麦等的数量），并经过上局（或指邀集社人，共开宴席）。该文书的社人名簿中，上部（第11行以下）所记载的人都是接受请赠的，可见他们在该规约订立以前就有着请赠资格，其中宝护的阿婆（第19行）是后来缴纳三驮完毕的。而范文B则规定“若立三驮名目，举名请赠”，而“承葬得者合行，亦勒上驮局席”（资料八第8条），也就是说，立三驮名目、得到请赠资格的人，丧仪时可以得到请赠，但请赠者必须举办上驮宴会。结合这两份记录可知，这可谓是一种预存营葬费用，以便在突如其来的丧事面前能够有所应对的互助制度——社人预先缴纳三驮，作为该社的财物储备，有请赠资格的人家若遇治丧，便举名（或指类似投标的方式）领取社中储备，但须得举办宴会招待社人。范文A中有云：“人家若有葬亡，巡行各使三件。更要偏赠，便有上驮局席。”与范文B内容稍有不同，但应可以断定“三件”即“三驮”。另外，社条A（D）附加部分所谓的“不限付名三大”应该也同样是指三驮的规定。我们须得认识到，如果这样的互助制度确实在各社实行，就意味着社的互助体制已经相当发达。不过，三驮究竟具体指哪些物品，又是如何作为社的储备加以管理运用的，关于这些问题，目前完全没有资料可以说明，因此上述推论是否准确也就无法得到确证。这些都有待今后探讨。

接下来要考察的是社的佛事活动。能够反映其具体情况的文书，除了上文讨论的社司转帖和社条以外，还有法会中于佛前唱诵的斋文。斋文也分为实用文与范文两类，而前者在使用后也常常被作为范本利用，因此两者的区别并不像社司转帖或社条那样分明。不过，范文基本上都收录在囊括了各种斋文的斋文范本集中，此范本集被称为《杂斋文》或《斋琬文》等。关于其中所收录的斋文种类，以下举几个例子：

S.5561（小册子）丈夫患文　社斋文　僧患文　俗夫患文

难月文

S.5573（小册子）五台山赞　印沙佛文　亡斋文　社斋文　佛堂内开光明文　临旷文

S.5957（小册子）□□　二月八日文　启请文　开经文　散经文　转经文　四门转经文　入宅文　灯文　邑文　临旷文　二月八日文　亡僧尼舍施文　亡妽文　脱服文　难月文

由此可见，斋文集里包括定期举行的法会——如二月初八（行像会）、燃灯、社斋、转经等——的斋文，以及祝祷疾病痊愈的患文、祈愿平安生产的难月文，还有丧仪及丧仪之后的法会所用的斋文。由此我们不仅能够了解当时在佛寺举行的法会的种类，尤其重要的是，其中对疾病痊愈及平安生产的祈愿反映出佛教与敦煌人的生活有着密不可分的联系。斋文集大都写在册子上，成为随身携带的常用书籍。一方面，抄写斋文并随身携带的似乎大多是僧侣，例如S.6417中就包括了社邑文、印沙佛文、自恣唱道文、散莲华乐、临旷文、愿文、亡妽文等实用斋文21种，以及呈递都僧统的牒文3种，另有遗书、放妻书等，俨然是一卷文书格式全集，其中各斋文的末尾多有“戒荣文一本”“吴戒荣本”或“贞明陆年（920）庚辰岁二月十七日金光明寺僧戒荣里白转念”之记，可见这是僧人吴戒荣所作，可谓是他常用的“独门秘籍”。

这些斋文集中，文章里记载有“社”的斋文有：社斋文（社邑文）、邑文、印沙佛文、燃灯文。不过，即便文中没有出现“社”字，如亡妽文这样的祭文，显然也不可能与社的主要活动——丧葬互助无关。以下就结合这些资料，列举社的定期佛事活动。

三长月斋　所谓三长月，指的是正月、五月和九月，在这三个月中分别定期举行斋会，倡导修善。三长月斋的习俗起源于南北朝时期，到隋唐时期，已为朝廷及上层社会所吸纳，将这三个月称为断屠月，规定此期间禁杀生、免刑罚。[1]敦煌的社文书中，范文A有“建福三斋

---

1. 参看塚本善隆：《中国の在家仏教特に庶民仏教の一経典—提謂波利経の歴史》，《中国仏教史研究—北魏篇》，弘文堂书房，1942年。文中对三长月有详细阐释，并重点指出这一习俗之所以广泛影响中国社会，伪经《提谓经》起到了重要作用。

本分”之语，而该斋会上唱诵的祈愿文就有社斋文（社邑文）、邑文。

资料十四　S.5957（11）《**邑文**》

1. 邑文　夫大觉能仁，处六尘而不著，吉祥调御，越三界以居尊。济

2. 五趣而证圆明，截四流而超彼岸。不生不灭，无去无来，神力难思，

3. 名言不侧〔测〕者矣。厥今坐前施主，捧炉虔跪，设斋所申意者，奉为

4. 三长邑义，保愿平安之所建也。惟邑人乃并是高门君子，百郡名家，

5. 玉叶琼枝，兰芬桂馥。[1]出忠于国，入孝于家，灵誉播于寰中，秀

6. 雅文〔闻〕于掌〔宇〕内。体荣华之非实，揽人事之虚无，志在归依，情存彼

7. 岸。遂乃同崇胜善，共结良缘，延请圣凡，虔诚供养。是日也，卄月殿，启金

8. 函〔函〕，转大乘，敷锦席。厨馔纯陁之供，炉焚净土之香，幡花散满于庭

9. 中，梵呗啾流于此席。惟愿以资设斋功德，回向胜因，总用庄

10. 严社邑即体。惟愿灾殃殄灭，福庆咸臻，天仙降灵，神龙凑会。惟

11. 愿菩提种子结集，积于身田，智惠萌芽，永芬芳而意树。又持愿胜

12. 福，次用庄严施主即体。惟愿福同春草，吐叶生花，罪等浮云，随风

---

1. 译者注：“玉叶琼枝，兰芬桂馥”一句，S.5957写本原作“桂叶琼之，兰芬馨福”，作者在日文释义部分说明“原文文字混乱，参考他文改之”，但未注明依何为据而改。

13. 变灭。然后三界六趣，有形无形，具沐胜因，同登圣果云云。……

这类斋文尽管相互之间标题不同，行文也有差别，但文章格式和祈愿内容的中心思想完全相同，都是开头赞颂佛陀的伟大，接着记录法会的目的，再叙述祈愿人的身份性质、法会上的情景，最后列出祈愿内容。事实上，这篇《邑文》在行文上，除了开头部分以外，与P.3128《社斋文》[1]几乎完全相同。从文中的“三长邑义”或“每年三长设斋”[S.6417（12）《社邑文》]等记载足以看出，这种斋文用于三长月斋时唱诵。这就表明三长月斋是各社自行组织举行的法会，有时也仅称“社斋”。由此可知，社司转帖中出现的关于社斋、设斋等记载，指的也是三长月斋。而且，从斋文中记录“三长邑义”这一点可以看出，在社的佛事活动中，三长月斋是最主要的一项内容。

燃灯会 对佛家而言，燃灯是一项极其重要的活动，正月十五日的燃灯在中国尤为盛行，俨然成为主要的年节活动之一。在敦煌，正月燃灯也是一项重大活动，这一点从佛寺的会计簿——破除历中的记载就能看出。如此重要的活动，各社当然也会参加，社司转帖中多有相关记载，例如P.3434v《社司转帖》中的记录“缘年支正月燃灯，人各油半升”[2]，说明燃灯之际，社人须供出油半升。这一点还可以通过以下文书明确。

资料十五 S.5828《社司规约》

1. 在城有破坏兰若及故破佛堂等
2. 社内先来无上件功德修理条教，忽然放帖，
3. 集点社人，敛索修理兰若及佛堂。于他众

---

1. 那波利貞：《仏教信仰に基きて組織せられたる中晚唐五代の社邑に就きて》（上），《史林》24-3，1939年，第10页。
2. 那波利貞：《仏教信仰に基きて組織せられたる中晚唐五代の社邑に就きて》（下），《史林》24-4，1939年，第86页。

4. 人等情里不喜欢修理□□□缘▭

5. 何不相时。只如本社条件，每年正月十四，各令

6. 纳油半升于普光寺上灯，犹自有言语，遂

7. 即便停。已经五六年来，一无荣益。近日却置

8. 依前税油上灯，亦有前却不到，何况条外抑

9. 他布施。从今已后，社人欲得修功德，及布

10. 施财物，并施力修营功德者，任自商量，

11. 随力所造，不关社▭

12. 若有社司所由□▭

13. 理塔舍，并不在集▭

14. 壹硕，将充社内▭

（以下缺）

这件文书不仅与燃灯有关，更反映出了社的运作与社条的关系、社与佛寺之间的关系，意义相当深远。从笔迹来看，这应是吐蕃统治时期或归义军初期的文书。该社社条曾有规定，每年燃灯前一日的正月十四日，各人供出油半升，用以于普光寺燃灯。然而，即便社条明文规定，社人对此仍有怨言，以致规定无法严格执行，更何况社条规定以外的活动，于社而言更是难以实施。因此社外的活动——佛舍修营——自此任由社人自行裁量，社不再参与。从这件文书就能发现，尽管社中聚集的都是同志之人，然而要统率三四十名社人，维持社的正常运作，实在是一个困难的任务。同时也可以看出，社的活动内容一遵社条，要实施条规以外的活动，绝非易事。

上述资料记载的是于普光寺燃灯，但破除历中也有很多窟上燃灯的记录，可见各社举行燃灯的地点似乎并不相同。不仅如此，燃灯的时间也不仅限于正月，也有在二月八日（行像会）、十二月八日（腊八）举行的，还有为疾病治愈、出行平安等祝祷而临时举行的。每当举行燃灯之时，社人不仅有供出油半升的义务，还必须在举行前一日为燃灯活动进行准备。吴曼公所藏《敦煌石窟腊八燃灯分配窟龛名数》

（拟题）[1]就表明，释门僧政道真曾在燃灯之际，就社人分别负责的燃灯盏数及地点下达了详细指示。相关事宜并不需要太多劳动力，因此很可能是由各社轮流负责的。燃灯会所需的斋文通常称为“燃灯文”或“灯文”，格式与社文几无差别。

印沙佛会　社条D、范文A中记载的印沙佛，也是正月举行的主要活动之一。所谓印沙佛，就是将佛像的印捺于香泥或沙上、纸上，以此获得与念诵同样的功德，是唐代从印度传入的佛事活动。[2]各社的印沙佛会应是社人齐聚、轮流印佛的活动。此法会上唱诵的斋文就称为印沙佛文。《大正新脩大藏経》第85卷第2842号中有S.0663录文，但错字、误读很多，首先从标题就必须加以修正。《大正新脩大藏経》将该文全文题作《印沙佛文》，而其实真正用于印沙佛会的斋文只有后半部分，前半并非印沙佛文，而是《四门转经文》。以下移录该文后半的印沙佛文部分。

资料十六　S.0663（2）《印沙佛文》

1. 夫旷贤大劫，有圣人焉。出释氏宫，名簿伽梵。心凝大寂，身

2. 意无边。慈化众生，号之为佛。厥今坐前社邑等，故于三春

3. 上律，四序初分，脱塔印沙，启加〔嘉〕愿者，奉为（己）躬，保愿功德之福

4. 会也。唯公乃金声夙镇〔振〕，玉誉早闻，列位名班，

1.《文物》1959年第5期第45页载有收藏者吴曼公的解说以及文书录文，另外，该志第50—55、61页还载有金维诺《敦煌窟龛名数考》一文。关于该文书的发出人道真，详见本书后编第九章“敦煌的僧官制度”。

2. 关于印佛，参看禿氏祐祥：《東洋印刷史序説》，平乐寺书店，1951年，第18—28页。另外，该著第20页所引以下经文对印沙佛进行了明确说明：“复次有法，于河渚间砂潭之上，以印印砂，为塔形像，诵咒一遍，印成一塔。满六十万遍，或见观世音菩萨，或见金刚手菩萨，随心所求，皆得满足。”（［唐］地婆诃罗译：《七俱胝佛母心大准提陀罗尼经》，《大正新脩大藏経》第20卷，第186页）“或以七俱胝佛像塔印，用印香泥、沙上、纸上，随意印之多少，如念诵有功德。”（［唐］金刚智译：《七俱胝佛母准提大明陀罗尼经》，《大正新脩大藏経》第20卷，176页）

昇荣冕职。

5. 遂乃妙因宿殖，善牙〔芽〕发于今生；业果先淳，道心坚于

6. 此日。(□) 四大而无注〔往〕，晓五蕴而皆空，脱千圣之真容，印恒沙

7. 之遍迹。更能焚香，郊〔?〕外请僧徒于福事之前，散餐遍

8. 所于水陆之分。以此印佛功德，回向福音。先用庄严梵释四

9. 王，龙天八部，伏愿威光转胜，福力弥增，救人护国。愿使圣躬

10. 延受〔寿〕，五谷丰登，管内人安，歌谣满城。又持胜福，伏用庄严

11. 施主即体，唯愿身而玉树，恒净恒明；体若金刚，常坚常固。

12. 今世后世，善缘莫绝；此世他生，善牙〔芽〕增长。然后散沾法界，普

13. 及有情，赖此胜因，齐成佛果。摩诃般若。

据此文叙述，印佛会进行的不仅是“脱千圣之真容，印恒沙之遍迹”的印佛，而且要焚香，于法会之际延请僧徒，并同时举行“散餐遍所”的水陆会。范文A提到过“香花佛食，斋主供备”，这里的斋主很可能是由社人轮流担任的。文中第3行“脱塔印沙”之语还见于其他印沙佛文S.6417v及社条D中，应是当时的惯用句，意指脱（描摹）塔形佛像，将佛形印于沙上。此外，这篇印沙佛文中有“救人护国”“圣躬延寿”等语句，而S.6417v等却无类似字句，仅为社人之功德、一家一族之幸福而祈愿。正如下文将要详述的，其实后者才更接近印沙佛文原本的形式，而增入护国祈愿的应是归义军后期文书。

行像会　二月最隆重的活动便是行像，即在佛祖诞日以香车载佛像于城中巡行。关于佛祖生诞，向来有二月八日与四月八日两说并存，

而敦煌的行像会一般于二月八日举行。敦煌还特别设有行像司，负责确保行像会顺利举行，由都僧统统辖。[1]此活动中也有社的参加，如P.2049《净土寺直岁保护手下诸色出现破除历》中就有“粟肆斗，二月七日与行像社沽酒用”[2],P.3234v《净土寺诸色入破历》中也有“行像社聚物得油一胜”[3]的记载。此外，S.4812中还有如下记录。

资料十七　S.4812《行像司麦粟算会》

1. 天福六年辛丑岁二月廿一日算会。行像司善德所
2. 欠麦陆硕柒斗，粟叁硕，余者并无交加。□
3. 凭。　　　　社人兵马使李员住［押］
4. 　　　　社人兵马使李贤定［押］
5. 　　　　社人氾贤者［押］
6. 　　　　社人押衙张奴奴［押］

这件文书表明，行像司的会计监察不仅由都僧统负责，也会由社进行。尽管社司转帖等文书中没有关于行像会的记载，《二月八日文》中也看不到关于社的文字，但毫无疑问，行像会对社而言也是最重要的活动内容之一。

除此以外，还有作为定例活动的盂兰盆会（范文C），以及临时开展的佛寺修缮（资料十五）、佛堂兴建、石窟开凿等，关于这些，有功德记或窟壁的题记等留存。与社相关的功德记有如下代表例。

P.2991v《莫高窟素画功德赞文》[4]:文末有“则有燉煌官品社△公等△人彩集崇建矣，上为赞普（以下缺）”字句，为吐蕃统治时期由官人组织的社的功德赞文。

---

1. 本书后编第九章“敦煌的僧官制度”引用S.0474v《行像司斛斗算会》对这一点进行了说明。
2. 那波利貞：《仏教信仰に基きて組織せられたる中晚唐五代の社邑に就きて》（下），第109页。
3. 那波利貞：《仏教信仰に基きて組織せられたる中晚唐五代の社邑に就きて》（下），第111页。
4. 那波利貞：《仏教信仰に基きて組織せられたる中晚唐五代の社邑に就きて》（上），第28—29页。

P.2991v《敦煌社人平诎子一十人创于宕泉建窟一所功德记》[1]:西汉金山国头听〔厅〕大宰相清河张公所撰功德记，为记录十人所组成的“邑人义社”兴建窟龛一处而作。

P.3276《结社修窟功德记》[2]：记录该社受托西王曹公之命修缮破损的佛窟，王却未及竣工而逝之事。可知作成时期为曹氏归义军时期。

S.4860v《创建兰若功德记》[3]:由社官等28人组成的某坊“义邑”兴建佛堂时所作的功德记，文中有“我节度使曹△”字句，可知同为曹氏归义军时期所作。

S.0474《兰若内造像功德记》：记录社人在佛堂里建造释迦佛像、菩萨像之事的功德记。书写于戊寅年（918）的《行像司斛斗算会》纸背，文中出现“使主尚书”，很明显是曹氏归义军时期所作。

据谢稚柳《敦煌艺术叙录》，在窟壁上的题记中能够看到不少社的发愿文和社人的名字。例如莫高窟第267窟（敦煌文物研究所编号第216窟，伯希和编号第073窟）西壁的发愿文中就有“社人”字样，第283窟东壁的发愿文则记道，社官朱再靖、录事曹善僧等30人修建该窟，并于正月十五日在窟中燃灯。另外，榆林窟第12窟（曹元忠窟）北壁有同光四年（926）的题记，其中有“社长□□会□□叁拾人”字样。供养人像上的人名中标记有社人或社户、社子等的，在莫高窟第166窟（敦研所第363，伯希和第165A)、第173窟（敦研所第369，伯希和第162E)、第238窟（敦研所第263，伯希和第117BIS)、第273窟（敦研所第205，伯希和第071)，以及榆林窟第26窟等都可见到，而且几乎都是曹氏归义军时期所造。通过这些或已成定例、或临时举办的佛事活动，我们能够再次确认，敦煌的社与佛寺有着极为密切的关联。

如上所述，仅从丧葬互助和佛事活动两项，已足以看出社的工作量之多。实际上，除此以外还有春秋二社的宴会，以及急难之际的赈

1. 那波利貞:《仏教信仰に基きて組織せられたる中晩唐五代の社邑に就きて》(上)，第18—19页。
2. 那波利貞:《仏教信仰に基きて組織せられたる中晩唐五代の社邑に就きて》(上)，第21—22页。
3. 藤枝晃:《敦煌の僧尼籍》，第291页。

济。当然，上述所有活动并非由一个社包办的，但各种活动都需要动员社人，让他们提供物品，同时要长期维持团体形态，这就对组织的牢固性有很高的要求。敦煌的社有着怎样的组织形态，又是在怎样的社会基础之上结社的，关于这些问题，将在下一节中进行考察。

第五节　社的组织

关于社的组织，前几节已有多处提及，本节将对之做一总结，并探讨构成社的阶层，以及社在敦煌社会中的定位。

三官　负责一社的统辖和运作的领导人员，有社长、社官和录事，三者统称为三官。据范文B的叙述可知，社长为最高领导，社官则为其辅佐，而录事类似书记角色，负责各种事务，三者都由社众推举担任。除此以外，社人名簿中还出现过被称为“社老”的人，可能是结束社长任期后退居幕后的社中长老。社斋文中有时会出现“三官录事”“官录”的记载，其中的三官所包括的很可能不是录事而是社老。

月直　此职主要见于吐蕃统治时期的文书中。如上文所述，月直为社官下属，是处理社人所纳物品、准备宴会、下发通知文等事务的负责人，由三名左右非正式社人轮流担任。吐蕃统治时期的文书中没有关于录事的记载，或许是因为归义军时期由录事负责的工作，在吐蕃时期都是月直承担的。

席录　主办宴会的负责人。也称为席主或席主人，由社人轮流担任。吐蕃时期文书中出现的“坐社”正相当于席录。

虞候　唐末五代时期有都虞候、虞候，处于节度使管下，执掌刑狱，归义军政权时也有设置，但社文书中记载的虞候与军将不同，仅为分掌社中职务的干事。S.3793《辛亥年社斋破除历》中就有如下记载。

资料十八　S.3793《**辛亥年社斋破除历**》

1. 辛亥年五月八日造斋，破油面数名目如后。
2. 春斋料：油贰斗，面叁硕肆斗。已上细供肆拾
3. 贰分，已次粉拾分料，斋连天面贰斗。

4. 七月十五日佛盆料：面壹硕捌斗，油陆升，
5. 粟七斗。十月局席，破麦壹硕伍斗，油五升，
6. 破粟两硕捌斗。已上三等破用，壹仰一
7. 团人上。如有团家阙欠，饭若薄妙，罚在
8. 团头身上。其政造三等食饭，一仰虞候
9. 监察。三等料算会，一一为定为凭。

由此可知，虞候负责从社条所规定的支出到饮食制作等各种职务的监察，而上节所引资料十三中的“虞候破粟一斗”（第37行）也是这种职责的反映。此外，在社司转帖中，例如P.3889的社官、社长之后就有“虞候安”的记录[1]，P.5529（27）则是35人的社人名簿中第26人为“李虞候”[2]，P.3707所列18人中第17人为“虞候孔延昌”[3]，S.6066也记录了末席“安虞候”等。从在这些名簿中的次序位置来看，虞候的地位似乎低于社内中坚层。另外，社条C中也出现了“虞候安阇梨”的记载，可见女人社中也设有这一职务。

团头　见于资料十三、资料丨八。在后者中，社条将社人分为几个团，团头对饮食制作负责。对于社人人数多达三四十人的社来说，举办活动时仅靠三官很难有效指挥所有社人，分团很可能也就是出于这种原因设立的。而资料十三中，包括丧主在内，社人共34名，除三官、虞候外共30人，其中有团头3人（氾、高、李），可知1团由10人组成。不过，本就只有十几名社人的小社，应该没有设团头的必要。

以上列举了文书中能够看到的社的各种职务，但并不是所有社都同时设有以上全部职位负责社的运作。不同时期、不同规模的社自然情况各异。尤其是不置录事而置月直的吐蕃统治时期，从社制上来看也属特殊时期。

接下来探讨社的构成成员——社人的阶层问题。关于吐蕃统治时

1. 那波利貞：《唐代の社邑に就きて（下）》，第778页。
2. 那波利貞：《唐代の社邑に就きて（下）》，第742页。
3. 那波利貞：《唐代の社邑に就きて（下）》，第746页。

期，如上文所述，可以肯定有写经生加入社中，但除此以外再无其他线索。因此，这里主要针对史料丰富的归义军时期进行考察。

社司转帖或纳赠历的名簿部分提到的社人不少都身负官职，如兵马使、都头、县令、宅官、都押衙、押衙等。另外还有一些用人名称呼社的例子，如孔库官社、都官社、阎都衙社[1]等。孔库官等人或许就是该社的代表性人物，亦即社长。除了这些官人以外，也有夫人、太夫人、太子等节度使家族成员入社的情况，现存的一份日期为大中十二年（858）四月一日的社司转帖就是初代节度使张议潮的女婿李明振为社官时发出的。[2]不仅如此，有证据表明节度使本人也与社有关。

资料十九 S.3978《**丙子年司空迁化纳赠历**》

1. 丙子年七月一日司空　迁化纳赠磨（历）
2. 社官张　　　　　　　索阿朵并粟
3. 录事何并　　　　　　索铁子并粟
4. 孔都知并粟　　　　　索再升并粟
5. 薛都头　粟　　　　　张不子并粟
6. 阴都头并粟　　　　　张丑子并粟

（以下略去15行，共30人）

丙子年七月一日司空死去之时，社官张某等人赠送奠仪，这件文书正是记录他们所赠奠仪物品的奠仪簿。在敦煌，拥有司空之衔的都是节度使级别的人物，而归义军政权时期的丙子年，可能是856年、916年或976年三者之一，其中856年是张议潮任节度使五年后，916年应为张承奉死后不久。[3]若是张承奉，他建立金山国，号称金山白衣王或金山白衣天子，纳赠历不该称其为司空。如此则丙子年只能是976年。据

1. P.5529《某寺破除历》（《中国学》10-3，1941年，第175页）中有：“（庚寅年）十二月廿五日，吊孝达家。夫人大社粟壹斗，小社粟壹斗。辛卯年正月九日孔库官社，印沙佛，粟壹斗。三月三日都官社，吊孝，粟壹斗。阎都衙社，粟壹斗。”此外，P.3234v《净土寺应庆于愿达手上交库日已后所收麦历》中也出现了“安衙社”的记载。
2. P.3192v，见那波利貞：《唐代の社邑に就きて（中）》，第525页。
3. 近年来的研究推定，归义军政权从张承奉移至曹氏之手的时间在914年左右。

藤枝博士的研究[1]，976年前后正好是节度使之位从曹延恭移至其弟延禄之时，纳赠历中的司空指曹延恭并无任何矛盾。这就可以肯定曹延恭卒于976年（太平兴国元年）。现有的史料中没有关于曹延恭的死，以及节度使之位更迭的记录，藤枝博士所作的《归义军曹氏朝贡年表》也只是将曹延恭至延禄的政权交替时期推定为976—978年之间。若此处的司空确实是曹延恭，就可以梳理出曹氏父子任节度使的经过，即曹延恭974年继其父元忠之后为节度使，两年后的976年七月一日卒，其弟延禄立即袭节度使之位。这份纳赠历明确了敦煌年表中一个重要的节点，确可谓是相当宝贵的材料。

曹延恭与赠送奠仪的社官张某等所在的社有着怎样的关系？首先可以考虑的一种可能性是，节度使迁化之际，敦煌的所有社都前往吊唁，赠送奠仪并参加丧仪，该社正是其中之一。毕竟是当时被称为“曹大王”的敦煌最高统治者的丧仪，这样的排场是完全有可能的。然而，纳赠历的名簿部分记录了社官、录事，却唯独不见社的最高责任人——社长。如此重大的活动，显然不可能没有社长的参与。那么，会不会是曹延恭本人生前正是该社社长？就连当时被称为“佛法主”、地位足以比肩节度使的都僧统，在某社进行丧仪活动时也有自身必须承担的分工，可见他们生前同样是社中的一员。而且上述文书尾部缺失，哪怕仅就现存部分来看，也是人数多达40人的大社。考虑到这几点，应该可以推断，曹延恭本人也加入了该社，并身任社长。无论如何，节度使逝世之际社人集体前往赠送奠仪，这一点已经表明当时社的组织、活动已经渗透到了敦煌王国的最高层。

另外，还有一些由僧尼结成的社。例如S.1973v《社司转帖》由慈光为设宴而发出，召集社人于永安寺门前集合；S.5139v《社司转帖（稿）》中有“缘常年春座局席”云云；P.3218《时年转帖》为普光寺汜阇梨迁化之际，召社人援助其丧仪的通告。[2]由此可见，僧尼之间也有着与俗人一样的社，同时也不乏作为社僧，或仅作为普通社人加入俗

1. 藤枝晃：《沙州帰義軍節度使始末（三）》，第68页。朝贡年表载《沙州帰義軍節度使始末（四）》，第48—51页。

2. 那波利貞：《唐代の社邑に就きて（下）》，《史林》23-4，1938年，第751页。

人组成的社的情况。除此以外，还有由渠人结成的社[1]、由女人结成的社（社条C、社条D）等各种形式。当然，我们从很多文书中都能够看到，还有一些“巷社”“村邻”等以地缘性组织的形式存在的社。这些社在成员构成方面，上至节度使与其家人，以及包括都僧统在内的僧尼群体，下至以工作内容为划分标准的社、女人社等，在各个社会阶层之间普及，足以证明社在当时的敦煌普遍存在。而且我们能够看到，悟真与悉殉潘社、亲情社两社都有关联，且“夫人大社”与“小社”被并列记载等迹象都表明，高官、高位者似乎往往与两个以上的社保持着关系。

社虽然以和睦与互助为宗旨，但入社之时须得交纳相当于会费的“三驮”，且社人还必须参加惯例活动、临时庆吊，危难时须得相互扶助，义务性的人情来往很多。缺席活动的社人往往被处以重罚，有的社规定的惩罚措施甚至是必须主办宴会。以上种种人际交往若非生活上相当宽裕，实是难以维持的。因此，经济贫困的人通常无法加入，而且即便入社，一旦落魄潦倒，便也面临着不得不退社的现实。以下文书便是家道没落的社人提交的退社申请。

资料二十　S.5698《社户罗神奴等三人请除名放免状》

1. 癸酉年三月十九日，社户罗神奴及男文英、义子三人等
2. 缘家贫阙乏，种种不员，神奴等三人，数件追逐不得。
3. 伏讫三官众社，赐以条内除名，放免宽闲。其三
4. 官知众社商量，缘是贫穷不济，放却神奴。宽
5. 免后，若神奴及男三人家内所为死生，不关众社。

---

1. P.5530《渠人转帖》（《史学雜誌》54-3，1943年，第65页所引）。“渠人转帖。张定奴。张揭搔。张丑奴。氾富达。张勿成。张冉成。氾员子。氾义成。张定德。张愿道。张富道。张丑憨。张善庆。张愿昌。张愿德。张定千。氾不子。右缘常年春座局席，人各粟壹斗，面肆升。幸请诸公等，帖至，限今月十三日卯时于录事家送纳。捉二人后到，罚酒壹角。全不来者，罚酒半瓮。其帖速递相分付，不得停滞。如滞帖者，准条科罚。帖（周）却本司，用凭告罚。甲申年四月十二日录事帖。”P.5530中共有由张定奴等人组织的“渠人”转帖九件，以上为其中之一。另有一件提到：“甲申年四月十四日，渠家造局席。”可见所谓春座局席一般在十四日举办。

关于退社，有的社条还规定了罚则：

> **范文D**　一，若有药乐〔出〕社者，罚麦五驮，举社人数，每人决丈〔杖〕五捧〔棒〕。
>
> **社条D**　若要出社之者，各人决杖叁棒，后罚醴局席一延〔筵〕。

都规定了由所有社人一同决杖，作为惩罚不可谓不重。由此可见，一旦加入某社，若非殊为无奈，很难轻言退社。罗神奴等人的退社，恐怕是在极端贫困的情况下不得不采取的特别措施。正如范文A中所规定的，入社的人务要“久居”，若本人去世，则由子子孙孙永远继承。从这样的规约就可看出，社的组织有着牢固的结合，很少出现变动。

我们还可以明确，基于严格的规约而结成的社在敦煌广泛存在，其成员构成从节度使、都僧统，到僧人社、女人社，涵盖了各个社会阶层。这些社本来是民间的私人组织，与行政机构没有关系，实际上，社文书都是私人文书，与官方公文书完全不同。而且，用于在佛前唱诵的斋文——邑文、社斋文、印沙佛文等，内容也仅限于祈愿社众平安，一般不会出现为国土、国王或节度使的顺遂长久而祝祷的语句。然而到了社条D中，则出现了正月举行脱塔印沙乃是“一则报君王恩泰”的说法。此句是该社条所参考的范文C中亦不曾记载的内容，自然也全不见于其他社条。对于这一点，我们须得注意该社条的作成时间，即归义军后期显德六年（959）。同样是作为印沙佛文，资料十六中也加入了护国报君的祈愿，在这一点上，两者有着相同倾向。

接下来看一下兴建寺庙佛堂、筑凿佛窟时所作的功德记。例如西汉金山国时期所作的P.2991《敦煌社人平诎子一十八人创于宕泉建窟一所功德记》[1]中记道：

> 社众等建修之岁，正遇艰难，造窟之了，兵戎未息。于

1. 那波利貞：《仏教信仰に基きて組織せられたる中晩唐五代の社邑に就きて》（上），第18页。

是资家为国，创建此龛。

此外，作于曹氏归义军时期的S.4860v《创建兰若功德记》[1]中也有云："所备资益，我节度使曹厶。（□）祚安边，永保乾坤之寿。"为节度使的平安福寿祝祷。另有P.3276《结社修窟功德记》[2]记录了社人受托西王曹公之命营建佛窟之事。这些例子表明，在与佛窟营建相关的活动中，从为国的立场祈愿节度使在位长久，已逐渐成为祈愿的首要目的。而且以上几篇功德记都作于金山国时期以后，彼时敦煌已脱离中原政权，成为事实上的独立王国。可以看出，本来是私人性互助组织的社，其活动也在这一时期以后逐渐出现了明显的报国倾向。待到曹氏归义军政权也进入后期以后，这种趋势愈加显著，以致连社条中都加入了报国性质的字句。

以地缘关系为主而牢固结合的社，其存在不仅是为国祈愿，在辅佐敦煌行政方面，必定也做出了不少贡献。从这个意义上来看，以下文书成了问题的关键：

资料二十一　P.3379《显德五年二月团保文书》

（前略）

1. |左手|中指|节|　　|左手|节|　　|左手|中指|节|
2. 王赤头　　　王顺子　　　薛苘子
3. 　右通前件三人团保，或有当保盗窃，不
4. 　敢覆藏。后有败露，三人同招愆犯。谨录状
5. 　上。
6. 牒件状如前，谨牒。
7. 　　　　显德五年二月　日社录事都头阴保山等牒

关于这件文书，先有仁井田陞博士将之作为关于画指的材料介绍，后

1. 藤枝晃：《敦煌の僧尼籍》，第291页。
2. 那波利貞：《仏教信仰に基きて組織せられたる中晚唐五代の社邑に就きて》（上），第21页。

又有那波博士以之为据，对团保进行研究。[1]为避免过于烦琐，这里省去了开头部分14行的人名共42人。文书各纸缝及日期处捺有“瓜沙等州观察使新铸印”朱印，可见这是一件纯粹的官文书。然而发牒人阴保山却拥有“社录事都头”之衔，表明他是社的录事。也就是说，这是社录事所作，并提交给官方机构的文书。文书中提到的每三人为一团保而组织起来的45人——原文书开头部分缺失，可见实际人数更多——正是社的构成人员。换言之，我们可以将之解释为，利用原本已经存在的社的牢固组织，在社内进一步以三人为一组组建起维持治安的团体。而且文书作成时间在显德五年（958），正是记载“报君王恩泰”的社条D作成的前一年，可见以上推论并非毫无根由。不过，由于目前没有与之同类的文书，其存在极为特殊，仅凭这一件文书难以做出论断。

反映社和地方行政之间关系的，还有一件重要的文书。

资料二十二　大谷文书第2838号（带○符号者为武周新字）

1. 乡耕耘最少，此由社官村
2. 正不存农务。即欲加决，正属
3. 农作，各决贰拾。敦煌、平康、龙勒、
4. 慈惠肆乡，兼及神沙，营功稍
5. 少。符令节级科决，各量决
6. 拾下。洪池乡州符虽无科责，
7. 捡料过非有功，各决五下。
8. 其前官执察（？），咨过长官，
9. 请量决罚。讫，申，咨。［押］示。
10. 　　　　　　　　十六日

（以下余白）

1. 仁井田陞：《スタイン・ペリオ両氏敦煌将来法律史料数種》，《東方学報（東京）》9，1939年，载氏著：《中国法制史研究〈第2〉土地法·取引法》，东京大学出版会，1960年；那波利貞：《唐代隣保制度釈疑》，载《羽田博士頌寿記念東洋史論叢》，东洋史研究会，1950年。两论文都引用了该文书，但不知何故，引用中都遗漏了“社”字。

这是内藤乾吉博士在《西域発見唐代官文書の研究》[1]一文中与图版一同介绍的文书，是武周时期敦煌县处理的文书之一。根据内藤博士的分析，以上引用部分是敦煌县丞的判辞。另外，该写本纸背还有：

（左）县泉乡
合当乡见社官村正到
（右）二月十六日社官村正到

文字写在纸的两端，可见在这起案件之中，与之相关的社官与村正都被召至县衙。关于该文书的格式，细节可参看上述论文。

这件文书中尤其值得注意的一点，是社官因“不存农务”而与村正一同受到处罚。唐代村正的职责相当于里正，劝农也是其重要职责之一，若有所懈怠，根据律法规定，要受到杖四十的处罚。[2]上述文书之中，正如判辞所言，因正值农忙，处罚得以酌情减轻。关于村正的部分，并没有超出当时律法的规定。而且从春秋二社的祭祀本以“祈农”为目的这一点来看，社官也并非与劝农毫无关系。然而，社官本非行政官吏，却因未能履行职务而被召至县衙，并因此受到惩戒，这就显得非常不合常理。但我们却可以从文书的记载中看出，在武周时期的敦煌，社官也属于行政机构的一部分，与村正一样肩负着劝农的职责，并身处县的行政监督之下。

以上两件文书属于敦煌文书中比较特殊的存在，没有其他类似例子。我们还应该考虑另一种可能性，那就是尽管同样使用“社”字，其性质却与其他大多数文书中出现的“社”完全不同。正因如此，仅凭文字进行种种猜测反而非常冒险。在此仅介绍这两件文书，揭示将社文书运用在敦煌行政研究中的可能性，以待今后研究的批评和探讨。

1.《（西域文化研究第三）敦煌吐鲁番社会経済資料（下）》，法藏馆，1960年。
2.《唐律疏议》一三《户婚律》。

第六节 小结

本章将重点放在对“社”文书的分析，借此阐明了9、10世纪敦煌的社的实际形态，但除此以外，还须考察诸多问题，如这些组织在该时期的中国社会中应如何定位，以上诸文书在多大程度上可以作为考察中原地区社会形态的材料使用，以及敦煌的社有着怎样的特殊性，等等。敦煌文书的作成时期自唐末而及宋初，而关于该时期中原地区的社，是必须另做详细考察的大课题。在此仅选取当时的文献中可见的两三条具有特征性的记录，与敦煌文书做一对比，以此为本章作结。

本章前言已经指出，关于民间的社，文献记载极少，但有一份咸亨五年（674）的诏令，反映出了当时社的存在及其活动。

> 咸亨五年三月十日诏：春秋二社，本以祈农，比闻除此之外，别立当宗及邑义、诸色等社，远集人众，别有聚敛，递相承纠，良有征求。虽于吉凶之家小有裨助，在于百姓，非无劳扰。自今以后，宜令官司禁断。[1]

这里提及的当宗（宗族）、邑义等社，相当于敦煌文书中所见的社。这些社也同样相互结合，收聚物品，且于吉凶之家有所助益，这一点值得注意。这就是说，唐高宗时期也有以相互扶助，尤其是以丧葬互助为首要目的的宗族或邑义的结社。关于丧仪，长庆三年十二月浙西观察使李德裕的上奏中也指出了百姓厚葬成风、祭奠奢靡之弊，举出百姓“或结社相资，或息利自办”，认为应“结社之类，任充死亡丧服粮食等用”。[2]这也显示出结社为的是丧葬互助，而且丧仪费用为“息利自

1.《唐会要》卷二二《社稷》。《旧唐书》卷五《高宗本纪》对该诏有简略记载，且时间在五月己未。

2.《唐会要》卷三八《葬》。“长庆三年十二月，浙西观察使李德裕奏：缘百姓厚葬，及于道途盛设祭奠，兼置音乐等，闾里编氓，罕知报义。生无孝养可纪，殁以厚葬相矜，丧葬僭差，祭奠奢靡，仍以音乐荣其送终。或结社相资，或息利自办，生业以之皆空，习以为常，不敢自废，人户贫破，抑此之由。今百姓等丧葬祭（奠），并不许以金银锦绣为饰，及陈设音乐，其葬物涉于僭越者，勒禁。结社之类，任充死亡丧服粮食等用。”

办”，正如敦煌文书中出现的“三驮”方式。另外，唐代的王梵志也曾在诗中这样写道：

遥看世间人，村坊安社邑。一家有死生，合村相就泣。[1]

从这些例子可以看出，在唐代乡村，以丧葬互助为目的而结社的现象十分普遍。而在敦煌，丧葬同样是社的最重要活动。不难推想，本章第四节阐述的丧仪相关手续及社的运作方法，在中原地区也有着类似的形式。

关于社与佛教信仰的关系，本章从社条规定入手，通过各种斋文、功德记一类文书进行了考察，并且指出对于社而言，佛事活动与春秋二社、丧葬互助同样是主要活动内容之一，不能因此而将从事两种活动的社分为性质不同的类型。不难察知，在逐步渗透进中国社会的过程中，佛教多借用了乡村固有的组织。史料中多有邑师在乡村建立佛教信仰组织的记录[2]，如北朝时期的造像大多由社邑组织进行，隋代的法通曾“多置邑义，月别建斋”[3]，唐初的宝琼也在益州“率励坊郭”，所结义邑多达千余[4]。这些活动很可能都是以社之类的固有组织为基础而展开的。隋代的普安以“年常二社，血祀者多”，因而“周行救赎，劝修法义，不杀生邑，其数不少”[5]，反映出了营办春秋二社的社逐渐向佛教组织转变的过程。关于这些佛教性邑义、邑社如何运作的问题，目前尚不明确，但若以敦煌的情况为例类推，或许这些组织除了佛事以外，也同样进行着相互扶助的活动。宋代赞宁《大宋僧史略》卷下《结社法集》中就提到：

1. 关于王梵志，参看入矢義高：《王梵志について（上、下）》，《中国文学報》3、4，1956年。他的生卒年无法断定，但入矢教授推测应在天宝至大历年间。
2. 关于义邑、法社的论文数量繁多，山崎宏曾在《隋唐代に於ける義邑と及び法社》（《中国中世仏教の展開》）一文中对隋唐时期的史料做过总括，并进行了详细论证。
3.《续高僧传》卷二四《释法通传》。
4.《续高僧传》卷二八《释宝琼传》。
5.《续高僧传》卷二七《释普安传》。

> 今之结社，共作福因。条约严明，愈于公法。行人互相激励，勤于修证，则社有生善之功大矣。

文中所述的虽是有佛教信仰的社，但制订条约、互相激励这一点，与敦煌的社实无差别。赞宁还提到，“周郑之地邑社多结守庚申会”，然而尽管“此实道家之法”，却“往往有无知释子入会图谋小利”，对此表明批判态度。[1]这一事实表明，对于社而言，促成其团结的是佛教还是道家，其实并非大问题。至于敦煌一地，继承了千佛洞这一巨大的佛教遗产，又作为佛寺社会地位极高的特殊佛教城市，基于佛教信仰而结社的现象无疑尤为显著。中国的乡村组织与宗教之间的关系，也是今后还须深究的课题。

关于宋代乡村中的社[2]，史料中也偶有提及：

> 乡民为社会，为立科条，旌别善恶，使有劝有耻。[3]

表明民间的社同样立有科条，亦即社条。不仅如此，各地还有以地方豪族为中心的结社，号曰“没命社”“亡命社”“霸王社”等，多受来自官方的弹压。其中有崇奉“妖神”的宗教性结社，也有持有武器、常习武事的自卫组织。后者中的典型便是苏轼在奏状中详细描述的弓箭社，对此長部和雄氏有过研究。[4]弓箭社是河北沿边的自卫组织，终北宋之世一直存在，社中置有社头、社副、录事，社人随身携弓佩剑，戒备契丹入侵，同时轮番巡逻，防止本朝境内盗贼出现。这种弓箭社“私立赏罚，严于官府”，据社中规约，“社内遇丰熟年，只得春秋二社

---

1. “近闻周郑之地邑社多结守庚申会……然此实道家之法，往往有无知释子，入会图谋小利。会不寻其根本，误行邪法，深可痛哉。”
2. 与宋代的社有关的材料，本章前言注释中提到的有高廠、张雪影两氏的论文中已有列举。两氏都以《宋史》为主要史料，但其实《续资治通鉴长编》《宋会要辑稿》等史料中也有一些关于社的记录。此外，金石材料也不能忽视。对这些史料进行汇总、梳理，并进一步探究唐宋时期社的实际形态，亦是今后的课题。
3. 《宋史》卷四二七《程颢传》。
4. 長部和雄：《宋代の弓箭社に就いて》，《史林》24-3，1939年。

聚会”[1]，可以看出，其组织的基础正是能够在敦煌地区看到的那些行春秋二社、设三官、立赏罚的普通的社。唐末以来战乱频仍，在那些失去国家权力庇护、处于无政府状态的地方，往往会有当地豪族出面团结自卫组织，肩负起当地的防卫，这样的记录在史料中俯拾皆是。这种时候，以亲善和睦、相互扶助为宗旨而结成的社，想来就是他们团结的基础，弓箭社便是其中的代表。而资料二十一显德五年二月的团保文书，也可以从这一角度探讨其文书意义。

敦煌的社文书既是远离中原、政治情况截然不同的边境地区的产物，也是特殊的佛教城市的产物。然而，这些文书所反映出的社的组织运作情况，与中原地区的社却并无根本上的不同，甚至可以说，这些文书填补了中原地区史料稀少所造成的空白，反映出当时的社的实际形态，因而更显得弥足珍贵。将敦煌的社作为一个典型案例，以此观察唐宋时期的社会，会产生更多新的课题，上文虽做了一二列举，但仍有不少问题有待今后解决。笔者相信，作为解决这些问题的一个突破口，敦煌的社文书必将起到关键作用。

（本章为原载《東方学報（京都）》35，1964年的同名论文修订而成）

1.《东坡奏议》卷一四《乞增修弓箭社条约状二首》。

后　　记

本书是笔者至今为止发表于各学术刊物的中国佛教史相关论文的汇总，以前编为正文，后编为参考论文，题为《宋代佛教社会史研究》，于1980年作为学位论文提交给京都大学，并于1981年1月获授京都大学文学博士学位。论文审查过程中，对于论文中存在的诸多问题，蒙島田虔次、荻原淳平、谷川道雄三位教授不吝赐教，在此致以最诚挚的谢意。

回首来路，我于1949年作为学制改革后的第一批新生进入京都大学以来，多受各位师长的指点教导。三年级时，我选定东洋史学为专攻方向，那时教研室已有那波利貞、宮崎市定、田村実造、佐伯富几位先生，后来更有佐藤長先生加入，每一门讲义、研讨会都内容充实、丰富多样。从本科到研究生阶段，我蒙诸位先生指导，获益无穷。尤其是进入专业课程后的第一门课——宮崎先生的“《宋史食货志》研讨”，以及升入研究生课程后参加的由佐伯先生主持的《续资治通鉴长编》读书会，成为我选择宋史为硕士论文方向的直接动机。1956年，我提交了题为《福建の開発と仏教》的硕士论文，其内容大半成为本书第四章底稿，亦即我的处女作《宋代福建の社会と寺院》。

1958年，我受聘为京都大学人文科学研究所助手，我本人的学术研究生涯也进入了第二期。虽名为助手，工作的实质其实相当于东方部图书室的司书，在此期间，我一边受倉田惇之助、川勝義雄两位先生的指导，一边负责图书的管理，同时从事《東洋学文献類目》《漢籍目録》的编纂工作。东方部图书室在汉籍藏书数量方面可谓世界首屈一指，在这里工作的经历对我来说弥足珍贵。日常业务之余，承蒙倉田先生传授中国文献学的基本知识，更有幸跟先生研读《文选》《苏诗》等文献。虽未收入本书，但我后来进行的汉籍纸背文书研究、苏东坡研究，实与从先生处所受熏陶密不可分。后来，随着大学引进斯坦因文书，在藤枝晃先生的主持下，以缩微胶卷冲印照片对斯坦因文书进行整理研究的敦煌研究班成立，我也有幸得以加入其中。从前在学生时代，那波先生在关于敦煌文书的讲义、研讨会中所介绍的内容，以及我跟随佐藤先生学习两唐书《吐蕃传》的经历，使我有了些许研究基础，能够跟上敦煌研究班的研究活动，皆是得益于此。不仅如此，本书后编中各论文得以发表，更离不开藤枝先生犹如对待自家晚辈般的谆谆教导。而在宗教教研室参加的由塚本善隆、牧田諦亮两位先生主持、指导的中国佛教史籍读书会，更是令我无法忘怀。如今回首，我在人文科学研究所期间，每天都在忙碌中度过，但也正因如此，那才成为一段格外充实、让人得以全身心投入的时期。不过，自1965年附属东洋学文献中心成立，我受命身任其职，便不得不为文献中心的基础奠定而四处奔走，花费许多时间。

1968年，我被调往文学部，隶属东洋史第三讲座，此为我学术研究生涯第三期的开始。第三讲座负责的讲义内容主要是中国史中宋代以后的部分，因此我的研究方向也重新回到宋代，我再次沉浸在宋代文献中。恰逢中国台湾陆续出版《四库全书珍本丛书》，我在翻阅宋元文集时，萌生了利用这些史料集中研究佛教社会史的想法，于是开始一篇篇撰文、发表。本书前编八章内容中的前七章便是这数年来的研究成果。

回顾我的学术道路，周围可谓硕学云集，实为吾辈大幸。而这也完全得益于恩师与各位前辈的厚谊，我唯有致以最大的谢意与敬意。但与此同时，自己在研究上久无进益，无法以学术成果报此厚谊于万一，我为此实感愧疚难当。谨以此小书作为基础，以期激励自己更加奋进努力。

本书出版之际，在校正、制作索引时得到来自森田憲司、田中俊明、宮澤知之、江田賢治诸氏的大力协助，而关于各种事务的处理，则得益于同朋舍的木村京子女士的负责。此外，本研究还受到了1981年度文部省研究成果刊行费补助金的资助。对予以协助的以上诸位，在此一并致以诚挚的谢意。

1981年

竺沙雅章　记

附　　录

京都大学博士论文《宋代佛教社会史研究》评审报告

昭和55年（1980年）11月25日
评审委员：島田虔次教授（主审）
萩原淳平教授　谷川道雄教授

论文内容要旨

本论文以宋代为中心，以政治为媒介考察佛教与社会的关系，明确了佛教在中国社会史中的地位和作用。有宋一代，国家相对于教团而言处于绝对优势地位，在整合并强化对教团统制的同时，也积极利用教团力量，使其成为国家财政和社会福祉的助力。本论文的重点在于通过宋朝政府的宗教政策探讨佛教（教团）的社会作用。全文共八章，前四章考察宋朝政府的佛教政策及其影响，后四章讨论该时期的异端宗教。另附参考论文《敦煌佛教教团研究》。

论文构成及内容概要如下。

序言

第一章　宋代卖牒考

空名度牒官卖政策始于北宋后期，后为金、元、明所继承，本章主要论述该政策的形成过程及其对佛教教团乃至整个社会的影响。具体而言，本章批判了该制度起源于唐代的旧说，认为制度的滥觞在于宋初度牒私售，进而推进其政策的正是新法派。至南宋高宗朝，度牒官卖的停止在削弱教团势力方面表现出明显的效果，然而另一方面，这却带来了半僧半俗的宗教人士的增加，这些人不持度牒却寄食于寺院，或不受教团管束而私自从事宗教活动。不唯如此，度牒官卖恢复之后，因价格居高不下，使得求购者有心无力，更进一步促进了既有教团的势力衰落，且使带发宗教人士更加活跃，这正是白云宗等异端宗教得以发展的背景。

第二章　寺观的赐额

本章依靠石刻史料和地方志进行实证考察，明确了通过神宗朝初期以前的大量赐额（无额寺观则加以停废）之举，宋朝政府掌握的寺观数量实已远超唐代。旧说通常认为这是寺观政策芜杂无序的表现，作者则提出，这一现象毋宁说是国家的宗教管理体制更加完善，行政力已渗透至乡野村舍的明证。

第三章　宋代坟寺考

坟寺（建于坟墓近旁用于看守祖茔的寺院）之风始见于唐代，至北宋中期，以宰相等高官为对象的坟寺日趋制度化，盛行一时，成为宋代一种独特的国家制度。逮至南宋，原本不具备建立资格的中低级官僚和在野士大夫也普遍建起坟寺。先行研究通常认为坟寺盛行的背景在于权贵的寺院兼并，以及为获免役等各种特权的动机，本章则指出，除了这些经济上的动机之外，更应该考虑宋代士大夫离乡仕宦的徙居之风，以及仕宦生活的不安定性。这一风习延续至元代，但明代以降，随着文公家礼的普及，坟寺之风为之一变。换言之，坟寺之制度、风习即是宋代新兴士大夫阶层社会性格的一种反映。

第四章　福建的寺院与社会

本章以宋代有“佛国”之称的福建为例，考察佛教教团与地方行政的关系，以及教团在地方社会中的作用。文中列举大量实例证明，寺院为民代输两税以外的赋课，为地方政府负担各种经费，可谓“民之保障”，除此之外，寺僧还身任地方社会的土木建设、福利设施营建修缮等工程，教团对地方行政而言，实为不可或缺的存在。宋朝政府认可佛教教团的存在，同时在国家财政及社会政策中积极利用他们的力量，这种现实主义政策最终造成教团因负担过重而势力衰落，但无论如何，这一点与第一章所述卖牒政策有共通之处，同时与福建以外的其他地方也有共通之处，都是宋代宗教政策的特点。

第五章　关于“吃菜事魔”

旧说向来认为，“吃菜事魔”自北宋以来被视为邪教中的邪教，即为摩尼教的代名词，而本章通过对比以“摩尼教”“明教”用语明确指称摩尼教徒的史料，仔细爬梳关于吃菜事魔的史料，论证了所谓“吃菜事魔”只是官方所用称呼，并非具体代指某个特定秘密宗教，而是泛指在为政者看来必须加以弹压的反社会结社。

第六章　方腊之乱与“吃菜事魔”

关于北宋末有名的事件——方腊之乱，学界向来认为方腊即摩尼教徒，其徒众皆为“吃菜事魔”之徒，本章对此说进行了批判，认为方腊并非摩尼教徒，其活动的宗教背景也只是杂糅了佛教业镜灵验之说、宝志和尚谶记之说的世俗信仰，尽管其教众中确有部分摩尼教徒。此外，关于叛乱的背景，本章指出，该地区贫富悬殊，叛乱群体主要是其中的无产农民，并非事先已经存在带有宗教性质的秘密结社。

第七章　关于浙西的道民

本章关注浙西地区独有的奉佛者群体，他们自称道民，非僧非俗，尽管受到来自政府的解散、弹压之令，却能够得到权贵的庇护，作为从事桥梁、道路、寺庵建设的土木建设群体而受到地方社会的欢迎，其存在一直持续至元代。本章通过仔细推敲零散的史料，梳理他们活动的痕迹，指出宋朝的卖牒政策（度牒难以购得）正是促成其群体发展壮大的原因之一，并论及道民群体中也包括了白云宗徒。本章还指出，似道民群体这样的存在，更能称得上是真正有信仰之人。

第八章　元朝的江南统治与白云宗

曾被视为佛教异端宗派的白云宗，在元世祖在位时一跃成为政府公认的宗派，在禅宗等其他既有教团受到压制的情况下，仍能通过与权贵、富豪相结托，实现自身一家的长足发展，甚至得以出版《大藏经》。这既是利用了元朝统治者不熟悉江南社会情况的结果，同时也由来于元朝的江南统治政策。但自成宗朝以后，教团因经济力量的强大甚至是专横而屡遭弹劾，不断重复遭到弹压又勉力恢复的循环。及至明初，终被作为邪教加以禁绝。其最终消亡的原因之一，在于明初浙西豪民被强制迁移。

除以上各章以外，作为参考，本论文还附有《敦煌的僧官制度》《敦煌的寺户》《敦煌出土“社”文书研究》三篇，内容要旨从略。

论文评审结果要旨

本文由多篇因不同契机而著述的论文构成，但自有一以贯之的根本性主旨——作为宋朝最具特征的佛教政策，卖牒（空名度牒官卖）

本由国家为填补财政空缺而大规模实施，以致度牒几乎等同于通货，然而僧侣人数增加便意味着免除徭役、免除附加税之人的增加，亦成为国家的财政负担，政府面临新的两难境地。因此南宋高宗下令禁止卖牒。禁令前后持续了19年，结果确实带来了既有教团的势力衰落，但同时却也促成了没有僧侣身份的民间带发佛教徒（道民等）的出现，成为白云宗、白莲宗等异端宗派壮大的温床。尽管最终禁令解除，度牒再次大量流通，却因度牒价格居高不下，致使求购者（个人以及寺院）仍然苦于一牒难求，最终上述倾向愈发明显。这一理论框架的提出，是本论文最大的价值，本论文各章内容也是在批判旧说、提出新见解的同时，在此基本理论框架中展开论述的。先行研究在谈到卖牒政策时，只将其归结为教团衰落的原因之一，而无视该政策所造成的社会影响，正是对这种研究空白的不满，促使作者探寻出新的理论框架。在此前提之上，本论文还有其他可称创见之处（以下可与上文“论文内容要旨”部分互相参照），如指出卖牒起源于唐代纳钱度僧之说的谬误；对地方官府利用商人扩大度牒官卖现象的实证；向寺院赐额（与向僧侣发放度牒的现象平行）之举仅仅出于天子恩惠这一表面原因提出质疑，认为应深究其背后的财政需要；以福建为例，详细阐释行政、教团、地方社会三者之间的紧密联系，等等。值得一提的是，从社会经济史观点出发，利用地方志对地方佛教社会进行如此全面的考察，可以说是作者开拓的研究新领域。

第二次世界大战后，在有关所谓农民战争问题方面，对异端邪教的研究显得尤其活跃，然而一些方法、概念上的误用及滥用，造成了学术研究中的诸多混乱。其中最为典型的，应当就是对“吃菜事魔”一词的误解。就连朱子和大慧宗杲也曾被冠以“吃菜事魔”之称中伤，而将这样一个称谓不加批判地与摩尼教相联系，其不当之处显而易见。作者对这一点的揭示，与方腊之乱事件本身的研究相辅相成，对于今后这方面的研究而言，当属一个很大的警示。方腊之乱中宝志和尚谶记的要素素来被学界忽视，作者敏锐地指出其重要意义，此外还在具体探讨道民活动时独辟蹊径，充分利用《吴兴新石记》的记载，这些同样值得特书一笔。

作者在序言中概括了学界对中国佛教的社会经济史方向的研究现状，对第二次世界大战后的显著动向总结为：对敦煌文献的佛教史角度的研究、异端佛教或宗教叛乱的研究方兴未艾；而与此同时，狭义的社会经济史研究却相对呈现出衰退之势。不过，本论文的论证足以证明，综合了新动向的社会经济史研究新发展，尚有可期之未来。本论文的主论部分前四章着眼社会经济史研究；后四章涉及异端宗教及宗教叛乱；参考论文则充分利用了敦煌文献，充分涵盖了上述三个方向。

诚然，本论文亦有不少不足之处。其中最大的问题点在于，首先，即便研究重点在于社会经济史，对信仰者的主体信仰，以及作为信仰的外在表现的社会活动，本论文也太过忽视。唯一的例外是“关于浙西的道民”一章中提及道民才是真正有信仰之人。总体而言，通篇给人以政策、制度决定一切的印象。不过，这一问题点并非本论文独有，而是该领域所有研究者的通病。其次，关于卖牒问题，度牒被大量出售（甚至有一次多达五万道的例子）的同时，却又“价格居高不下”，对这一明显违背市场规则的现象，本论文缺乏有说服力的解释。在此提出以上两个问题，希望作者今后的研究能有所完善。当然，这些问题点的存在，并不能影响本论文的学术价值。

综上，评审委员会认为本论文符合文学博士学位论文要求。

译 者 后 记

2021年6月，我收到复旦大学历史系“日本学者古代中国研究丛刊”编者徐冲教授发来的邮件，问我是否有意向译介竺沙雅章先生的著作《中国仏教社会史研究》。当时的我在欣喜之余也不无踌躇，因为我的研究方向虽然是宋代史，对宋代佛教的社会影响却知之甚少，对敦煌文献更是十分陌生。犹豫再三，我最终还是决定接下这个任务——并非出于自信，而是希望能借译介的机会，让更多国内学者了解竺沙先生的这部代表作，了解日本的东洋史研究。尽管如此，当时我忙于博士论文的构思，加之毕业之后生活模式发生很大变化，更加忙碌，直到2023年下半年，才终于完成译文初稿。

竺沙先生的原著出版于1982年，但与书中各章内容相关的论文初稿成文时间跨度较大，其中较早的例如原题《宋代福建の社会と寺院》（载《東洋史研究》15-2，1956年10月）的论文，为原著第四章的雏形。原著的成书过程，可以说反映了第二次世界大战后日本东洋史学界新一代学者的多年学术历程。但也正因如此，由于文化背景和学术脉络的差异，书中有一些内容和行文习惯，难免令现在的中国读者感到陌生，甚至产生隔膜。另一方面，日本东洋史学界也并非数十年来一成不变，有些专业名词在当下语境中也已不再使用。对此类问题，译者在尽量尊重原文的前提下，对容易令中国读者感到费解的地方做了意译处理，特别是对某些容易造成误解的问题，则在译文中标注，并做了符合当下历史研究语境的轻微改动。

原著所引的一些第二次世界大战前的研究著作或学术刊物，书名中偶有“支那”一词出现。“支那”之语原无贬义，早见于唐代玄奘《大唐西域记》以及其他高僧著述。但众所周知，近代以来的历史背景使该词在日本特定时期被赋予了特殊含义，脱离原有的中性语义，带上了明显的时代色彩，为此日本学界也曾有过不小的争议。当代日本的正式场合与出版物中已几无“支那”字样，大多数日本年轻人甚至对该词甚感陌生。学界也早已停用，第二次世界大战前出版的一些著作近年重版时更改书名的情况十分常见，和田清等学者共同执笔的名著《中国官制発達史》（汲古书院，1983年。原题《支那官制発達史》）便是典型代表。竺沙先生原著中出现的“支那”，仅限于文献引用，作者本人在行文中从未使用过。出于以上考虑，原著中所有涉及“支那”之处，译文均以“中国”二字代替，并以特殊字体标示。

此外，日本东洋史学界向来有对汉文史料进行训读的传统，经过训读的史料文本虽然文意如旧，但点读却可能与中文表达习惯不符。对于原著中的史料引文，译者首先参考国内已出版点校本，若无点校本，便根据原著引文的日语训读文意进行点读，以期最大限度还原作者对史料的释读结果。但若遇到明显不符合中文表达习惯之处（如将主语和谓语分离），则以中文习惯为准。

本书译介过程中最大的遗憾，便是已无法当面向竺沙先生讨教。为此我常怀不安，不知自己是否准确理解了原著的本意。幸而我的翻译工作得到了早稻田大学名誉教授近藤一成先生的鼎力支持，他不但耐心为我解释许多学术方面的困惑，还从日本东洋史研究脉络的宏观角度给了我不少宝贵的意见，在此敬申谢忱。当然，译文中出现的所有错误，均由我个人负责。

这本译著能够完成，还要感谢丛刊编者徐冲教授的大力支持和帮助。他在忙碌工作之余，还帮助我查阅了部分在东京无法查阅的方志引文。复旦大学出版社的赵楚月编辑对译稿审阅和编务工作认真负责，得益于她的尽心尽力，译著才能以更完整的形式呈现在读者面前。在此一并致以诚挚的谢意。

邹　笛

2025年5月于东京新宿早稻田大学户山校区

编 者 后 记

日本学者在古代中国研究领域的深厚传统与显赫成绩大概已经是学界常识。不过与之相比，译介到中文学界的相关论著仍然是远远不够的。为此，我们编选了这套“日本学者古代中国研究丛刊”，希望能够对促进中日学界的相互了解、深化相关研究起到积极作用。

丛刊目前的规模为专著十四种。在确定书目的过程中，主要考虑以下两个重点：其一，侧重于汉唐间的历史时段。这应该是在古代中国研究的各专门领域中日本学者的优势和特点最为明显的阶段，对于中国学界来说极具参考价值。其二，主要以第二次世界大战后成长起来的学者为译介对象。经历了战后左翼思潮的风行，这一代学者大致于20世纪70年代登上学术舞台,并引领了其后二十年的发展潮流。当然，丛刊也希望能够保持开放性，未来还将继续纳入更多优秀的作品。

对于日本学者书中提及的日文论著，丛刊采取了尽量保持文本原貌的处理原则。包括日文人名、书名、期刊名、论文名中的日文汉字，均未转为中文简体，以便利中国学者检索相关文献。由此给读者带来的不便，敬希谅解。

在中国当下的学界环境中，专门学术论著的翻译出版并非易事。丛刊最后能够落实出版，要归功于海内外诸多师友的大力支持和热忱帮助。诸位原著作者对我们的工作均给予了积极回应，并在著作权与版权方面提供了很多协助。日本汲古书院、青木书店和朋友书店，中国台湾稻禾出版社和台大出版中心，也慷慨赠予了中文简体版版权。对于各位译者来说，数十万字的翻译工作耗时费力，又几乎无法计入所谓“科研成果”，非有对学术本身所抱持的热情不足以成其事。北京大学历史系的阎步克先生和罗新先生对丛刊的策划工作勉励有加。复旦大学历史系时任领导金光耀先生和章清先生为丛刊出版提供了至为关键的经费支持。复旦大学出版社的陈军先生和史立丽编辑欣然接受丛刊出版，史编辑在编务方面的认真负责尤其让人感佩。日本中央大学名誉教授池田雄一先生、御茶水女子大学名誉教授窪添慶文先生、京都府立大学名誉教授渡辺信一郎先生、福冈大学紙屋正和先生、中央大学阿部幸信先生、大东文化大学小尾孝夫先生、阪南大学永田拓治先生、鹿儿岛大学福永善隆先生，台湾大学甘怀真先生、成功大学刘静贞先生，复旦大学韩昇先生、李晓杰先生、姜鹏先生，武汉大学魏斌先生，首都师范大学孙正军先生等诸位师友，在丛刊的策划、版权、翻译、出版等方面给予了诸多帮助。在此一并深致谢意。

徐　冲

2016年元旦于东京阳境原

图书在版编目(CIP)数据

中国佛教社会史研究/(日)竺沙雅章著;邹笛译. 上海:复旦大学出版社,2025.6.--(日本学者古代中国研究丛刊/徐冲主编).-- ISBN 978-7-309-17846-3

Ⅰ. B949.2

中国国家版本馆 CIP 数据核字第 2025F7U681 号

中国佛教社会史研究

[日]竺沙雅章　著
邹　笛　译
责任编辑/赵楚月

复旦大学出版社有限公司出版发行
上海市国权路 579 号　邮编:200433
网址:fupnet@fudanpress.com　http://www.fudanpress.com
门市零售:86-21-65102580　团体订购:86-21-65104505
出版部电话:86-21-65642845
常熟市华顺印刷有限公司

开本 787 毫米×960 毫米　1/16　印张 29.25　字数 418 千字
2025 年 6 月第 1 版
2025 年 6 月第 1 版第 1 次印刷

ISBN 978-7-309-17846-3/B · 825
定价:98.00 元